欧亚备要

主办：中国社会科学院古代史研究所内陆欧亚学研究中心

主编：余太山　李锦绣

汉唐之际佛教传播中的
北方社会群体研究

尚永琪　著

图书在版编目(CIP)数据

汉唐之际佛教传播中的北方社会群体研究 / 尚永琪著. --北京：商务印书馆，2024. --（欧亚备要）. ISBN 978-7-100-24115-1

Ⅰ. B949.2

中国国家版本馆CIP数据核字第2024QG5903号

权利保留，侵权必究。

（欧亚备要）
汉唐之际佛教传播中的北方社会群体研究
尚永琪 著

商 务 印 书 馆 出 版
（北京王府井大街36号 邮政编码100710）
商 务 印 书 馆 发 行
三河市尚艺印装有限公司印刷
ISBN 978-7-100-24115-1

2024年12月第1版　　　开本 710×1000 1/16
2024年12月第1次印刷　　印张 24　3/4

定价：128.00元

编者的话

《欧亚备要》丛书所谓"欧亚"指内陆欧亚（Central Eurasia）。这是一个地理范畴，大致包括东北亚、北亚、中亚和东中欧。这一广袤地区的中央是一片大草原。在古代，由于游牧部族的活动，内陆欧亚各部（包括其周边）无论在政治、经济还是文化上都有了密切的联系。因此，内陆欧亚常常被研究者视作一个整体。

尽管司马迁的《史记》已有关于内陆欧亚的丰富记载，但我国对内陆欧亚历史文化的研究在很多方面长期落后于国际学界。我们认识到这一点并开始急起直追，严格说来是在20世纪70年代末。当时筚路蓝缕的情景，不少人记忆犹新。

由于内陆欧亚研究难度大，早期的研究者要克服的障碍往往多于其他学科。这也体现在成果的发表方面：即使付梓，印数既少，错讹又多，再版希望渺茫，不少论著终于绝版。

有鉴于此，商务印书馆发大愿心，选择若干较优秀、尤急需者，请作者修订重印。不言而喻，这些原来分属各传统领域的著作（专著、资料、译作等）在"欧亚"的名义下汇聚在一起，有利于读者和研究者视野的开拓，其意义显然超越了单纯的再版。

应该指出的是，由于出版时期、出版单位不同，尤其是研究对象的不同，导致诸书体例上的差异，这次重新出版仅就若干大的方面做了调整，其余保持原状，无意划一，借此或可略窥本学科之发展轨迹也。

愿本丛书日积月累，为推动内陆欧亚历史文化的研究起一点作用。

余太山

目　录

绪　论 1

第一章　汉唐之际的北方胡汉社会与佛教传播 22
第一节　北方社会的胡汉结构：佛教传播的重要背景 23
第二节　北方胡人是较早接受和传播佛教的群体 30
第三节　胡人政权的血腥统治与佛教的传播 46

第二章　知识资源变动格局中的底层知识分子 53
第一节　早期佛经翻译集团中的底层知识分子 54
第二节　令狐家族的职业化佛经抄写与北朝经生阶层 61
第三节　知识资源格局的变动与底层知识分子 74

第三章　3—6世纪佛教寺院的奢华与农业人口的生存状态考察 81
第一节　3—6世纪中西交流背景下的佛教奢侈问题 82
第二节　小农经济对佛教的支撑及小农的生活状态 95

第四章　佛事活动中的工匠阶层 109
第一节　工匠阶层的身份问题 110
第二节　对杰出工匠事迹的个案考察 113
第三节　佛教传播过程中的北方工匠阶层 122

第五章　商人与佛教 131
第一节　北方佛教传播中的西域商人 133
第二节　对本土商人与佛教关系的考察 141

第六章 4—6世纪佛教传播背景下的北方妇女 145
第一节 对北朝妇女崇信佛教史事的个案考察 146
第二节 妇女参与佛事的苦难背景与欢乐意义 157

第七章 僧人医疗家群体与民间医疗问题 175
第一节 对中古时代医疗事实的常规描述 176
第二节 僧人医疗家与中古医学 194

第八章 僧人的流动与中古地理视域的拓展 241
第一节 僧人的传教活动与中古的海洋视域 242
第二节 对佛教僧人地理学著作的探讨 259
第三节 佛教地理图景中的天下主义视野 283

第九章 对佛教信仰群体所处社会组织的考察 300
第一节 僧官制度与北朝政教关系 300
第二节 佛教邑义与北方村落及地方政权之关系 317

第十章 帝国历史出口处的佛教扩张与社会转型 344
第一节 传统"家邦"组织的解体与社会流动模式的变迁 344
第二节 佛教知识体系的传播与中古文化转型 354
第三节 帝国历史出口处的制度变迁 359

参考文献 366

索　引 373

初版后记 386

后　记 389

绪　论

3—6世纪的中国，从思想接受与社会调整方面来讲，可以说处在一个痛苦而又欢畅的时代。也许用"痛并快乐着"这样的近乎后现代的语句来描写这个时代，也是相当合适的，虽然不太庄重，但却比较生动。

痛苦来自两个方面：一是北方少数民族进入中原，游牧文化强烈冲击成熟的农业文明，使得社会秩序混乱不堪，生存的安全系数降低；另一方面，佛教逐渐传播，它的知识体系和世界观等迅速嵌入中国社会，在思想、伦理制度等方面打乱了本土知识体系，以儒家解说为核心的社会意识形态受到前所未有的挑战。[①] 尤其是以儒家经典而立命的上层精英，成为这场文明冲突中精神痛苦的群体。

同样，随着这样的进程，来自异域的新奇物质和截然不同的思想体系也带来了对中原社会的快乐刺激。上层社会在迅速地接受来自异域的奇珍异宝等各类奢侈品，并不时排斥随着这些物质而传入的佛教。而下层社会则身心愉快地接受了佛教给予他们的平等思想、神奇的法术、代价低廉的医疗、逃避赋税的方便之门和王法外悠闲的生存方式。显然，来自异域的那些新奇的奢侈品离他们很远，而佛教"众生平等"、"因果报应"思想等这些看得见的好处却实实在在地得到庶民的接纳，给他们的生活和生命存在带来了快乐与

---

① 《广弘明集》中的正诬论、明佛论、喻道论、白黑论、均善论、达性论、更生论、神灭论、神不灭论、沙门不敬王者论、沙门袒服论、明报应论、释驳论、正二教论、夷夏论、戎华论、灭惑论、三破论等论难，分别就中国上古圣人、伦理概念、伦理行为、神形关系等等最基本的历史人物认识、意识形态问题、伦理体系做了新的审视和阐释。佛教理论家力图使佛教的一系列概念及神圣嵌入到中国传统的言说体系中，而儒生则希望用传统的言说体系彻底摧毁佛教的知识体系。随着西域奇异物品和各类法术的输入，这种意识形态的混战，用全新的知识体系打破了儒家知识系统的专一解说局面。

归依感，生命获得了新的意义。

限于个人知识的有限性，我们无法确定文明的传播是不是在遵循着一种互悖的规律。但佛教在3—6世纪的中国的传播，确实不折不扣地遵循着这样的一个路径前进：愉快而贪婪地接受异域新奇物质的上层精英，更易于排斥随着这些物质而传入的异域思想和知识体系；而庶民们则乐于接受来自异域的思想和行动方式，并能够迅速从中汲取对自己有价值的精神养料和生活依靠。这就是为什么北朝佛教以民间信仰为特征，而南朝佛教则以士大夫整合改造佛教思想为特征。

如果说南朝的士大夫们手执麈尾饶舌论难深受佛教影响的话，那么研究佛教思想在北方一般民众中的接受方式和存在状态，将有利于我们认识佛教在中国社会结构中是如何扎根的。

对北方佛教信仰人群问题的讨论，涉及以下几方面的问题，是需要预先说明的：

第一，所谓"北方"和"南方"首先仅仅是一种地理概念，虽然中国的南北文化具有与生俱来的差异之处，但是任何一种文化的传播却不会因为这种地理上的不同和文化上的差异而采取泾渭分明的步伐。

佛教的传播也是一样，虽然佛教的传播在南北方有着不同的特征，但是当我们在特定的时段研究其传播进程的时候，却很难将之硬生生地割裂开来。因而，我们的研究只能是采取以北方为中心的一种态度和方法。因而，无论在史料的采用还是问题的构建方面，3—6世纪的北方佛教人群将仅仅是我们讨论问题的原点和中心，而绝不会是全部。

第二，佛教在3—6世纪的中国北方的传播与发展，从地理空间来看，与印度、西域、黄河以北、黄河以南等这些地域有千丝万缕的联系；从传播路径来看，同海、陆都有密切关系；从传播人群来讲，既有北方胡人，也有外来僧侣，还有在黄河南北等地域流动的本土僧人群体和世俗众生；从文化角度来看，佛教文化同儒家文明、北方草原文明、道教文明等之间的关系更是牵涉到纵横南北的广大地域内的人群和事件。

因而，这些因素就决定了我们不可能以单一的线条来进行研究，在审视北方佛教传播背景下的社会群体的时候，也不能不注意到整体的文化背景和社会环境。正是因为这个原因，全文将由两个有机的部分组成：一部分以讨论北方社会的"士农工商"为主的社会群体在佛教活动中的存在状态等问题为主,而另一部分则以讨论佛教传播背景中北方社会群体活动的一些相关背景和问题为主。

一、一个尝试性企图:佛教社会史的构建能否走出哲学史大厦的阴影

不同学科的界域肯定对应着特定的研究对象、领域和研究方法,但是这并不意味着各个学科之间有着不可跨越的藩篱。相反,随着现代科学体系门类和研究分支的精细化划分,跨学科研究被大力提倡,因为这样的跨越会在一定程度上打破学科局限所造成的研究视域的封闭,从而有利于从多角度、多层次认识相关问题。

因而,对于同一序列的学术问题的研究,相关的不同学科应该更多地从不同的视角提供不同的关注和理解。中国佛教史的体系构建,在很大程度上是由研究中国古代哲学的学者来完成的,这就不可避免地会主要致力于"思想史"的建设。而中国佛教之发展,不仅仅是思想的历史,关键也在于参与其中的"人的历史"。

显而易见的是,对中国佛教史的研究而言,哲学史家做出了艰巨的努力并构筑了精细而科学的体系。但是,我们的不成熟看法是:也许历史学还应该有一个不同的视角或者路径进入"佛教社会史"这个领域,历史学应该更加关注世俗的社会与制度、经济等问题。如果换句话说,当哲学史家孜孜于历代高僧和文人权贵在形而上层面"代神(佛)思考"的时候[①],历史学更应该关注那些在香火缭绕的崇佛膜拜中求生存的僧俗群体的世俗生活。

---

① 在历史研究中,思想的光芒很容易遮蔽历史事实。在人类的历史上,制造闪光思想的个人或集团甚至某种制度、体系等,其在历史活动中的行为,不一定同它(他)们所倡言的思想相一致,甚至会大相径庭。世俗化的宗教体系更容易口是心非。英国作家保罗·约翰逊在1988年出版的具有历史学价值的著作《知识分子》一书中,对卢梭、罗素、萨特等这些人类历史上以伟大思想而著名的思想者的生活轨迹做了细致的探讨,结果发现"他们制定的原则是要别人去做,对他们自己并不适用"。因而,单一地沿着思想发展的轨迹来认识历史事实,往往会导致误入歧途的危险性。参阅〔英〕保罗·约翰逊:《知识分子》,杨正润等译,江苏人民出版社2003年版。

正如荷兰汉学家许理和先生所言:"佛教在中国并不仅是一种思想模式或哲学体系,而首先是一种生活方式,一种高度纪律化的行为方式。"① 对于那些在脆弱的小农生产体系下生存的芸芸众生来讲,这一点尤其重要。

当我们遵循着那些生活优裕的士大夫们所提供给我们的空灵抽象的佛理言说路径来理解和认识佛教传播的时候,也不能忘却这样一个事实:佛教在中国历史上的真实存在,其实并不仅仅是那些上层知识精英所进行的饶舌的佛理探讨,那些在佛教的影响下身体力行地参与信仰活动的大众,也许才是构筑人间佛教帝国的真正主体。他们的感受、欢乐和痛苦以及在佛教传播背景下的生活状态、行为方式及社会活动,与我们理解古代社会的变迁息息相关。

遗憾的是,概念与逻辑的文本演绎往往遮蔽了那些在佛教体制下念诵佛经的信徒们的真实生活状态。② 当然,由于言说权利的受限制,知识精英与政治权贵的各类聒噪都可以被记录下来,而一般民众留下的只有归于泥土的骸骨。这样的情形,显然也在客观上限制了我们探讨历史活动中一般民众生存状态的努力。

因而,当在佛教史体系的构建主要致力于"佛教思想发展史"的情况下,历史学应该寻找那些没有被完全展现或者说被无意中遮蔽的领域,从而在"神(佛)的思考"这个形而上的背景下来探讨"人的存在"。③

正是因为怀着这样一种尝试性的企图,我们将中古社会的北方社会群

---

① 〔荷〕许理和:《佛教征服中国——佛教在中国中古早期的传播与适应》,李四龙等译,江苏人民出版社2003年版,第326页。
② 关于这方面的问题,牟发松先生在《传统中国的"社会"在哪里?》(《社会与国家关系视野下的汉唐历史变迁》,华东师范大学出版社2006年版)一文中对古代史研究中的"国家"遮蔽"社会"问题做过比较系统的论述,在这方面也有一批学者开始了对于国家遮蔽下的古代社会的探索研究工作。"大历史"的研究在一定程度上遮蔽了"区域性问题",因而,本书试图突破"大历史"或"国家历史"框框的局限,能对佛教传播背景下的北方区域的人群历史和生存状态做出一个相对具体的勾画来。因而,尽可能地突破囿于那些在历史上闪耀着光辉的高僧或文人的形而上思想光芒的"崇高性",而进入世俗众生琐碎而卑微的"日常性",是我们要追求的目标之一。
③ 据梁实秋的回忆,胡适先生对于禅宗的历史下很多功夫,但是对于禅宗的那套奥义并无好感,甚至有"那是骗人的"这样的极端评价(参阅梁实秋:《胡适先生二三事》,载《梁实秋散文全集》,台湾光复文艺出版社1989年版。毫无疑问,胡适先生的评价是偏激而不可取的,但是,我们也不能不注意,如果仅仅用那些上层僧俗的抽象玄虚的言论和思想的历史来代替或构建佛教发展的历史,至少在历史学的求实传统上是说不过去的。"神的思想"的"高尚性"不能代替历史学要追寻的"人的存在"和"事的发展"的"实在性"。

体作为本书考察的主要对象，试图从那些零碎的史料中勾画这些芸芸众生在3—6世纪佛教香火里的生存状态。

二、本文研究对象之范围：
士农工商及其寄身的佛教团体组织

3—6世纪佛教传播背景下的北方社会群体，如果从精细的角度来研究，是比较复杂的。这种复杂性首先源于文献记载的缺失，由于受记录载体和传播媒介的影响，在纸张没有大量应用前，非主流文献很难被传诵保存。再加上知识被特权阶层垄断，我们从文献中能得到的关于一般社会群体的信息是相当模糊的。虽然马克思主义历史学家在这方面做了大量的努力，但是源信息的缺乏限制了对于一般社会群体具体状况的深度认识和探讨。

另外，3—6世纪北方社会的胡汉交错局面，也打破了前代积累成型的社会人群构成状况，在人群地域差别和阶级差别的基础上，又增加了民族差别和文化差别。这就为我们探讨北方人群的地域特点和把握群体性质造成了一个比较复杂多变的局面。

具体而言，汉代社会是典型的小农社会，国家控制着大部分的小农，因而整个社会的"人的集群"①之身份构成就相对要简单一些。可是自汉末以来，由于土地兼并的盛行，人口流动频繁，大量人口开始变为豪族的依附人口。尤其是随着坞堡等地方势力的扩大，私家依附人口的数量越来越大，其法律身份和经济地位也是千差万别。此外，佛教寺院势力作为相对独立于世俗政权之外的一个经济团体的存在，就更加剧了这种"人的集群"组成的复杂性。从地域文化的角度来看，汉代司马迁所描述的那种地域与居民之间的

---

① "人的集群"这个概念来自费尔南·布罗代尔，他认为："文化的地理区划在千百年中很少变化。人们由于祖祖辈辈局限于以往的成果，更愿意在自身经验的框架内生活。人是个集群：单个的人在集群中有进有出，但集群却始终同一定的地域，同熟悉的乡土相结合，并在其中扎根生长。"布罗代尔对于文化地理区划与人的集群关系的这个解释，显然可以作为我们追寻特定地域的人群同该地域人文状态之间关系的一个基本的出发点。参见〔法〕费尔南·布罗代尔：《15至18世纪的物质文明、经济和资本主义》第一卷，顾良、施康强译，生活·读书·新知三联书店1992年版，第61页。

文化对应关系①也被打破，所以很难从地域或制度的角度对该时期北方人群的生存状态做出具有精确定位和普遍意义的描述。

尤其对于参与北方佛教传播和信仰的人群来讲，这个问题就更显其艰难。对于上层统治者参与佛教活动，在正史或僧传等材料中有篇幅不少的记载，并且前人关于佛教史的工作也是以历史上有记载的"名人"而进行的，可以说研究已经相当充分。北方佛教主要以民间信仰为特征，参与其事的人群主体是在正史上几乎没有记载的一些默默无闻的人物，这就决定了我们必须要以那些最基层的佛教参与者为考察对象。幸好，僧传中的一些资料和出土的造像、写经题记等材料为我们认识这些社会人群提供了最基本的依据。虽然这些材料非常零星，但是我们还是期望能从中勾勒出北方民众在佛教传播中的具体情形来。

鉴于历史事实的复杂性和资料有限的诸种情况，我们所研究的"社会群体"，显然无法对其身份和社会脸谱进行细致的划分，只能仍然是以传统的"士农工商"这四民为集群界限来进行研究。②

具体而言，"士农工商"四民在本书的研究中也不是平均分配注意力的，我们只能从现有资料中寻找确实参与"佛教传播和信仰"这一历史活动者的资料，根据资料来说话而不是根据构建系统性的良好愿望来说话。

"士"主要是指知识阶层，在中国古代社会，尤其是中古时期，没有完全独立的知识阶层，我们能从历史记载中找到的所谓"士"，其实其主体也就是"官"。以皇家势力为中心的官僚贵族集团与知名儒生对于佛教发展的关系，各类佛教史著作中的讨论已经很充分了，我们不准备在本书中再复述一遍。此外还有一个主要原因是，上层知识分子与佛教关系的各类纠葛，主要集中在以建康为中心的南方社会，此一时期在北方很少。所以，关于"士"这一阶层，我们关注了那些在正史中没有记载，但确实对北方佛教的传播和

---

① （汉）司马迁：《史记》卷129《货殖列传》，中华书局1982年版，第3253—3270页。
② 对于魏晋南北朝时期的人群社会阶级和阶层分析，唐长孺先生在《拓跋国家的建立及其封建化》中对当时的农民与隶户、杂户有比较详细的分析。朱大渭先生又将当时的阶级概括为25个类型3个等级，分析非常详细，我们在后面的章节中将具体进行讨论。可分别参阅唐长孺：《魏晋南北朝史论丛》，生活·读书·新知三联书店1955年版，第193—249页；朱大渭：《魏晋南北朝阶级结构试析》，载朱大渭：《六朝史论》，中华书局1998年版，第102—140页。

发展做出贡献的底层知识分子。①

"农"是一个很复杂的群体,如从法律上来分,有各种不同的身份,有职人、白民、厮役、奴婢之别②;从隶属关系来看,有编户、客、寺户、军户等等。这些人随着法律身份的不同,在赋役、婚姻、刑罚、仕官等方面待遇均不同,但是他们中的大多又都是在从事农耕。因而我们是将这些千差万别的不同身份者都归之于农的。其实这样的归类,也符合当时社会的实际,北魏太武帝太延元年(435)十二月颁发的诏书曾具体列举了各类人的名称与职责:"操持六柄,王者所以统摄。平政理讼,公卿之所司存。劝农平赋,宰民之所专急。尽力三时,黔首之所克济。各修其分,谓之有序。"③ 在这里,就将社会成员分成三类:一统天下的"王"、管理民众的"公卿"和从事耕种的"黔首"。

"工"这个阶层其实是参与佛教传播出力最多的人群之一,大量佛寺的建造、石窟寺的开凿和数以亿计的佛像的铸造雕刻,都离不开他们的艰辛劳动和高超技艺。但是遗憾的是,由于他们的社会地位的限制,不但在正史中不可能有他们比较具体的资料,就是在僧传和出土的石刻材料中,关于他们的记载也是相当少的。所以我们只能从正史中关于这个群体的一些宏观描述的零星记载出发,结合少量的石刻文献,尽可能地探讨他们在佛教活动中的具体形象和作用。不过令我们欣慰的是,当我们在欣赏那些大量的雕刻精美的佛教艺术品和阅读《洛阳伽蓝记》中那些富丽堂皇的佛寺描述文字时,我们所感受到的震撼与美感,应该就是"工"这一阶层跨越千年的不朽想象与精神之存在。

商人在中国传统文化中虽然是个原罪群体,但是"商"之于佛教发展的关系问题,我们是不能绕过的。其原因有二:一是佛教自诞生以来就在印度、西域诸地同商人有着密切的联系,佛经中有大量的关于商人的篇幅,如据《释迦谱》的说法,悉达多太子出生时,就有大商人来为他祝贺;释迦牟

---

① "知识分子"是一个近年来聚讼较多的词语,因为无论在古代社会还是当代社会,都没有办法为这个词寻找到一个合适对口的"实在群体"。在本书中,使用"知识阶层"可能比较合适,但是,由于涉及"底层知识阶层"这样一个群体,而"底层知识阶层"显然是个拗口而有语病嫌疑的词组,所以为了阅读等诸多方面的方便,我们还是有限制地使用了"知识分子"这个词语。
② (北齐)魏收:《魏书》卷111《刑罚志》,中华书局1974年版,第2886页。
③ (北齐)魏收:《魏书》卷4上《世祖纪》,第86页。

尼刚刚成佛时，最先向他奉献食品的也是两个商人。二是佛教早期在中国的传播，是同来自西域、印度的商人的帮助分不开的。

胡人群体和女性对于佛教发展具有特殊性贡献和关系，我们对他们做了单独的考察。胡人群体包括北方少数民族和来自印度、西域诸国的人物，他们是早期佛教传播的主体；在造像记、写经题记中有大量女性参与佛事活动，甚至可以说，在北方的佛教民间信仰群体中，女性是一个最主要的群体。

我们在现有零星资料的基础上，将士农工商这四民在北方佛教传播中的存在状态做了或浅或深的勾勒，并对其生存和活动的社会背景、社会组织如僧官制度、邑义组织等做了探索。

此外，我们从佛教传播的知识背景等角度，将随着佛教的传播而得到拓展的中国古代的佛家地理家、医疗家的著作、活动及其贡献也做了详细的探讨。这几方面的内容一方面梳理了僧人群体中这些特殊群体的生存与发展状态，另一方面也是作为一个佛教传播过程中的知识变迁背景来考察的，这对于更好地认识当时的"士农工商"的生存文化背景具有一定的参考价值。佛教是一个信仰体系，也是一个知识体系。当它以经典念诵、偶像崇拜的方式进入中国后，很快就同中国本土文化进行了融合，那么，我们希望探究的是——中古时期的北方社会群体，是否感觉到了这种新知识体系的入侵？或者说，这种知识体系的传入，到底引起了哪些关键性的变化？我们在这里不是探讨所谓的一般规律，而是希望以佛教知识体系的传入为关键事件，看看历史记载中都出现了一些怎样不同的东西，这对于了解当时的各个社会群体的生存状态具有关键性的背景意义。

从现有文献中可以"自明"而不是推论的部分来看，佛教知识体系的传入，所引起的很明显的本土知识体系和知识环境变化的事象，主要有以下几端：

1. 传教的异域僧人的到来和不远万里到西域等地取经的中国僧人，扩大了对于欧亚大陆地理知识的了解；本土僧人的跨区域流动，也显然有利于这种知识的交流。

2. 来自佛教经典中对海洋的描述和部分泛海而来的传教僧人，显然会在一定程度上增加关于海洋的相关传闻、知识或引起对海洋的某种渴望；在商人对海洋描述的基础上，中古海洋知识的增加又多了一条可能的渠道。

3. "神异"和"佛教法术"等这样一些具有"荒谬"外表的系统知识，开始随着佛教的传教而被僧人或信徒讲述或表演，这是对具有"伦理理性"的儒家知识体系的极大挑战，也是对道教神系合法性存在的一种威胁。

4. 儒、道知识分子经历了非常焦虑的阶段，最终因为佛教经典翻译、解说及传播方式上的某些妥协，这种本土知识体系受到刺激所产生的焦虑感才开始下降，但是已经对本土的主流知识体系产生了深刻的影响。一系列传统知识中的概念和伦理规则得到了重新梳理，传统经典的解释方式也发生了变化。

5. 关于生命理解和灵魂归宿的知识得到了更新，在现实世界和传统的神仙世界之外，又给了所有的生命一个未来的理想世界，这个世界是普通人通过一定的修为就可以达到的，这一点对于改变中国人的生命观念具有相当重要的意义。

这些关键性的历史事象，牵扯到南方和北方的许多社会问题和文化背景，我们要讨论这些问题，就不能仅仅在"北方"这样的地理范围内进行。

三、从"存在状态"到"发展过程"：在汉唐历史变迁背景下对北方社会群体考察的路径与意义

"3—6世纪佛教传播背景下的北方社会群体"这个问题，本身就具有多重复杂性，在中国历史上，3—6世纪是一个社会急剧转型的复杂时段。而佛教就是在这样一个比较特殊的时期作为一种异域文明大规模进入中国，逐渐成为在北方具有主流地位的宗教，并且以民间信仰为其主要特征。这就决定了我们的研究就必须落实到民间群体及其所处的社会结构上，而不是上层精英及其寄身的国家体制中。

因而，本书的研究路径是：针对具体人群之于佛教发展关系的研究，探讨在3—6世纪的社会发展中，佛教是如何在北方民间扎根的，并在此基础上，进一步探讨佛教对于中古时期的社会发展和文化转变具有哪些重要的影响或贡献。这个路径围绕一个问题的两个方面进行——佛教给了这些民众什

么？而这些民众又如何会接纳一个来自异域的宗教？

对于这两方面问题，也许完整的答案并不是现成的。王健先生指出："佛教对汉末以来本土精神世界和思想发展有重要的补充作用。它以超功利的文化态度、和平主义价值与德性哲学、独有的出世思想，不仅赢得汉末以来动乱之中民众的接纳，而且引起统治者的关注。"[①] 这是一个很好的解说，但是我们不满足于此，因为这仅仅涉及问题的一个方面。显然，对于信仰的追求是宗教得以扩张的一个原因，但是一个外来宗教要融入与其产生的母体文化背景截然不同的异族文明群体之中，仅有信仰和思想是不够的。如果没有给予社会成员的实实在在的"好处"，宗教也会在烟火世界现实的撞击下头破血流。

所以，在本书中，我们其实一直在追问：士农工商、虔诚的僧人和那些柔弱的妇女，他们在佛教活动中得到了什么？这从表面看来是一个近乎功利主义的俗不可耐的问题，但是也许这恰恰就是为什么北方佛教会以信仰为特征而不是以士大夫思想为特征的关键原因所在。

就是在这样的问题式探索的基础上，我们试图从研究士农工商这四个不同身份的"人的集群"出发，进入到当时北方社会的底层结构进行微观分析。因而，本书主要着力点在对民众"生存状态"的考察，但是我们不会仅仅满足于此，而是期望能在此基础上为汉唐历史的变迁提供一个具体的分析标本，从而认识和构建历史的"发展过程"。

我们的分析是建立在佛教传播的社会大背景之下，这个社会背景就是北方社会的胡汉结构状态。具体而言，这个社会受以下三种特殊情况的制约：

1. 汉代以来的社会结构被破坏，以儒家学说为主体的伦理政治体系在北方遭到打击，大传统的社会整合能力被削弱。

2. 北方少数民族进入农业区域，不同文化背景的民族杂居相处，形成了无论在制度还是生活状态等诸多方面的"胡汉杂糅"局面。

3. 佛教作为外来宗教和知识体系进入儒家文明圈，并在统治者的大力提倡下迅速渗透到社会的各个角落。

对3—6世纪的北方社会来讲，这三种情况都是全新的。如果打个比方

[①] 王健：《汉唐中外文化交流的宏观审视与断想》，载李国章、赵昌平主编：《中华文史论丛》总第73辑，上海古籍出版社2003年版，第30页。

的话,第一种情况说的是中国传统社会的胃坏了,消化能力不好;而第二和第三种情况就是又给了这个消化能力不好的胃两块从来没吃过的、难以消化的食物,让它去消化。这是一个雪上加霜的历史进程。

因而,以儒家文明为主流意识形态的中原农业文明与北方游牧文明这两大文明洪流,在不断"胡化"和"汉化"的交替过程中,开始相互交汇、碰撞和融合的痛苦过程。中国历史在这段时间内犹如黄河改道一样,在寻找自己新的河床、新的出口。而佛教就是在这一融合过程中由"佛本戎神"这样一个角色,不断地接受中原文明的淘洗历练,尤其在北方社会中,通过造像、写经、礼拜等活动,迅速融入纷乱的社会民众之中,充当了胡汉两大民族集团融合的思想桥梁和基层组织结构的作用。

换一种表述方式来讲,文明与制度在历史的交会点上来了一次"摸石头过河"的"共谋",最终促成了由魏晋南北朝的大混乱到隋唐的大兴盛。这种"共谋"应该是在制度、社会结构和意识形态三个层次或领域同步或交错进行的。

在制度层面上,儒家文明与胡族部落制度在不断的交锋中相互揣摩,最终开始逐步抛弃门阀制度,构建了隋唐帝国得以建立稳固统治的官僚制度。[1]

在社会结构及意识形态上,北方少数民族的南下,将秩序井然的小农社会撞成了碎片[2],以儒家思想为主体的农业文明意识形态和北方游牧文明意识形态都失去了完整存在的合法性。社会主体人口逃离城市中心圈,在一个个独立的坞堡里面过起了自给自足的生活。之后,随着社会形势的发展,坞堡(坞壁)逐渐形成了大大小小的村落。村落与新兴起的豪强大族具有千丝万缕的联系,而佛教僧人就是在这些村落中进进出出,村寺家僧和邑义组织的构建,使得同村的不同种族和不同宗族之间、村与村之间的关系在"众生平等"的理念下变得融洽了起来,从而消解了由于种族差异、宗族差异和势力集团差异而造成的"思想混乱"和"认同隔阂"。这种佛教渗透与乡间社会结构变迁的"共谋",为构建新的大一统帝国找到了宽容异族的底层制度模式、心理基础和文化共识。

---

[1] 阎步克:《变态与融合——魏晋南北朝》,载吴宗国主编:《中国古代官僚政治制度研究》,北京大学出版社2004年版,第131页。
[2] 韩昇:《魏晋隋唐的坞壁和村》,《厦门大学学报》1997年第2期。

我们的预期是，希望这样的研究能为中古社会之变迁寻找到一个微观观察的剖面，也许这就是其学术价值之所在。

四、从"精英政治史"到"普通民众史"：对相关学术研究成果的一个回顾

就魏晋南北朝佛教史的研究而言，先贤成果非常丰硕，梁启超、汤用彤、季羡林、任继愈诸先生的著述，是学习和研究这一领域问题的必读书目，这是自不待言的。不过，由于本书只是对魏晋南北朝时期佛教传播背景下的"士农工商"诸群体的有限社会生活记录做小心的勾勒与梳理。因而，对于学术成果的回顾，主要就集中在同本书密切相关的"底层社会史"或"民众社会史"的学术背景和研究成果方面。

20世纪初，中国史学研究出现了一个具有转折性意义的变化。在梁启超等人的倡导下，史学研究开始摒弃传统史学专注于"精英政治史"研究的模式，将历史研究的视野投向"普通民众史"这块荒漠中。与此同时，西方社会科学理论和研究方法的引进，也使得历史研究者们找到了一个新颖的研究理念和研究模式。

对于佛教发展同北方民众关系的研究，何兹全先生在20世纪二三十年代对寺院经济中"佛图户"等问题的探讨，就开辟了其门径。其后，这方面的研究主要集中在经济领域和寺院统治结构方面。其间，马长寿先生利用佛教石刻材料对关中地区的羌等少数民族部族做了系统的研究[1]，日本学者宫川尚志等对石刻材料中反映的北朝乡村进行了探索[2]。进入20世纪八九十年代以来，随着敦煌文献和大批佛教造像碑刻、写经题记被广泛而深入的利用，这方面的研究有了很大的进展。宁可、牟发松、郝春文、张弓、侯旭东等先生对于佛教社邑、北方村落和汉唐佛寺生活等方面的考察，在一定程度上拓宽了佛教传播背景下的中国社会史的研究。可以说，诸位先贤的一系列文章

---

[1] 马长寿：《碑铭所见前秦至隋初的关中部族》，中华书局1985年版。
[2] 〔日〕宫川尚志：《六朝时代的村》，载刘俊文主编：《日本学者研究中国史论著选译》第四卷，夏日新、韩昇等译，中华书局1992年版。

的发表和专著的出版，将"民众史"这样一种史学研究和构建的目标体系逐渐纳入了历史研究的视野。

如果说，马克思主义史学体系的构建和发展，是将中国的史学从旧的史馆体制和经学体系中解放了出来的话，那么对于古代"民众"和"社会"的关注与研究，则不但突破了那些以现代语言构建的"帝王将相史"的限制，而且也突破了自20世纪50年代以来以"农民战争"的阶级研究为目的的局限。追求崇高意义不再是历史研究的唯一目标，对于古代生活、社会、人群生存状态的研究逐渐浮现了出来。

因而，近些年的古代社会史研究，也经历了从关心饮食起居等物质史逐渐向"民众活动史"的开拓与发展。学者们开始以传统文献为基础，充分发掘出土石刻材料所提供的信息，关注佛教在北方社会传播过程中同民众之间的关系。但是，由于资料限制等方面的原因，在这方面的成果不是很多，其中牟发松、侯旭东、刘淑芬、卢建荣、王青等诸先生的成果令人瞩目。

就理论建构而言，牟发松先生的论文《传统中国的"社会"在哪里？》[①]，对古代史研究中"国家"遮蔽"社会"的现象做了非常深入的分析，在理论上为历史研究将"社会史"研究从"国家"这个宏大叙事中"剥离"出来做了很有见地的理论探索。完全可以看作中国古代史研究构建"社会史"甚至"民众史"的一个理论纲要。严耀中先生的《江南佛教史》系统地讨论了江南佛教的宗派发展、寺庙社会功能及江南佛教的融入民间等问题[②]，为我们研究区域佛教发展诸问题提供了很好的模本。

而侯旭东先生《造像记与北朝社会史研究的回顾与展望》[③]，是关于近些年学界利用石刻文献构建北朝社会与佛教发展史的一个总结性的概述，应该可以作为从事这方面研究的一个具有路径引导意义的文献来看待。并且，在《北朝村民的生活世界——朝廷、州县与村里》一书中，侯先生花了相当的篇幅对中古农村史的研究做了理论探索，试图在对中古村落日常生活状态及其观念存在的描述、分析基础上，从中寻找对于中国古代历史进程的新的理

---

① 牟发松主编：《社会与国家关系视野下的汉唐历史变迁》，华东师范大学出版社2006年版，第1—8页。
② 严耀中：《江南佛教史》，上海人民出版社2000年版。
③ 侯旭东：《造像记与北朝社会史研究的回顾与展望》，《中国史研究动态》1999年第1期。

解方式和解释概念。可以说，他在这方面的探索是相当成功的，至少在一定程度上，将"中古乡村"这个被遮蔽的世界做出了比较完整而细致的勾画，突破了那种以二元对立的"阶级斗争"来图解乡村社会的简单模式，用历史的细节和复杂性代替了宏大叙事构建的抽象性和简单化。

此外，王青先生提出了将"民俗佛教"与"学理佛教"区别研究的思路，在"精英佛教史"的背景下将"民众佛教史"的研究单列了出来。① 这个工作在理论上是具有重要建设意义的，如果佛教社会史的研究不能重视"民众佛教史"的构建，那么佛教的传入对于中国社会影响问题的探讨，就只能停留在书本知识或"概念"的阶段，而不能深入到"社会结构"的层次上。

就具体的研究成果而言，以石刻材料为中心而进行的关于佛教传播背景下的北方社会研究，主要集中在北方社会民众佛教信仰、佛教徒的身份、佛教民间组织及乡村社会这三方面而展开考察，并且，这几方面的研究正在以逐渐上升的梯次状态展开。

侯旭东的著作《五、六世纪北方民众佛教信仰——以造像记为中心的考察》② 是系统地利用造像记材料解读五、六世纪北方民众佛教信仰状态的作品。从研究结构来讲，条理性相对较强，具有很明显的线性结构，作者先交代了"背景"——北方佛教的流行原因、僧人的游方及佛教得到民众接受的一些原因，此后是"人物活动"——对北朝民间信仰的种类与演进做了条理叙述与分析，此后是"结局"——北方民众佛教信仰的影响探讨。应该说，就北朝民众史研究而言，这本书无论在内容上还是研究意义上，都具有开创性的价值。唯一不足的是，研究结构过于单一，没有完全跳出哲学史家所构建的那个"思想言说"体系。但不可否认，正是这样的探索式研究，为后人在相关领域的研究开辟了门径，也为作者更进一步的研究奠定了基础。

到 2005 年，侯旭东先生出版了专著《北朝村民的生活世界——朝廷、州县与村里》③，该书是在前面的研究基础上"更上一层楼"的作品，其研究结构的"复杂性"和精细程度远远超过《五、六世纪北方民众佛教信仰——

---

① 王青：《魏晋南北朝时期的佛教信仰与神话》，中国社会科学出版社 2001 年版。
② 侯旭东：《五、六世纪北方民众佛教信仰——以造像记为中心的考察》，中国社会科学出版社 1998 年版。
③ 侯旭东：《北朝村民的生活世界——朝廷、州县与村里》，商务印书馆 2005 年版。

以造像记为中心的考察》，其间的原因，也可能同前者是博士论文而后者是自由研究的区别有关，博士论文对于体系性的要求可能限制了对于问题本身的深入探讨和开拓。《北朝村民的生活世界——朝廷、州县与村里》以北朝"村落史"作为主题，从村落研究的理论问题到北朝村落的分布与结构、村落宗族问题、村落中的北朝国家体制延伸及村落中的观念结构，等等，做了相当细致而深入的探讨。可以说，这本著作是我们认识北朝基层社会结构和底层群体的经典读本。

台湾学者刘淑芬先生，在这方面也进行了很好的讨论。她的论文《五至六世纪华北乡村的佛教信仰》[①]，是对华北乡村佛教信仰状态的考察。这篇文章是利用石刻文献分析区域问题的一个具有典型意义的文本，考察内容涉及乡村佛教传播的背景、途径、方式、组织体系等方面；尤为重要的是，将佛教之于中国社会影响的这个大问题，置放在一个特定区域的特定人群中考察，凸现了历史的细节意义，使结论更具真实性。也许，这样的研究方法应该就是"民众史"或"底层社会史"研究的最基本的方法。如果说《五至六世纪华北乡村的佛教信仰》是以"区域视野"来透视问题的话，那么刘淑芬的另一篇文章《北齐标异乡义慈惠石柱——中国佛教社会救济的个案研究》[②]则深入到视线更为具体的"村落视野"中，对中古的乡村组织结构及其功能进行更加微观的剖析。

如果说很多佛教史著作主要致力于"代神（佛）思考"和聚焦于"精英人物"的活动轨迹的话，那么王青的著作《魏晋南北朝时期的佛教信仰与神话》就是在"思想史"这个领域内对"民俗佛教思想和信仰"进行比较全面的研究。王先生对阿弥陀信仰、弥勒信仰和观世音信仰等民间信仰体系的研究和分析，可以同侯旭东先生在《五、六世纪北方民众佛教信仰——以造像为中心的考察》中的考察相为参照，从而使我们得以对中古时期的民间佛教信仰有比较全面而深入的了解。饶有趣味的是，在文献的使用上，王青主要依赖于传统文献，而侯旭东则大量使用了出土石刻文献，因而这样建立在不同文

[①] 刘淑芬：《五至六世纪华北乡村的佛教信仰》，载林富士主编：《礼俗与宗教》，中国大百科全书出版社 2005 年版。
[②] 刘淑芬：《北齐标异乡义慈惠石柱——中国佛教社会救济的个案研究》，载梁庚尧、刘淑芬主编：《城市与乡村》，中国大百科全书出版社 2005 年版。

献基础上的对相关问题甚至是对同类问题的考察，对学术研究是具有相当重要的参考意义的。此外，侯旭东的《十六国北朝时期战乱与佛教发展关系新考》①、刘淑芬的《从民族史的角度看太武灭佛》②、卢建荣的《从造像铭记论五至六世纪北朝乡民社会意识》③等论文，都是本书研究得以开展的重要参考文献。

关于北方佛教信徒身份及社会地位的考察，梁启超在《佛教与西域》一文中对来自西域的传教僧人及其地位做过比较简单的探索。汤用彤、郭鹏诸先生的相关著作中也涉及这方面的内容。台湾学者郑郁卿的《高僧传研究》也做了探讨。此后，如王晓朝等先生也对一些事迹卓著的高僧做了比较系统的研究。不过这些研究都集中在"精英"层面上，主要着眼点也在于"思想"而或多或少地忽略了对社会背景问题的探讨。这方面的代表性论文主要有季羡林先生《商人与佛教》④、王青《东汉魏晋南北朝时期职业教徒的阶层分析》⑤、侯旭东《十六国北朝时期僧人游方及其作用述略》⑥以及陈寒《东晋南北朝时期印度来华僧人与汉地佛教》⑦等论文。季羡林先生主要是通过佛经记载，对印度商人与佛教僧人的关系做了全面论述，这对于我们研究社会群体与佛教僧人及僧团组织之间的关系，提供了一个可供参照的模本；而王青等学者的研究，则对这一领域相关问题的开拓提供了坚实的基础。

关于北朝乡村基层组织和以寺院为中心的佛教组织的考察，这方面的成果主要有宁可《述社邑》⑧、郝春文《东晋南北朝佛社首领考略》⑨、侯旭东《北魏村落考》⑩和《北朝乡里制与村民的生活世界——以石刻为中心的考察》⑪、刘淑芬《北齐标异乡义慈惠石柱——中国佛教社会救济的个案研究》、谷

---

① 侯旭东：《十六国北朝时期战乱与佛教发展关系新考》，《中国史研究》1998年第4期。
② 刘淑芬：《从民族史的角度看太武灭佛》，《"中央研究院"历史语言研究所集刊》第72本第1分，2001年。
③ 卢建荣：《从造像铭记论五至六世纪北朝乡民社会意识》，《历史学报》1995年第23期。
④ 季羡林：《商人与佛教》，载《季羡林文集》第七卷，江西教育出版社1998年版，第177—197页。
⑤ 王青：《东汉魏晋南北朝时期职业教徒的阶层分析》，《中国史研究》1997年第1期。
⑥ 侯旭东：《十六国北朝时期僧人游方及其作用述略》，《佳木斯师专学报》1997年第4期。
⑦ 陈寒：《东晋南北朝时期印度来华僧人与汉地佛教》，《人文杂志》2004年第1期。
⑧ 宁可：《述社邑》，《北京师范学院学报》1985年第1期。
⑨ 郝春文：《东晋南北朝佛社首领考略》，《北京师范学院学报》1991年第3期。
⑩ 侯旭东：《北魏村落考》，载《庆祝何兹全先生九十岁论文集》，北京师范大学出版社2001年版，第161—182页。
⑪ 侯旭东：《北朝乡里制与村民的生活世界——以石刻为中心的考察》，《历史研究》2001年第6期。

川道雄《六朝时代城市与农村的对立关系——从山东贵族的居住地问题入手》①、韩升《魏晋隋唐的坞壁和村》②、王素《高昌至西州寺院三纲制度的演变》③等论文。此外，谢重光、白文固《中国僧官制度史》④也有重要的参考意义。这一系列文章，在利用石刻文献和敦煌文书的基础上，由讨论佛教组织入手，逐步扩大到对乡村日常生存状态、村落与国家之间的关系、村落中国家势力的扩张等问题的研究，可以说在一定程度上是以"村落视野"的"小历史"为出发点，不断地集点成面，试图构建中古社会"大历史"的这样一个过程。在这方面比较典型的是郝春文的论文《从冲突到兼容——中国中古时期传统社邑与佛教的关系》⑤，这篇文章已经完全突破了仅仅描述或构建中古社邑的存在状态本身，开始探讨"佛教社邑"在中古文化融合中的功能性作用和意义，已经将具体问题上升到了本土文化与外来文化冲突与融合这样相对形而上问题的探讨层面。

很显然，随着大量佛教碑刻和墓志等非主流文献的不断发现，对底层民众佛教信仰的研究，将会逐步拓展到对底层社会史的相关各方面的研究。

五、基本的研究方法与取向

实事求是地说，面对历史学这样一个成熟的学科，研究的基本方法也是非常成熟的，用不着再画蛇添足地标新立异。之所以在这里谈及"研究方法"，主要是为了把本书的思维取向和论述的理论前提做个交代。

（一）在描述现象与把握规律之间的取舍

在论述问题之前，有必要对我们的出发点，或者说最基本的判断前提

---

① 〔日〕谷川道雄：《六朝时代城市与农村的对立关系——从山东贵族的居住地问题入手》，牟发松译，载武汉大学历史系魏晋南北朝隋唐史研究室编：《魏晋南北朝隋唐史资料》第15辑，武汉大学出版社1997年版，第1—18页。
② 韩升：《魏晋隋唐的坞壁和村》，《厦门大学学报》1997年第2期。
③ 王素：《高昌至西州寺院三纲制度的演变》，《敦煌学辑刊》1985年第2期。
④ 谢重光、白文固：《中国僧官制度史》，青海人民出版社1990年版。
⑤ 郝春文：《从冲突到兼容——中国中古时期传统社邑与佛教的关系》，载牟发松主编：《社会与国家关系视野下的汉唐历史变迁》。

做些必要的说明。在历史学研究中,寻求历史发展的规律性往往被当作一个主要的价值追求,这并没有什么特别的地方。不过在这里要遵循的出发前提是:不否认规律之存在,但是更注重历史发展的偶然性和模糊性,更致力于细节或隐性问题的探讨。我们不期望把不明白的问题套进现成的框架里面去获得解释,以构建系统性,也不期望因为追求完整性而把不相干的问题硬搅和进来,当然更不希望把前贤已经论述和建构得非常充分的问题再抄过来浪费纸张,而是期望在有限范围内解释材料本身的信息,哪怕得出的仅仅是支离破碎的结论,只期望它能对同一序列的学术问题有些微的补充意义。正如托马斯·李所说:"在历史的任何阶段,起作用的各种各样因素的聚合体不是必定按照规律性或模式运动的,也很少是有方向性的。历史过程是一系列无休止的微小变化,这种微小变化持续不断地、随意地运动着,以寻求达到均衡。"① 用这样的态度来对待"佛教传播背景下的社会群体"这一问题,在讨论的过程中,可能就会更少地犯主观臆断的错误,更少把本来毫无关联的偶然历史现象整合进一个臆造的系统之中而避免假问题的诞生。需要说明的是,这仅仅是一个出发前提,而不是论述原则。由于资料的有限性和历史时空对过去的磨损,我们往往不得不在有限的历史材料的基础上做出判断甚至延伸性解说。所以,我们是将这个前提作为一个标尺来使用的,力求尽量合乎这样的规范,以保证历史研究的实证性和科学性。

对于历史现象的认识,我们尽量避免寻求用一个深层的东西来解释表层的东西,避免认为任何现象之后都有一个值得我们穷追不舍的深层机理在发挥作用,因为这样往往忽略了历史上那些也许仅仅是心血来潮的或者是阴差阳错的产物。是的,用深层的统一性来规范表层的多样性②,往往也就会把历史平面化、再平面化,直至其成为纸页、成为数据,成为规范的宏大叙事。正如我在一篇学术书评中所言:"人类追求知识的好奇心在于,当我们看见一件事物的正面,就想看看它的反面;看到它的外表,就想看看它的内里;看到它的内里,就想看看它为什么会是这样而不是那样。追问永无止境,历

---

① 〔美〕托马斯·李:《历史必须遵循理性的解释模式吗?》,邢丙彦译,载陈启能等主编:《历史与当下》,上海三联书店、华东师范大学出版社2005年版,第56—59页。
② 关于这样的认识论问题,孙振聿先生的几个论述值得我们注意,他在《从两极到中介》、《从体系到问题》、《从层级到顺序》这三篇文章中,对人文科学的范式转换问题做了梳理。参见孙振聿:《我国人文社会科学研究的范式转换及其他》,《学术界》2005年第2期。

史学家们于是跑得气喘吁吁，把那些历史叙述所需要的细节碎片前赴后继地一片片地找出来、绞尽脑汁地一块块摆对位置，莞尔一笑，鸣金收兵。纸面上的历史从来不是个天生的整体，它只是一代代历史学家从故纸灰烬与残垣断壁中不断丰富细节的一幅拼图。历史学家，更重要的角色是拼图达人，而不是预测大师。"①

我们在本书的论述中极力避免将鲜活的历史平面化。譬如讨论"北方佛教盛行的原因何在"这一问题时，既注意到了从清代学者王昶，直至罗振玉、梁启超、汤用彤、宫川尚志、任继愈等先贤以"社会动乱之痛苦"作为佛教之所以在魏晋南北朝时期畅行的原因②，也赞同侯旭东先生以大量的史料和扎实的考察分析得出的结论："十六国北朝时期战乱对佛教发展的作用是局部的，不应估计过高。佛教之所以影响日盛，更主要的是其说教对民众具有吸引力。"③ 在此基础上，在本书的研究中，我们则从石刻材料和文献记载等发现，当时佛教的畅行也同它带给人们的欢乐意义与生存空间的开拓密切相关，用鲁迅的话说，"吃教"也是佛教兴盛的重要原因之一。我想这些考察和论述是并行不悖的，它们之间并没有什么矛盾之处。历史现象的多样性需要多样化的认识，而不是非此即彼的简单选择。④ 因而，本书尽量注意不因为宏大叙事或规律需要而忽略那些微观多样的历史现象本身的存在状态。

（二）问题存在的现实性与体系构建的虚拟性

问题存在和体系构建的关系处理，也是本书注意的主要事项。

在史学理论界，"历史编撰是艺术还是科学"这个问题一直是个比较引人注目的争论点。从稳妥和自我褒扬的角度出发，历史学家更愿意倾向于

---

① 尚永琪：《历史研究：是描画大势，还是努力拼图》，澎湃新闻 2017 年 9 月 3 日，私家历史版。
② 分别参阅王昶：《金石萃编》卷 39，中国书店 1985 年版；《石交录》卷 3，《贞松老人遗稿甲集》；梁启超：《中国佛法兴衰沿革说略》，载《佛学研究十八篇》，辽宁教育出版社 1998 年版，第 4 页；〔日〕宫川尚志：《六朝史研究·宗教篇》，平乐寺书店 1964 年版，第 45 页；任继愈主编：《中国佛教史》第 1 卷，中国社会科学出版社 1981 年版，第 111—112 页；郭朋：《汉魏两晋南北朝佛教》，齐鲁书社 1986 年版，第 139—152、474—512 页；侯旭东：《十六国北朝时期战乱与佛教发展关系新考》，《中国史研究》1998 年第 4 期。
③ 侯旭东：《十六国北朝时期战乱与佛教发展关系新考》，《中国史研究》1998 年第 4 期。
④ 其实这是一个很难掌握的尺度，多样化的认识往往会因为标新立异等原因而偏离历史研究的基本轨道，而陷入假问题的泥潭，不过本书的研究在每一步上都遵循传统的历史研究的实证方法，但愿不至于制造假问题而东施效颦。

赞同历史是一门科学的说法。不过从海登·怀特的严密论述"学术与诗歌之间的历史编撰"到中国现代史家"历史是个任人打扮的小姑娘的"不严肃说法中，我们还是能感觉到历史学的体系构建与史实存在之间的矛盾和疑问。

海登·怀特对于这个问题的最经典说法是："历史叙述中的言语虚构十分丰富，其形式与其说是科学的，不如说与文学中的有更多的共同之处。"[①] 这种认识，我们在读《左传》、《史记》中那些犹如录像一样甚至比现场录像还要生动形象的对话和人物动作、表情时，应该能感觉到"言语虚构"甚至"场景再造"的力度。因而，创造性的体系构建而不仅仅是完全对历史的忠实还原，似乎是历史学撰述不可避免的一个方面。

虽然脱胎于经学的"考据学"和近现代历史学家所开创的具有科学逻辑意义的"考证方法"[②] 给了我们比较理性的研究方法和工具。但是由于史料的零碎性和记录过程中的"人为加工和过滤信息"等原因，我们确实无法很忠实地再现"过去的历史场景"。因而对史料的"延伸性解释"和对不清楚的"历史缺环"的"他者补充"就成了一个重要的手段，在本书相关问题中，前者的典型代表是回答"太武帝为什么会灭佛"，太武帝自己说了一些理由，但是历史学家不但怀疑他说话的诚实性——此人也许真的是言不由衷，他说的只是政治辞令——而且历史学家也不满足于他的那种很表层的解释，于是各种不同的延伸性说法和解释随之便产生了；后者的典型例证是我们很熟稔地运用卡尔·马克思或阿诺德·汤因比诸贤人的"宏大叙事"语句来解释那些用现有史料说不清的问题，或者用他们的某些论述来赋予现有的有限史料以"明晰"的、适合自己研究趋向和胃口的特定意义。

因而，"延伸性解释"和"他者补充"这两种倾向和选择，其实都或多或少地具有扭曲史料的嫌疑。对于研究底层社会史来讲，这一点也许将非常明显。譬如本书就客观存在这样的选择基础，因为与之相关的、系统的正史史料非常有限，而大量出土的造像、写经题记等石刻文献又大多千篇一律、

[①] 〔美〕格奥尔格·G.伊格尔斯：《学术与诗歌之间的历史编撰：对海登·怀特历史编撰方法的反思》，陈恒译，载陈启能、倪为国主编：《书写历史》第1辑，上海三联书店2003年版，第7页。本书中还译载了海登·怀特的《旧事重提：历史编撰是艺术还是科学？》、《叙事性在实在表现中的用处》及S.A.艾克什穆特《历史与文学："异化地带"？》等文章，值得参考。

[②] 相关理论探索的进程，可参阅陈其泰主编：《20世纪中国历史考证学研究》，北京师范大学出版社2005年版，第416—480页。

信息重复而单调零碎，并且这些史料相互之间的关联性很差。这样就很难在研究中将当时的场景系统地"完整化"，所以，为了避免在有限史料的基础上得出太多的延伸性解释，我们注意到了对"体系的完备性"这一要求的削弱，而将主要注意力集中在对由史料的密集程度所决定的每一个历史问题的尽可能忠实的探求上。

对历史研究而言，我们对声称掌握了历史发展规律的言论保持有限度的相信，因为纷繁复杂的历史过程有太多的偶然性和突变性。但是，我们相信在长时段内，历史发展是有一定的趋向的。汉唐历史变迁就是这样一个比较明显的历史发展趋向。

本书主要致力于对"士农工商"这四民阶层存在状态的描述，但是这也许不是我们的终极目的。我们的终极目的是期望在相对完整地构建"社会因素"（譬如本书中研究的社会群体）的存在状态的基础上，能为认识汉唐历史变迁的进程提供一个微观的剖面。

第一章　汉唐之际的北方胡汉社会与佛教传播

在中国历史上，3—6世纪是一个社会急剧转型的复杂时段，北方人群的构成无论在数量上还是民族或种族的类别上都发生了巨大的变动。

概括而言，这一时期的多变性和复杂性主要表现为以下几端：气候的变化比较急剧，传统的农牧分界线南移，生活在长城以北，东起大兴安岭、西到帕米尔高原的欧亚草原上的匈奴、鲜卑、羯、氐等诸游牧民族纷纷南下东进，打乱了以关中平原为核心地域的中原汉族王朝的统治秩序和文明体系，政权更替和人口迁徙频繁无序，民族矛盾突出，农业文明和游牧文明经历了持久的交融与磨合。战火纷飞，佛教作为一种异域文明大规模进入中国。

北方社会因此而迫切需要一种共同的信仰或者说文化体系来整合社会。佛教就是在这样一个恰当的历史时机担当了这个角色，它对胡、汉这两大民族集团的社会融合起到了非常重要的作用。

因而，北方胡汉社会结构的形成和人的集群的变动，是佛教在北方得到广泛传播的主要社会背景条件。史料表明，在3—6世纪的佛教传播过程中，北方游牧民族和来自西域等地的所谓"胡人"在佛教的发展中确实发挥了比较重要的作用。[1]

因而，我们在讨论佛教在北方传播的社会背景时，也要着重探讨"非汉民族"群体在佛教传播过程中的独特性作用。这个问题需要从两个方面来理解：第一，来自西域的胡人和北方胡族是较早接受和传播佛教信仰的群体，

---

[1] 关于北方少数民族在中国北方佛教传播过程中所发挥的作用，杜继文先生也认为："带动佛教在东晋南北朝的这轮大发展，有一个非常重要的原因，那就是少数民族的进入中原。在此后的一个相当时期，北方少数民族成了佛教信仰并推动佛教发展的主力。"参阅杜继文：《佛教在中国文化发展中的地位和意义》，载杜继文：《中国佛教与中国文化》，宗教文化出版社2003年版，第29页。

在北方尤其如此;第二,北方胡族南下造成的社会惨烈现实,迫使北方人民寻求一种寄托和安慰,客观上为佛教的发展提供了社会基础。

第一节　北方社会的胡汉结构:佛教传播的重要背景

一、农牧分界线南移与人的集群的变动

在以小农生产为基础的中国古代社会,环境和气候对群体生活的影响是非常深刻的,在今天看来微不足道的一场大风甚至雨雪,就足以使得古代脆弱的农业生产体系遭到毁灭性的打击。而对于在北方草原的游牧民族来讲,旱灾和雪灾等在长时段内具有一定循环规律的灾害气候,或者蝗灾或者其他虫灾,往往就会引起生存环境的急剧恶化,这样他们就不得不南下对农业区进行掠夺。

正如许倬云先生所指出的:"中国与北边草原的游牧民族之间,自古和战靡常。不少人以为游牧民族总想入侵中原,其实游牧民族的生活方式,中原并不是他们理想的居住地区。大致说来,游牧民族只要能获得中原的若干物资,能有出售北亚畜牧产品的市场,游牧民族并不想要侵略中国。若游牧民族大量移入中国,必然是在北方草原上有了住不下去的困难。天然灾难,每是使他们不能不迁徙的原因。"① 许先生关于游牧民族并不想入侵中原的说法可能不一定站得住脚,但是游牧民族的纷纷南下侵略一般都同环境和灾害等因素的影响有必然关联,却是不易之论。②

魏晋南北朝时期,北方胡人的南下突入长城,建立政权,同这个历史时

---

① 许倬云:《汉末至南北朝气候与民族移动的初步考察》,载《许倬云自选集》,上海教育出版社2002年版,第221页。
② 哈佛大学布雷特·辛斯基教授对中古时期的气候变化之于中国北方政治格局变动的影响也做过考察,他认为:"南北朝时期中国北方处于入侵的游牧民族统治之下,这一时期也是中国北部和周边游牧民族世居地气候急剧恶化的时期。北方游牧民族赖以为生的草原越来越不适于居住,同时农业产量减少带来了极大的压力,游牧民族南迁以避开寒冷的气候绝不是偶然现象。……很显然,历史上谁能主宰北方,政治、经济和军事的综合因素才是最终决定力量。但是,考虑到这样或那样的政治变化与生态环境变化之间的耦合性,气候可能是中国北方政治命运的决定性因素之一。"参见〔美〕布雷特·辛斯基:《气候变迁和中国历史》,蓝勇、刘建等译,《中国历史地理论丛》2003年第2期。

期气候的寒冷有很大的关系。据竺可桢先生的研究:"在近五千年中的最初二千年,即从仰韶文化到安阳殷墟,大部分时间的年平均温度高于现在2℃左右。1月温度大约比现在高3℃—5℃。在那以后,有一系列的上下摆动,其最低温度在公元前1000年、公元400年、1200年和1700年;摆动范围为1℃—2℃。在每一个400至800年的期间里,可以分出50至100年为周期的小循环,温度范围是0.5℃—1℃。"①

竺可桢先生根据文献物候资料而绘制出的中国历史时期气候变迁图,其曲线同气象学家从格陵兰冰块所得到的结果曲线非常吻合②,即以公元400年为气温最低谷点的魏晋南北朝时期,是世界气候的一个寒冷期。

许倬云先生根据正史《五行志》及其他相关文献记载,将东汉到北魏的寒冷时期分成四个阶段:

第一阶段(90—130),匈奴分化为南北两部,南匈奴大批人口南来归降。

第二阶段(180—200),史书中霜雪寒风的记载比较多,乌桓鲜卑从166年开始,大规模入侵,可能与气候寒冷密切相关。

第三阶段(270—330),霜雪风寒,史不绝书。尤其277—291年连年都有寒冷纪事,匈奴大批南下内迁,光太康年间,就有三批匈奴归附,分别有29000多口、100000口和10000口移居塞内。这些匈奴共分为19种,按部落分布在幽、并、雍诸州,而以并州为最多。太康十年(289),北方杂虏内附者有10余万口。石勒迁徙平原的乌丸3万余口到襄国,苻坚曾徙关东诸杂夷10万户于关中。其时,"关中之人,百余万口,率其少多,戎狄居半",这样,终于造成中国历史上"五胡乱华"的局面,北方的汉族人口大量南迁,尤其是幽、并、司、冀、秦、雍诸州,由于战争、蝗灾和疫疾饥馑的逼迫,人口锐减。

第四阶段(410—530),寒冷纪事特别多的一期,持续也最久,霜雪风寒不断。北魏政权迁都洛阳。魏孝文帝在493年确定迁都洛阳的计划,而487—490年之间,正是大风陨霜极为频繁的几年,因而,《南齐书》才有"(平城)土气寒凝,风砂恒起,六月雨雪。议迁都洛京"③之说,而《通鉴纪

---

① 竺可桢:《中国近五千年来气候变迁的初步研究》,《考古学报》1972年第1期。
② 竺可桢:《中国近五千年来气候变迁的初步研究》,《考古学报》1972年第1期。
③ (梁)萧子显:《南齐书》卷57《魏虏传》,中华书局1972年版,第990页。

事本末》亦有"魏主以平城地寒,六月雨雪,风沙常起,将迁都洛阳"①的说法。鲜卑北魏之逐渐南迁,与气候同农业的关系至为密切,拓跋鲜卑族长期以来过着游牧射猎的生活,靠野蛮的掠夺为生,定都平城之后,开始发展农业。但是由于平城地处塞外,气候寒冷,风沙较大,有时六月还要下雪,农业生产条件极差,农业发展有极大的局限性。加上当时生产力的落后,天灾又经常不断,平城的粮食一直难以自给,要靠黄河流域供给。只有南迁,才能解决这个问题。北魏统治北方的时期,柔然开始大规模入侵,也与气候寒冷有关。②

由此可以看出,由于该历史时期全球气候的寒冷,漠北高原游牧民族的生活环境恶化,不得不持续南迁。由此而引起了北方农业生产区域的萎缩,大量农业人口亦随之向黄河以南直至长江以南推移,关东和关中的北部变成了牧区。③这显然会影响北方的粮食生产,这样,气候和农业区萎缩等因素影响下的粮食产量的下降,加剧了北方社会的生存艰难,引发尖锐矛盾。

二、北方胡汉结构社会的形成与佛教传播的内在关系

胡人是中原民族对北方边疆民族以及外来西域民族的一个很笼统的称呼。唐长孺认为,"就当时的一般习惯而言,所谓'胡'者即是指曾经隶属于匈奴单于的某些部族与部落,及匈奴部族中所包含的某些部落与氏族"④,这个界定应该是符合历史实际的。《晋书》卷97所列"四夷"⑤中,西戎、北狄在各家史书中都可以被称作"胡",西戎包括吐谷浑、焉耆、龟兹、大宛、康居、大秦,北狄主要是匈奴各部,主要有十九种部落,这十九种中,可以明确分辨出来的不多,唐长孺先生曾细考其中之六种,分别是屠各、卢水胡、羯胡、乌丸、乞伏、稽胡,并将他们称之为"杂胡"。马长寿先生曾细考其中有史迹可考者,有屠各、贺赖、鲜支、寇头、赤沙、赤勒、羌渠、菱沙、赫连氏、沮渠氏等。⑥除此之外,我们在这里所说的胡人,当然还包括

---

① (宋)袁枢:《通鉴纪事本末》卷20《魏迁洛阳》,中华书局2015年版,第1789页。
② 许倬云:《汉末至南北朝气候与民族移动的初步考察》,载《许倬云自选集》,第225—238页。
③ 葛剑雄:《中国人口史》第一卷,复旦大学出版社2002年版,第560页。
④ 唐长孺:《魏晋杂胡考》,载《魏晋南北朝史论丛》,第445页。
⑤ (唐)房玄龄等:《晋书》卷97《四夷传》,中华书局1974年版,第2522—2531页。
⑥ 马长寿:《北狄与匈奴》,生活·读书·新知三联书店1962年版,第92—104页。

建立北魏政权的拓跋鲜卑等北方民族以及一些外来民族如天竺人。

匈奴是汉代中原政权的主要外敌，而随着对匈奴诸部战争的开展和丝绸之路的开通，西域诸国人物及天竺人也逐渐进入中原，主要是政权使者、商人和传教者，他们的到来，使胡人这个群体有了更多的异域色彩。所以，随着匈奴诸部的内附和同西域诸国的交往，无论是在文化方面还是在政治经济方面，胡人在东汉末年已经开始嵌入中原社会，而"五胡乱华"背景下的北方少数民族政权的建立，更是加剧了这种进程。

进入中原地区同汉族杂居生存的胡族，主要是匈奴、鲜卑人、西域胡人以及天竺等国的僧俗人物等。

匈奴进入传统的农业聚居区，始自西汉末年，主要分布在朔方、并州地区，西汉政权对这些内迁匈奴采取了松散的统治措施，使其"部落随所居郡县，使宰牧之，与编户大同，而不输贡赋"。① 这样的松散政策，使得在相对安定环境下的内迁匈奴势力逐渐发展起来，"多历年所，户口渐滋，弥漫北朔，转难禁制"。所以到东汉末年，中原统治者就深深体会到了入居长城之内的北部匈奴对统治权力的威胁，以至"群臣竞言胡人猥多，惧必为寇"，提出"宜先为其防"的应对策略。② 其后，魏武帝在建安年间将匈奴分为五部，选拔五部中的尊贵者为五部帅，并在五部再选派汉族官员担任司马，以监督匈奴。到大魏末年，又将五部帅改为五部都尉。③ 五部都尉所辖部众数目，据《晋书》记载：

> 其左部都尉所统可万余落，居于太原故兹氏县；右部都尉可六千余落，居祁县；南部都尉可三千余落，居蒲子县；北部都尉可四千余落，

---

① （唐）房玄龄等：《晋书》卷97《四夷传·北狄·匈奴》，第2548页。
② （唐）房玄龄等：《晋书》卷97《四夷传·北狄·匈奴》，第2548页。
③ （唐）房玄龄等：《晋书》卷97《四夷传·北狄·匈奴》："前汉末，匈奴大乱，五单于争立，而呼韩邪单于失其国，携率部落，入臣于汉。汉嘉其意，割并州北界以安之。于匈奴五千余落入居朔方诸郡，与汉人杂处。呼韩邪感汉恩，来朝，汉因留之，赐其邸舍，犹因本号，听称单于，岁给绵绢钱谷，有如列侯。子孙传袭，历代不绝。其部落随所居郡县，使宰牧之，与编户大同，而不输贡赋。多历年所，户口渐滋，弥漫北朔，转难禁制。后汉末，天下骚动，群臣竞言胡人猥多，惧必为寇，宜先为其防。建安中，魏武帝始分其众为五部，部立其中贵者为帅，选汉人为司马以监督之。魏末，复改帅为都尉。"

居新兴县；中部都尉可六千余落，居大陵县。①

在这四县之中，共有 1.9 万个匈奴部落，其实力不可谓不大。按江统的估计，"关中之人，百余万口，率其少多，戎狄居半"，②仅在并州地区，就"五部之众，人至数万"，尤其是鲜卑族，人数更多，东汉末年就有"控弦之士二十余万"，其实力之众，可想而知。所以在北方，所谓五胡所占人口比例，是相当大的。

西域胡人进入中原地区，始自张骞通西域之后：

> 西北诸戎，汉世张骞始发西域之迹，甘英遂临西海，或遣侍子，或奉贡献，于时虽穷兵极武，仅而克捷，比之前代，其略远矣。魏时三方鼎峙，日事干戈，晋氏平吴以后，少获宁息，徒置戊己之官，诸国亦未宾从也。继以中原丧乱，胡人递起，西域与江东隔碍，重译不交。吕光之涉龟兹，亦犹蛮夷之伐蛮夷，非中国之意也。自是诸国分并，胜负强弱，难得详载。③

这段记载基本上概括了自西汉开通西域以来西域诸国与中原政治关系的大致面貌，而西域诸国同中原之间的商业往来，远远要比政治关系紧密得多。正是因为西域商人的大量来华，大批的乐工、僧人等也随之而来，为中国北方胡人的组成增加了许多异域色彩。

这样，一方面是北方游牧民族不断南迁进入黄河流域定居，一方面北方的汉族也大量越过长江移居江南，这种递次进行的人口迁徙，使北方的人群比例产生了很大的变化，北方胡人所占人口比例急剧上升。

因而，3—6 世纪的北方社会，处在一种紧张的民族张力之下，以长城为界线的农牧分界线和华戎分界线被打破，不同文化背景的民族杂居生活在同样的生活空间里，互相之间那种来自种族认同的不安全感时时威胁着每一个人。自先秦以来就在儒家文明话语中不断得到强调的"华夷"、"华戎"之

---

① （唐）房玄龄等：《晋书》卷 97《四夷传·北狄·匈奴》，第 2548 页。
② （唐）房玄龄等：《晋书》卷 56《江统传》，第 1533 页。
③ （唐）姚思廉：《梁书》卷 54《西北诸戎传》，中华书局 1973 年版，第 809 页。

心理分界,就显得更为突出。胡汉之间以及胡族不同的部落、种族之间的矛盾,上升为此一时期的主要社会矛盾。

关于五胡在魏晋南北朝时期的社会地位和生存处境,唐长孺先生做过很系统的研究,他说:

> 除了东部鲜卑以外,各族人民离开所徙居的土地便没有根据地,而他们的徙居则是由于征服或降服,他们受州郡官吏的统治,承担服兵役与交纳赋税的义务,一部分业已成为州郡的编户与豪强的田客与奴隶。他们所受的压迫是阶级与种族的双重压迫。
> 当西晋政权被摧毁,那些酋豪武力征服了北中国,并建立起符合于自己利益的政权,便以种族压迫的方式残杀、劫掠与奴役以汉族人民为主的各族人民,他们占有了土地并迫使汉族及其他各族人民成为他们的编户、营户与奴隶,人民所受的压迫同样是双重的。①

事实上,唐先生是将这种民族压迫和阶级压迫的历史以西晋的灭亡为界,分作了两个不同的阶段。以我们的理解,就胡汉形势而论,前一阶段是汉制胡,后一阶段是胡制汉,这当然是就大体形势而言,并非决然如此。

据此,我们以公元304年刘渊建国为界线,将北方胡汉形势变化的过程划分为三个阶段:

第一阶段为晋初到公元304年,主要是缘边民族和内服胡人等遭受中原统治者及边关官吏等压迫掳掠的阶段;

第二阶段为公元304年刘渊建国到公元484年魏孝文帝开始改制,正好180年,在这180年间,北方诸族纷纷进入中原地区建立政权,胡人文化在被汉文化同化的旋涡中挣扎,他们在付出代价,中原文明也在付出代价。这是一个异常痛苦的过程,各族之间的杀戮不断,正是在这种残酷的杀戮与排斥中,不同的文明和不同的种族,在"胡化"与"汉化"的两难选择中,开始寻找共同的生存通道;

第三个阶段为魏孝文帝改制以后,胡汉文化开始逐步融合,为隋唐之崛

---

① 唐长孺:《晋代北境各族"变乱"的性质及五胡政权在中国的统治》,载《魏晋南北朝史论丛》,第188页。

起奠定了坚实的社会与文化基础。

如此划分，可能会更细腻一点，大体上勾画出了汉制胡→胡制汉→胡汉融合这样一个历史过程，这样的说法不见得十分科学，但基本符合历史逻辑。

综上所述，北方胡汉社会结构具有以下两个基本特征：

1. 游离性：随着中原政权的南迁和漠北少数民族进入黄河流域，传统的以儒家文明为主流意识形态的北方农业文明圈被打破，游牧文明和农业文明的冲突，使得北方社会在很长历史时段内处在文化认同与政治认同的游离状态；

2. 过渡性：3—6世纪是中华文明的一个整合时期，此一阶段的北方社会更是从社会观念、伦理价值到社会秩序诸方面都具有明显的过渡性质，是汉唐之间变化的一个过渡阶段。

在整个社会文化价值观比较混乱的前提下，过渡型的北方胡汉社会更容易在意识形态或组织方式上接纳可以调和二者的第三方。

在这个三阶段的民族融合过程中，无论对中原汉族，还是对进入以儒家文化为主流意识形态和社会伦理规则的中原农业文明区的北方少数民族而言，"非我族类，其心必异"则必是胡汉双方在很长时期内的共同心态。

在此种环境下，已经处在杂居状态的北方社会要得到稳定和前进，这种敌视心态的消解就是历史发展的必然要求，而佛教就在一定程度上担当了这种文化调和者的角色。

陈寅恪先生在《王观堂先生挽词并序》中说："凡一种文化值衰落之时，为此文化所化之人，必感痛苦。其表现此文化之程量愈宏，则其所受之痛苦亦愈甚。"[①] 北方游牧文化同中原农业文明之间的短兵相接，倒不是一种衰落的文化在遭受外来文化的吞并，而是两种个性鲜明的强势文化间的相互碰撞，痛苦是双方的。因而，佛教传入后，在北方很快得到民间社会的信仰，就因为它提供了一种化解痛苦的方法和胡汉双方寻求精神与社会合作的途径。

确切地说，佛教起到了整合胡汉社会的纽带作用，它的"众生平等"、"因果轮回"等理论，使"华夷之别"、胡汉之分在一定程度上得到消解，既有利于化解阶级矛盾，也有利于化解和淡化民族矛盾。正如日本学者佐藤智水在考察北朝造像记后所认为的："佛教包容了以北魏皇帝为首的胡汉两民

---

① 陈寅恪：《陈寅恪集·诗集》，生活·读书·新知三联书店2001年版，第12页。

族的意识形态,并具有从中发挥其作用的可能性。"①

第二节　北方胡人是较早接受和传播佛教的群体

一、佛教在早期传播的一些问题

关于佛教传入的时间问题②,文献记载中的歧异较大,主要有汉哀帝元寿元年(公元前2年)说及汉明帝永平年间(58—75)说。

《三国志》裴注引鱼豢《魏略·西戎传》说:"昔汉哀帝元寿元年,博士弟子景卢,受大月支王使伊存口授《浮屠经》。"《魏书·释老志》亦有同样的说法。③

关于汉明帝梦金人而遣使求法的说法,在《四十二章经序》、《牟子理惑论》等书中都有基本相同的记载:

> 昔汉孝明皇帝,夜梦见神人,身体有金色,项有日光,飞在殿前,意中欣然,甚悦之。明日问群臣:"此为何神也?"有通人傅毅曰:"臣闻天竺有得道者,号曰佛,轻举能飞,殆将其神也。"于是上悟,即遣使者张骞、羽林中郎将秦景博士弟子王遵等十二人,至大月支国写取佛经四十二章。在第十四石函中登起立塔寺,于是道法流布,处处修立佛寺。远人伏化愿为臣妾者,不可称数,国内清宁,含识之类蒙恩受赖于今不绝也。④

---

① 〔日〕佐藤智水:《北朝造像铭考》,载刘俊文主编:《日本中青年学者论中国史》(六朝隋唐卷),上海古籍出版社1995年版,第71页。
② 20世纪初以来,佛教初传中国的问题,学术界已做了大量的研究。梁启超在其《佛教之初输入》一文中提出"佛教之来,非由陆路而由海"的说法。20世纪末,由中国南京艺术学院、北京大学、南京博物院和日本龙谷大学联合组成"佛教初传南方之路"课题研究组,沿长江流域调查了分布在四川、湖南等十多个省市自治区的佛教遗迹,并在调查的基础上出版了《佛教初传南方之路》(文物出版社1993年版),为我们研究佛教在中国早期传播的路径提供了丰富的材料。
③ 关于佛教是西汉元寿元年传入中国的说法,法国学者沙畹(M. Chavannes)和日本学者白鸟库吉就坚持这一说法。相关论述,可参见和田清原:《佛教东传年代论》,许章真译,载《西域与佛教文史论集》,台湾学生书局1991年版,第255页。
④ 竺摩腾、竺法兰译:《四十二章经序》,载〔日〕高楠顺次郎等编修:《大正新修大藏经》第17册《经集部四》,大正一切经刊行会1934年版,第722页。

汤用彤先生认为："汉明求法，吾人现虽不能明当时事实之真相，但其传说应有相当根据，非向壁虚造。"① 任继愈主编的《中国佛教史》认为："汉明帝求法说从其基本情节来说是比较可信的，但它只是说明印度佛教进一步向中国传播，而不能说是佛教传入中国的开始。"② 因而，佛教应该是在"西汉末年和东汉初年逐渐传到我国内地"③ 的。这个结论是目前学界普遍接受的说法，比较公允。

关于佛教的传入来源地及路径，学界有自西域陆路传入说和海路传入说④，但就目前的资料和论证来看，海路最先传入的说法恐怕还没有很坚实的证据⑤。至少，就目前的情况来看，我们不赞同"首先是海路？首先是陆路？"这样的界限分明的说法，而倾向于传入路径的多向性。季羡林先生在仔细考察了"佛"和"浮屠"这两个词的词源后，认为佛教传入中国，

---

① 汤用彤：《汉魏两晋南北朝佛教史》，北京大学出版社1997年版，第22页。
② 任继愈主编：《中国佛教史》第1卷，第97页。
③ 任继愈主编：《中国佛教史》第1卷，第105页。
④ 从佛教经典的传递及外来僧人的国别和活动形迹来看，佛教主要是由西域传入的。但是南方长江流域存在的大量早期佛教遗迹，又预示着可能有一条自海而来的传播通道。但是海路传入说目前还没有什么很确实的证据。对于这个问题，马雍先生的解释比较公允，他说："从《汉书·西域传》的记录里，我们很难发现在汉朝统治下的西域存在佛教的任何痕迹。而且，从艺术史的角度看，新疆发现的壁画洞窟没有一个早于东汉初年，因此可以认为佛教传入塔里木盆地是在公元2世纪中叶前后。无疑佛教到中国内地要稍早一些。这一点可以用两种方式予以解释。第一种假设是首先把佛教带到中国来的是来自贵霜帝国的佛教徒，虽然他们取道西域，但是他们的传教的目标是汉廷。因此，佛教的传播并不是像有些学者所设想的那样经过西域逐渐传入的。另一种可能是佛教在东汉时期传入中国取另一条道路，也许是海路。"根据目前的文献和考古证据，我们认为应该在考虑这个问题的时候稍稍偏离一点"计划经济"的模式，佛教徒到中国来传教，绝非计划好了一定要走哪条道，而是具有很大的随机性。陆路相对安全，但盗贼、兵灾的威胁等无处不在，海路虽然没有盗贼的威胁，但海上风恶浪险，葬身鱼腹的可能性又比较大。因而，早期的佛教徒肯定是海、陆都有并进的，只要有商人等活动在这两种道上，他们就会随之而来。问题的关键在于，可能由于西域道开通后，从西域到中原相对比较安全和流畅，后期大批佛教徒才从陆路而来。因此，我们认为，考虑到这个问题的随机性，可能比较切合实际情况。马雍先生的相关论述，参见〔匈〕雅诺什·哈尔马塔主编：《中亚文明史》第二卷，徐文堪、芮传明译，中国对外翻译出版公司2002年版，第181页。
⑤ 关于佛教传播问题，近年荣新江先生的《陆路还是海路？——佛教传入汉代中国的途径与流行区域研究述评》一文中的看法值得引起重视，他认为，从现已掌握的文献和考古资料来看，尤其是特别考虑到阿富汗新发现的公元1世纪的早期佛教文献，佛教从西北印度大月氏（今阿富汗和巴基斯坦）经陆路传入汉代中国的说法最为合理。另外，荣先生在该文中所披露的1994年发现现藏英国图书馆的犍陀罗语佛教文献，也是理解这一问题的重要文献。参阅荣新江：《陆路还是海路？——佛教传入汉代中国的途径与流行区域研究述评》，载《北大史学》第九辑，北京大学出版社2003年版；又见荣新江：《中国中古史研究十论》，复旦大学出版社2005年版。

不存在直接从印度传入的问题,都是经过了中间媒介,他给出了两个传播公式:

  1. 印度→大夏(大月支)→中国
  buddha → bodo, boddo, boudo →浮屠
  2. 印度→中亚新疆小国→中国
  buuddha → but →佛①

  在中国文献记载中,最早译出的佛教经典是《四十二章经》,至于该经究竟在什么地点译出,由于文献记载的歧义,难以得出比较一致的意见。②季羡林先生倾向于该经是在大夏译出的,因而保留了大夏文 Bodo 的读音,译作"浮屠";而后来传入的佛教经典来自中亚小国的译本,保留了梵文 Buddha 在中亚语言中变作 But 的形式,因而就译成了"佛"。
  按我大致的理解,季先生的第一个传播公式应该是就安世高来华译经(148)之前的情况而言。而后一个公式就是指魏晋以来以龟兹等国西域僧人的到来而使佛经得到大量翻译,佛教信仰进一步流传发展而言。
  在安世高来到洛阳译经传教之前,中国历史文献中关于佛教流传的记载除前面提过的传入记载外,大约还有以下几端:
  其一为汉桓帝祠浮屠(浮国)的史事:

    前史称桓帝好音乐,善琴笙。饰芳林而考濯龙之宫,设华盖以祠浮图、老子,斯将所谓"听于神"乎!③

---

① 季羡林:《再谈浮屠与佛》,载《季羡林文集》第七卷,第357页。
② 《三国志》裴注引鱼豢《魏略·西戎传》说:"昔汉哀帝元寿元年,博士弟子景卢,受大月支王使伊存口授《浮屠经》。"《魏书》卷114《释老志》:"哀帝元寿元年,博士弟子秦景宪受大月支王使伊存口授浮屠经,中土闻之,未之信也。……后孝明帝夜梦金人……帝遣郎中蔡愔、博士弟子秦景等使于天竺,写浮屠遗范。……愔又得佛经《四十二章》及释迦立像。"其中对于《四十二章经》的翻译在何地焉不详。而牟子《理惑论》则云:"遣使者张骞、羽林郎中秦景、博士弟子王遵等十二人,于月支写佛经四十二章。"
③ (南朝宋)范晔:《后汉书》卷7《孝桓帝纪》,中华书局1965年版,第320页。《后汉书·西域传》亦有桓帝好浮屠的记载,此处不再录出。

其二是襄楷上书汉桓帝，希望汉桓帝能遵从黄老、浮屠之道，"省欲去奢"，他说：

> 又闻宫中立黄老、浮屠之祠。此道清虚，贵尚无为，好生恶杀，省欲去奢。今陛下嗜欲不去，杀罚过理，既乖其道，岂获其祚哉！或言老子入夷狄为浮屠。浮屠不三宿桑下，不欲久生恩爱，精之至也。天神遗以好女，浮屠曰："此但革囊盛血。"遂不眄之。其守一如此，乃能成道。今陛下淫女艳妇，极天下之丽，甘肥饮美，单天下之味，奈何欲如黄老乎？①

其三为楚王英学浮屠的记载：

> 英少时好游侠，交通宾客，晚节更喜黄老，学为浮屠斋戒祭祀。八年，诏令天下死罪皆入缣赎。英遣郎中令奉黄缣白纨三十匹诣国相曰："托在蕃辅，过恶累积，欢喜大恩，奉送缣帛，以赎愆罪。"国相以闻。诏报曰："楚王诵黄老之微言，尚浮屠之仁祠，洁斋三月，与神为誓，何嫌何疑，当有悔吝？其还赎，以助伊蒲塞桑门之盛馔。"因以班示诸国中傅。英后遂大交通方士，作金龟玉鹤，刻文字以为符瑞。②

在这三段记载中，都是黄老与浮屠并祠，可见当时对佛教的理解还停留在传统的方术阶段。

那么，佛教对于传统的中国社会来说，也许更近于"越人语天姥"，仅仅是"好玩"而已。这时的佛教由于经典翻译的稀少，其教义并不能得到很好的理解，因而在一定程度上不会触及传统的儒家知识体系和伦理规则，不像魏晋之后那样引起士大夫的热烈讨论和激烈反对，因而即使如襄楷这样儒家出身的官员谈及它的时候，也将浮屠与黄老并列为帝王修身养性的法门，语气相当平淡。

不论是汉桓帝还是楚王英，他们都不是到专门的佛寺中去祠浮屠，而是

---

① （南朝宋）范晔：《后汉书》卷30下《襄楷传》，第1082页。
② （南朝宋）范晔：《后汉书》卷42《楚王英传》，第1428—1429页。

在宫廷和家中。那么既然此时佛教已经传入，为什么他们不到佛寺中去呢？这个问题就与我们在本节中所谈的胡人有关了。据《高僧传》卷9《竺佛图澄》载：

> 佛出西域，外国之神，功不施民，非天子诸华所应祠奉。往汉明感梦，初传其道。唯听西域人得立寺都邑，以奉其神，其汉人皆不得出家。魏承汉制，亦修前轨。①

从这条记载来看，从佛教传入之后，因为佛是"外国之神"，因而只有西域人才能在都邑之中寺，而汉人是不能出家为僧的。这种规定和现实情形应该是一直持续到了三国时期的，所以才会有"魏承汉制，亦修前轨"的说法。不过我们根据事物发展的常理来推断，一般都是某种现象在社会生活中已经很有势力的时候，政府才会反应过来制定相应的禁令或政策，所以，这也正说明，至迟在三国时期，已经有不少的汉族人加入了崇拜佛教的行列，以至于政府不得不重申禁令。

这种情形我们可以从文献记载中得到一些基本认识。《后汉书·西域传》在谈及佛教在汉世传播的情形时说：

> 楚王英始信其术，中国因此颇有奉其道者。后桓帝好神，数祀浮图、老子，百姓稍有奉者，后遂转盛。②

显然，由于桓帝的喜好浮屠，公元2世纪中期的老百姓才对佛教"稍有奉者，后遂转盛"。这种转盛的情况我们也许可以从三国时期的笮融建立浮屠祠中得其大概：

> 笮融者，丹杨人，初聚众数百，往依徐州牧陶谦。谦使督广陵、彭城运漕，遂放纵擅杀，坐断三郡委输以自入。乃大起浮图祠，以铜为人，黄金涂身，衣以锦采，垂铜槃九重，下为重楼阁道，可容三千余

---

① （梁）释慧皎：《高僧传》卷9《竺佛图澄》，中华书局1992年版，第352页。
② （南朝宋）范晔：《后汉书》卷88《西域传·天竺》，第2922页。

人，悉课读佛经，令界内及旁郡人，有好佛者听受道，复其他役以招致之。由此远近前后至者五千余人户。每浴佛，多设酒饭，布席于路，经数十里，民人来观及就食且万人，费以巨亿计。曹公攻陶谦，徐土骚动，融将男女万口，马三千匹，走广陵，广陵太守赵昱待以宾礼。①

徐州地区是早期佛教比较流行的地域，无论从文献记载还是考古发现来看，这一地区奉行佛教的记载和佛教遗迹并不比古代西域晚，甚至还要稍早一些。②笮融能在徐州牧陶谦的支持下大起浮屠祠，诵读佛经，其规模也比较大。但是，我们必须注意到，从后汉到三国时期，也就是2—4世纪，佛教的传播在中国南方留下了佛像等一些遗迹③，而在北方则很少有这一时期的相关遗迹和文物。对于这种现象，宋晓梅先生的理解是很有道理的：佛教初传时期，南方和西域通过不同的途径，依靠各自的传播方式，形成最初的佛传根据地，并继而将佛的信息传递到中原，从这个意义上讲，佛教向中国传播的方式和途径是多元的。④但是，毫无疑问，佛教在中国大规模传播和其

---

① （晋）陈寿撰，（南朝宋）裴松之注：《三国志》卷49《吴书四·刘繇传》，中华书局1982年版，第1185页。
② 吴焯在《从考古遗迹看佛教传入西域的时间》一文中考察了四川乐山、湖北武昌、湖北鄂城等地，发现2—3世纪的佛像遗迹以及江苏连云港孔望山摩崖造像，而在新疆发现的同一时期西域的寺院遗迹以及内部的壁画、雕塑均不早于公元3世纪。从文献记载来看，根据班勇关于西域的报告而写成的《后汉书·西域传》中，对天竺国"修浮图道"有记载，但绝口不提龟兹、于阗有浮屠道，所以至少班勇在西域的时候这些国家还没有佛教流传。吴焯认为："佛教传入西域的时间为公元二世纪上半叶班勇离开西域之后……内地佛教的传入较西域为早，是由印度直接传入的，但时隔不久，西域即成为印度与中国内地这一传播线之间的中转站，并发挥了巨大的作用。"该文载《敦煌学辑刊》1985年第2辑。
③ 如早期的佛像遗存主要集中在南方，早期佛像在长江流域的流行是2—4世纪，持续大约200年。早期佛像的载体在长江上游主要是以四川为中心的摇钱树、长江中下游的佛兽镜和神瓶（魂瓶），以及分布在上述地区的尖顶帽胡俑、白相俑等。迄今发现最早的佛像是重庆丰都延光四年（125）墓出土的摇钱树佛像，最晚的是浙江萧山东晋永昌元年（322）墓出土神瓶佛像。尖顶帽胡俑在四川东汉墓中大量发现，在长江下游的东晋神瓶中，尖顶帽胡俑经常与佛像伴出。四川彭山江口镇东汉永十四年（102）墓出土一件尖顶帽胡俑，这是我国迄今发现最早有确切纪年的尖顶帽胡俑。大约与此同时，在四川安县和陕西城固摇钱树干佛像两侧，也出现了尖顶帽胡人，他们面向佛，双手作揖，下跪。研究者认为尖顶帽胡人是印度佛教徒的形象。相关论述可参见何志国：《论早期佛像在长江流域的传播——以汉晋考古材料为中心》，《东南文化》2004年第3期。
④ 宋晓梅：《从考古遗存引发关于南北两路佛教初传问题的思考》，《西域研究》2003年第2期。

经典的传递、翻译却是主要来自西域。① 在这个进程中,来自西域的僧人、商人和北方少数民族发挥了独特而重要的作用。

二、北方胡人是较早接受和传播佛教的群体

我们根据《高僧传》的记载,对东汉到三国时期的传教译经高僧做了简单的统计,列为下表(表1),以期有助于对这个问题的进一步认识。

表1　58—270年间传法译经高僧行迹表

姓名	国别(族别)	来华时间	行迹
摄摩腾	中天竺	58—75年之间	冒涉流沙至乎洛邑,明帝甚加赏接,于城西门外立精舍以处之,汉地有沙门之始也。
竺法兰	中天竺	58—75年之间	兰与摩腾共契游化。遂相随而来。
安清	安息国	147—149年之间	以汉桓之初。始到中夏。 灵帝之末关洛扰乱。乃振锡江南。
支楼迦谶	月支人	168—178年之间	汉灵帝时游于雒阳,以光和中平之间,传译梵文。
竺佛朔	天竺	168—178年之间	以汉灵之时,赍道行经,来适雒阳。又以光和二年。于雒阳出般舟三昧。谶为传言,河南洛阳孟福张莲笔受。
支曜	月支人	168—220年之间	沙门支曜、康巨、康孟详等,并以汉灵献之间有慧学之誉,驰于京洛。
康巨	康居	168—220年之间	沙门支曜、康巨、康孟详等,并以汉灵献之间有慧学之誉,驰于京洛。
康孟详	康居	168—220年之间	沙门支曜、康巨、康孟详等,并以汉灵献之间有慧学之誉,驰于京洛。
昙果	不明	168—220年之间	先是沙门昙果。于迦维罗卫国得梵本。孟详共竺大力译为汉文。
竺大力	不明	168—220年之间	先是沙门昙果。于迦维罗卫国得梵本。孟详共竺大力译为汉文。
支亮	月支人	168—220年之间	有支亮字纪明。资学于谶。谦又受业于亮。
安玄	安息国	约184—189年之间	以汉灵之末,游贾洛阳,以功号曰骑都尉……志宣经典,常与沙门讲论道义。

---

① 谢和耐先生也认为"佛教经海路进入中国似乎是比较晚期的事了",参阅〔法〕谢和耐:《中国社会史》,耿升译,江苏人民出版社1995年版,第172页。

续表

姓 名	国别（族别）	来华时间	行迹
严佛调	临淮人	约184—189年之间	调本临淮人。绮年颖悟。敏而好学。世称安侯都尉佛调三人传译。号为难继。
优婆塞支谦	月支人	220年左右	汉献末乱避地于吴。先有优婆塞支谦，字恭明，一名越，本月支人，来游汉境。初汉桓灵之世有支谶。译出众经，有支亮字纪明，资学于谶，谦又受业于亮。
维祇难	天竺人	224年	以吴黄武三年，与同伴竺律炎，来至武昌，赍昙钵经梵本。昙钵者，即法句经也。时吴士共请出经，难既未善国语，乃共其伴律炎，译为汉文。
竺律炎	天竺人	224年	以吴黄武三年，与同伴竺律炎，来至武昌，赍昙钵经梵本。昙钵者，即法句经也。时吴士共请出经，难既未善国语，乃共其伴律炎，译为汉文。
康僧会	康居	247年左右	康僧会。其先康居人。世居天竺。时吴地初染大法。风化未全。僧会欲使道振江左兴立图寺。乃杖锡东游。以吴赤乌十年。初达建邺营立茅茨设像行道。时吴国以初见沙门。睹形未及其道。疑为矫异。有司奏曰。有胡人入境。自称沙门。容服非恒。事应检察。以始有佛寺故号建初寺。因名其地为佛陀里。由是江左大法遂兴。
昙柯迦罗	中天竺人	249—254年之间	以魏嘉平中，来至洛阳，于时魏境虽有佛法，而道风讹替，亦有众僧未禀戒律，正以剪落殊俗耳，设复斋忏事法祠祀。迦罗既至，大行佛法，时有诸僧共请迦罗译出戒律。
康僧铠	康居	254年左右	外国沙门康僧铠者。亦以嘉平之末。来至洛阳。译出郁伽长者等四部经。
昙帝	安息国	254—256年之间	以魏正元之中。来游洛阳。出昙无德羯磨。
帛延	龟兹人	256—269年之间	沙门帛延不知何人。亦才明有深解。以魏甘露中。译出无量清净平等觉经等凡六部经。

在上表所列的21人中，有明确记载是来自印度及西域的僧人有15人，其中天竺僧人5人，安息国僧人3人，月支3人，康居国4人，占了71%；而支曜、昙果、竺大力、帛延、竺律炎5人，文献中虽没有明确记载他们来自何国，但从他们的支、竺、帛等姓氏以及他们同上列其他外籍僧人同行而至或合作译经的行迹来看，至少不会是汉族人，大多也是来自西域或天竺的僧人。只有临淮人严佛调，我们无法确定他的族属，因为在文献记载中，往

往也以地望来称呼那些世居中原的外籍人物，如"竺叔兰，河南居士，本天竺人，父世避难居于河南"① 即此种实例。当然我们也不能排除严佛调是汉族人的可能性。即使严佛调是汉族人，外籍僧人的比例也占95%。因而，此一时期的传教僧人主要还是来自西域的胡人和印度僧人，而尤其让我们注意的是，安玄是一位边经商边传教的安息商人。可见，西域人在此时的佛教传播中具有特殊的重要意义。

从这些胡僧的传教活动看，几乎没有关于他们同汉族僧人或中原佛教信徒的师承传授关系，倒是由月支人支谶到支亮再到支谦的师徒关系，提醒我们，也许这一时期佛教的师承传授主要是在西域人或与之相近的胡人之中传授。但这并不表明没有汉族信仰者，而是汉族信仰者可能囿于习俗、语言等方面的不同，而没有广泛地加入到出家传道的行列。对于这种情况，从昙柯迦罗的行迹中我们也可得到比较详尽的认识：

> 昙柯迦罗，此云法时，本中天竺人，家世大富……以魏嘉平中，来至洛阳，于时魏境虽有佛法，而道风讹替，亦有众僧未禀归戒，正以剪落殊俗耳，设复斋忏事法祠祀。②

这就说得很明白了，在3世纪中期，洛阳的佛教信徒因为嫌剃光头发不符合中原风俗，而"未禀归戒"，仅仅是"设复斋忏事法祠祀"。很显然，不适应"剃法"的定是汉族人而不会是胡人，他们可能并不到西域人主持的佛寺中去出家为僧，而是照着佛寺的礼拜仪式"复斋忏事"。

与这种情况相适应的是，在2—3世纪，北方很少发现有民间广泛信仰佛教的遗迹或文物。不过这种情况在以敦煌为中心的河西地区，可能又稍有特别。

我们来看看发现于敦煌藏经洞的《魏敦煌太守仓慈写〈佛说五王经〉题记》：

---

① （梁）释慧皎：《高僧传》卷4《晋洛阳朱士行传·竺叔兰》，第146页；（梁）释僧祐：《出三藏记集》卷13《竺叔兰传》，中华书局1995年版，第519—521页。
② （梁）释慧皎：《高僧传》卷1《昙柯迦罗传》，第12—13页。

> 景初二年岁（238）戊午九月十六日，敦煌太守仓慈，为众生供养，熏沐写已。①

仓慈，《三国志·魏书》有传，曾先后做过绥集都尉、长安令等小官，太和中（227—233）迁升为敦煌太守，他在敦煌对来自西域的商人给以保护政策，在西域诸胡中威信极高。②他这样一位处在中原同西域交通要地的地方官员，信仰佛教，写经为众生乞福，也是在情理中的事情。

该题记出自敦煌藏经洞写经，就说明仓慈写下的这个经卷，是属于寺院的藏品，那么仓慈的礼佛活动，定然是在寺院而不是在家里，这就同魏嘉平年间（249—254）洛阳的那些"设复斋忏事法祠祀"的僧人不同。作为政府官员而参与寺院的活动，说明这一时期敦煌地区的佛教传播与发展远远要比洛阳更为普遍成熟。

事实上，从现有资料来看，佛教在北方的广泛传播，除了西域僧人和商人的前期努力外，在4—5世纪，以匈奴为主体的北方胡人对佛教的广泛接受，发挥了巨大的作用。东晋吏部尚书桓玄在和中书令王谧讨论僧人是否向君主致敬的信函中，就说："曩者晋人略无奉佛，沙门徒众皆是诸胡，且王者与之不接，故可任其方俗。"③这正说明在早期佛教的传播过程中，北方胡人确实是信奉的主体人群。④

关于北方胡人大规模接受佛教的历史，可能在陇右的西羌是比较早的。5世纪的时候，有人写了《三破论》，攻击佛教是"破国、破家、破身"的祸害，并说"今中国有奉佛之人，必是羌胡之种"⑤可见羌人之于佛教的信仰，确实是非常早而且具有典型意义。

---

① 饶宗颐主编，王素、李方著：《魏晋南北朝敦煌文献编年》，新文丰出版公司1997年版，第53页。
② （晋）陈寿撰，（南朝宋）裴松之注：《三国志》卷16《魏书·仓慈传》，第512—515页。
③ （梁）释僧祐：《弘明集》卷12《桓玄与王令书论道人应敬王事》，载〔日〕高楠顺次郎等编修：《大正新修大藏经》第52册《史传部四》，第81页。
④ 关于这个问题，刘淑芬先生使用了"非汉民族"一词，她认为："回顾中国佛教发展史，可以发现非汉民族曾扮演一个重要角色。非汉民族对佛教在中国的流布，有相当的贡献。一则早年的僧人大都不是汉人，二则一直要到五胡十六国后期后赵建武元年，氐人君主石虎方正式准许汉人出家。"参阅刘淑芬：《从民族史的角度看太武灭佛》，《"中央研究院"历史语言研究所集刊》第72本第1分，2001年。
⑤ 《弘明集》卷8《灭惑论》，《三破论》这篇文章已经亡佚了，但是刘勰在写作《灭惑论》时，引用了《三破论》中的一些主要观点来——驳斥，因而我们得以从中了解到《三破论》的一些立论要点。

晋惠帝末年，长安高僧帛远鉴于中原战乱、群雄交争，决定"潜遁陇右以保雅操"，但是他还没到陇上，就因为得罪了一道同行的秦州刺史张辅，而被张辅杀害。此一事件，在当时引起了很大的震动，使得"戎晋嗟恸，行路流涕"。更为引人注意的是，帛远的被害，扑灭了陇上羌人欲迎帛远西归的愿望，引起了他们的强烈不满：

> 陇上羌胡，率精骑五千，将欲迎祖西归，中路闻其遇害，悲恨不及，众咸愤激，欲复祖之仇，辅遣军上陇，羌胡率轻骑逆战，时天水故涨下督富整，遂因忿斩辅，群胡既雪怨耻，称善而还，共分祖尸各起塔庙。①

张辅杀害帛远，引起陇上羌胡的怨恨，以至于出兵为其复仇，可见其时陇上羌胡对佛教的信仰已是相当深切。当张辅被杀之后，他们又"共分祖尸各起塔庙"，表明陇上羌人诸部已经普遍信仰佛教，建立寺庙。及至"五胡乱华"之后，羌人建立的后秦政权大力提倡佛教，延请鸠摩罗什等高僧翻译佛经，为中国佛教的发展奠定了坚实的基础，实有其传统在内。

张辅被杀的时间，《晋书》的记载不太一致，有永兴二年（305）六月和永嘉初（307年左右）的说法②，但我们据此可以断定，"陇上羌胡"前来迎接帛远的时间，最晚也是在307年之前。派兵斩杀张辅的陇西太守韩稚，又有东羌校尉的官衔，那么张辅之被杀，完全就是因为他杀害了帛远而招致信仰佛教的羌人的愤恨，身为东羌校尉的韩稚，自然不能袖手旁观。

此处最值得注意的是，为什么信仰佛教的陇上西羌不向西迎取来自西域的高僧，而要迎接来自东方长安的帛远？对于认识北方佛教的传播历程，这个问题至为关键。

季羡林先生认为，就印度佛教的情况而言，"印度佛教是在城市中成长起来的一个宗教，和尚都住在城市里，同商人住在一起"③，那么印度佛教的

---

① （梁）释慧皎：《高僧传》卷1《帛远传》，第27页。
② "（永兴二）六月甲子……陇西太守韩稚攻秦州刺史张辅，杀之。"参见（唐）房玄龄等：《晋书》卷4《帝纪第四·孝惠帝》，第105页。"永嘉初，会东羌校尉韩稚杀秦州刺史张辅。"参见（唐）房玄龄等：《晋书》卷86《张轨传》，第2222页。
③ 季羡林：《商人与佛教》，载《季羡林文集》第七卷，第179页。

这种与生俱来的生存惯性不会因为来到中国就很快发生变化，所以他们也同西域商人一样，主要是在城市传教。在上面的表中所列出的21位僧人中，大多是以洛阳为传教的中心目标，因为那里是中原的政治文化中心。所以，在所谓的"五胡乱华"之前，由于西域道路的畅通和洛阳这样的政治文化中心城市的稳定，就使得东来的传教僧人要么翻越陇山直达洛阳等地，要么就在凉州、敦煌这些与西域息息相关的商业中心停留，而很难在陇上驻扎。"五胡乱华"之后，中原血雨腥风，而河西地区相对安宁，这就使得大批西域高僧聚集在这一地区，充分利用了该地区的多民族语言条件，译出了大量的佛教经典，也培养了一批通晓胡语的高僧，为佛教的进一步东传打下了坚实的基础。

魏晋南北朝时期"胡僧"的形象，我们在现存石窟寺壁画中可以得到一些珍稀的图像。首先是敦煌莫高窟285窟的西魏壁画《高僧山中坐禅》，画面以青、赭、绿色块相配，表现了一个高僧坐在高脚胡床上，在群山环绕的地方修禅。从画面上还可以看出在胡床上铺了编制的席子之类的坐垫。这个高僧我们还不能完全判断就是"胡僧"，但是在胡床上打坐修炼，也可看出胡人文化对僧人的影响。

这方面最典型的图像是炳灵寺169窟西秦壁画中的绘于建弘元年的《昙摩毗等供养人像》，这组供养人像在169窟的第6龛。

第6龛北侧菩萨的顶部又彩绘一尊菩萨，旁墨书题名"弥勒菩萨"，弥勒菩萨的东侧彩绘立佛，旁墨书题名"释迦牟尼佛"，释迦牟尼佛东侧，在宽0.87、高0.47米的白底长方形框内墨书造像铭文，其后有"建弘元年岁在玄枵三月廿四日造"的字样。建弘元年即公元402年，正值西秦乞伏炽磐统治时期，也是西秦国力较盛的时期。这则铭文是目前国内各石窟中最早的有纪年的造像铭文。在龛内彩绘弥勒菩萨和释迦牟尼佛的下面，墨书题名者有"清信女妾王之像"、"乞伏罝集之像"。建弘元年造像铭文下方，绘两排供养人，并有墨书题名，能识别者有上排第一个旁墨书"护国大禅师昙摩毗之像"、"比丘道融之像"。这个昙摩毗在《高僧传》卷11《玄高传》中有记载："乞佛炽槃跨有陇西，西接凉土，有外国禅师昙无毗，来入其国，领徒立众训以禅道。"两相对照，可知《高僧传》所说的"昙无毗"，实即炳灵寺169窟6龛建弘元年造像题记中的"护国大禅师昙摩毗"。这组造像的脱落非常严重,只有"昙摩毗"的造像还可以看出面部形象来,这个浓眉大眼、气宇轩昂的"护国大禅师",是我们今天唯一可以见到的佛教在魏晋南北朝时期中国北方传播的胡族高僧写实形象。①

三、胡僧佛图澄与北方佛教的传播

对于佛教在北方的流传兴盛,周高祖有"汉魏晋世,似有若无。五胡乱治,风化方盛"的断言,北周邺城僧人道林则认为"汉魏晋世佛化已弘,宋赵符燕久习崇盛"②,以"宋赵符燕"为佛教崇盛的主要时期,而赵、符(秦)、燕俱为胡人政权。可见当时的僧俗双方都认为,佛教在北方的兴盛同五胡政权有密切的关系。

这四个王朝从建立时间顺序排列应该是赵符(秦)燕宋,因而,北周僧人所谓佛教在中原地区"久习崇盛"的开始,当开始于赵王朝的建立。从各方面的情况来推断,此处之赵乃是后赵而不是前赵。

证之文献记载,佛教作为一种信仰被北方胡族广泛接受,始于佛图澄传教于后赵。佛图澄于晋怀帝永嘉四年(310)来到洛阳,意欲在洛阳立寺传法。永嘉五年(311)匈奴人刘曜、刘粲攻陷长安,佛图澄立寺的愿望没法实现,只好"潜泽草野以观世变"③,由此可以推断前赵政权对佛教是不崇信的,否则佛图澄也不至于"潜泽草野"。

前赵政权是匈奴建立的,关于内迁匈奴对于佛教的信仰,由于其种族部落的复杂性,我们很难得出较为完整或中肯的结论,不过我们可以从后来的相关记载做一个相对性的判断,《高僧传》卷10《宋伪魏长安释昙始传》载:

> 晋末朔方凶奴赫连勃勃破获关中,斩戮无数。时始亦遇害,而刀不能伤,勃勃嗟之,普赦沙门,悉皆不杀。始于是潜遁山泽,修头陀之行。④

---

① 董玉祥主编:《炳灵寺一六九窟》,海天出版社1994年版。
② (唐)释道宣:《广弘明集》卷10《周高祖巡邺除殄佛法有前僧任道林上表请开法事》周建德六年十一月四日,商务印书馆1936年版,第121页。
③ (梁)释慧皎:《高僧传》卷9《竺佛图澄传》,第345页。
④ (梁)释慧皎:《高僧传》卷10《宋伪魏长安释昙始传》,第386页。

既然直到东晋末年，朔方赫连勃勃所部匈奴还能斩戮释昙始这样的高僧，最后因为其显示的神通之术而使得赫连勃勃大为嗟叹，才释放了释昙始并下令"普赦沙门，悉皆不杀"。即使这样，释昙始也还是得"潜遁山泽，修头陀之行"，因而赫连勃勃下令不杀沙门之后，出家人的处境还是相当危险的。如果没有性命之忧，释昙始就没必要做头陀的样子潜遁山泽之中了。这正好说明，其时匈奴的一些部落至少是赫连勃勃所统匈奴是不信佛教的。赫连勃勃大破关中在义熙十四年（418）十一月，那么这种情况就相对性地表明，在此之前的310年，建立前赵的匈奴也可能是不信仰佛教的，至少没有上升到具有国家意义的普遍信仰的地步。

佛图澄传教后赵的历程，《高僧传》卷9有很详尽的记载：

> 时石勒屯兵葛陂，专以杀戮为威，沙门遇害者甚众。澄悯念苍生，欲以道化勒，于是杖策到军门。勒大将军郭黑略素奉法，澄即投止略家，略从受五戒，崇弟子之礼。略后从勒征伐，辄预克胜负。勒疑而问曰："孤不觉卿有出众智谋，而每知行军吉凶，何也？"略曰："将军天挺神武，幽灵所助。有一沙门术智非常，云将军当略有区夏，已应为师。臣前后所白，皆其言也。"勒喜曰："天赐也。"召澄问曰："佛道有何灵验？"澄知勒不达深理，正可以道术为徵，因而言曰："至道虽远，亦可以近事为证。"即取应器盛水，烧香咒之。须臾生青莲花，光色曜目，勒由此信服。澄因而谏曰："夫王者德化洽于宇内，则四灵表瑞。政弊道消，则彗孛见于上。恒象著见，休咎随行。斯乃古今之常徵，天人之明诫。"勒甚悦之。①

佛图澄不畏生死，以其广泛深厚的知识背景和智慧以及那些神奇的法术，赢得了石勒的信服，确实值得佩服。

此外，很值得注意的是，在佛图澄传教后赵、接近石勒之时，他首先是找到了石勒的大将——"素奉法"的郭黑略，通过郭黑略为石勒出谋划策，从而得到了石勒的信任，使石勒也信奉佛法，最终打开了让佛教成为国家佛

---

① （梁）释慧皎：《高僧传》卷9《竺佛图澄传》，第345—346页。

教的大门。在这个过程中，可以说郭黑略起了很大的作用，他本身就是有点信佛的佛教徒，那么他本人的族属也许可以加深我们对此前问题的认识。郭黑略是石勒十八骑之一①，他肯定不是汉族。据陈连庆先生考证，郭氏是匈奴姓氏，也是屠各姓氏。②由此我们应该注意到，在北方匈奴诸种中，佛教至少在个别贵族中还是有一定的信仰基础的。

不过，佛教在关中得到广泛信仰，并开始得到国家政权的支持，要归功于佛图澄的不畏艰险和自身素质。在佛教传扬的前期，教义的明朗化本身并不重要，关键是怎么能得到信徒的信服，所以早期传教僧人的个人知识储备和智慧程度就显得相当重要，像佛图澄这样的所谓"神僧"就为后来专门译经讲经的义学僧人开辟了道路。

《高僧传》说佛图澄"以麻油杂胭脂涂掌，千里外事皆彻见掌中如对面焉"，这显然都是虚饰夸大之词，我相信佛图澄绝没有手掌里看电视的本事，但是他的医术和劝谏统治者的技巧还是相当高的：

> 凡应被诛余残，蒙其益者，十有八九，于是中州胡晋略皆奉佛。时有痼疾世莫能治者，澄为医疗应时瘳损，阴施默益者，不可胜记。③

石勒好杀成性，正是因为佛图澄的及时劝谏，使得不知多少人免于被杀，正是这一点，使得中原的胡人、汉人感念于他的慈悲，开始信奉佛法，而他的医术更为其传播佛教，尤其在一般民众中传教发挥了很大的作用。

及至到了石虎当政的时期，佛教在后赵已经非常兴盛，以致引起了传统汉族士大夫的注意和排斥情绪，石虎的中书著作郎王度上书说：

> 夫王者郊祀天地，祭奉百神，载在祀典，礼有尝飨。佛出西域，外国之神，功不施民，非天子诸华所应祠奉。往汉明感梦，初传其道，唯听西域人得立寺都邑，以奉其神，其汉人皆不得出家。魏承汉制，亦修前轨。今大赵受命，率由旧章，华戎制异，人神流别。外不同内，飨祭

---

① （唐）房玄龄等：《晋书》卷104《石勒载记上》，第2708页。
② 陈连庆：《中国古代少数民族姓氏研究》，吉林文史出版社1993年版，第31页。
③ （梁）释慧皎：《高僧传》卷9《竺佛图澄传》，第346页。

殊礼，华夏服祀，不宜杂错。国家可断赵人悉不听诣寺烧香礼拜，以遵典礼。其百辟卿士，下逮众隶，例皆禁之。其有犯者，与淫祀同罪。其赵人为沙门者，还从四民之服。①

这正是传统的中国观念中的"华戎之别"的典型样本。王度的理由，就是要遵从华夏典礼，不让赵人到佛寺中烧香拜佛，禁止出家。我们在这里需要注意的是，王度说的是"赵人"不是胡人，也不是汉人。我想此处所指的恐怕还是以胡人为主的胡汉各民族，之所以称为赵人，可能与当时统治者的忌讳有关，史载石勒"制法令甚严，讳胡尤峻"②，到石虎时期，这种忌讳可能也不会有什么太大的松动。

我们看看当时的石虎是怎么应对王度的这份表章的，石虎在诏书中说：

度议云：佛是外国之神，非天子诸华所可宜奉。朕生自边壤，忝当期运，君临诸夏。至于飨祀，应兼从本俗。佛是戎神，正所应奉。夫制由上行，永世作则，苟事无亏，何拘前代？其夷赵百蛮有舍其淫祀，乐事佛者，悉听为道。③

石虎的态度倒是蛮可爱的，他先说明佛教确实不适应于"天子诸华"，而后就欣欣然说自己生在边疆，正好可以供奉佛这种"戎神"，也算是保留了自己的一点本地风俗。并且他认为那些"夷赵百蛮"只要自己乐于信仰佛教，就只好让他们自由选择了。这真是给了王度一个不大不小的软钉子，此诏一下，"慢戒之徒因之以厉"④，佛教在北方之发展，在胡族统治者的鼓动下，自此一发而不可收拾，并进而传遍大江南北。

此后相继建立的北方诸胡人政权，都开始在国家提倡下信仰佛教，尤以凉州为中心的河西诸小国及北魏等北朝政权为代表，使中国佛教走上了一个兴盛时期。

---

① （梁）释慧皎：《高僧传》卷9《竺佛图澄传》，第352页。
② （唐）房玄龄等：《晋书》卷105《石勒载记下》，第2737页。
③ （梁）释慧皎：《高僧传》卷9《竺佛图澄传》，第352页。
④ （梁）释慧皎：《高僧传》卷9《竺佛图澄传》，第352页。

第三节　胡人政权的血腥统治与佛教的传播

学界的一般看法是，佛教的传播同 3—6 世纪社会的混乱与民间生活的痛苦具有正相关关系。在北方，主要就是漠北骑马民族的南下所造成的对农业生产的破坏，以及北方游牧民族建立的政权的血腥统治等原因，对佛教的流行起了推动促进作用。

一、夷夏之分是胡汉两大种族集团产生敌意的文化基础之一

远在先秦时期，夷夏之分就是横亘在中原华夏民族同周边少数民族之间的一道心理障碍。两汉时期，北方周边民族对中原王朝的侵扰，已经使得中原政权无计可施，正如范晔所慨叹："四夷之暴，其势互强矣。匈奴炽于隆汉，西羌猛于中兴。而灵献之间，二虏迭盛，石槐骁猛，尽有单于之地。蹋顿凶桀，公据辽西之土。其陵跨中国，结患生人者，靡世而宁焉。然制御上略，历世无闻；周、汉之策，仅得中下。将天之冥数，以至于是乎？"真是一语成谶，延至晋世，胡人"陵跨中国"的"冥数"几乎已成定局。①

从现有文献记载来看，汉代的天文学星象安排解释体系中，胡人还不是一个要解释的对象。而从《晋书·天文志》开始，胡人正式成为星象学解释的一个主题："传舍九星在华盖上，近河，宾客之馆，主胡人入中国。"②《隋书·天文志》完全因袭了这种解释体系。这说明胡人已经在中国的传统宇宙观念中占据了重要的位置。确切说，当时的胡人对于中原社会尤其是北方社会的渗透和融合，以及对于中原政权存在安全的严重威胁，已经成为中原意识形态中的一个令心脏隐隐发痛的死结。《晋书》中对于这种意识的详细表白和解释就相当有意思："日者，太阳之精，中国之象；赤而无光，中国将为胡夷之所陵灭。谚曰：'野兽入家，主人将去。'今狐上南门，亦灾之大也。又狐者，胡也。天意若曰：将有胡人君于此城，南面而君者也。昔春秋之世，星陨于宋，襄公卒为楚所擒。地者至阴，胡夷之象，当静而动，反乱天常。天意若：曰胡夷将震动中国。中国若不修德，将有宋襄之祸。"③ 其实

---

① （南朝宋）范晔：《后汉书》卷 90《乌桓鲜卑列传》，第 2994 页。
② （唐）房玄龄等：《晋书》卷 11《天文志》，第 289 页。
③ （唐）房玄龄等：《晋书》卷 87《李歆传》，第 2269 页。

此后对佛教的排斥言论和灭佛活动，都同这种安全受到威胁的意识有关。①尤其是随着内迁胡人同中原统治者关系的日益对立和五胡政权的建立，更使这种基于民族不同而产生的敌意心态得到放大，行动也就不免残暴。②

二、农业文明和游牧文明的冲突及胡人政权的惨烈统治

胡人之南迁，是传统的游牧文明强行嵌入农业文明区的过程，二者的冲突显然是非常剧烈的。这种冲突不仅仅是生活方式和生产方式方面的，而且也是基于其上的对于生命存在的理解方面的。

以匈奴为主体的北方游牧民族的生存和发展，主要依靠游牧业生产的畜产品和对农业区的掠夺经济，其习性也与此密切相关：

> 利则进，不利则退，不羞遁走。苟利所在，不知礼义。自君王以下，咸食畜肉，衣其皮革，披旃裘。壮者食肥美，老者食其余。贵壮健，贱老弱。③

以"利"为作战的目标同推尊壮健、轻视老弱的习俗，显然是掠夺经济的需要所致，并且游牧经济又对人口控制的要求大大高于农业经济。现代农业生态学者曾做过这样的估算："如以每人每天消耗3000千卡的热量计算，每人一年需109.5万千卡，以平均亩产400公斤粮食，每克粮食含4.15千卡能量计算，亩产能量是166万千卡，则每人只需0.66亩耕地。如再把种子和工业用粮的需要考虑在内，养活一个人的耕地面积还要大一些，需1—1.5亩。但如果把以粮食为食品改为以草食动物的肉为食品，按草食动物10%的

---

① 孔毅先生以"'华夷之别'面前的痛苦与抗争"为标题，对北魏拓跋鲜卑同北方汉族世族以及汉族平民之间相互间由于文化不同而导致的威胁感做了很好的对比说明。参见孔毅：《北魏前期北方世族"以夏变夷"的历程》，《中国史研究》1998年第2期。
② 五胡乱华之后的北方社会乃至整个中国，地域的意义已经没有前代那样重要，司马迁在《史记·货殖列传》里所讲的一定地域同一定地域文化，乃至民俗之间的关联已经不具备正相对应的关系。正如陈寅恪先生所言："胡族与胡族之间的融合，将让位于胡汉之间的融合；以地域区分民族，将让位于以文化区分民族。"（参阅陈寅恪：《魏晋南北朝史讲演录》，万绳楠整理，黄山书社1987年版，第100页）因而，在胡族统治者不得不认同儒家文化的同时，也更需要一种胡汉双方都心甘情愿地平等认同的文化，佛教就是这样一种来自胡人的让胡汉双方能得到好处的"文化"体系。
③ （汉）司马迁：《史记》卷110《匈奴列传》，第2879页。

转化效率计算，那么，每人所需的耕地要扩大 10 倍。实际上因为人们不能把所有食草动物在一年内利用完，还需要保持草食动物的一定群体，因此，实际需要耕地面积还要大些。"①

因而，以草原为生存基地、以畜产品为食物的游牧民族对于人的生命的理解，同农业文明几乎完全是相反的。前者必须在土地有限的条件下严格控制人口，这样才能保证食物的供应；而后者则在这方面相对要宽松得多，在中古的生存条件和人口存活率背景下，农业人口的增长有利于对更多土地的开垦和耕种。从这个意义上来讲，农业文明具有比游牧文明更重视生命价值的内在基础。况且，游牧民族的掠夺经济，本身就是建立在对同质文明或异质文明人群的杀戮基础上的。所以，胡人的南下，无疑加剧了农业区域内的血腥程度，我们把这种血腥作为佛教在北方得到扩张的一个重要原因来看待。②

关于"五胡乱华"时期北方的血腥情况，历史学家魏收做过精辟的总结：

> 自刘渊、石勒倾覆神州，僭逆相仍，五方淆乱，随所跨擅。□□□长，更相侵食，彼此不恒，犬牙未足论，绣错莫能比。魏定燕赵，遂荒九服，夷翦逋伪，一国一家，遗之度外，吴蜀而已。正光已前，时惟全盛，户口之数，比夫晋之太康，倍而已矣。孝昌之际，乱离尤甚。恒代而北，尽为丘墟；崤潼已西，烟火断绝；齐方全赵，死如乱麻。于是生

---

① 杨怀霖主编：《农业生态学》，农业出版社 1992 年版，第 73 页。
② 据萨孟武先生的研究，南北朝时期佛教的流行，同这个时段内的社会上层和下层的生活状态相关。上层统治者的奢侈生活所引起的精神上寻求刺激的动力，使得这些极端的快乐主义者，视人世间的一切事物为虚幻，成为极端的厌世主义者，因而，他们需要一种新的人生观，转变他们生活的方法；同时，由于南北朝时期的社会动乱，一般平民百姓生活艰难，他们悲观绝望，也需要一种新的人生观，以安慰他们贫苦的生活。不过侯旭东先生认为，魏晋南北朝时期佛教的流行，同战争及其灾难性后果没有什么太直接的关系。我们认为，这两种看法都值得我们认真参考。但是，我们在这里需要说明的是，萨先生所说的上层统治者需要一种新的人生观来转变他们的生活方法，可能更适合于对南朝士大夫佛教盛行这一历史事实的原因分析。在北朝，主要是以民间信仰为特征，所以生活的苦难和北方文化格局的变动，可能才是佛教真正盛行的主因。关于这一点，刘泽民的研究可能会对我们有进一步的启示意义，他认为："因为北朝民族复杂，专制君主是一民族的首脑，而统治多民族的。知识分子既不敢自由散漫，人民大众受压迫也比南朝厉害。同时各族中间的上层阶级狭隘的民族意识也是很强烈的，所以造成人民大众大批地走向佛教。"以上诸家说法，分别参阅萨孟武：《南北朝佛教流行的原因》，《现代佛教学术丛刊》第 5 册，大乘文化出版社 1980 年版，第 142—146 页；刘泽民：《六朝佛教对社会发展的推进作用》，《现代佛教学术丛刊》第 5 册，第 221 页。

民耗减,且将大半。永安末年,胡贼入洛,官司文簿,散弃者多,往时编户,全无追访。①

按照《魏书·地形志》的总结,从五胡十六国的建立到北魏的分裂,其间的社会形势可分为三个阶段:1.北魏统一北方之前,匈奴、羯族等建立的北方诸政权所造成的混乱局面,是谓"五胡乱华",民不聊生;2.北魏正光年间(520—525)之前,是北方相对稳定的时期,户口大增;3.北魏孝昌年间(525—527)之后,各地起义增多,尔朱荣进入洛阳,杀戮臣民,这一时期北方陷入混乱,"生民耗减,且将大半。"

"五胡乱华"之际,"都街杀人,朝朝不绝;思为乱者,十室而九"②的北方社会,连最基本的生存安全都不能保证。游牧民族对于生命屠戮的惨烈程度是相当令人吃惊的,尤其是羯族建立的后赵政权,更为残酷:

> 虎于邺起台观四十余所,营长安、洛阳二宫,作者四十余万人。又欲自邺起阁道,至于襄国。敕河南四州具南师之备,并、朔、秦、雍、严西讨之资,青、冀、幽州三五发卒。诸州造甲者五十万人。扰役黎元,民庶失业,得农桑者十室而三。般夫十七万人,为水所没,为虎所害,三分而一。课责征士,五人车一乘、牛二头、米各十五斛、绢十四。诸役调有不办者,皆以斩论,穷民率多鬻子以充军制,而犹不足者,乃自经于道路。死者相望,犹求发无已。太武殿成,图书忠臣、孝子、烈士、贞女,皆变为胡状,头缩入肩。虎大恶之。遣司虞中郎将贾霸率工匠四千,于东平冈山造猎车千乘,辕长三丈,高一丈八尺,置高一丈七尺;格虎车四十乘,立行楼二层于其上。南至荥阳,东极阳都,使御史监之。其中禽兽,民有犯者罪至大辟。御史因之,擅作威福。民有美女、好牛马,求之不得,便诬以犯兽论,民死者相继,海岱、河济之间,民无宁志矣。又发民牛二万余头,配朔州牧官。增内官二十四等,东宫十二等,诸公侯七十余国,皆为置女官九等。先是,大发民女二十已下、十三已上三万余人,为三等之第,以分配之。郡县有希旨,

---

① (北齐)魏收:《魏书》卷106上《地形上》,第2455页。
② (北齐)魏收:《魏书》卷99《私署凉州牧张寔传》,第2197页。

务于美淑，夺人妇者九千余人。民妻有美色，豪势因而胁之，率多自杀。太子、诸公私令采发者，亦垂一万。①

阅读这段文献，我想只能用"瞠目结舌"来形容我们的惊讶程度，在北方气候变冷、农业减产且胡汉交错而兵疫遍地的情况下，这样大规模地对国内民众做牛马役使和动物式的调配，那么，这个社会中的民众群体该要承受多么巨大而残酷的压力。

这种对于生命的惨烈屠戮和役使，是不是促使北方民众接受佛教的主要因素，我们显然无法对之做出具有数理逻辑般的严密推论。不过，就目前人文科学和社会科学研究的一般结论而言，学者们都趋向于认同宗教的扩展和流行同现实的苦难有正相关关系。

因而，我们认为，中古气候寒冷期，佛教在北方得到传播并进入国家体制之内，同该时期北方的兵灾、旱灾、疫灾等惨烈的生存环境有关。

《高僧传》在总结屠戮人口最为惨烈的后赵时期佛教被北方民众接受的原因时说，由于佛图澄对石勒的成功劝诫，使得"凡应被诛余残，蒙其益者十有八九，于是中州胡晋略皆奉佛。时有痼疾世莫能治者，澄为医疗，应时疗损，阴施默益者，不可胜记"。②可见，民众苦难得到佛教传教僧人的关怀，至少是中古时期的高僧如慧皎这样的人物所认同的佛教被"中州胡晋"民众接受的主要原因。

此外，佛教在北方得到广泛信仰，可能同这一时期苦难的"边地效应"有关，因为胡人的南侵，整个北方已经成了一个胡汉交错、战争蜂起而具有边疆效应的地带。

魏晋南北朝时期是最为冷血的时代，是中国历史上战争最多的一个时期，东晋时期的103年中，大小战争有272次，南北朝的159年中，战争178次。③看看这些数据，我们就会明白当时社会生存环境是何等残酷。

冷兵器战争的主要目标就是从肉体上消灭敌人，所以历次战争都会有大

---

① （北齐）魏收：《魏书》卷95《石勒传》，第2052页。
② （梁）释慧皎：《高僧传》卷9《竺佛图澄传》，第346页。
③ 中国军事史编写组编：《中国军事史·附卷·历代战争年表上》，解放军出版社1985年版，第3页。

批的青年人口被屠戮。[①] 我们统计了民族矛盾最为突出的"五胡乱华"前期前赵、后赵时期的战争死亡人口（主要是士卒），结果是很令人吃惊的。我们的统计依据是《晋书·载记》关于前赵、后赵的记录，统计标准是这样的：对没有确切斩杀人数的战争不统计，以模糊词语如"枕尸千里"等描述的不统计，仅仅统计记载确切的数目。即使这样，在304—352年的48年中，北方因为战争而死亡的人口有99万多。那么此时北方有多少人口呢？按前燕末年的户数来计算，北中国九州有人口9987935。[②] 那么，北方48年中战争死亡人口99万多，达到了北方总人口的10%，如果按当时的户数来计算，死亡率达到了总户数2158969[③]的40%，就是说每100个家庭有40个成丁的男人死在战场上。

这种带有浓烈血腥味的边疆苦难，已经成为当时的佛教徒和民众共同的心理沉淀。

问题的关键还在于，这种血腥苦难存在的背景是：传统的社群关系被破坏，人与人之间新的社会联系的建立处在一个过渡时期，不同文化背景的"人的集群"近乎呈混乱状态分布在气候寒冷的长江以北、大漠以南的传统农业区域内。胡、汉是两个不同文化背景的人的集群，事实上情况可能更为复杂，因为还有许多亚文化集群的存在，如羌、氐、羯、鲜卑等种族的划分，也预示着文化类型的多样性差异。这种文化的多样性差异再加上当时人口流动迁移的频繁[④]，很容易导致社会秩序结构的混乱。

戴维·波普诺在考察了自然灾害等变故所导致的现代社群的迁移后，认为迁移对社群的影响主要在于："一个曾经紧密相连的社区分裂成为零散的个人和家庭，并且人们发现迁移后很难建立起新的社会联系。"[⑤] 这样的社会

---

① 对于古代战争中的人口死亡率，葛剑雄先生的相关论述值得我们注意，他认为，战争中的直接伤亡仅仅是影响人口的一个方面，关键在于随战争而来的青壮年男子的参加运输以及瘟疫、粮食短缺、自然灾害都会使人口大规模减少。他还认为，游牧民族的掠夺性战争和异族入侵初期，对平民的屠杀相对要多。参见葛剑雄：《中国人口史》第一卷，第55—58页。
② 这个数据来自《晋书·苻坚载记》，参阅赵文林、谢淑君：《中国人口史》，人民出版社1988年版，第106页表23。
③ 这个数据来自《晋书·苻坚载记》，参阅赵文林、谢淑君：《中国人口史》，第106页表23。
④ 该时期北方民众流动迁移的具体情况，参见史念海：《十六国时期各割据霸主的人口迁徙》，载史念海：《河山集》七集，陕西师范大学出版社1999年版。
⑤ 〔美〕戴维·波普诺：《社会学》（第十版），李强等译，中国人民大学出版社1999年版，第621页。

具有一种"流散"的性质,它迫切需要一种共同的信仰或者说文化体系来整合社会,佛教就是在这样一个恰当的历史时机担当了这个角色,它对胡、汉这两大民族集团的社会融合起到了非常重要的作用。[①] 关于这一点,魏晋南北朝时期的知识阶层有很清醒的认识,顾欢在其《答袁粲驳夷夏论》中说:

> 佛起于戎,岂非戎俗素恶邪? 道出于华,岂非华风本善邪? 今华风既变,恶同戎狄,佛来破之,良有以矣。佛道实贵,故戒业可遵;戎俗实贱,故言貌可弃。今诸华士女,民族弗革,而露首偏踞,滥用夷礼,云于翦落之徒,全是胡人,国有旧风,法不可变。[②]

魏晋时期的南北方社会总体上都生活在焦虑之中,整个社会已经具有了"焦虑"这一特征。南朝贵族士大夫在优裕的生活中,用"玄学"来排遣焦虑,而北方民众的焦虑感和生存危机正好同佛教相适应。

综上所述,由于胡人政权的惨烈统治,加剧了胡汉两种文化的冲突,也使得他们迫切需要一种共同的心理寄托和文化心态,佛教就此而成为北方各民族的一种共同的追求。

[①] 杜继文先生也认为:"北朝逐步将佛教当成一种民族融合和政治统一的媒介,取得明显的成功。"参阅杜继文:《从佛教看中国文化的走向》,载杜继文:《中国佛教与中国文化》,第5页。
[②] (梁)萧子显:《南齐书》卷54《顾欢传》,第934页。

第二章　知识资源变动格局中的底层知识分子

佛教在中国北方传播的早期阶段，有一些底层知识分子担当了接受外来文化的先锋人物，但是，他们在中国佛教史上却被忽略。这是因为其后发展起来的南朝佛教具有浓厚的理论意义，是士大夫佛教，上层知识分子醉心于同佛教高僧做佛理的探讨，并有"玄学"这样具有创新价值的新思想体系的映衬，就很容易使人们关注这些上层知识精英，而底层知识分子之于佛教发展的作用则被忽略了。当然这还有另一方面的原因，那就是关于底层知识分子同佛教发生关系的记载太少。不过从现有资料来看，我们还是大致可以勾画出这样一个脉络，以鸠摩罗什大量翻译佛经为界线，可以把知识分子参与佛教传播的活动分为前后两个时期。

在鸠摩罗什之前，以支谶、法护等为代表的译经僧人，在来自西域诸国的一些佛教信徒和中国北方的少数底层知识分子的帮助下，开始翻译一些经典，并开始抄写流传。应该说，这一时期由于经典翻译和传播的不充分，上层知识分子对佛教知识和伦理体系的了解还非常有限。并且，由于该时期中国政府有"西域人得立寺都邑，以奉其神，其汉人皆不得出家"[①]的禁令，佛教没有得到统治集团的提倡和民众的广泛信仰，还不能对传统的知识或伦理体系构成消解作用，因而难以引起上层知识分子的足够关注。而以西域文字为主要书写语言的佛经的翻译，又确实需要本土知识分子的参与，所以不被主流的以官本位为中心的社会所容纳的底层知识分子就担当了这一角色。

随着鸠摩罗什僧团的大量译经和道安僧团成员的南下传教，南方士大夫佛教兴起，许多有儒学素养的士大夫开始了对佛经义理的探讨和研究。在

---

① （梁）释慧皎：《高僧传》卷9《竺佛图澄传》，第352页。

佛史和佛经目录学著作中，见不到这一时期底层知识分子的活动记载，产生这种情况有两个方面的原因：一是由于上层知识精英的频繁活动和耀眼的光芒，就在历史记载中遮蔽了下层知识分子的活动痕迹；更主要的原因是，鸠摩罗什自凉州入关之后，追随他的僧人达3000多人，这些僧人聚集在后秦的都城长安，在草堂大寺和逍遥园翻译佛经①，前后12年时间，共翻译佛经300余卷。在这个翻译佛经的过程中，大批具有佛教经典知识素养的僧人成长起来，迅速成为佛教经典翻译和佛教知识体系构筑的主要力量。《大唐内典录》对从后汉到唐代的译经僧俗人物做了详细梳理，我们发现，从"五胡乱华"之后，确切说自东晋开始，该书所开列出的译经僧俗人物其实就只有僧人而没有底层知识分子了。就是说，宗教知识分子已经完全取代了以前做译经助手的底层知识阶层。

因而，我们要考察底层知识分子同中古佛教发展的关系，只能局限于有限的范围之内，那就是对参与早期佛经翻译和抄写传播的部分底层知识分子的考察。

第一节　早期佛经翻译集团中的底层知识分子

自汉代《四十二章经》始，佛经的翻译就开始逐渐增加，自东汉至西晋时期，东来的西域高僧的译经活动，主要是在一些底层知识分子的帮助下完成的。

一、底层知识分子的组成和界定

佛史记载，东汉时期译经的主要僧俗人物有12人，译出佛经334部，共416卷：

---

① 《历代三宝纪》："先是，长安自前汉废到苻秦兴，其间三百三十一载，旷绝朝市，民俗荒芜。虽数伽蓝，归信鲜寡，三千德僧同止一处，共受姚秦天王供养。世称大寺，非是本名，中构一堂，权以草苫，即于其内及逍遥园二处翻译。"参见（隋）费长房：《历代三宝纪》卷8，载〔日〕高楠顺次郎等编修：《大正新修大藏经》第49册《史传部一》，第75页。

后汉沙门迦叶摩腾（一部一卷经）

沙门竺法兰（五部一十三卷经）

沙门安清字世高（一百七十六部一百九十七卷经）

沙门支娄迦谶（二十一部六十三卷经）

优婆塞都尉安玄（二部三卷经）

沙门竺佛朔（二部三卷经）

沙门支曜（十一部十二卷经）

沙门康巨（一部一卷经）

清信士严佛调（七部九卷经）

沙门康孟详（六部九卷经）

沙门释昙果（一部二卷经）

沙门竺大力（一部二卷经）①

西晋译经的主要僧俗人物有13人，译经451部，合717卷：

沙门竺法护（二百一十部三百九十四卷经戒）

沙门疆良娄至（一部一卷经）

沙门安法钦（五部一十二卷经）

沙门无罗叉（一部二十卷）

清信士聂承远（三部四卷经）

沙门竺叔兰（二部五卷经）

清信士聂道真（五十四部六十六卷经录目）

沙门白法祖（二十三部二十五卷经）

沙门释法立（四部二十二卷经）

优婆塞卫士度（一部二卷经）

沙门支敏度（二部十三卷经）

沙门释法炬（一百三十二部一百四十二卷经）

---

① （唐）释道宣：《大唐内典录》卷1，载〔日〕高楠顺次郎等编修：《大正新修大藏经》第55册《目录部全》，第220页。

沙门支法度（四部五卷经）①

这样，从东汉到西晋共有 25 个僧俗人物从事佛经的翻译工作，其中底层知识分子有安玄、严佛调、聂承远、聂道真、卫士度 5 人，占译经总人数的 20%。② 此外，佛史关于译经者的记载中，还有一些没有列入译经人名单，但确实参与了佛经翻译工作的底层知识分子，东汉有孟福、张莲，西晋有安文惠、帛元信、张仕明、张仲政、张玄伯、孙休达、赵文龙、陈世伦、孙佰虎、虞世雅等。这些人可能是由于学养所限，不能很好地把握记载佛经的西域诸文字同汉语言的对译，所以他们的角色主要是"笔受人"，其职责是把翻译者口头翻译出来的经文意思用适当而准确的汉文字表述出来；而安玄等 5 人则不但是"笔受人"，而且还是"度语人"，他们自己就可以直接担当翻译者和记录者的角色。

这些帮助西域高僧翻译或自己直接翻译佛经的佛教徒，我们之所以称他们为底层知识分子，是基于两方面的判断。

首先是他们的文化修养，这些人不但都受过系统的儒学训练，并且在一定程度上通晓西域一些国家的语言，他们在译经活动中担任的角色是"度语人"或者是"笔受人"，譬如聂承远、聂道真父子就"清悟皆以度语为业"。③按佛史的记载，这两个角色要具有以下的一些基本素质：

度语，正云译语，亦名传语，传度转令生解矣。
笔受者，必言通华梵，学综有空，相问委知，然后下笔。④

由这两个角色担当的任务来看，度语人其实就是翻译，当然他不仅要通晓原始经典的语言，还要有很高的汉语言造诣；而笔受者则担当的是如何将

---

① （唐）释道宣：《大唐内典录》卷 2，载〔日〕高楠顺次郎等编修：《大正新修大藏经》第 55 册《目录部全》，第 232 页。
② 关于严佛调的身份，僧史中的记载很不一致，有的说他是"沙门"，有的说是"清信士"，但无论其身份怎样，将之作为一个早期的底层知识分子看待，还是比较适当的。
③ （唐）释靖迈：《古今译经图纪》卷 2，载〔日〕高楠顺次郎等编修：《大正新修大藏经》第 55 册《目录部全》，第 354 页。
④ （宋）释法云：《翻译名义集》卷 1《宗翻译主篇第十一》，载〔日〕高楠顺次郎等编修：《大正新修大藏经》第 54 册《事汇部下、外教部》，第 1067 页。

翻译过来的经文意思用适当、正规的书面中文表述出来，所以也要求"言通华梵，学综有空"，要能随时同度语人进行探讨和对话才行。

其次，这些人都没有官方背景，没有因为其"读书人"的角色而上升成为上层知识精英，只是由于参与了佛经翻译活动，才在佛史中留下了关于他们的简单记载。

下面我们对这些本土及来自西域的底层知识分子做一点具体的考察。

二、参与佛经翻译的底层知识分子的学术背景与工作情况

东汉时期的安玄、严佛调是合作译经的最佳搭档，而孟福、张莲则是著名的"笔受人"。安玄来自西域的安息国，佛史中对他有"游贾洛阳"[1]的说法，那么此人显然是一个崇信佛教的西域商人。《佛祖通载》说安玄是在汉灵帝熹平二年（173）来到洛阳的[2]，对于他的学术背景，我们知道得很少。《高僧传》只是说他到达洛阳后，"常以法事为己任，渐解汉言，志宣经典"。[3] 他对汉语的熟练掌握应该说是经历了一个很长的时段的，《古今译经图纪》载：

> 优婆塞都尉安玄，亦号安侯骑都尉，安息国人。志性贞白深有理致，博诵群经并通幽旨。以灵帝光和四年岁次辛酉，于洛阳译《法镜经》（二卷），《断十二因缘经》（一卷），严佛调笔受，具得音正，尽经微旨，郢匠之美见述其人。[4]

由此记载来推算，安玄在到达洛阳7年之后，才开始同严佛调合作翻译了《法镜经》和《断十二因缘经》这两部经典，他俩的翻译，是当时最具代

---

[1] （梁）释僧祐：《出三藏记集》卷13《安玄传》，第511页。
[2] （元）释念常：《佛祖通载》卷5，江苏广陵古籍刻印社1993年版，第68页。关于安玄来华的时间，《高僧传》没有很确切的记载，元代僧人编纂的《佛祖通载》中的说法不知道有什么根据。我们结合安玄"渐解汉言"的史实，可以推测他在翻译佛经之前肯定有较长时间的学习汉语的过程，这样来看，《佛祖通载》的说法就显得有一定道理。
[3] （梁）释慧皎：《高僧传》卷1《汉洛阳支楼迦谶传》，第10页。
[4] （唐）释靖迈：《古今译经图纪》卷1，载〔日〕高楠顺次郎等编修：《大正新修大藏经》55册《目录部全》，第350页。

表意义的高水平作品，《高僧传》说他们的翻译"号为难继"①，其原因可能有如下两点：首先是安玄有较高的西域文化素养，在洛阳的7年之中又很熟练地掌握了汉语，再加上严佛调"绮年颖悟，敏而好学"，自然由安玄口译、严佛调笔受的佛经就是很好的上乘译作了；其次，随着严佛调同安玄的合作，严佛调对于记录佛经的西域语言的掌握也应该是相当纯熟的，所以他自己翻译的佛经水平也就不会差了。

据《佛祖历代通载》的统计，安玄与严佛调合作共译经7部，从《大周刊定众经目录序》来看，严佛调独立翻译的佛经有3部：《古维摩诘经》1部2卷②、《慧上菩萨问大善权经》1部2卷、《内六波罗蜜经》1卷。在这3部经中，只有《古维摩诘经》是有确切翻译时间的，汉灵帝中平五年（188）在洛阳译出。③从严佛调同安玄首次合作译经的公元181年算起，也是在整整7年之后严佛调才开始独立翻译佛经，这可能也有他学习西域语言文字的一个过程在内。

孟福和张莲是同安玄、严佛调同时在洛阳从事佛经翻译工作的底层知识分子，由于佛史中的记载简单，很难判断他们的出身背景和具体的学养程度。④不过，他们二人可能在学术修养上相对要比较欠缺一些，因而他们从事的主要是"笔受"工作。从汉桓帝建和年间到汉灵帝中平年间（147—189）的40多年中，来自月支国的支楼迦谶口译佛经，孟福和张莲将之记录撰写成汉文，共译出佛经24部。⑤毫无疑问，孟福和张莲在同支楼迦谶的接触中，一定通晓了一些西域语言，但是他们的外语水平可能还不足以独立翻译佛经。

西晋时期，聂承远、聂道真和卫士度三人在学通中西方面是比较突出

---

① （梁）释慧皎：《高僧传》卷1《汉洛阳支楼迦谶传》，第11页。
② 释明佺等：《大周刊定众经目录》卷3，载〔日〕高楠顺次郎等编修：《大正新修大藏经》第55册《目录部全》，第386页。
③ （宋）释志磐：《佛祖统纪》卷35，载〔日〕高楠顺次郎等编修：《大正新修大藏经》第49册《史传部一》，第331页。
④ 关于孟福和张莲的史事，可参见（梁）释僧祐：《出三藏记集》卷7《般舟三昧经记第八》，第268页；（唐）释道宣：《大唐内典录》卷1，载〔日〕高楠顺次郎等编修：《大正新修大藏经》第55册《目录部全》，第224页，只有简单的2条记载。
⑤ （唐）释道宣：《大唐内典录》卷1，载〔日〕高楠顺次郎等编修：《大正新修大藏经》第55册《目录部全》，第224页。

的，显然他们都具有很好的儒学功底，但是学习西域语言的传承途径可能不太一样。

聂承远、聂道真父子二人在从晋武帝泰始元年到晋怀帝永嘉二年（265—308）的 43 年中，在长安协助来自敦煌的高僧法护（昙摩罗刹）翻译佛经。同时，在他们父子俩前后做"笔受人"的还有陈世伦、孙佰虎、张玄伯、孙休达、虞世雅等人。从佛经目录学著作来看，以聂承远为首的这些底层知识分子最早协助法护译出的佛经是《须真天子经》2 卷：

> 《须真天子经》，太始二年十一月八日于长安青门内白马寺中，天竺菩萨昙摩罗察口授出之。时传言者，安文惠帛元信。手受者，聂承远张玄伯孙休达，十二月三十日未时讫。①

从这个记载来看，翻译《须真天子经》有三个环节：法护口授出经、安文惠和帛元信传言、聂承远等笔受。

关于当时佛经翻译的具体过程和个人所起的作用，需要我们做简单的探索。按《翻译名义集》的说法，唐代佛经翻译由以下六种职能人员组成：译主、笔受、度语、证梵本者、文润色者、证义。②我们将之同上引文献相对照就会发现，法护翻译《须真天子经》是只有译主、度语（即传言）和笔受，那么他们的分工是怎样的呢？显然法护的口授绝不会是用西域语言将佛经读出来，而是用汉语译读西域文字记载的佛经，然后再由安文惠、帛元信二人进一步转译成比较流畅的汉语文，由聂承远他们再记录下来。

法护等人译《须真天子经》时的这种分工，与他们这几个参与者个人的学术素养和知识结构有密切的关系。法护是月支人，世居敦煌郡，敦煌是当时中西文化汇合的一个桥头堡，出生在这个环境中的法护本身应该有很好的汉语言能力，对于西域语言也有较多的接触。并且他八岁出家，师傅是当时有名的天竺高僧竺高座。大约在晋武帝初年，他随老师竺高座游历西域诸

---

① （梁）释僧祐：《出三藏记集》卷 7《须真天子经记第五》，第 267 页。
② （宋）释法云：《翻译名义集》卷 1《宗翻译主篇第十一》，载〔日〕高楠顺次郎等编修：《大正新修大藏经》第 54 册《事汇部下·外教部》，第 1067—1068 页。

国，学得"外国异言三十六种"。① 这样，他的最大优势可能就在于对佛教经典有很好的研究并善于翻译，至于他的儒家经学修养，可能不是很高。而安文惠、帛元信二位，都是来自西域诸国的佛教信徒，安文惠是安息人，而帛元信乃"龟兹居士"。② 这二位的知识背景我们也难得其详，但是能担任"传度转令生解"的度语人，则二人作为来自西域的佛教徒，不仅在西域语言方面很纯熟，也有很高的汉学修养。那么此时的聂承远这些人可能正处在西域语言的学习阶段，他们可能就是通过竺法护、安文惠和帛元信学习了西域语言，为以后的翻译打下了基础。

在此后的相关记载中，我们再也没见到安文惠、帛元信做法护译经的"传言"，那就说明，随着对西域语言学习的熟练，聂承远等人已经可以直接同法护交流切磋，不需要中间环节了。所以虽然在法护所译的佛经题记中，都是"护公执胡本，聂承远笔受"这样的记载，但是佛史中还是说聂承远、聂道真父子"清悟皆以度语为业"，显然是将度语、笔受两种职能兼于一身了。

至于张仕明、张仲政、陈世伦、孙佰虎、虞世雅等人③，他们都是法护译经集团的重要成员，限于资料，我们无法得知他们更多的情况。在他们这个译经集团中，聂道真得天独厚。可能由于佛经翻译已经具有了家学的性质，所以他的学养也相对比较深厚，况且在聂承远去世后，聂道真就"询禀咨承法护"，显然是得到了法护专门的培养，所以他在做笔受工作之外，还自己翻译佛经60余卷。④

与聂承远同时代的另一位参与佛经翻译的底层知识分子是卫士度。卫士度是"司州汲郡人"，据说其人"陆沉寒门，安贫乐道，常以佛法为心"。⑤ 佛史中有关于其母亲"诵经长斋"的记载⑥，这说明他可能出生在一个崇信佛教的贫民之家。卫士度曾译出《道行般若经》二卷，并且他还"善有文辞"，

---

① （梁）释慧皎：《高僧传》卷1《竺昙摩罗刹（竺法护）传》，第23页。
② （梁）释僧祐：《出三藏记集》卷8《正法华记第六》，第304页。
③ 关于法护译经集团中的这些底层知识分子的记载，可参见《高僧传》卷1《晋长安竺昙摩罗刹》及《出三藏记集》卷8《正法华经记第六》等文献，记载非常简单，只列出了他们的姓名。
④ （元）释念常：《佛祖历代通载》卷6，载〔日〕高楠顺次郎等编修：《大正新修大藏经》第49册《史传部一》，第517页。
⑤ （梁）释慧皎：《高僧传》卷1《帛远传》，第28页。
⑥ （唐）释道世：《法苑珠林》卷36，载〔日〕高楠顺次郎等编修：《大正新修大藏经》第53册《事汇部上》，第572页。

那么他的学术素养也是比较丰厚的。作为佛教信徒，他曾师事晋武帝时期的著名在家居士阙公则①，所以卫士度的学通中西，可能就来自阙公则的传承。

像阙公则这样的信仰佛教的底层知识分子，可能在各地都不少，如北凉时期，沮渠兴国翻译《优婆塞戒》，就是"与诸优婆塞等五百余人，共于都城之内，请天竺法师昙摩谶译此在家菩萨戒，秦沙门道养笔受"②，500多位在家居士参与这部经典的翻译，其中肯定是不乏饱学之士的。

另外，佛经翻译和抄写之后的校定，也是非常重要的工作，我们知道后来的上层知识精英如谢灵运、费长房等人就曾做过此类工作。抄写佛经是信徒或僧人积累功德的主要手段之一，也是佛教传播的主要方式，因为在广大的佛教信仰地区，不可能有那么多上层知识阶层来参与此事，必定有很多底层知识分子在从事这一工作。写于西魏大统五年（539）的敦煌卷子《维摩经义记》卷四题记，就有这方面的记载：

龙华二儒共校定也，更比字一校也。
大统五年四月十二日，比丘惠龙写讫流通。③

毫无疑问，此处之"龙华二儒"显然是儒学修养很好的某地地方知识分子，他们的学养要比一般僧人高得多，所以僧人写完的佛经再请他们来校对以确保准确。

第二节　令狐家族的职业化佛经抄写与北朝经生阶层

在印刷术没有发明之前，佛经的流传主要就依靠抄写，有大批底层知识分子和僧人就从事这一工作。我们从敦煌文书中可以找到一些这样的底层知识分子的相关资料。据统计，在现有的敦煌写经题记中，可以找到抄写人

---

① （唐）释道世：《法苑珠林》卷42，载〔日〕高楠顺次郎等编修：《大正新修大藏经》第53册《事汇部上》，第616页。
② 参见饶宗颐主编，王素、李方著：《魏晋南北朝敦煌文献编年》，第125页。
③ S.2732，参见黄永武主编：《敦煌宝藏》第22册，新文丰出版公司1982年版，第641页。

100多人,其中专业书工就有34人,这34个专业书工的活动年代,从北魏时期一直延伸到唐代。① 其中,北魏时期的敦煌令狐家族是这种专业抄写佛经的底层知识分子集团中最具代表性的一个群体。

一、敦煌令狐家族与佛经之抄写

令狐家族是敦煌大族,《氏族略》:"汉有令狐迈,避王莽乱,居敦煌。"② 可见西汉末年令狐家族就在敦煌扎根了。在东阳王元荣做瓜州刺史及其后很长的历史时段内,令狐家族的势力在敦煌政治、社会生活中是具有决定性意义的。《周书》卷36《令狐整传》说:

> 令狐整字延保,敦煌人也,本名延世,为西土冠冕。曾祖嗣、祖诏安,并官至郡守,咸为良二千石。父虬,早以名德著闻,仕历瓜州司马、敦煌郡守、鄯州刺史,封长城县子。大统末,卒于家。太祖伤悼之,遣使者监护丧事,又敕乡人为营坟垄。赠龙骧将军、瓜州刺史。
>
> 整幼聪敏,沉深有识量。学艺骑射,并为河右所推。刺史魏东阳王元荣辟整为主簿,加荡寇将军。整进趋详雅,对扬辩畅,谒见之际,州府倾目。荣器整德望,尝谓僚属曰:"令狐延保西州令望,方城重器,岂州郡之职所可絷维。但一日千里,必基武步,寡人当委以庶务,书诺而已。"③

从这个记载来看,至少从令狐整的曾祖始,就已经在北魏朝廷为官,其父曾做过瓜州司马、敦煌郡守,完全是地方实力派人物。而令狐整则是文武双全,被元荣誉之为"西州令望"。令狐家族在敦煌的势力可以从两件政治事变中体现出来,首先是元荣死后,在西魏朝廷拘捕"南通吐谷浑,将图叛逆"的瓜州刺史邓彦时,所依靠的地方势力主要就是以令狐整为首的敦煌豪右。其二是敦煌人张保杀瓜州刺史成庆,意欲同凉州刺史宇文仲和共同割据河西,令狐整假装依附张保,并说服张保让令狐整带兵前往凉州,帮助宇文

---

① 统计数据来自曹之:《从敦煌遗书看佛经写本》,《图书馆工作》1989年第2期。
② (清)张澍辑,李鼎文校点:《续敦煌实录》卷4,甘肃人民出版社1985年版,第92页。
③ (唐)令狐德棻等:《周书》卷36《令狐整传》,中华书局1971年版,第641—642页。

仲和抵抗西魏征讨大军。令狐整带兵离开敦煌后，在玉门郡召集豪杰，挥师回头征讨张保。由于令狐整家族在敦煌的影响很大，敦煌官民等尽皆背弃张保，归附令狐整，张保无奈，逃往吐谷浑。此后的令狐整一路顺风，做到大将军。

在敦煌这样一个佛教中心，令狐家族作为敦煌权倾一时的大族，必然在佛教传播和发展及佛教民间组织中具有一定的地位。这方面的材料虽然不多，但也可从中略略得其大概。下面我将相关材料用表格的形式列出（参见表2），以便分析。

表2　敦煌文献中5—6世纪敦煌令狐家族成员资料

序号	姓名	内容	称呼	资料出处
1	令狐飒□	令狐飒□。承阳二年岁在丙寅，次于鹑火十月五日，马德惠于酒泉西城立，为父母报恩。		光绪年间出土于酒泉城内的《沮渠氏北凉马德惠石塔铭》，426年
2	令狐广嗣	清信士史良奴所供养经，维太缘二年岁在丙子四月中旬，令狐广嗣于酒泉，劝助为优婆塞史良奴写此经。愿以此福，所往生处，常遇诸佛圣贤。		沮渠氏北凉史良奴供养、令狐光嗣写《佛说首楞严三昧经》卷下题记，436年
3	令狐廉嗣	劝书令狐廉嗣，凉太缘二年岁在丙子六月中旬，程段儿自惟薄福，生值末世，不观佛典，自竭为父母合家，立此石塔形象。	劝书	沮渠氏北凉程段儿石塔铭，436年
4	令狐弄	佛弟子令狐弄所供养经，大代太平真君七年十月廿日。		北魏，446年
5	令狐君儿	天安二年八月廿三日，令狐君儿课。王三典、张演虎等三人共作课也。		北魏令狐君儿等写《维摩经》等题记，467年
6	令狐陀咒	正始二年四月，清信女令狐陀咒所供养经。	清信女	北魏令狐陀咒供养《妙法莲华经》卷四题记，505年
7	令狐崇哲	经生曹法寿所写，用纸廿五张。永平四年岁次辛卯七月廿五日，敦煌镇经生曹法寿所写论成讫。典经帅令狐崇哲，校经道人惠显。	典经帅	北魏经生曹法寿写《成实论》卷十四题记，511年
8	令狐崇哲	延昌元年岁次壬辰八月五日，敦煌镇官经生刘广周所写论成讫。典经帅令狐崇哲，校经道人洪隽。	典经帅	北魏经生刘广周写《成实论》卷十四题记，512年
9	令狐崇哲	延昌二年岁次水巳四月十五日，敦煌镇经生曹法寿（上盖黑印），所写此经成讫。用纸廿三张，典经帅令狐崇哲，校经道人。	典经帅	北魏经生曹法寿写《华严经》卷四十一题记，513年

续表

序号	姓名	内容	称呼	资料出处
10	令狐礼太 令狐崇哲	延昌二年岁次癸巳四月十七日，敦煌镇官经生令狐礼太写经讫竟。用纸廿四张，典经帅令狐崇哲，校经道人。	官经生 典经帅	北魏官经生令狐礼太《华严经》卷八记，513年
11	令狐崇哲	延昌二年岁次癸巳六月廿日，敦煌镇经生马天安所写经成讫。校经道人。典经帅令狐崇哲。	典经帅	北魏经生马天安写《摩诃衍经》卷卅二题记，513年
12	令狐崇哲	延昌二年岁次癸巳六月廿三日，敦煌镇经生帅令狐崇哲所写经成讫竟。用纸廿一张（下盖黑印），校经道人。	经生帅	北魏经生令狐崇哲写《华严经》卷卅五题记，513年
13	令狐崇哲	延昌二年岁次癸巳六月□□日，敦煌镇经生张显昌所写经成讫。用纸廿（上盖黑印），典经帅令狐崇哲，校经道人。	典经帅	北魏经生张显昌写《大楼炭经》卷七题记，513年
14	令狐崇哲	延昌二年岁次癸巳七月十五日，敦煌镇官（下盖黑印）经生令狐崇哲所写经成讫。用纸廿三张，校经道人。	官经生帅	北魏经生令狐崇哲写《华严经》卷卅九题记，513年
15	令狐崇哲	延昌二年岁次癸巳七月十八日，敦煌镇经生（下盖黑印）张显昌所写经成讫竟。用纸廿二，典经帅令狐崇哲，校经道人。	典经帅	北魏经生张显昌写《华严经》卷四十七题记，513年
16	令狐永太 令狐崇哲	延昌二年岁次水巳七月十九日，敦煌镇经生（下盖黑印）令狐永太写此竟成讫。用纸廿四张，校经道人。典经帅令狐崇哲。	经生 典经帅	北魏经生令狐永太写《华严经》卷十六题记，513年
17	令狐崇哲	延昌二年岁次癸巳七月廿八日，敦煌镇官经生张乾护所写经讫。用纸十九张。典经帅令狐崇哲，校经道人。	典经帅	北魏张乾护写《大智度论》卷十二题记，513年
18	令狐崇哲	延昌二年岁次癸巳八月十七日，敦煌镇经生令狐崇哲所写经成讫竟。用纸廿四张（下盖黑印），校经道人。	经生	北魏经生令狐崇哲写《华严经》卷廿四题记，513年
19	令狐崇哲	延昌三年岁次甲午四月十二日，敦煌镇经生张阿胜所写成竟。用纸廿一张，校经道人。典经帅令狐崇哲。	典经帅	北魏经生张阿胜写《大方等陀罗尼经》卷一记，514年
20	令狐崇哲	延昌三年岁次甲午六月十四日，敦煌镇经生帅令狐崇哲，于法海寺写此论成讫竟。用纸廿六张（下盖墨印），校经道人。	经生帅	北魏经生令狐崇哲写《成实论》卷八题记，514年
21	令狐崇哲	延昌三年岁次甲午七月廿二日，敦煌镇经生曹法寿所写经成讫。用纸廿六张。校经道人。典经帅令狐崇哲。	典经帅	北魏经生曹法寿写《大品经》卷八题记，514年
22	令狐崇哲	延昌三年岁次甲午七月廿二日，敦煌镇经生曹法寿所写经成讫。用纸廿六张（下盖墨印），校经道人。典经帅令狐崇哲。	典经帅	北魏经生曹法寿写《大品经》卷八题记，514年
23	令狐世康	神龟二年八月十五日，经生令狐世康所写，用纸四十三张。校经道人惠敞。	经生	北魏经生令狐世康写《摩诃衍经》卷卅一题记，519年
24	令狐世康	经生令狐世康所写，用纸廿张。	经生	北魏经生令狐世康写《杂宝藏经》卷十题记，519年

续表

序号	姓名	内容	称呼	资料出处
25	令狐休宝	大统三年五月一日,中京广平王大觉寺涅槃法师智严,供养东都发愿文一卷……同于上愿。令狐休宝书之。		西魏法师智严等供养梁武帝《东都发愿文》题记,537年

这 25 条石塔铭、写经题记①,书写的时间跨度从 426 年到 537 年,整整 111 年,涉及敦煌令狐家族成员 11 人:令狐飒□、令狐广嗣、令狐廉嗣、令狐弄、令狐君儿、令狐崇哲、令狐礼太、令狐永太、令狐世康、令狐陀咒、令狐休宝。在这 11 人中,也可能令狐广嗣同令狐廉嗣是同一人,因为繁体的"廣"与"廉"形近而致误。

从这些材料中,我们可以得到以下认识。

在这 11 个敦煌令狐氏家族成员中,除过令狐陀咒是以佛教信徒"清信女"的身份出现外,其他 10 人都是以佛经抄写人或者碑铭书写人的身份出现的。他们的职业称呼不一样,有经生、官经生、典经帅、经生帅和官经生帅等,这可能就反映了他们各自在佛经抄写活动中所扮演的角色和发挥的作用是不同的,其地位也应当是有明显差别的。

在印刷术没有普遍运用之前,抄写是流传文献的主要方式,为了保证文献传播的准确性,就对抄写者的文化素养和书写水平有一定的要求。

佛教虽然把抄写佛经作为信徒积德乞福的手段之一,但同时也得保证佛经流传的正确性,所以佛经的抄写,应该有几种情况,一是僧侣抄写,一是供养人自己抄写,还有就是由专业的抄经人来抄写,费用由供养者负担。但不管由谁抄写,态度必须虔诚。《太平广记》卷 109 有一个故事:"武德时,河东有练行尼法信,常读《法华经》,访工书者一,人数倍酬值,特为净室,令写此经。一起一浴,燃香更衣,仍于写经之室凿壁通,加一个竹筒,令写经人每欲出息,径含竹筒,吐气壁外,写经七卷,八年乃毕。"②

那么,从敦煌遗书中现存的关于令狐家族的材料来看,这个家族的成员在敦煌佛教活动中扮演着文化人或者是书法家的角色。

从 512 年到 514 年的 3 年中,令狐崇哲一直是敦煌的典经帅,又叫经生

---

① 这些资料请参阅饶宗颐主编,王素、李方著:《魏晋南北朝敦煌文献编年》。
② (宋)李昉等:《太平广记》卷 109《报应八·尼法信》,中华书局 1961 年版,第 745—746 页。

帅。从写经题记中的记载来看，作为典经帅的令狐崇哲虽然也抄写佛经，但大多时候他并不是抄写人，他的称呼和名字处在经生和校经道人之间，可见他可能是处于抄经经生同寺院之间的一个连接环节。具体来说，应该是经生对典经帅负责，而典经帅又对寺院负责。这是一个非常完整的社会经济链条，寺院用来抄写佛经的钱，正是通过典经帅而层级传递到经生手中，经生赖此而谋生。经生具有一技之长，他们是否都是官经生，或者说所谓的经生是否也就是官经生，由于资料有限，我们无法断定。但可以肯定的是，所谓的官经生可能是具有官方性质的抄写人，而典经帅也应该具有官方背景，而不会仅仅是民间人物。那么，典经帅所掌控的经生集团，应该是具有官方背景的一个依附于佛教寺院的底层文人集团。

在426到537年的一百多年中，令狐氏家族有11人或者是10人就是以佛经抄写人的身份出现，这占了现存3—6世纪敦煌卷子题记中所见抄经人的80%，占了现存敦煌文献中所见令狐家族成员的95%，而令狐崇哲又是抄经经生集团的首领典经帅。由此可以推定，在敦煌地区，令狐家族作为抄经人的职业，是得到官方认可的，是具有世袭性质或者说具有"家学性质"的职业。

二、北朝经生阶层及其在寺庙的培训

从有纪年的敦煌卷子来统计，除了令狐家族成员外，北朝敦煌镇经生还有曹法寿、刘广周、马天安、张显昌、张乾护，他们都是官经生。可见北朝敦煌的佛经抄写规模是不小的，存在一个比较固定而职业化的、由底层知识分子组成的具有官方背景的佛经抄写集团。当然在以凉州为中心的其他地区以及佛教传播所达到的广大北方，佛经抄写的职业化知识阶层的存在也是毫无疑问的，如在麦积山78窟就有北魏"仇池镇经生王□供养佛时"的题记。[①] 敦煌卷子中所见的经生如张凤鸾、氾亥仁、李道胤及张阿宜、尚生、翟安德等人，都是从事佛经抄写的底层知识分子。[②]

---

① 《北魏仇池镇经生王某等题名》，载饶宗颐主编，王素、李方著：《魏晋南北朝敦煌文献编年》，第144页。
② 关于这些佛经抄写人资料，分别参见饶宗颐主编，王素、李方著：《魏晋南北朝敦煌文献编年》，第183、270、186、185、269、186页。

从上面的考察来看，经生有官经生和职业经生（一般经生）两种，官经生主要为寺院服务，而一般经生应该比较自由，他们可能受雇于各类佛教信徒。从经济关系来讲，官经生通过抄经而得到生活的钱物，主要来自寺院，要通过典经帅这样的管理者来组织工作和分配工钱，他们的生活比较有保障。一般经生或职业抄写人的生活保障就相对不太稳定。从抄经题记的不同书写体式中，我们可以对该经书抄写的情况做出大致判断：一般由寺院或官经生集团抄写的正规的经书，往往都标明抄写年月、用纸数量、抄写人和校对者，很多还有典经帅的签字或盖印之类；由佛教信徒做功德而请人抄写的经书，往往有做功德的人的姓名，有的是很多人，这样的经卷，有的署有抄写人的姓名，有的干脆就不署。

官经生或职业抄经人的生活状况，在敦煌写经题记中也有一些反映，譬如在官经生抄写的经书题记中，一般都要标明使用了多少纸，可见经生的收入是同用纸的成本相挂钩的。

关于写经问题，需要说明的是，除由令狐家族这样的具有官方背景的经生集团抄写的佛经外，还有僧人和信徒自己抄写的佛经。

因而，当时抄写的佛经可分为两种类型，一种出自专业抄手，如经过培训的寺院僧人和经生；另一种出自非专业人员之手，如信徒或粗通文字的僧人，所以后者的抄写就相对比较粗糙，在题记中抄写人也常常以"手拙，见者莫笑也"①等简单的语句加以说明。这方面的资料是比较多的，略举几例：

后凉王相高写《维摩诘经》卷上题记：

> 麟嘉五年（393）六月九日，王相高写竟。疏（手）拙，见者莫笑也。②

段氏北凉张施写《正法华经光世音品》题记：

> 神玺三年（399）七月十七日，张施于冥安县中写讫。手拙，具字

---

① 《后凉王相高写〈维摩诘经〉卷上题记》，饶宗颐主编，王素、李方著：《魏晋南北朝敦煌文献编年》，第102页。
② 《后凉王相高写〈维摩诘经〉卷上题记》，饶宗颐主编，王素、李方著：《魏晋南北朝敦煌文献编年》，第103页；上海博物馆、香港中文大学文物馆：《敦煌吐鲁番文物》，香港中文大学文物馆1987年版。

而已，见者莫笑也。若脱漏，望垂册（删）定。①

西凉比丘德佑等写《十诵比丘戒本》题记：

建初元年（405）岁在乙巳十二月五日戌时，比丘德佑于敦煌城南受具戒。和上僧法性、戒师宝惠、教师惠颖。时同戒场者，道辅、惠御等十二人。到夏安居，写到戒讽之趣，成具拙字而已。手拙用愧，见者但念其义，莫笑其字也，故记之。②

十六国北魏比丘法腾书《十诵毗尼初诵》卷五题记：

比丘法腾书此毗尼一卷，拙。定法师经，萨波多毗尼校。③

北魏法师政普供养《阿毗昙心》卷下题记：

法师政普所供养经
书拙趣存本而已。用纸十九张。④

以上这几条材料，可以在一定程度上代表当时粗通文墨的僧俗抄经人的书写状况。不过我们从后三条材料可以看出来，在佛经的书写方面，寺院的要求并不是很高的，这同写经的目的性有关：写经是为了便于流通，所谓"存本"，也是为了积累功德，字体的好看可能是相对弱化的一个要求，而文字的精确性可能首先是第一位的。因而校对就显得相当重要，譬如上举法腾所抄《十诵毗尼初诵》就由萨波多毗尼这样一个外国僧人或学者来校对。

---

① 《段氏北凉张施写〈正法华经光世音〉品题记》，饶宗颐主编，王素、李方著：《魏晋南北朝敦煌文献编年》，第106页。
② 《西凉比丘德佑等写〈十诵比丘戒本〉题记》，饶宗颐主编，王素、李方著：《魏晋南北朝敦煌文献编年》，第111页；黄永武主编：《敦煌宝藏》第6册，新文丰出版公司1981年版，第549页。
③ 《十六国北魏比丘法腾书〈十诵毗尼初诵〉卷五题记》，饶宗颐主编，王素、李方著：《魏晋南北朝敦煌文献编年》，第152页；黄永武主编：《敦煌宝藏》第6册，第238页。
④ 《北魏法师政普供养〈阿毗昙心〉卷下题记》，载饶宗颐主编，王素、李方著：《魏晋南北朝敦煌文献编年》，第154页；黄永武主编：《敦煌宝藏》第48册，新文丰出版公司1982年版，第464页。

不过由于抄写佛经对佛教徒和寺院来讲都是重要而庄严的事情，所以对抄写人的学识修养和书法水平还是有很高的要求的。一般信徒往往都是雇文人阶层来写，如北魏张宝护所供养的《大般涅槃经》，就是"减割资分之余，雇文士敬写《大般涅槃》一部"。①

至于那些有文化的僧人和专门以抄写佛经为生的官经生，除本人有一定儒学和佛学修养外，还要接受寺院或经生集团的培训。我们在敦煌卷子中发现了两条关于"课"的资料，可能就是这方面的记载：

其一，敦研113：北魏令狐君儿等写《维摩经》题等题记，天安二年（467）八月廿三日：

> 天安二年八月廿三日，令狐君儿课。王三典、张演虎等三人共作课也。②

其二，北魏宗庆等写《大智度论》卷卅题记，永平三年（510）：

> 宗庆写，用纸十七张。永平三年，课姚宋安写。③

显然，上引第一条文献中的令狐君儿、王三典、张演虎都是抄写佛经的经生集团的成员，他们抄写《维摩经》是"作课"，就是按照寺院或经生集团的要求进行佛经抄写的学习和训练。这种学习或训练肯定还是由老师来指导的。第二条文献中的宗庆就是这样的人物，他写《大智度论》，目的是"课姚宋安"，可见宗庆是老师，而姚宋安是跟随宗庆学习如何抄写佛经的新的经生。

---

① 《北魏张宝护供养〈大般涅槃经〉卷四十题记》，载饶宗颐主编，王素、李方著：《魏晋南北朝敦煌文献编年》，第157页。
② 《北魏令狐君儿等写〈维摩经〉题等题记》，1944年敦煌莫高窟土地庙残塑像中发现，现藏敦煌研究院，卷子号113，参见饶宗颐主编，王素、李方著：《魏晋南北朝敦煌文献编年》，第136页。
③ 《北魏宗庆等写〈大智度论〉卷卅题记》，载饶宗颐主编，王素、李方著：《魏晋南北朝敦煌文献编年》，第168页。

三、职业"佣书人"与佛经的抄写

很显然,在印刷术没有被广泛应用的时代,不仅佛经需要有人来抄写,其他书本知识也都少不了抄写流传。抄写是传播书籍知识的最好途径。因而在当时的社会上存在一个写字抄书的阶层——佣书人,就是靠为别人写字抄书谋生的人,这个阶层可能还是相当具有市场前景的。

在正史记载中,有许多人就曾以"佣书"为业。如北魏的蒋少游、崔亮、崔光、房景伯、刘芳及北齐的赵彦深都曾卖字为生。

蒋少游是平城有名的建筑设计师,在建筑绘图方面有高超的技艺,由于是被北魏军队从青州俘获到平城的,所以他在平城就以"佣写书"为业。① 崔亮也是同蒋少游一样的平齐户,他"年十岁,常依季父幼孙,居家贫,佣书自业"。② 崔光也是平齐户,"家贫好学,昼耕夜诵,佣书以养父母"。③ 房景伯也是"平齐民"出身,他"生于桑乾,少丧父,以孝闻。家贫,佣书自给,养母甚谨"。④ 由这些事例来看,当时在北魏平城中,佣书还是一个具有相当前景的社会职业⑤,对于这些生活陷入困顿的读书人来讲,"佣书"不仅可以自济,而且还可以此收入来孝养父母。当然这些能载诸史籍的"佣书者",并不是一直从事这份职业,而是进入了官吏阶层,我们才能见到他们的事迹。由他们的事迹可以推断,当时一定有一个比较庞大的职业抄书阶层,他们的实际生活具体如何,真相湮没在历史的深处,我们就不得而知了。但是,我们也可以从现有的史例得到一些个案认识。

在正史所载的"佣书者"中,刘芳是一个比较幸运的人,史载:

> 刘芳,字伯文,彭城人也,汉楚元王之后也……芳虽处穷窘之中,而业尚贞固,聪敏过人,笃志坟典。昼则佣书,以自资给,夜则读诵,终夕不寝,至有易衣并日之弊,而澹然自守,不汲汲于荣利,不戚戚于

---

① (北齐)魏收:《魏书》卷91《蒋少游传》,第1970页。
② (北齐)魏收:《魏书》卷66《崔亮传》,第1476页。
③ (北齐)魏收:《魏书》卷67《崔光传》,第1487页。
④ (北齐)魏收:《魏书》卷43《房法寿传》,第977页。
⑤ 我们所考察的这些佣书者大多都是"平齐民"出身,这说明"平齐民"对于北魏王朝的文化、技术等知识体系的建立发挥了独特的作用。因为不仅如此,像北魏著名的医疗家徐成伯、徐文伯也都是"平齐民"。

第二章 知识资源变动格局中的底层知识分子

贱贫，乃著《穷通论》以自慰焉。

芳常为诸僧佣写经论，笔迹称善，卷直以一缣，岁中能入百余匹，如此数十年，赖以颇振。由是与德学大僧，多有还往。①

从刘芳的佣书生涯来看，生活有时候是极不稳定的，以至于有"易衣并日之弊"，那就是吃了上顿没下顿，也有不得不当衣卖衫糊口的时候。但是传中又说他善于给僧人们抄写经论，由于他的书法好，抄一卷佛经就可以得到一匹缣，半年就能得到百余匹。这样的收入应该是不低的，并且持续了十多年。这说明为寺院抄写佛经的报酬还是相当高的。所以，抄书人的抄书取值，一方面跟他的书法功底有关，字写得好、抄得快可能就得到较高的报酬；另一方面也可能同服务的对象有关，寺庙抄经或者信徒雇用抄经的报酬也可能比一般的其他抄书要高一点。这一点可以从刘芳的传中看出来，北齐的"佣书人"赵彦深的事例也可以做个补充说明：

赵彦深，自云南阳宛人……性聪敏，善书计，安闲乐道，不杂交游，为雅论所归服。昧爽，辄自扫门外，不使人见，率以为常。

初为尚书令司马子如贱客，供写书。子如善其无误，欲将入观省舍。隐靴无毡，衣帽穿弊，子如给之。用为尚书令史，月余，补正令史。②

这个善于"书计"的赵彦深，曾做过司马子如的"贱客"，专门为司马子如抄写书籍，这样的生活也是免不了"隐靴无毡，衣帽穿弊"的落魄样，可见像他这样为权贵抄书的人，经济状况是不会很好的。这也可以理解，这种抄书完全是为求得仕途而依附于别人，而为寺院抄经则是一种市场交换行为，自然报酬就比较合理了。

鸠摩罗什的弟子、佛教理论家僧肇也是"佣书人"出身，史载：

释僧肇，京兆人，家贫以佣书为业，遂因缮写，乃历观经史备尽坟

---

① （北齐）魏收：《魏书》卷55《刘芳传》，第1219页。
② （唐）李百药：《北齐书》卷38《赵彦深传》，中华书局1972年版，第505页。

籍。爱好玄微。每以庄老为心要。①

可见,"佣书"为僧肇提供了遍读儒、佛各家经典的机会,为他以后的佛学研究打下了深厚的学问基础。

抄写佛经是功德无量的事情,据《大集经》的说法:"菩萨有四种施具足智慧。何等为四。一以纸笔墨与法师令书写经。二种种校饰庄严妙座以施法师。三以诸所须供养之具奉上法师。四无谄曲心赞叹法师。"②这就将"写经"提到了一个很高的地位,激起了善男信女抄写佛经的热情。当然佛经的抄写既有善男信女自己抄的,但可能大多佛经都是由这些专门的职业"佣书人"抄写的。魏晋南北朝抄经人是如何工作的,由于资料的限制,我们难以详细描述,但是,当时的"佣书人"所抄写的经卷可以为我们提供一个直观的认识。敦煌卷子中的北魏人所写《佛说佛藏经卷第一》就是其中的精品,该经卷淡墨乌丝栏,栏高228毫米,栏距27毫米左右,每栏墨书两行字,书写中脱漏之字皆用朱笔添加于脱漏之处的旁边;书写者未署名款和书写年月,但是经中国古代书画鉴定组审定,断为北魏人所书。该经卷的书法将楷法和行法融为一体,用笔爽利流畅,结构极紧。笔画横向取势,气贯通篇。③从这幅作品,可以断定书写者对于佛教经卷抄写的虔诚和严谨的态度。

此外,唐人关于佛经抄写工作的记载,也可以为我们认识魏晋南北朝时期的佛经抄写提供一个参考性的认识。

唐代僧人德圆不仅抄写佛经的纸是自己制造的,而且抄写佛经的过程也极为庄严神圣:

> 释德圆,不知氏族,天水人也。少出家,常以华严为业。读诵禅思,用为恒准。周游讲肆,妙该宗极。钦惟奥典,希展殷诚。遂修一净园,树诸谷楮,并种香草杂华,洗濯入园,溉灌香水。楮生三载……别造净屋,香泥壁地。洁檀净器浴具新衣。匠人齐戒,易服入出,必盥口

---

① (梁)释慧皎:《高僧传》卷6《僧肇传》,第249页。
② (唐)释道世:《法苑珠林》卷81,载〔日〕高楠顺次郎等编修:《大正新修大藏经》第53册《事汇部上》,第886页。
③ 《北魏人书佛说佛藏经》,上海书画出版社2000年版。

熏香。剥楮取皮，浸以沉水，护净造纸，毕岁方成。别筑净基，更造新室，乃至材梁橡瓦，并濯以香汤。每事严洁。堂中安施文柏牙座，周布香华，上悬缯宝盖，垂诸铃佩，杂以流苏白檀紫沈，以为经案，并充笔管。经生日受斋戒，香汤三浴，华冠净服，状类天人。将入经室，必夹路焚香，梵呗先引。圆亦形服严净，执炉恭导，散华供养，方乃书写。①

这样的写经活动已经非常复杂，参与者既有僧人，又有造纸和修建经室的匠人，还有抄写经卷的"经生"。在这些抄写经卷的活动中，僧人已经仅仅是组织者了，善于书法的"经生"或"佣书人"被重金请来抄写佛经，如：

> 释法诚，俗姓樊氏，雍州万年县人……召当时工书之人弘文馆学士张静，每事清净，敬写此经。诚亦亲执香炉，专精供养。乃至一点一书，住目倾心。然施慧殷重，两纸酬钱五百。②

又如：

> 唐定州中山禅师释修德者……于永徽四年，蹄诚方广，因发大心，至精抄写。……召善书人妫州王恭，别院斋戒洗，浴净衣，焚香布华，悬诸幡盖，礼经忏悔，方升座焉。下笔含香，举笔吐气。每日恒然，精勤无怠。禅师躬自入净，运想烧香。笔翰之间，并专心目。因修若是，迄于终始。每写一卷，施缣十匹。迄成一部，总施六百余段。恭因发心，并皆不受，劳诚竭虑，筋力都尽，写经才毕。③

像这样不惜重金请来抄写佛经的不仅有一般工书的"佣书者"，也有当时有名的文士。显然，唐代的抄经经生和"佣书者"的境况不能代表魏晋南

---

① （唐）释法藏：《华严经传记》卷5，载〔日〕高楠顺次郎等编修：《大正新修大藏经》第51册《史传部三》，第170—171页。
② （唐）释法藏：《华严经传记》卷5，载〔日〕高楠顺次郎等编修：《大正新修大藏经》第51册《史传部三》，第171页。
③ （唐）释法藏：《华严经传记》卷5，载〔日〕高楠顺次郎等编修：《大正新修大藏经》第51册《史传部三》，第171页。

北朝时期的历史事实，但是可以为我们认识这个群体的工作情况提供一个参考性的认识基点。

第三节　知识资源格局的变动与底层知识分子

魏晋南北朝时期往往被当作知识阶层个性解放、思想自由的古典象征，这具有一定的道理，但这种中古时期的自由与解放，其实同今天现代化背景下我们所使用的同类词汇还是有很大的差距。不过不容否认的是，佛教的传入，引起了这个时期的伦理体系和知识资源格局的变动，从而开阔了中国人的思维，打破了儒学伦理体系下知识生产的僵死局面，这就是我们认为那个时代的"思想自由"的关键所在。

一、异质文明的传入与中古知识资源格局的变动

在移植外来的佛教知识体系和伦理体系方面，底层知识分子虽然没有像上层知识精英那样去高谈阔论，但他们事实上是避开了从注解儒家经典来生产知识的老路，从佛教经典的传播方面，为新的思想和知识的产生、传播开辟了一条道路，最终在各种因素的作用下，使传统的知识资源格局发生了变化。

魏晋南北朝时期是最为冷血的时代，是中国历史上战争最多的一个时期，东晋时期的103年中，大小战争有272次，南北朝的159年中，战争178次。[1] 看看这些数据，我们就会明白当时社会生存环境是何等残酷。尤其在"五胡乱华"之际，"都街杀人，朝朝不绝；思为乱者，十室而九"[2] 的北方社会连最基本的生存安全都不能保证。但是也许正是因为有了这样的一个残酷的时代背景，才破坏了前代积累的各种规则和禁忌，为新的知识和思想创造提供了相对宽松的环境。

对于专制政权来讲，限制知识资源的增长，是维持统治得以稳定的一个关键点。古代中国的这种对于知识资源的控制是相当成功的。

---

[1] 中国军事史编写组编：《中国军事史·附卷·历代战争年表上》，第3页。
[2] （北齐）魏收：《魏书》卷99《私署凉州牧张寔传》，第2197页。

东周时期，随着士阶层的分化，儒生或学者逐渐脱离了自西周以来建立的封建体制，成长为具有相对独立性的知识分子阶层，对政治进行比较独立的解说或干预，因而随后建立的秦王朝就有了"焚书坑儒"这样极端的控制知识资源增长的措施[①]，但是这种粗暴的短期行为并不具有一揽子解决的终极意义，最要命的是"以吏为师"的措施，将知识资源的生产和传播完全掌握在官僚体系的机器框架内，从而确立了中国古代的"经学"的至高无上的言说地位。

汉代察举制度的建立，进一步将知识资源以及掌握知识资源的群体同专制官僚体系结合起来，知识力量与政治权力自此开始了长达几千年的体制内合作。这个稳定结构就为中国的以"经学"为主的知识资源的生产体系制定了产品制造的行业化标准，那就是用解释"五经"的办法来增长知识，并且必须遵循"师说"，而各家经学家们为了表明自己的高明和正宗，也不得不以制造新奇注释的办法来增加自己的权威性和独特性。这是一种"豆荚里种西瓜"的高难度生产体系，所以东汉的经师们往往东拉西扯，结果最后连自己也闹得一头糨糊。

作为一种维持整个社会运转的政治伦理体系，以经学为主要操作指向的儒家知识体系，其最大的作用就是为现存的政治和社会合理性做出各种各样的解释，以不断证明这种社会结构和运转体系的合法性。因而，"五经"的神圣化言说权威，从根本上就有杜绝知识生产多样性的倾向，但是佛教的传入，向传统的儒家伦理提出了挑战，使得它不得不去从事一场保卫本土文明与伦理的意识形态战争，从各个角度对佛教伦理体系进行驳斥，同时也进行了对自身知识体系和伦理结构中一些基本概念和观念的自我审视。这种被动的应和和辩解，打破了儒家"经学"传统的知识生产方式，正如汤因比所指出的："挑战和应和是描述在个人或社会生活中激起新的脱离行动的各种自由力量的一个公式。一次有效的挑战会刺激人们去从事创造活动，但它必然会破坏原先存在的和谐。"[②] 佛教的传入中国，就是这样的一种刺激力量，它

[①] 对于东周时期独立于政治之外的社会力量和秦汉时期对知识资源的控制，许倬云先生在《中国古代社会与国家之关系的变动》一文中做了详细而高明的解说。许先生的文章载《许倬云自选集》，第199—201页。

[②] 〔英〕阿诺德·汤因比：《历史研究》（修订插图本），刘北成、郭小凌译，上海人民出版社2000年版，《第二部：文明的起源》，彩图16文字解说。

的知识体系在一定程度上弥补了传统的儒家经学"知识资源创造不足"的缺陷。

在本文中，我们要追究的是，佛教知识体系如何在北方底层知识阶层中得到扩张，就是说，这种外来知识体系的刺激是通过怎样的方式作用于底层知识阶层，并最终影响了中国社会文化的进程。

任何一种异质的文明，当它大规模进入一个全新的文明环境时，事实上最早开始愉快接受的人并不是土著文明体系中的精英阶层，因为精英阶层尤其是知识精英阶层受过系统的本土文明知识体系的熏染，是所在的本土文明体系知识的主要传承者，也是同这个文明体系相关的各种利益的受益者，因而他们最怕的也就是本土文明体系受到侵蚀，很容易以已有的本土知识或既定的生活法则对外来文明进行拒斥。而一般的芸芸众生，也可能因为已经习惯了已有的生存文明环境而不能很好地对异质文明做出积极的反应，对一些知识型和伦理型观念的接受更是如此。

事实上，能最早接受异质精神文化体系并尝试身体力行的人，往往是一些底层知识分子。这些人受过一些基本的必要的知识训练，但是他们的知识还不能帮助他们上升到为政治权力服务的地位。很显然，在专制的中国社会，不能得到政治权力青睐的知识是不具备精英意义的，而底层知识分子由于读书而使得自己又不同于一般老百姓，有了"知识分子"的自我认同感。这样，底层知识分子就成了一个介于平民与上层精英之间的中间层，处于比较尴尬的地位。他们本身不愿意去向下认同，但又得不到精英阶层的容纳，所以至少在心理上就很容易产生借助外来新奇的知识体系或思想体系，来彰显自身的存在价值。

况且，从东汉到西晋，是佛教在中国的初传时期，由于当时的统治者有"西域人得立寺都邑，以奉其神，其汉人皆不得出家"[①]的禁令，再加上当时的客观形势确实不利于佛教的传播，由于"华夷之别"是中国传统文化中最根本的一个思想防线和政治伦理基点，以儒教伦理立国并建立了严密的层级社会结构的中国社会，根本上是拒斥佛教伦理的。正是因为有以上我们所考察的这些底层知识分子的存在，他们同来自西域的僧人和有文化的佛教信徒

---

① （梁）释慧皎：《高僧传》卷9《竺佛图澄传》，第352页。

如安文惠、帛延、帛元信等人接触，互相学习，并翻译了大量佛教经典，这样才使得佛教的世界观、伦理思想等逐步得到传播，使得佛教这个来自异域的文化体系能同中国的儒道二家的文化体系接轨，为佛教在后期的大发展和进一步华化奠定了基础。

毫无疑问，当我们欣欣然于南朝"玄学"的思想光芒和那些名士们同高僧的唱和应酬时，也应该明白正是那些在清冷的寺庙的译经人和因为微薄的生活成本而抄写经书的底层知识阶层的介入，中国中古时期知识资源生产格局才开始发生了变动。

二、中古中国知识资源格局变动的四个方面

第一，佛教经典知识和思想体系成为同儒学直接对话和交流的一种"知识语言体系"，打破了自西汉以来形成的儒家的知识垄断。应该说，从《牟子理惑论》开始，这种对话就拉开了序幕。

《广弘明集》中的正诬论、明佛论、喻道论、白黑论、均善论、达性论、更生论、神灭论、神不灭论、沙门不敬王者论、沙门袒服论、明报应论、释驳论、正二教论、夷夏论、戎华论、灭惑论、三破论等论难，分别就中国上古圣人、伦理概念、伦理行为、神形关系等等最基本的历史人物认识、意识形态问题、伦理体系做了新的审视和阐释。

佛教理论家力图使佛教的一系列概念及神圣嵌入到中国传统的言说体系中，而儒生则希望用传统的言说体系彻底摧毁佛教的知识体系。这种意识形态的混战，用全新的知识体系打破了儒家知识系统的专一解说局面。

第二，对于经典知识的解说方式发生了变化。义疏作为一种新的经典知识解说体系而产生，从而结束了自西汉以来经师们"分文析字，繁言碎辞"的烦琐解说方式，改变了学术传授中"别有心传，口耳转受"的那种知识的私密传播方式，"家学"传统在一定程度上开始解体，使得思想的表达不再是一个儒生集团的事情，而成为一种普遍的社会行为。这样，在纵向传授基础上，知识的获取可以依靠通行的、很容易理解的"义疏"解说而得到横向的交流和传播。①

---

① 尚永琪：《六朝义疏的产生问题考论》，载《中国典籍与文化论丛》第6辑，中华书局2000年版，第412页。

第三，佛教伦理进入社会人群的日常行为规范，拓宽了社会群体的多样化生存状态和整个社会的宽容能力。关于这一点，我们可以从以下三个视角得到理解：

首先，从佛教造像题记中的乞福语来看，造像者个人或造像者群体乞福的对象相当广泛，不但包括自己的父母、亲戚，还有皇帝、边地众生及一切众生。如延兴五年（475）《北平无终县民阳晏妻韩令姜》："为父母造弥勒一区，为一切众生。"神龟三年（520）《定州杨肆囗等中山上曲阳邑义廿六人造像记》："造弥勒像一躯，上为皇帝，下为边（遍）地众生，普同斯愿。"①大量的造像记中所乞福的对象往往都包括"一切众生"，而像上举"定州杨肆囗"等造像专门为皇帝和边地众生，这样的心态，至少表明，在佛事活动中，社会成员的宽容心态是相当广泛的。最典型的事例还有北魏东阳王元荣将自身及妻子儿女同奴婢、六畜都同等地列为乞福对象②，可见，佛教所提倡的众生平等的思想，在社会成员中确实产生了一定的影响，培植了宽容的心态和合作意识。

其次，佛经中所提倡的"福田"等思想成为社会生活中的伦理信条之一。据刘淑芬先生的研究，佛教的"福田思想"在中古时期的社会福利事业中发挥了很大的作用。晋代僧人法立、法炬翻译的《佛说诸德福田经》讲到了七种福田：1. 兴立佛图、僧房、堂阁；2. 建园果、浴池、树木清凉；3. 常施医药，疗救众病；4. 做牢坚船，济度人民；5. 安设桥梁，过渡羸弱；6. 近道作井，渴乏得饮；7. 造作圊厕，施便利处。③显然，这些事情除修建僧房、佛图是关乎僧人最切身利益之外，其他六种都是有利于社会、有利于大众的公益事业。佛教信徒只要做这七种事情，就可以得福升梵天，因而，在福田思想的影响下，佛教信徒非常热心地从事社会福利事业，或救济穷困，或做公共建设如修桥、挖井、铺路等等。在造像题记中，这样的现实事例也不少。并且这种活动往往是由佛教信徒所发起，而由邑义组织成员所实施，甚至就是整个村或几个村联合来进行。这种由于佛教思想而引起的以佛教信徒为主

---

① 高艳霞：《河北弥勒造像题记考》，《文物春秋》1999年第2期。
② 《建明二年北魏元荣造仁王般若经题记》，载饶宗颐主编，王素、李方著：《魏晋南北朝敦煌文献编年》，第193—194页。
③ （晋）法立、法炬共译：《佛说诸德福田经》，载〔日〕高楠顺次郎等编修：《大藏新修大藏经》第16册《经籍部三》，第777页。

体的公益活动，无疑对于整个社区的伦理建设具有示范作用。正如刘淑芬先生所说，佛教的福田思想不仅影响了中古时期民间的社会救济工作，也影响了国家的社会救济事业。①

再一点，佛教典籍这种"内学"作为一种知识体系，不像儒学那样成为一种特权阶层的垄断物品，也不像道教经典那样具有神秘性和符、术、药混合的技术性。它是一个开放体系，但凡信仰者就可以是这种知识的拥有者。因而无论是村夫农妇还是达官贵人，他们进入这个知识体系的理论门槛是一样的。这样，以佛教传教僧人为中心、以民间知识阶层为过渡人物的佛教知识体系的普及，无疑是一次文化和思想的民间化运动。

虽然这是一种不理性的思想和文化，它不具备现代所提倡的具有"科学"意义的知识论内核，但是它给了民众一个可以自己掌握的知识体系和伦理规则。儒家的伦理是以皇权权威为中心展开的，在民间就是族权、家长权、父权和夫权，是一种横暴的层级伦理，其裁判权和言说权掌握在权势阶层手中。这是它们二者最大的不同之处。

最可注意的是，佛教知识体系的普及，使得在士农工商这个四民阶层之外，又诞生了一个具有一定文化背景的僧人阶层和信徒群体。僧人群体的诞生和迅速壮大是对宗族制度的主要基础"血缘认同"观念的一个打击和破坏；信仰群体的存在，构成了对宗族或家族组织的体制消解。中古社会后期多样化的生存状态和宽容的社会心态就是在这样的背景下开始生长起来的。

第四，佛教的神异思想与本土神话传说等相互交融，促生了志怪小说、民间讲唱等文学样式。志怪小说的诞生和繁荣，是魏晋南北朝时期由于佛教传播而带来知识生产格局变动的一个很典型的标志。

在魏晋南北朝众多的志怪小说中，《冥祥记》、《补续冥祥记》、《宣验记》、《应验记》（三种）、《旌异记》、《冤魂志》、《搜神后记》、《续齐谐记》等十多部志怪小说，带有明显宣佛的思想倾向，因而又被文学家称为宣佛志怪小说或曰佛教志怪小说②，其主要内容是根据佛教的佛法无边、因果报应、精神不灭、生死轮回等教义，敷衍编造出来的，它们是佛教集团用来辅助传

---

① 刘淑芬：《北齐标异乡义慈惠石柱——中国佛教社会救济的个案研究》，载梁庚尧、刘淑芬主编：《城市与乡村》，第52—86页。
② 李希运：《论魏晋南北朝志怪小说的宣佛思想倾向》，《东方论坛》1999年第3期。

教的创作品。

　　文学史家的研究也表明，中国神话作为小说等文学样式的创作源头或丰富的材料来源，在自战国以后至两汉的儒家经典确立过程中，走上了"历史化"的道路。① 就是说，神话的流传在这个历史时期是断裂了，是依附于儒家的"经学"和"历史学"的一种解释。直至魏晋南北朝时期，由于佛经中各种神怪故事的刺激，中国神话小说化的历史才再次"具有了独立审美格局、特定故事结构和文体形式"②，这就是志怪。

　　志怪故事及其以后的唱导、讲经文等文学样式，其生命源泉就植根于神话传说和民间土壤，这就很好地说明了佛教的传播对于中国民间社会来讲，是一次系统的知识普及和文化推进。

　　这种情况，是非常值得我们深思的，就理性程度而言，儒家的入世哲学和现实伦理体系，无疑要比佛教的世界观、伦理观要理性得多。可以说，儒家的伦理观、世界观大多是来自社会实践的经验总结和理论升华，而佛教的就更近乎是漫无边际的"思维"的结果。佛教有一套与中国本土完全不同的人生观和道德观。它认为，人的生命是一个循环往复的过程，每一个个体都有他的三世，即前世、今世和来世。这三世是轮回转生的，即生而复死，死而复生，生生死死，死死生生，轮转不已。而每一轮转去处的好坏，即轮回的六道，都决定于他的现世的行为。这种三世和因果报应的人生观和道德观虽屡遭本土文化的抵御，但它还是以顽强的渗透力，深入中国人的心中，并发挥了调和社会矛盾、缓解社会紧张的重要作用。

　　因而，那些不处于主流位置的底层知识分子很积极地接受佛教这个外来的知识体系，可能同他们的不如意处境有密切的关系，三世轮回的说法给了他们一个遥远而可以掌握的希望。

---

① 朱迪光：《中国神话的历史化及其对中国叙事文的影响》，《安庆师范学院学报》2001 年第 4 期。
② 刘明琪：《中国小说的历史空白》，《陕西师范大学学报》1998 年第 1 期。

第三章 3—6世纪佛教寺院的奢华与农业人口的生存状态考察

如果翻开传统的历史记载，我们就会发现很多关于控制奢侈品的言论。对商业的极力限制和提倡简单的生活，是中国古代社会伦理体系中一个最基本的信条。从上古传说中尧舜等帝王的简朴生活到颜回的"箪食瓢饮"，虽然这些说教并不能在事实上遏制以皇帝为首的特权阶层的穷奢极欲，但在伦理说教中这种根深蒂固的对奢侈生活的排斥，绝不是毫无意义的空谈，它对在脆弱的小农生产体系内维持特权阶层的奢华生活做了很重要的合法性解说和道德开脱。

希腊城邦的奢侈来自于海上文明的对外征服，是建立在掠夺外来资源基础上的。与古代希腊城邦的奢侈生活不同的是，中国古代社会存在发展的支柱是小农生产体系，是一个脆弱的内部循环系统。它几乎没有"天上掉馅饼"的掠夺性资源的来源，那么就只好在封闭的生产体系内部，尽可能地削减普通百姓的生活成本，来满足上层的需要，这也是传统的等级制"礼"的一个主要内容和本质所在。

关于古代等级社会对奢侈品分配与消费的合法性解说问题，人类学家亚历山大·罗伯逊做过很好的研究，他认为：

> 让奢侈品名正言顺的最好方式之一就是把他们宣判为需要。很明显，在说到个人在社会中所使用权利的问题时这一招是最好的。判别什么人应得什么东西是千百年来政治思想体系的一项基本功能。
>
> 对应得之物的政治判别准则本身就肯定了每个人的身体在根本上都

是不相同的。如果相信这一点，我们就在任何层面上将贪婪当成指控和借口。在政治团体外部，贪婪的意义消融在无道德标准之中：在分别出"我们"和"他们"的那条界限以外，人可以变成动物，任何形式的奢靡纵欲——劫掠、强奸、谋杀——都有了道德上的可能。①

在这样的基础上来理解古代社会的一些宏大事件，可能会为我们提供更为丰富而具有启发意义的认识。因为人类社会的许多活动并不都是建立在恰适的道德基础之上。与此相反，许多我们至今津津乐道的事件或文明遗迹，恰恰可能就是上层统治者好大喜功或穷奢极欲的象征，是牺牲卑微阶层的生命和浪费社会基本生活成本的产物。

第一节　3—6世纪中西交流背景下的佛教奢侈问题

魏晋南北朝时期是中国古代历史上最为奢华的历史时段之一，而佛教则是这个时段内奢华的中心。佛教的奢侈与浪费，究竟给中古社会的农业民众带来了什么？我们显然不能用现代市场经济条件下的"经济成本"来加以核算，但是把这种奢华纳入研究视野，肯定会更有利于我们全面认识佛教及其得以生存发展的中古中国农业社会。

一、古代异域交流视域中的奢侈问题

当我们在现代工业文明相当成熟的背景下审视和评估全球交流的价值和意义的时候，也很容易将同样的思路带进古代文明的交流之中。

事实上，武力的征服和古代文明的传播，加强了世界文化的多样性交流以及人类的相互了解，在总体趋势上为现代世界体系的产生奠定了基础。但这样的具有长远意义和后续影响的成就，在历史事实发生的短时段内，所带来的社会痛苦和代价也是极为昂贵的。

中古中国同世界的交流，自汉代张骞通西域后，规模日大，以致汉唐文

---

① 〔英〕亚历山大·罗伯逊：《贪婪：本能、成长与历史》，胡静译，上海人民出版社2004年版，第32—33页。

明对世界文明产生了深远的影响,这是中华文化的骄傲,不过这是我们站在以往历史的一个制高点上,回头而看的效果。而身在历史事实当中的一些古代历史学家对此则有不同的体会,修《隋书》的唐代史家在总结中古中国同西域及欧洲诸国的交流历史时做出了下面的评价:

> 自古开远夷,通绝域,必因宏放之主,皆起好事之臣。张骞凿空于前,班超投笔于后,或结之以重宝,或慑之以利剑,投躯万死之地,以要一旦之功,皆由主尚来远之名,臣殉轻生之节。是知上之所好,下必有甚者也。炀帝规摹宏侈,掩吞秦、汉,裴矩方进《西域图记》以荡其心,故万乘亲出玉门关,置伊吾、且末,而关右暨于流沙,骚然无聊生矣。若使北狄无虞,东夷告捷,必将修轮台之戍,筑乌垒之城,求大秦之明珠,致条支之鸟卵,往来转输,将何以堪其敝哉!古者哲王之制,方五千里,务安诸夏,不事要荒。岂威不能加,德不能被?盖不以四夷劳中国,不以无用害有用也。是以秦戍五岭,汉事三边,或道殣相望,或户口减半。隋室恃其强盛,亦狼狈于青海。此皆一人失其道,故亿兆罹其毒。①

对于从西汉到隋王朝经营西域、交通中外的历史,从现代观点来看,无论在政治、经济还是文化方面,都是光芒万丈的事业。但是《隋书》"史臣"的评价却几乎是一片灰暗,总括其观点,他认为"开远夷,通绝域"的举措并没有事实上的合理意义和价值,其原因不过是由于皇帝的好大喜功和臣下的无事生非。武力远征时期,造成的后果是民不聊生、尸横疆场;而征服之后的和平时期,也因为商贸转输"大秦之明珠"等等奢侈品而使得整个社会不堪其重负,所谓"天子好宛马,使者相望于道"②的类似局面,可能就是古代中国同西域商贸交通的主要组成部分之一。

---

① (唐)魏徵等:《隋书》卷83《西域传》,中华书局1973年版,第1859—1860页。对于汉武帝时代张骞通西域之事,后代史家也多有类似评价,如王夫之即认为:"(汉武)驰情宛、夏、身毒、月支之绝域,天下静而武帝动,则一时之害及民而怨仇起。……玉门以西水西流,而不可合于中国,天地之势,即天地之情也。张骞恃其才力强通之,固为乱天地之纪。"见王夫之:《读通鉴论》卷3《武帝》,中华书局1975年版,第61页。
② (汉)司马迁:《史记》卷123《大宛列传》,第3170页。

如何看待这个评价①，也许是需要我们慎重考虑的一个问题，因为它涉及对历史状况的正确理解。《隋书》的"史臣"所看到的对中古中外交流所产生的消极影响，同现代背景下对这种交流的高度评价之间的反差，可能同历史时段的推移、社会环境的变迁等因素对历史事实的价值和意义的"过滤"有关。同样的历史事件，在不同的时段内或文化背景下可能就会产生不同的解读。譬如20世纪50年代被作为"愚昧"或"落后"的象征而极力加以改造的许多少数民族文化中的习俗、行为方式，到20世纪90年代却被作为民族文化的精华，甚至作为世界文明体系中的多样性文化样本而被加以刻意的复原并努力保留下去。

如果回到中古时期的社会背景下，我们可能也会发现，相对封闭的小农生产体系支撑下的古代中华帝国所展开的对外征服、交流和商贸活动，促进了奢侈品的交流和消费，这样就在事实上造成了以剥夺大多数劳动者的基本生存成本为前提，来扩张和维持上层社会对于奢侈品不断需求的后果。这样的观点，我们没有准备让它成为一种全面而唯一的解释，而是作为一个局部因素来加以深入的探讨。② 就是说它具有片面性，而我们的目的就在于要充分地认识这种可能被忽略的"片面"。

美国加利福尼亚大学教授谢弗对唐朝的外来物质文明做过比较详细的归类，大约17类，共170余种，它们是家畜、野兽、飞禽、毛皮和羽毛、植物、木材、食物、香料、药物、纺织品、颜料、工业用矿石、宝石、金属制品、世俗器物、宗教器物、书籍。这些物品大多都是针对上层统治者的奢侈

---

① 与《隋书》"史臣"评价不同的是，现代历史学家大多从军事地理的角度来看待"通西域"这一事件，如姜亮夫先生就认为：汉武帝经略河西，一为报汉高祖平城之辱，此为政治目的；一为控制西域诸国，从经济上截断匈奴的接济，这是解除匈奴在西北逼害的必然措施。我们认为，也许可以将《隋书》"史臣"的观点同现代历史学家的看法结合起来互相参照，来看待这一历史事件。譬如李广利率兵征伐，就是为了得到"大宛马"，似乎难以套上理性的政治帽子。在专制制度下，往往容易因为权势者个人的喜好和心血来潮而制造一些惊人的事件，历史学家在事后找原因的时候，又很容易将之纳入理性而必然的解说体系之中。这也许正是我们要表达的一个基本看法。参阅姜亮夫：《汉武经略河西之原因》，载姜亮夫：《敦煌学论文集》（下册），上海古籍出版社1987年版，第761页。
② 拉铁摩尔（Owen Lattimore）认为，中国中古政权对西域绿洲的征服，目的在于控制绿洲诸国家，建立联盟以对抗草原民族，因而其贸易并不具有实质性的商业意义。所以，在这样的背景下展开的贸易，自然不能用现代国际贸易的视角来等量齐观。参阅〔美〕拉铁摩尔：《中国的亚洲内陆边疆》，唐晓峰译，江苏人民出版社2005年版，第315页。

品。谢弗教授之所以将他研究唐代舶来品的著作起名叫《撒马尔罕的金桃》，其意也正在于表明这些舶来品神奇的奢侈价值。① 而3—6世纪随着西域商人来到中原的也主要就是这些具有奢侈意义的消费品。

来自西域的奢侈品和各种动物及杂技戏法等，是中古中国社会上层奢侈生活的主要象征之一。如北魏宦官刘腾，其家奢富，就养有来自西域的音乐幻术等人，规模可能还相当大，所以杨衒之在《洛阳伽蓝记》中总把他家的奢华拿来作为描写洛阳佛寺奢华的参照物，如说宗圣寺"妙伎杂乐，亚于刘腾"②，而昭仪尼寺则"伎乐之盛与刘腾相比"③。当时王公富豪之家，多以拥有商贸而来的西域等地的器具、乐伎等为夸富的资本，如北魏河间王元琛：

> 常会宗室，陈诸宝器，金瓶银瓮百余口，瓯檠盘盒称是。自余酒器，有水晶钵、玛瑙琉璃碗、赤玉卮数十枚，作工奇妙，中土所无，皆从西域而来。又陈女乐及诸名马。④

这个元琛曾做过秦州刺史，非常喜爱名马，所以就派遣人到西域求购名马，从波斯国得到了所谓的千里马，这样的马他自己就养了十多匹，以银为槽，以黄金做马的锁环，他曾吹牛说："不恨我不见石崇。恨石崇不见我。"晋代的石崇在奢侈方面已经可以列在人类古代生活史的罪恶榜之前列，元琛如此自负，自然其生活的奢华程度是可想而知的。当时能尽得四方奇珍异宝、生活奢侈的人物再就是一些商人，如洛阳富商刘宝就是一个代表人物，史载：

> 有刘宝者，最为富室。州郡都会之处，皆立一宅，各养马一匹，至于盐粟贵贱，市价高下，所在一例。舟车所通，足迹所履，莫不商贩焉。是以海内之货，咸萃其庭，产匹铜山，家藏金穴，宅宇逾制，楼观

---

① 〔美〕谢弗：《唐代的外来文明》（原名《撒马尔罕的金桃——唐朝的舶来品研究》），吴玉贵译，中国社会科学出版社1995年版。
② （北魏）杨衒之撰，范祥雍校注：《洛阳伽蓝记校注》卷2《宗圣寺》，上海古籍出版社2018年版，第84页。
③ （北魏）杨衒之撰，范祥雍校注：《洛阳伽蓝记校注》卷1《昭仪尼寺》，第59页。
④ （北魏）杨衒之撰，范祥雍校注：《洛阳伽蓝记校注》卷4《法云寺》，第222—223页。

出云，车马服饰，拟于王者。①

刘宝之奢华，主要体现在其宅第建筑的华贵和对通商外来奢侈品的占有方面，其实，这也正是当时社会上奢华之风气的一个最主要的标志和体现。在3—6世纪之间的北方社会，随着佛教的传播发展，北魏时期无论在人口数量还是社会环境方面都已经达到了一个比较富庶安定的局面。所以在此时期的北方社会中，北魏的奢华风尚具有典型的代表意义，可以作为一个标志性模本来加以考察。

面对这种奢侈，我们的认识可能会更为复杂，一分为二的说法和"虽然……但是"的评价句式或判断方式显然是力不从心的，我们在此处要表达的是以下三个相关联的看法：

1. 从世界发展和文明交流的步伐来讲，奢侈往往具有先导意义，此即"生活改变观念，观念引导文明"；

2. 任何奢侈和繁华总会有人来享用，而也总得有人为此付出沉重的代价，甚至是大多数人付出几代生命的代价，不过历史总会因为文明的繁华而忽略这个事实，留下的只是骄傲和惊叹；

3. 奢华的过程也同样会为大多数人提供一些新的生存途径，譬如中西交通中显然也会为民间带来有利于生存和发展的商贸交换。

对于中西文明交流之于社会发展的积极意义，以往的研究已经非常充分。我们在这里要强调的是一个"片面的观点"，如果要表达得更为确切些，也许用美国生物学家多勃兹汉斯基的说法将会更为生动传神，他曾说：

> 有些社会组织曾把大多数人当作上足肥料的土地来使用，以便让一种细巧、精致的文化绽开稀有的、优雅的花朵。对我来说，这样一种社会组织的消亡并非憾事。②

因而，在脆弱而封闭的小农生产体系背景下，由于中西商贸交往的扩大

---

① （北魏）杨衒之撰，范祥雍校注：《洛阳伽蓝记校注》卷4《法云寺》，第215—216页。
② 转引自〔法〕费尔南·布罗代尔：《15至18世纪的物质文明、经济和资本主义》（第一卷），顾良、施康强译，第215页。

而刺激起来的社会上层的奢侈,曾经是把大多数人作为"上足了肥料的土地来使用"的,这是人类史上不可避免的荣耀和耻辱——既是宗教的也是世俗的。

二、佛寺修建的奢华及其对资源的耗费

商业的繁荣会带来社会的奢华风尚,这是毫无疑问的。佛教在其产生之初,就同商业及商人有密切的关系。

按佛经记载,释迦牟尼成佛之后,首先遇到的就是商人,而在其后的各种佛教经典里面,商人都具有很高的地位,他们曾经是印度佛教中最主要的支持者和施舍人。如佛经记载中著名的给孤独长者就是一个家财万贯的大商人,是如来佛的最忠实的捐助人。他曾在一座花园中用金子铺满了地,赠送给释迦牟尼佛。而佛经中关于理想佛国世界的描写更是充满了商业化气息,珠玉遍地、奢华绚丽:

> 又彼如来所居佛土,广博严净,地平如掌,皆以宝成。细滑柔软,常有香气。无忧苦声,离诸烦恼,亦无恶趣及女人名。处处皆有金砌浴池,香水盈满;宝树行列,花果滋茂;胜妙音乐,不鼓自鸣。①
>
> 佛国土有异威德,人民炽盛皆得安隐,五谷丰收土地大盛,咸共快乐。天人繁炽,地悉平等犹如砥掌,无沙尘秽荆棘瓦石,唯琉璃水精明月珠玉,珊瑚虎珀砗磲马瑙遍布其地。其地柔软犹如天衣,有甘美香光色甚好,生其好草如天緂綖,以足蹈上足下四寸举足如故。②

在佛教的理想中,佛国不仅环境优美,大地铺满宝贝,而且有金砌的浴池,各种奇花异木和优美动听的音乐。关于这样的描写,在佛教提供给一般信徒的所谓"极乐世界"中就更为繁华:

---

① (唐)释义净:《药师琉璃光七佛本愿功德经》卷上,载〔日〕高楠顺次郎等编修:《大正新修大藏经》第14册《经集部一》,第411页。
② (唐)菩提流志:《大宝积经》卷9,载〔日〕高楠顺次郎等编修:《大正新修大藏经》第11册《宝积部上》,第49页。

极乐世界净佛土中，处处皆有七重行列妙宝栏楯、七重行列宝多罗树，及有七重妙宝罗网，周匝围绕，四宝庄严——金宝、银宝、吠琉璃宝、颇胝迦宝，妙饰间绮……

极乐世界净佛土中，处处皆有七妙宝池，八功德水弥满其中。……是诸宝池底布金沙，四面周匝有四阶道，四宝庄严甚可爱乐。诸池周匝有妙宝树，间饰行列香气芬馥。七宝庄严甚可爱乐。言七宝者，一金、二银、三吠琉璃、四颇胝迦、五赤真珠、六阿湿摩揭拉婆宝、七牟娑落揭拉婆宝。是诸池中常有种种杂色莲华……

极乐世界净佛土中，自然常有无量无边众妙伎乐，音曲和雅甚可爱乐。诸有情类闻斯妙音，诸恶烦恼悉皆消灭……

极乐世界净佛土中，周遍大地真金合成，其触柔软，香洁光明，无量无边妙宝间饰……

极乐世界净佛土中，常有种种奇妙可爱杂色众鸟，所谓：鹅雁、鸳鸯、鸿鹤、孔雀、鹦鹉、羯罗频迦、命命鸟等。如是众鸟，昼夜六时恒共集会，出和雅声，随其类音宣扬妙法……

极乐世界净佛土中，常有妙风吹诸宝树及宝罗网出微妙音。譬如百千俱胝天乐同时俱作，出微妙声甚可爱玩。如是彼土常有妙风吹众宝树及宝罗网，击出种种微妙音声说种种法……

舍利子，彼佛土中，有如是等众妙绮饰，功德庄严甚可爱乐，是故名为极乐世界。①

如果我们总括上引佛经中关于极乐世界的描写，就会知道所谓的极乐世界，在环境上具备几项必不可少的条件：宝池、宝树、美妙的音乐、珠光宝气的建筑装饰、各种奇花异木和珍稀鸟类。这个描写为佛教寺庙的修建提供了一个蓝图，僧人和佛教信徒也正是按照这个标准来构筑他们在人间的佛国天堂的，在《洛阳伽蓝记》中，我们能看到的北魏洛阳佛寺就具备这些条件。

正如杨衒之所言洛阳佛寺：

---

① （唐）玄奘：《称赞净土佛摄受经》，载〔日〕高楠顺次郎等编修：《大正新修大藏经》第12册《宝积部下、涅槃部全》，第348—349页。

> 至晋永嘉唯有寺四十二所。逮皇魏受图，光宅嵩洛，笃信弥繁，法教愈盛。王侯贵臣，弃象马如脱屣；庶士豪家，舍资财若遗迹。于是昭提栉比，宝塔骈罗。争写天上之姿，竞模山中之影。金刹与灵台比高，广殿共阿房等壮。岂直木衣绨绣，土被朱紫而已哉！①

洛阳的佛寺，在富丽程度上应该说代表了当时最高的水平，雄伟的建筑风格和奢华的建筑装饰，努力要达到"争写天上之姿，竞模山中之影"的效果，显然是希望能用世俗的力量来营建人间天堂。

在佛教传入之前，雄伟富丽的建筑修建主要集中在以皇帝为首的特权阶层的官署、宅第方面，而佛教的传入，出现了"金刹与灵台比高，广殿共阿房等壮"的局面，使得大兴土木的人群或集团范围得到了扩张。而且由于佛教为体现其宗教的庄严和神圣性，在建筑装饰等方面更是不遗余力。北魏的永宁寺就是一个典型的奢华建筑样本，其建筑的雄伟与装饰的豪华富丽，达到了极致，以至于修建者吹嘘其规模犹如佛祖在天国所住的须弥宝殿兜率净宫：

> 中有九层浮图一所，架木为之，举高九十丈。有刹复高十丈，合去地一千尺。去京师百里，已遥见之。初掘基至黄泉下，得金像三千躯。太后以为信法之征，是以营建过度也。刹上有金宝瓶，容二十五石。宝瓶下有承露金盘三十重，周匝皆垂金铎。复有铁锁四道，引刹向浮图四角，锁上亦有金铎，铎大小如一石瓮子。浮图有九级，角角皆悬金铎，合上下有一百二十铎。浮图有四面，面有三户六窗，户皆朱漆。扉上有五行金钉，合有五千四百枚。复有金环铺首，殚土木之功，穷造形之巧。佛事精妙，不可思议。绣柱金铺，骇人心目。至于高风永夜，宝铎和鸣，铿锵之声闻及十余里。浮图北有佛殿一所，形如太极殿。中有丈八金像一躯、中长金像十躯、绣珠像三躯、金织成像五躯、玉像二躯，作功奇巧，冠于当世。僧房楼观一千余间，雕梁粉壁，青缥绮疏，难得而言。柘柏松椿，扶疏檐霤；丛竹香草，布护阶墀。是以常景碑云：须

---

① （北魏）杨衒之撰，范祥雍校注：《洛阳伽蓝记校注·原序》，第2页。

弥宝殿，兜率净宫，莫尚于斯也。①

永宁寺的这种奢华建筑，在当时的佛寺中是最为壮观的，而基本达到同样豪华规模的还有秦太上君寺和景明寺。据说前者是胡太后所立，"佛事庄饰，等于永宁。诵室禅堂，周流重叠，花林芳草，遍满阶墀"。②而景明寺的规模则一点也不比永宁寺逊色③：

> 青林垂影，绿水为文。形胜之地，爽垲独美。山悬堂观，盛一千余间。复殿重房，交疏对霤，青台紫阁，浮道相通，虽外有四时，而内无寒暑。房檐之外，皆是山池，竹松兰芷，垂列阶墀，含风团露，流香吐馥。至正光年中，太后始造七层浮图一所，去地百仞。是以邢子才碑文云：俯闻激电，旁属奔星是也。妆饰华丽，侔于永宁。金盘宝铎，焕烂霞表。
>
> 寺有三池，佳蒲菱藕，水物生焉。或黄甲紫鳞，出没于繁藻，青凫白雁，浮沉于绿水。碾硙舂簸，皆用水功。
>
> 伽蓝之妙最得称首。④

我们如果把这两个寺庙的建筑布局、构成要素及装饰的金碧辉煌同前面所引佛经中对极乐世界的描写相对比，就会发现二者在建筑精神上是一脉相通的。来自西域的僧人惊叹于景明寺的奢华，将之称作"佛国"，可见这些寺庙的建筑布局及奢华装饰确实受到了佛经中所谓佛国描写的影响。

当时的洛阳佛寺中最引人注目的除珠光宝气的浮屠塔、佛像和殿宇之外，还有三类东西：珍木香草、妙伎杂乐和外来奇果。这三类东西也是佛经中的极乐世界必不可少的代表性事物。这些东西大多都来自西域，是当时中

---

① （北魏）杨衒之撰，范祥雍校注：《洛阳伽蓝记校注》卷1《永宁寺》，第1—4页。
② （北魏）杨衒之撰，范祥雍校注：《洛阳伽蓝记校注》卷2《秦太上君寺》，第100页。
③ 据研究，永宁寺、景明寺的建筑设计可能出自一人之手，尤其是这两个寺中的塔，修建得极为壮丽。这两个佛寺的设计师郭安兴，是当时的能工巧匠，近年来还发现了郭安兴哥哥的墓志，其中有关于郭安兴的记载。可参看《魏书·术艺传》；严辉：《北魏永宁寺建筑师郭安兴事迹的新发现及相关问题》，《中原文物》2004年第5期。
④ （北魏）杨衒之撰，范祥雍校注：《洛阳伽蓝记校注》卷3《景明寺》，第140—141页。

西文化交流的代表性物种。如长秋寺"奇伎异服冠于都市"[①]；瑶光寺"珍木香草，不可胜言。牛筋狗骨之木，鸡头鸭脚之草，亦悉备焉"[②]；景乐寺"召诸音乐逞伎寺内，奇禽怪兽舞抃殿庭，飞空幻惑世所未睹，异端奇术总萃其中"[③]；宗圣寺"妙伎杂乐，亚于刘腾"[④]。

僧史有"京师寺皆种杂果"的记载，我们也可以想见，来自西域的那些稀有的草木、蔬果，首先在寺院得到精心的培植是很自然的事情，因为寺院不仅是相对宁静而易于接受外来事物的地方，而且也是接触西域人最多的地方之一。如景林寺"多绕奇果"，有百果园：

> 果别作林，林各有堂。有仙人枣，长五寸，把之两头俱出，核细如针，霜降乃熟，食之甚美。俗传云出昆仑山，一曰西王母枣。又有仙人桃，其色赤，表里照彻，得霜即熟。亦出昆仑山，一曰王母桃也。[⑤]

这种枣子和桃子是来自西域的新品种，除此之外，如白马寺的石榴、葡萄这些外来水果，也是当时最好的，皇帝拿它们来赏赐宫人，"得者不敢辄食"，以至于辗转数家。

佛寺的这种追求与佛国相似的奢华建筑风气，对社会资源的浪费是显而易见的。但是由于宗教本身很容易掀起民众尤其是特权阶层的狂热情绪，导致在佛寺修建的规模上"贫富相竞，费竭财产，务存高广"，在建筑的奢华装饰方面则"苟能精致，累土聚沙，福钟不朽"。[⑥]

佛寺修建的这种奢华局面，可能也不仅仅是上层统治者的事情，下层平民的宗教热情也起了一定的推波助澜作用。

小农经济是一个资源有限的封闭的生产体系，非常脆弱。既然佛寺的修建规模日大而装饰华丽，那么社会资源就会在一般平民那里日益被削减，杨衒之所讲的一个小故事颇能说明这个问题。灵觉寺僧人宝明原是陇西太守，他

---

① （北魏）杨衒之撰，范祥雍校注：《洛阳伽蓝记校注》卷1《长秋寺》，第47页。
② （北魏）杨衒之撰，范祥雍校注：《洛阳伽蓝记校注》卷1《瑶光寺》，第50页。
③ （北魏）杨衒之撰，范祥雍校注：《洛阳伽蓝记校注》卷1《景乐寺》，第56页。
④ （北魏）杨衒之撰，范祥雍校注：《洛阳伽蓝记校注》卷2《宗圣寺》，第84页。
⑤ （北魏）杨衒之撰，范祥雍校注：《洛阳伽蓝记校注》卷1《景林寺》，第70—71页。
⑥ （北齐）魏收：《魏书》卷114《释老志》，第3038页。

将灵觉寺修成后，就出家为僧吃斋念佛，可是这样一个大善人死后却得到了阎王惩罚，他百思不得其解，阎王就告诉他原因："卿作太守之日，曲理枉法，劫夺民财，假作此寺，非卿之力。"① 这虽然是一个因果报应的故事，但可以说明，奢华的佛寺修建背后，隐藏着一般平民的血泪代价。

北魏时期开凿的石窟寺、大量兴修土木结构的佛寺工程，工程巨大，耗费相当严重，各级官员和民间修建的佛寺不算，光皇室修建一些大型寺庙，就"穷极工巧，运石填泉，劳费亿计，人牛死者不可胜纪"。②

当时反对佛教的人士对佛教浪费资源的评价是：

> 会同尽肴馔之甘，寺庙极壮丽之美。割生民之珍玩，崇无用之虚费。罄私家之年储，阙军国之资实。③

我们看看当时全国佛寺的规模就会明白，这种评价一点也不夸张。

北魏正光年间，是佛教的全盛时期，全国有3万多所寺院④，此时的户口为3000万人⑤。就是说，平均每1000人就要负担一个寺院的修建和运行，这是何等惊人的耗费。

至少在文本记载中，中国历代朝廷都把宫室的大肆营建列为"暴政"的标志性特征之一，虽然历代不乏对于奢华建筑的修建，但是这些工程主要集中在以皇帝为首的特权阶层，而佛教建筑的修建，无疑调动了社会各个阶层的参与，是一种具有全社会性质的资源浪费行动。

尤其是北魏朝廷大力提倡佛教，使外来文化的影响在社会生活的极度耗费资源方面起到了推波助澜的作用。这个作用主要体现在如下两个方面：一是随着佛寺的修建，奢华的建筑风格影响了整个社会的建筑耗费观念；二是同佛教的极乐世界和佛国环境相模拟的建筑园林成为当时建筑中一项最为奢侈的风景。

---

① （北魏）杨衒之撰，范祥雍校注：《洛阳伽蓝记校注》卷2《崇真寺》，第86页。
② （唐）李百药：《北齐书》卷8《帝纪·幼主》，第113页。
③ （梁）释僧祐：《弘明集》卷6《道恒法师释驳论》，载〔日〕高楠顺次郎等编修：《大正新修大藏经》第52册《史传部四》，第35页。
④ （北齐）魏收：《魏书》卷114《释老志》，第3048页。
⑤ 姜涛：《人口与历史——中国传统人口结构研究》，人民出版社1998年版，第49—50页。

第三章 3—6世纪佛教寺院的奢华与农业人口的生存状态考察

就3—6世纪山水园林修筑发展的情况，建筑史家认为：

> 我国自然式山水园林风景在秦汉时开始兴起，到魏晋南北朝时期有了较大的发展。一方面由于贵族豪门追求奢华生活，以园林作为游宴享乐之所；另一方面，士大夫谈玄玩世，以寄情山水为高雅。尤其两晋以后，佛教盛行，在超世思想的影响下，山水风景园更为兴盛。①

显然，佛教对于当时园林建筑发展的影响是具有相当重要的意义的。对3—6世纪山水园林修建的兴盛情况，北魏史家有着很生动的记载：

> 于是帝族王侯、外戚公主，擅山海之富，居川林之饶，争修园宅，互相夸竞。崇门丰室，洞户连房，飞馆生风，重楼起雾，高台芳树，家家而筑；花林曲池，园园而有。莫不桃李夏绿，竹柏冬青。②

这是就当时的普遍情况概括而言，史家对于个例的描写也是值得我们注意的，如高阳王元雍的住宅就具有代表意义：

> 居止第宅，匹于帝宫。白殿丹槛，窈窕连亘；飞檐反宇，轇轕周通。僮仆六千，妓女五百，隋珠照日，罗衣从风，自汉、晋以来，诸王豪侈未之有也。出则鸣驺御道，文物成行，铙吹响发，笳声哀转；入则歌姬舞女，击筑吹笙，丝管迭奏，连宵尽日。其竹林鱼池，侔于禁苑，芳草如积，珍木连阴。③

这种奢华情况，之所以出现在两晋之后，一方面是因为本土建筑技术和建筑观念的自然演进而使然；另一方面则同中西交通所引进的外来奢侈物品的丰富，以及建筑技术、建筑观念更新的刺激有关。佛教经典中对极乐世界美好环境和建筑装饰的描写，毫无疑问为北魏及其以后的建筑装饰起到了蓝

---

① 中国建筑史编写组：《中国建筑史》（第二版），中国建筑工业出版社1986年版，第16—18页。
② （北魏）杨衒之撰，范祥雍校注：《洛阳伽蓝记校注》卷4《法云寺》，第221页。
③ （北魏）杨衒之撰，范祥雍校注：《洛阳伽蓝记校注》卷3《高阳王寺》，第188—189页。

图的作用，而各种来自西域的珠宝和奇花异木等物品则为园林建筑的装点提供了非常丰富的材料。

对于3—6世纪的社会而言，佛教建筑的大量修建和奢华装饰，显然造成了对社会资源的极大浪费。

将从北魏到北周时期的整个造寺情况做个简单统计，我们就会发现这种对社会资源的耗费是何等惊人。

关于皇族及王公大臣造寺造像等情况，唐代僧人法琳曾经对从西晋到隋代的情况做过一个综述。我们在这里将他记述的北魏到北周北方诸朝的情况简单统计了一下，北魏17个皇帝，170年间国家造大寺47所。何谓大寺？譬如北魏宣武帝曾修造普通寺、大定寺等四所寺院，其中有学僧3000人，就是说，所谓的大寺至少要容纳800多僧人在其中常住，其规模可想而知。北魏王公贵室五等诸侯修建寺院839所；北齐历经6个皇帝，28年内皇家立寺43所；北周历经5个皇帝，25年间修造寺院931所。这些寺院的奢华自然不在话下，所谓"璧玉珠矶，咸充供具"。

为佛教信仰而一掷千金、名震宇内的王公大臣，北魏有52人，北齐有37人，北周有32人。其实这仅仅是就那些最有名气的上层信仰者而言，真正致力于佛教信仰并大肆捐献财物造像修寺的上层官员远不止于此数。并且，他们参与的佛事活动，耗费钱物的数目都非常巨大。譬如北魏洛州刺史冯熙，就在各州建"浮图、精舍七十二所"[①]，这要花费多少钱就可想而知了。

王公大臣们投入到佛事活动中的钱物绝不是一个小数，北魏琅琊王诵"俸禄所资多入经像"，北魏幽州刺史胡国珍"起正化寺，供养百僧"，北魏建昌公窦略"造灵山法云二寺，供养二百许僧"[②]，北齐晋昌王唐邕"于阳平造大宁国寺……又铸弥勒金像一躯，合光七尺，白石丈八像二躯，并一切经三千余卷，修治故像一万许躯"[③]。这样的例子实在是不胜枚举。

---

① （唐）释法琳：《辨正论》卷4《十代奉佛篇下》，载〔日〕高楠顺次郎等编修：《大正新修大藏经》第52册《史传部四》，第515页。

② （唐）释法琳：《辨正论》卷4《十代奉佛篇下》，载〔日〕高楠顺次郎等编修：《大正新修大藏经》第52册《史传部四》，第515页。

③ （唐）释法琳：《辨正论》卷4《十代奉佛篇下》，载〔日〕高楠顺次郎等编修：《大正新修大藏经》第52册《史传部四》，第516页。

所有这些钱财物品，不是这个社会的正常盈余，而是对小农基本生活成本的极度压缩而积累起来的血汗钱。

不过，对佛寺奢华问题的认识，我们也必须注意到，奢华的佛寺修建主要集中在中心城市或者集中在以皇权势力为代表的贵族官僚所支撑的那些大寺中。一般民间小寺院相对于平民百姓的生存状况来讲，可能也比较奢华，但也有很多寺院及其僧人是相当穷困的。这有两方面的原因，一是因为没有地域权势财源的支持，二是因为寺院对佛教教义、戒律的坚守。佛教教义是严格禁止僧人从事经营牟利活动的，如《佛垂般涅槃略说教诫经》即规定："持净戒者不得贩卖贸易，安置田宅，畜养人民、奴婢、畜牲，一切种植及诸财宝，皆当远离如离火坑。不得斩伐草木，垦土掘地。"[①] 显然，这样的戒律对佛寺的奢华有一定的遏制，不过其作用不能估计得过高。就目前我们掌握的材料来看，佛寺有穷寺、富寺之分，僧人也有富裕者和贫困者之分，造成这样的状况，似乎并不是因为对类似戒律的遵从与否，而是同佛寺和僧人所处的地域、社会地位等原因有关。[②]

第二节　小农经济对佛教的支撑及小农的生活状态

从事农业生产的北方社会人群，是参与佛教传播比较广泛的一个群体，他们是古代中国得以立国的基础群体，也是支撑佛教传播发展的主力群体。无论是以皇权势力为中心的官僚贵族集团投入到佛教信仰活动中的财物，还是寺院经济集团自身经营的田庄等收入，都来自底层农业人口的艰辛劳动。

一、对小农经济的社会支撑能力的一个简单估算

正如汤因比所指出的那样，高级宗教总是试图致力于"非制度化"的建

---

① （后秦）鸠摩罗什译：《佛垂般涅槃略说教诫经》，载〔日〕高楠顺次郎等编修：《大正新修大藏经》第 12 册《宝积部下·涅槃部全》，第 1110 页。
② 这方面的情况，可以参阅法国汉学家童丕（Trombert）的《敦煌的借贷：中国中古时代的物质生活与社会》，余欣、陈建伟译，中华书局 2003 年版。

设①，它期望对灵魂的拯救最好远离世俗的观念和存在的羁绊，譬如佛教的"菩提本无树，明镜亦非台"的空灵追求，但是这种思想要得到宣扬，又离不开世俗体系的支撑。

高级宗教并不天然具有贪婪性，他们对人类精神世界的关注值得敬佩，但是宗教的"制度化"机构则同世俗的君主政权一样，是一个充满了贪婪的机器。依附于专制政权制度支持的佛教寺院经济，是为佛教集团提供奢侈和浪费的主要财源之一。

在探讨佛教寺院的财源问题之前，我们想先对小农经济的具体状况做简单的讨论，期望能对小农经济的脆弱性及上层奢侈生活所得以维持的基础有一个相对明晰的认识。

关于小农经济的个体生活图景，战国时期的李悝给了我们一个典型范本：

> 今一夫挟五口，治田百亩，岁收亩一石半，为粟百五十石，除十一之税十五石，余百三十五石。食，人月一石半，五人终岁为粟九十石，余有四十五石。石三十，为钱千三百五十，除社闾尝新春秋之祠，用钱三百，余千五十。衣，人率用钱三百，五人终岁用千五百，不足四百五十。不幸疾病死丧之费，及上赋敛，又未与此。此农夫所以常困，有不劝耕之心，而令籴至于甚贵者也。②

李悝所建立的这个个体小农经济的消费模型，应该是就截上断下的一个中间标准而言的。直到西汉初年，小农家庭的人口、所耕土地还是如此，晁错在文帝的上书中曾说："今农夫五口之家，其服役者不下二人，其能耕者不过百亩。"③但是小农实际占有耕地的情况可能远远要低于百亩，3—6世纪尤其如此。

由于该时期是历史上的一个较长时段的寒冷期，长城以北的气候环境变化对游牧民族的生存构成了威胁，北方游牧民族纷纷南下进入黄河流域，游

---

① 汤因比认为："高级宗教都是致力于宗教的非制度化。但是，我们发现，高级宗教实际上都体现在我们称之为教会的制度机构中。"参见〔英〕阿诺德·汤因比：《历史研究》（修订插图本），刘北成、郭小凌译，第307页。
② （汉）班固：《汉书》卷24《食货志》，中华书局1962年版，第1125页。
③ （汉）班固：《汉书》卷24《食货志》，第1132页。

牧生产方式插入农业区内，这样就使得传统的农耕区界线整体南移，耕地减少。北魏中期虽然颁布了"均田令"，但是由于可耕土地的缺乏，均田令所规定的受田数目事实上并不能得到落实。

敦煌文书中的 S.613《西魏瓜州岐穀郡籍账》残页所记载的受田农民的情况，就很能说明这个问题，其具体情况如下表（表3）：

表3　西魏瓜州受田农民丁口租赋情况表

户主	人口	丁口	应受田亩数	实受田亩数	租赋情况
叩延天富	5	2	46	26	布一匹、麻二斤，租三石五斗（二石输租，一石五斗折输草三围）
王皮乱	6	2	46	22	布一匹、麻二斤，租三石五斗（二石输租，一石五斗折输草三围）
白丑奴	15	5	1顷21亩	不详	布二匹二丈、麻五斤，租八石七斗五升（五石输租，三石七斗五升折输草七围半）
刘文成	7	2	66	36	布一匹、麻二斤，租四石（二石五斗输租，一石五斗折输草三围）
侯老生	7	3	1顷	64	布一匹二丈、麻三斤，租六石（三石七斗五升输租，二石五斗五升折输草四围半）
其天婆罗门	6	2	不详	不详	不详

敦煌文书所提供给我们的只是一个局部地区的不完整材料，我们只能把它作为一个具有抽样意义的样本来使用。就以上6家的家庭成员来看，一般都在5—7口人之间。白丑奴家虽然有15口人，那是因为他的母亲在世，两兄弟三世同堂，如分家而居，也是每家7口人。他们所交的租粮数，按丁口来计算，基本上就是遵照北魏"均田令"颁布后的标准"一夫一妇帛一匹，粟二石"来实行的。不过他们的部分租粮可以用交草来顶替。

如果我们假设3—6世纪由于农业技术的进步等原因，粮食产量同李悝所处的战国时代相比有了增长，达到了每亩2石，那么，我们把李悝提供的口粮消费数作为一个常数使用，对王皮乱等人家的粮食的实际收入支出加以计算，就可以得出以下的一些数据（参见表4）：

表 4　西魏瓜州受田农民收入与口粮情况表

户主	人口	田亩数	收入（石）	口粮（石）	租粮（石）	结余（石）
叩延天富	5	26	52	90	2	−40
王皮乱	6	22	44	108	2	−66
白丑奴	15	不详	—	—	5	—
刘文成	7	36	72	126	2.5	−56.5
侯老生	7	64	128	126	3.75	1.75
其天婆罗门	6	不详	—	—	—	—

我们还没有把以上诸家除口粮外的基本生活消费如衣服、公共活动成本等计算在内的情况下，收入就已经是入不敷出了。他们所生产的粮食，交完租粮后，剩下的仅够一家人半年的口粮。

事实上，如果按小米（粟）的产量来算，今天黄土高原的小米产量最好收成也不过一亩 400 斤，合每亩 3.3 石，所以 3—6 世纪的小米产量绝对达不到每亩 2 石的收成。但是即使我们用这样高的假设亩产量来衡量王皮乱等西北农户的收成，也不能保证他们的基本生活。况且，除去自然灾害的影响之外，还有"租征六年之粟，调折来岁之资"①的贪剥，小农生活之艰难，也就可想而知了。

在这样的一个基础上，要维持上层的奢侈生活，那么就需要处在底层的大多数小农为此付出沉重的代价。

问题的关键在于，我们在上面作为一个典型样本来考察的人群，仅仅指的是国家编户中的农民。而当时从事农业生产的人口要比这复杂得多，很多人口虽然在土地上耕作，但是他们不可能掌握属于自己的份地。按朱大渭先生的研究，魏晋南北朝时期的阶级结构，可以概括为 25 个类别、3 个等级、6 个阶级和两大阶级营垒。② 其中主要从事农业生产的就有国家编户的个体农民、少数民族部落民、屯田户、佃客、僧祇户、佛图户、奴婢。事实上，像个体小手工业者、军户等也都没有脱离农业生产。就这些农业生产者而言，他们的法律地位也不一样，如佃客、僧祇户、佛图户、奴婢属于当时的贱口，所受的盘剥是相当惨烈的。

---

① （北齐）魏收：《魏书》卷 25《长孙稚传》，第 648 页。
② 朱大渭：《魏晋南北朝阶级结构试析》，载朱大渭：《六朝史论》，第 103—140 页。

二、佛教集团对依附农的盘剥

问题的复杂性就在于，在一个专制等级制度结构的社会中，由于社会资源和政治资源完全掌握在特权阶层手中，芸芸众生是"编户"，是"上足了肥料的土地"，所以压迫和恩赐往往就混淆在一起。当我们将那些书诸文献的"德政"或"积极措施"放大的时候，就会很理性化地遍地生花，而忽略被遮蔽的痛苦；而一旦这些民间的痛苦被无限拔高，又会导致对曾经存在的社会结构的情绪化的仇视性误解。也许对农民战争的研究就犯了这样的错误。

中古的佛教集团之于中国小农的意义，也许正是压迫与恩赐集于一身的。我们先从佛教集团的财政来源及收入状况等方面来看看其对小农的盘剥问题。佛教寺院的财源有三：

（一）制度化的寺院经济收入是佛寺得以生存发展的主要财源之一

从公元460年开始，由于沙门统昙曜的建议，北魏政权开始设立"僧祇户"、"僧祇粟"和"佛图户"，为佛教集团的制度化生存提供经济支撑。

"僧祇户"是僧官系统单独管理的依附民。在丰收的年景，农户如果有能力给本地僧曹上交60斛谷子，就被列入"僧祇户"之列，到了灾年饥荒时，再拿这些存放在僧人佛寺管理机构——僧曹的粮食来出贷以救济灾荒。

"佛图户"又叫"寺户"，由犯了重罪的一般老百姓和官奴隶来充当，主要"供诸寺扫洒，岁兼营田输粟"，实际上就是寺院的杂役奴隶。①

至于"僧祇户"的情况，同当时的屯户差不多，他们都没有自己的土地，是在国家或寺院分配的"公地"上劳作，生产成本由政府或寺院提供，但每年上交的租要远远高于一般小农。屯户隶属于"农官"，其数目一般是"取州郡户十分之一以为屯人"，而"僧祇户"也可能是有一定的人口比例，不会无限扩大。这种政策刚开始实行都是为了尽可能地增加各级政府仓库的存粮，以应付饥荒年的赈济，不过"僧祇粟"的征收管理由僧官系统负责，"屯人"上交的粟由各级农官管理。他们所耕土地亩数相对要比一般小农多，并且按土地的多少和地力的不同而由政府或僧官系统提供相应的生产成本。②

---

① （北齐）魏收：《魏书》卷114《释老志》，第3037页。
② （北齐）魏收：《魏书》卷62《李彪传》，第1386页："别立农官，取州郡户十分之一以为屯人，相水陆之宜，料顷亩之数，以赃赎杂物余财市牛科给，令其肆力。一夫之田，岁责六十斛，蠲其正课并征戍杂役。"

应该说，这种依附于官府或"僧官"的生产方式，刚开始时是有积极意义的，那些小农或军户等愿意依附生活，但是随着这项制度的逐步实行，至少是僧官系统开始不分丰年灾年，都向"僧祇户"强征60斛谷子的"僧祇粟"，并变着花样残酷盘剥。

前面我们已经讨论过，一般小农生产本来就很难应付生活与租粮的负担，"僧祇户"和屯户可能得到的土地要多一点，但是他们还要负担各种杂役，生活的困苦可想而知。

北魏时期凉州军户赵苟子等二百余户农家的悲惨遭遇，就很能说明这个问题。赵苟子等二百余家在476年被立为"僧祇户"，到宣武帝永平年间（508—512），由于收成不好，赵苟子等二百余家交不起60斛的租粮，在凉州僧官都维那僧暹、僧频等逼迫下，走投无路，以致上吊、跳水而死者50多人。这样一个由应该以"慈悲为怀"为基本行为准则的僧人逼死小农的案例，在底层政权并没有得到足够的重视和处理，以致"行号巷哭，叫诉无所"，直到以赵苟子为首的凉州小农代表以"白羽贯耳"这种完全是自残的行为到京城"列讼宫阙"①，才得到了政府的重视，即使这样，逼死50多人的凉州僧官都维那僧暹也没有得到任何处置。

赵苟子等人告御状才争取到比较不错的机会——"还乡课输，俭乏之年，周给贫寡，若有不虞，以拟边捍"。② 就是说，宁可做"军户"准备到边关劳作，也不做"僧祇户"受僧人集团的盘剥，可见后者之辛苦。

"僧祇户"的设立，原本是出于社会救济的需要，但是，以僧曹为主体的僧官系统却把"僧祇户"作为盘剥生财的一个便捷途径：

> 僧祇之粟，本期济施，俭年出贷，丰则收入。山林僧尼，随以给施；民有窘弊，亦即赈之。但主司冒利，规取赢息，及其征责，不计水旱。或偿利过本，或翻改券契，侵蠹贫下，莫知纪极。细民嗟毒，岁月滋深。③

---

① （北齐）魏收：《魏书》卷114《释老志》，第3042页。
② （北齐）魏收：《魏书》卷114《释老志》，第3042页。
③ （北齐）魏收：《魏书》卷114《释老志》，第3041页。

僧官阶层花样翻新的盘剥手段，已经将由佛寺集团负责实施的一项社会救济措施，变成了"僧祇户"的沉重负担。针对这种情况，永平四年（511），北魏宣武帝元恪下诏清查"僧祇粟"的征收与管理：

> 自今已后，不得传委维那、都尉，可令刺史共加监括。尚书检诸有僧祇谷之处，州别列其元数，出入赢息，赈给多少，并贷偿岁月，见在未收，上台录记。若收利过本，及翻改初券，依律免之，勿复征债，或有私债，转施偿僧，即以丐民，不听收检。后有出贷，先尽贫穷，征债之科，一准旧格。富有之家，不听辄贷。脱仍冒滥，依法治罪。

元恪在诏书中命令要实行的清查与管理措施，从文本上来讲，确实是具有严密的制度意义的。从"僧祇粟"的征收及管理方面，让地方长官刺史与僧官一起监督实施，并要求对"僧祇粟"的账目管理要健全，而且饥荒年的贷粮，首先要照顾贫困之家，不贷给富人。但是，这种种措施，只具有文本意义，我们不能把它当作实际生活中的事态纪录。最典型的事例就是我们所说的赵苟子等二百余家"僧祇户"的遭遇，他们被僧官逼得走投无路，就是在这道诏书颁布后不久。

因而，问题就在于，中国古代社会的制度结构实质上具有二元性，即以皇权为主的中央政权的所有政策或措施都会在表面和文本意义上得到贯彻，而事实上各级地方政权和民间势力阶层会为了维护自己的利益而将这些措施或政策打折施行。①

佛教集团就是这样的一种对地方政权形成制约的势力阶层，或者说佛教集团是可以同地方政权产生共同利益索求的一种具有官方背景的半民间势力。他们所得到的一切收益，根本上还是来源于世俗政权赋予的专制制度的力量。

掌握佛教教权的最高僧官一般都是皇帝或者太后等宠幸的高级僧侣，如北魏沙门统昙曜地位尊崇，"帝后奉以师礼"②；而昙献则"为皇太后所幸，

---

① 在解读古代社会的诏书一类的文书内容时，我们不得不小心谨慎，因为很可能那只是一篇官样文章，事实与文本往往会有很大的差距。
② （北齐）魏收：《魏书》卷114《释老志》，第3037页。

赏赐隆厚，车服过度，又乞为沙门统，后主意不许，但太后欲之，遂得居任"①。这样在中央政权内部，僧侣由于其身份的特殊，而具有比一般王公大臣更为优越的言说权，如佛图澄就是后赵政权决定军国大事的主要咨询人物。所以即使僧人集团和僧官体系有过火的滥权行为，一般也不会得到认真追究。如上面提到的赵苟子，50多人的性命换来的结果是"请听苟子等还乡课输，俭乏之年，周给贫寡，若有不虞，以拟边捍"②，而逼死人的僧官则毫发未损。

地方上当然更是如此，掌握大量信徒的佛寺或高僧具有很强的民间势力。尤其是在经济上可能比地方政权要宽裕得多，北齐济州沙门统道研同地方政权的关系就很具典型意义：

> 道人道研为济州沙门统，资产巨富，在郡多有出息，常得郡县为征。及欲求谒，度知其意，每见则谈问玄理，应对肃敬，研虽为债数来，无由启口。其弟子问其故，研曰："每见府君，径将我入青云间，何由得论地上事。"③

济州沙门统财产巨富，以至于作为地方长官的苏琼不得不向他借贷，因而僧官体系所管理的粮食、财物在其他地方也可能有"常得郡县为征"的这种局面。显然，在经济上都不得不向佛教集团低头的地方政权，在施政方面也不能不受僧侣掣肘。

正是因为僧人集团在中央和地方政权中的这种特殊地位，再加上僧官体系的科层化制度构建，使得以佛寺为依托的僧人集团也成了依附于封建政权的一个"权力实体"。无论是对"僧祇户"的盘剥，还是对信徒财产的聚敛，都借助了专制统治的政治权威，既是官僧勾结，又是官僧一体。

（二）小农被盘剥的部分收入又通过佛事活动而进入佛寺掌控之内

例如南朝的梁武帝曾三度舍身入寺，大臣们不得不用几百万的钱财将他

---

① （唐）李百药：《北齐书》卷21《封隆之传》，第308页。
② （北齐）魏收：《魏书》卷114《释老志》，第3042页。
③ （唐）李百药：《北齐书》卷46《苏琼传》，第643页。

再赎出来①，当然这是一个关于佛寺财源的极端特例。

北朝历代皇帝、皇后及王公大臣对寺庙的赏赐和捐助数额是相当巨大的。北魏灵太后擅权十余年，积极推崇佛法，她本人最后还落发为尼，所以她对佛寺的施舍与赏赐非常慷慨，《魏书》称：

> 灵太后锐于缮兴，在京师则起永宁、太上公等佛寺，功费不少，外州各造五级佛图。又数为一切斋会，施物动至万计。百姓疲于土木之功，金银之价为之踊上，削夺百官事力，费损库藏，兼曲赉左右，日有数千。②

竺僧朗在关中宣讲佛经，声名鹊起，不但后秦姚兴对其优待有加，而且南燕王慕容德赐给他两个县的租税"以兴福业"，拓跋珪也"送书致物"，表示仰慕。③

北齐沙门统昙献，由于受宠于当朝太后，所以"赏赐隆厚，车服过度"，以至于当有僧尼犯法而牵扯到他时，从他家中搜出大量的珍奇物品。④

名僧释道猛，深得宋王朝皇帝礼遇，宋明帝刘彧为湘东王时，曾"赐钱三十万以供资待"，及至继位之后，又"月给钱三万，令吏四人、白簿吏二十人，车及步舆各一乘"。⑤他对于另一最高僧官僧谨也是"月给钱三万及车舆吏力"。⑥

（三）一般民众参与佛事的捐助钱粮

北方佛教以信仰为主要特色，并且随着统治阶级的提倡而在民间得到了狂热的发展，造像、修寺、写经，参与者甚众，一般百姓的捐助也不少，如造像记和写经题记中经常见到一般百姓、僧尼"减割衣资"积累钱财而参与这些活动。因而，这也是佛教寺院的财源之一。

---

① （唐）神清撰，慧宝注：《北山录》卷9，萧衍"三度舍身入寺，与众为奴。臣下备钱百万，赎之众僧，默许方归"，载〔日〕高楠顺次郎等编修：《大正新修大藏经》第52册《史传部四》，第628页。
② （北齐）魏收：《魏书》卷19中《任城王云传》，第480页。
③ （梁）释慧皎：《高僧传》卷5《竺僧朗传》，第190页。
④ （唐）李百药：《北齐书》卷21《封隆之传》，第308页。
⑤ （梁）释慧皎：《高僧传》卷7《释道猛传》，第296页。
⑥ （宋）释志磐：《佛祖统纪》卷36，载〔日〕高楠顺次郎等编修：《大藏新修大藏经》第49册《史传部一》，第346页。

三、佛寺财物的聚敛、流动对小农社会的调谐作用

3—6 世纪的僧官体系及其管辖下的佛寺和僧人们，对于社会财富的占有和支配，我们可以从两方面来理解。

一方面，佛教大肆修建寺庙、造像写经，浪费了大量的社会资源和社会财富，如木材、粮食、布帛等等，这对小农社会的伤害显然是非常深重的。

另一方面，以寺院为主的佛教集团，他们的教权并不像欧洲罗马教会那样，可以同世俗政权分庭抗礼，但是，无论在意识形态还是组织结构和社会作用等方面，佛教都是相对独立的一个势力集团，尤其重要的是，它实质上已经成为社会财富分配的一个重要环节。[①] 以皇帝为首的特权阶层的部分收入，通过佛事活动等渠道，又流进了佛教集团的钱财库，并且一大部分用在了佛寺的修建、各类造像、经书的抄写以及各级僧侣的或奢侈或简朴的生活。但是也有部分钱粮在各种佛事活动或灾难救助中又返回到社会各阶层手中，或为社会各阶层提供了一些援助，这对当时社会的和谐是有一定作用的，至少会缓解兵祸天灾等带给小农的困苦境况。

对佛寺来讲，他们既有固定的田产收入，还有持续不断的赏赐和功德捐助，所以，他们的财源通道通常情况下要比封建政府的更为流畅和多样化，这样就使他们的钱粮储存具有一定的延续性和稳定性。在紧急情况下，他们甚至可以为政府提供援助：

> 庄帝初，承丧乱之后，仓廪虚罄，遂班入粟之制。输粟八千石，赏散侯；六千石，散伯；四千石，散子；三千石，散男。职人输七百石，赏一大阶，授以实官。白民输五百石，听依第出身，一千石，加一大阶；无第者输五百石，听正九品出身，一千石，加一大阶。诸沙门有输粟四千石入京仓者，授本州统，若无本州者，授大州都；若不入京仓，入外州郡仓者，三千石，畿郡都统，依州格；若输五百石入京仓者，授本郡维那；其无本郡者，授以外郡；粟入外州郡仓七百石者，京仓三百

---

① 关于这一点，谢和耐也有一个简单的论述，他说："佛教远不是要取代宗教生活的古老形式，而是在传统类型集团内部形成并根据其模式而创建了新集团。它就这样被深刻地汉化了。最重要的事实是以宗教崇拜的新地点为中心而对社会物质进行重新分配，其表现形态不但是宗教的，而且也是政治、经济、文化和艺术的。"参见〔法〕谢和耐：《中国社会史》，耿昇译，第 196 页。

石者，授县维那。①

由此不难看出，当时的佛寺与僧人是同各级官员、民间富豪相并列的一个经济势力阶层，他们能在国家仓库空虚的时候拿出粮食来援助政府，从而换取政治待遇。虽然是一种交换行为，但这样的交换显然为社会经济的复苏和发展提供了一定的基础。因为在脆弱的小农经济封闭生产体系内，一旦某一地区或人口聚居区粮食缺乏，受中古时期交通等因素的限制，很难在较短时段内通过跨地区的方式迅速补给上。这种情况造成的后果是非常可怕的。如侯景过江，梁王朝粮食短缺，以至于在短时间内"人相食，米一斗八十万，皆以人肉杂牛马而卖之。军人共于德阳堂前立市，屠一牛得绢三千匹，卖一狗得钱二十万。皆熏鼠捕雀而食之，至是雀鼠皆尽，死者相枕"。②因而，及时的救助对于稳定社会秩序功莫大焉。类似的事例在南朝也是存在的，《宋书·索虏传》记载："有司又奏军用不充，扬、南徐、兖、江四州富有之民，家资满五十万，僧尼满二十万者，并四分换一，过此率计，事息即还。"③由此可知富有的僧尼确实是独立于皇权势力之外的一个具有自我敛财能力的经济集团。

佛寺集团援助政府的事例，后代亦多有。如唐初徐世勣讨河北，军粮供应不上，就曾"贷粮于寺"；而宋乾德四年，朝廷军队在四川讨伐叛乱，粮草供应不上，"彭州天台院发众僧仓廪以济之"。④

不仅如此，一旦有天灾人祸发生，寺院也是免费救助小农的主要力量，如：

（武平）七年春正月壬辰，诏去秋已来，水潦人饥不自立者，所在付大寺及诸富户济其性命。⑤

在这里，大寺和富户是政府力量之外的救助灾民的主体。北魏元嵩就曾

---

① （北齐）魏收：《魏书》卷110《食货志》，第2861页。
② （北齐）魏收：《魏书》卷98《萧衍传》，第2185页。
③ （梁）沈约：《宋书》卷95《索虏传》，中华书局1974年版，第2349页。
④ （唐）神清撰，慧宝注：《北山录》卷5《何霸王第五》，载〔日〕高楠顺次郎等编修：《大藏新修大藏经》第52册《史传部四》，第594页。
⑤ （唐）李百药：《北齐书》卷8《帝纪·后主》，第109页。

建议在长安新平大寺"安四海病弱之徒"。①

因而，在钱粮、财物的流通方面，佛寺的社会调谐功能是不容忽视的。除这种对政府和民间危难的救助外，它的储存钱物、施舍、贷钱等功能也值得我们注意。

据《魏书·释老志》的记载，北魏太武帝灭佛前夕，"命有司案诛一寺，阅其财产，大得酿酒具及州郡牧守富人所寄藏物，盖以万计"②，由此可知，当时的达官贵人及富室豪族，有将自己的财物等寄存在佛寺的事实，那么，佛寺显然具有储存钱物的功能。下面这条史料有利于我们更深入地认识这个问题：

> 竺法乘，未详何人。幼而神悟超绝，悬鉴过人，依竺法护为沙弥，清真有志气，护甚嘉焉。护既道被关中，且资财殷富。时长安有甲族，欲奉大法，试护道德，伪往告急，求钱二十万。护未答。乘年十三，侍在师侧，即语曰："和上意已相许矣。"客退后，乘曰："观此人神色，非实求钱，将以观和上道德何如耳。"护曰："吾亦以为然。"明日，此客率其一宗百余口，诣护请受戒具，谢求钱之意。③

从这条史料，我们可以做出这样的推断：当时佛寺之所以能寄存富人、官员的钱物，首先同寺院的经济势力有关，有钱就可以取得信任。并且寺院也是相对较为安全的地方。比较重要的一点是，如果遇到危难，还可以从寺院借到钱粮。上引史料中的"长安甲族"以借钱这样的借口来试探竺法护，很可能就是对建立这样一种相互保证安全的利益关系可信度的检验。

因而，寺院发挥其贷钱贷粮的功能，与寺院的经济势力有关，也与寺院同这些富人的良好合作有一定联系。据此，寺院得以建立了比较早的对外借贷机构——寺库。

寺院的对外借贷，应该说唐以前就很发达，譬如傅奕反对佞佛，佛教徒

---

① （唐）神清撰，慧宝注：《北山录》卷3《法籍兴第三》，载〔日〕高楠顺次郎等编修：《大正新修大藏经》第52册《史传部四》，第592页。
② （北齐）魏收：《魏书》卷114《释老志》，第3034页。
③ （梁）释慧皎：《高僧传》卷4《竺法乘传》，第155页。

就说他因为"贫贱投僧乞贷,不遂所怀"①,因而携愤报复,攻击佛教。这样的说法,且不去说其是否属实,但我们从这里可以看出,即使是穷人,也能从寺院贷出一定钱粮来。由于资料的有限性,我们对3—6世纪佛教寺院的这些职能不能做出进一步的判断。毫无疑问,这种借贷具有一定的盘剥性质,但是也具有救急的作用,至少为社会各阶层提供了一个取得援助的通道。

从个人的角度来讲,僧人的施舍也使得部分财物等资源又流到了贫民手中,如释道嵩"性好檀舍,随获利养,皆以施人。瓶衣之外略无兼物"。②释道禅"蔬食弊衣……有济芳美者,便随给贫病"。③同时,一些佛教信仰者的财物施舍行为,也将一部分财物以施舍的名义周转到一般贫民手中,如北魏灵太后"数为一切斋会,施物动至万计"④,即为此类典型事例。

佛教以慈悲为怀,虽然佛寺修建造成了大量的资源耗费,但是相对来讲,僧尼的生活应该是节俭的,那么他们就把剩余物资用来救济贫民。正是因为佛寺自动承担了社会慈善机构的角色,所以个人或政府的慈善事业也往往委托佛寺来办理。如《南齐书·文惠太子传》载:"太子与竟陵王子良俱好释氏,立六疾馆,以养穷民。"⑤

综上所述,佛教对天国世界的追求和西域等地新奇物品的传入,在一定程度上助长了3—6世纪僧俗阶层的奢华风尚。正如谢和耐先生所言,对于以皇权势力为核心的官僚贵族和富裕阶层来讲,他们对奢侈开销的癖好远远超过了对佛教慈悲的尊重。⑥而普通百姓在佛教宣传的鼓动下,也为解脱自己现实的苦难和渴盼来世得到幸福而狂热地参与佛教活动,有限的生存或生活资源被源源不断地输送往佛寺,大量的钱财、粮食与金银等被消耗在佛寺的建造和佛像雕刻、佛经抄写及各类法事活动中。与此同时,这也助长了对于森林资源的乱砍滥伐。最为重要的是,以佛教寺院为中心而蔓延的奢华风尚,是建立在对农业人口的基本生存资本的剥夺基础上的,大大浪费了整个

---

① (唐)释道宣:《广弘明集》卷6《辩惑篇第二之二》,载〔日〕高楠顺次郎等编修:《大藏新修大藏经》第52册《史传部四》,第124页。
② (梁)释慧皎:《高僧传》卷12《释道嵩传》,第470—471页。
③ (唐)释道宣:《续高僧传》卷22《释道禅传》,中华书局2014年版,第820—821页。
④ (北齐)魏收:《魏书》卷19中《任城王云传》,第480页。
⑤ (梁)萧子显:《南齐书》卷21《文惠太子传》,第401页。
⑥ 〔法〕谢和耐:《中国5—10世纪的寺院经济》,耿升译,上海古籍出版社2004年版,第20页。

社会的生存资本，是对小农生产体系薄弱生产能力的极大打击。

但是，奢侈的风尚也刺激了商业、手工业的发展，而佛寺对财物的聚敛，也在一定程度上将原来传统社会里被聚敛到皇权势力体制内的财物又分割了出来，然后通过寺院组织的佛事活动、慈悲救济、借贷、经商等活动又部分回到了一般平民手中，直接发挥了再次分配的作用，对于调节社会经济平衡和缓和社会对立矛盾具有一定的意义。

第四章　佛事活动中的工匠阶层

工匠阶层是参与佛教传播出力最多的人群之一，大量佛寺的建造、石窟的开凿和数以万计的佛像的铸造、雕刻和装饰，都离不开他们的艰辛劳动和高超技艺。但是，由于工匠这个阶层身份的特殊性，在历史文献中很少能看到他们与佛教传播关系的踪迹。不过，我们可以根据与之相关联的文献记载和一些出土材料，对其在佛教传播过程中的生存状态和作用，做一个简单的考察。

可以说，魏晋南北朝时期，围绕佛教的传播和发展，中国的工匠也在技艺、工程量等方面接受了新的挑战。这种挑战所引起的变化至少包含三方面的内容：一是对外来艺术和技艺的学习、吸收与消化；二是在大量工作如建筑建造、石窟开凿、佛像塑造、园林布置等工程的基础上，他们积累了丰富的经验；三是佛教的工程与制作在一定程度上培植了大批富有的工匠，也使得相当数量的工匠遭受到严苛的盘剥。[①]

需要说明的是，由于传统的文献记载是"描述式"的，并且不是穷尽式描述，也不可能是穷尽式描述，所以在没有现代意义的严格"统计"的基础上，我们对工匠阶层生活状态的分析其实也是描述式的。这就决定了，我们所讲的这几方面的问题，只能当作是对历史事实重建的一种努力。[②]

[①] 关于魏晋南北朝时期的手工业状况的详细情况，可以参阅魏明孔：《中国手工业经济通史·魏晋南北朝隋唐五代卷》的相关论述，福建人民出版社2004年版。佛教的传播之于中国建筑的影响，魏明孔先生主要从佛寺的修建和石窟寺的开凿做了一些概括性的论述，但是对于佛教寺院修建中的工匠问题没有过多的涉及，这可能也跟资料的有限性有关。

[②] 其实对于一个具有现代科学背景下的学科来讲，譬如"取得了巨大的进步"或者说"积累了丰富的经验"这些语句，在一定程度上如果没有量化数据和具有普遍价值的大量事例的支持，是一种只具有自恋倾向的蛮不讲理。我们想尽量避免的是，当我们要对一个事件或问题进行定性甚至

第一节　工匠阶层的身份问题

对于工匠阶层在四民阶层结构中的定位，《汉书·食货志》说得比较明确："士农工商，四民有业。学以居位曰士，辟土殖谷曰农，作巧成器曰工，通财鬻货曰商。"这当然是一个大体的划分。实际上，工匠阶层是一个身份比较复杂的群体。①

从从事的职业来看，不但那些从事"作巧成器"的社会成员属于工匠行列，就是今天归属于艺术人才的如画师、雕塑家，以及一些具有科技才能的人才，都在古代广义的工匠范围之列。这种情况，同中国古代社会"以农为本"的传统有关。自春秋战国开始，相对于农业生产而言，手工业和商业往往被并称为"末业"。正是在这个基础上，才将士、农、商人三者之外的一些从事非农技术生产者②都归入"工"的行列。③

不过，据前贤的考察，作为手工业生产者，中国古代的工匠阶层从来就没有完全与土地脱离过。④如《汉书·食货志》有"士工商受田，五口乃当农夫一人"的记载，在北魏施行均田制时，工匠也会得到一定数量的土地。⑤

（接上页）企图做出权威解释的时候，能有科学的数据和强硬地达到普遍意义的事例作依据。遗憾的是，我们在这能提出的关于工匠的事例虽然也不少，但它们所反映的历史事实却截然相反，如关于"工"的因佛教而暴富和因佛教而穷困，我们无法断定前者更正确还是后者更正确。或者说，我们无法断定前者是主流还是后者是主流，因为它们都是一些个例。所以，在这里不主张那种你死我活的"观点捍卫"，虽然结论可能是片面的或单一的，但并不表明作者完全认同这样的说法。我们的意见是，如果可能的话，随时的"骑墙主义"其实并不一定是坏事。

① 唐长孺先生对魏晋南北朝到隋唐的工匠阶层有很细致的研究，他认为北朝的杂户和伎作户都属于工匠阶层，此外还有一些刑徒等手工业奴隶在官府的控制下从事手工业劳作。参见唐长孺：《魏、晋至唐官府作场及官府工程的工匠》，载唐长孺：《魏晋南北朝史论丛续编》，生活·读书·新知三联书店1959年版，第41—51页。
② 这个划分不是很好掌握，譬如医卜也是技术人才，就显然不能归入"工匠"，所以还是主要以参与工程或器物制作的技术人才为界线。
③ "百工"中被称作"巧手"、"伎巧"、"伎作"等等的这部分人，主要是有技术的工匠阶层。此外"百工"还包括在工程修筑中一些因罪而服苦役的"工徒"或官奴隶。我们要考察的工匠，是一个广义的范畴，主要是指那些具有技术的工匠，但也包括这些服苦役的工徒在内。
④ 魏明孔：《中国前近代手工业经济的特点》，《文史哲》2004年第6期。
⑤ 譬如北魏太武帝就曾下诏给伎巧户"各给耕牛，计口授田"。参见（北齐）魏收：《魏书》卷110《食货志》，第2850页。

从工匠的归属来看，主要分为官府直接控制的"百工户"①和一般民间小手工业者。"百工户"作为官府手工业者，其劳作职能主要分两部分：一是直接为皇帝、贵族、政府和军队的特殊需要而服务，行业涉及纺织、瓷器、金银器、建筑、兵器、钱币铸造等；一是从事与国计民生密切相关的盐、铁、酒、茶等行业。

从法律和政治地位上来看，工匠阶层作为整个社会的技术主体，其地位一般要比编户齐民低，尤其是由官府直接控制的"百工户"，在政治上他们属于"贱口"，因而受到的盘剥是非常深重的。②当然，这主要是就隶属于官府的那些工匠的生存状态而言。一般的民间工匠，生存状态可能要好一些。单就经济状况而言，民间的工匠阶层可能要相对具有一些经济实力。《史记·货殖列传》云："用贫求富，农不如工，工不如商，刺绣文不如依市门。"这是对现实生活的生动总结，工匠阶层虽然不如商人那样容易致富，但是要比从事土地耕作的人好得多。

也许正是这种工匠阶层所处的法律地位的"低贱"与其经济地位上升迅速之间的巨大反差，使得这个阶层的实际生活状况可能有些复杂，如北魏王朝曾下令："今制皇族、师傅、王公侯伯及士民之家，不得与百工、伎巧、卑姓为婚，犯者加罪。"③这样的禁令，恰恰是针对已经存在的严重的社会现实而发的，即所谓"中代以来，贵族之门多不率法，或贪利财贿，或因缘私好，在于苟合，无所选择，令贵贱不分，巨细同贯"。④那么一些工匠阶层凭借自己的技艺迅速致富，以至于突破法律的界限，同法律地位比自己高的阶层结成婚姻，从而来达到提高自己地位的目的；而那些达官贵人又通过同工匠之家的联姻，来改善自己的经济状况。

从一些个别事例来看，情况可能还要比这严重得多。北魏太宗时期，"并州所部守宰，多不奉法。又刺史擅用御府针工古彤为晋阳令，交通财贿，

---

① "百工户"是属于农奴式的劳动者，是国家征调服役的技术阶层，由国家在尚书台特设的机构管理。关于这方面的详细情形，可参阅熊德基：《六朝的屯、牧、官商、伎作和杂户》，载熊德基：《六朝史考实》，中华书局 2000 年版，第 399—406 页。
② 朱大渭：《魏晋南北朝阶级结构试析》，载朱大渭：《六朝史论》，第 137—140 页。
③ （北齐）魏收：《魏书》卷 5《高宗纪》，第 122 页。
④ （北齐）魏收：《魏书》卷 5《高宗纪》，第 122 页。

共为奸利"。① 工匠阶层通过自己的技术聚敛财富，并与地方官吏相互利用，竟然完全突破了对于工匠作为"贱口"的法律禁锢，像此条史料中的"针工古彤"显然是属于官府所属的工匠阶层，因为在经济上同刺史利益相关，就能得到"晋阳令"这样的任命，可见当时工匠阶层的生存状态确实是千差万别的。

因而，工匠阶层所包含的人群②，既有属于官府直接控制的"百工户"，也有属于编户的具有一技之长的民间工匠，甚至还有一些具有较高地位的工匠管理阶层，他们属于统治者阶层，但是他们往往也都是有祖传的手工手艺和技术的专门人才。譬如北魏的蒋少游，就是北魏建筑史上比较典型的一位建筑设计师。此人出身于山东士族，在魏宋战争中被俘虏，成为平齐户，北魏孝文帝在营建平城的宫殿建筑的时候，蒋少游就是因为其出色的设计才能而参与了其事。③ 北齐的辛术也是这样的人物，史载其"少明敏，有识度，解褐司空胄曹参军。与仆射高隆之共典营构邺都宫室，术有思理，百工克济"。④ 当然，这些人物属于管理者或上层，与我们所考察的工匠也有一定的密切关系。

工匠的技艺一般都是代代相传的，具有很强的家族性和封闭性。因而历代封建政府总是用独立的户籍体制来管理工匠，并且工匠的子孙也很难脱离工匠户籍。如北魏王朝即规定："自王公已下至于卿士，其子息皆诣太学；其百工、伎巧、驺卒子息，当习其父兄所业，不听私立学校；违者师身死，主人门诛。"⑤ 这样的措施，就是从户籍制度和知识传授两方面来限制工匠，不让他们有受儒学教育的权利，从而剥夺工匠的子孙通过学习而在社会上上升的可能性，以保持工匠阶层的绝对稳定性；让工匠家庭世代相传其技艺，既可以保证专门技艺的连续性传授和经验水平的不断提高，又可以保持工匠整体的相对稳定性，便于国家控制。

---

① （北齐）魏收：《魏书》卷30《安同传》，第713页。
② 关于工匠的阶级从属关系，可以参阅熊德基先生《魏晋南北朝时期阶级结构研究中的几个问题》一文，户籍、阶级、阶层是一些不同的概念，阶级的划分并不同职业或者阶层正相对应，工匠阶层也有不同的等级，甚至属于不同的阶级。熊先生的文章见中国社会科学院历史研究所编：《魏晋隋唐史论集》第一辑，中国社会科学出版社1981年版，第19—28页。
③ （北齐）魏收：《魏书》卷91《蒋少游传》，第1970—1971页。
④ （唐）李百药：《北齐书》卷38《辛术传》，第501页。
⑤ （北齐）魏收：《魏书》卷4《太武帝纪》，第97页。

正是因为工匠阶层的这种家庭式或家族式技艺相传的模式，就使得工匠这一群体的知识传授体系非常封闭；而他们的低贱身份，又使得这一群体在历史上几乎没有什么声音。即使在历代的农民起义等突发性的事件中，农业生产群体往往占据主流地位。所以，直到今天，其实对于古代尤其是中古的工匠群体的研究也显得相当艰难。

总体而言，古代的工匠阶层作为技术主体，具有以下三个群体特点：1. 人身依附关系强，身份地位低下；2. 身份世袭，职业固定；3. 组织封闭，群体失语。①

第二节 对杰出工匠事迹的个案考察

由于工匠群体社会地位的低贱，历史文献记载的杰出工匠非常罕见。北魏的郭安兴、蒋少游、关文备、郭善明、柳俭、侯文和等是比较典型的代表。但是，他们的资料非常有限，大多只是在文献中留下了一个姓名而已。下面我们对其中记载相对较清晰且最著名的杰出工匠郭安兴及蒋少游做一考索。

一、郭安兴

郭安兴是北魏时期著名的能工巧匠，是皇室佛教寺院修建的主要设计者和建筑师，他同关文备、柳俭可能是一个具有合作关系的技术群体。在《魏书》的简单记载中，将他们三位并列在一起："世宗、肃宗时，豫州人柳俭、殿中将军关文备、郭安兴并机巧。洛中制永宁寺九层佛图，安兴为匠也。"② 关于郭安兴的生平，传统文献史料仅此一条，不过 2001 年在河南省洛阳市纱厂以西出土了《郭定兴墓志》，其中对郭安兴有所记载，现将该墓志全文录之如下：

---

① 余同元：《传统工匠及其现代转型界说》，《史林》2005 年第 4 期。
② （北齐）魏收：《魏书》卷 91《蒋少游传》，第 1972 页。

魏故河涧太守郭君墓志

君讳定兴，太原晋阳人也。氏系之由，以载史册，三祖之分，具记家谱，故不复备详焉。曾祖珍，南来客，聪睿识讥，声和馆邸。祖讳达，镇远将军、兰台御史。父讳沙，库部莫堤、济阴太守，清明柔亮，世有嘉称。君讳兴，始于事亲，忠于事君，积阶渐进，遂至今授。温良勤，德顺民心。正光三年四月末，遇患而卒。弟强弩将军、永宁、景明都将，名安兴，智出天然，妙感灵授，所为经建，是莫能传。论功酬庸，以授方伯，已孔怀之，情深悲结。乃为以礼送终，坟茔，葬祭之仪，不奢不俭。略录三世，铭墓志曰：于维郭氏，诞自周胄，其根既深，其干亦茂。乃祖乃夫，世袭华秀。伟哉河涧，声播赵守。睿弟明敏，特禀天授，钦泣友于，情理尤究。敬铭亲前，千载垂籀。①

郭定兴逝于北魏孝明帝正光三年（522），去世后由他的弟弟郭安兴为他营葬。《郭定兴墓志》的内容，为我们认识郭安兴提供了以下几方面信息：

郭安兴既然是"永宁、景明都将"，这说明北魏的永宁寺和景明寺都是在他的主持下修建的，他是北魏宣武、孝明时期重要的建筑家，被时人誉之为"智出天然，妙感灵授，所为经建，是莫能传"的一代巧匠。

关于永宁寺的规模，《洛阳伽蓝记》有很详细的描写：

永宁寺，熙平元年灵太后胡氏所立也……中有九层浮图一所，架木为之，举高九十丈。有刹复高十丈，合去地一千尺。去京师百里，已遥见之。初掘基至黄泉下，得金像三千躯。太后以为信法之征，是以营建过度也。刹上有金宝瓶，容二十五石。宝瓶下有承露金盘三十重，周匝皆垂金铎。复有铁锁四道，引刹向浮图四角，锁上亦有金铎，铎大小如一石瓮子。浮图有九级，角角皆悬金铎，合上下有一百二十铎。浮图有四面，面有三户六窗，户皆朱漆。扉上有五行金钉，合有五千四百枚。复有金环铺首，殚土木之功，穷造形之巧。佛事精妙，不可思议。绣柱金铺，骇人心目。至于高风永夜，宝铎和鸣，铿锵之声闻及十余里。

---

① 释文参见罗新、叶炜：《新出魏晋南北朝墓志疏证》，中华书局2005年版，第95页。

> 浮图北有佛殿一所，形如太极殿。中有丈八金像一躯、中长金像十躯、绣珠像三躯、金织成像五躯、玉像二躯，作功奇巧，冠于当世。僧房楼观一千余间，雕梁粉壁，青缃绮疏，难得而言。栝柏松椿，扶疏檐霤；丛竹香草，布护阶墀。是以常景碑云：须弥宝殿，兜率净宫，莫尚于斯也。
>
> 外国所献经像皆在此寺。寺院墙皆施短椽，以瓦覆之，若今宫墙也。四面各开一门。南门楼三重，通三道，去地二十丈，形制似今端门。图以云气，画彩仙灵绮□青锁，□赫丽华。拱门有四力士、四狮子，饰以金银，加之珠玉，装严焕炳，世所未闻。东西两门亦皆如之。所可异者，唯楼二重。北门一道不施屋，似乌头门。四门外，树以青槐，亘以绿水，京邑行人，多庇其下。路断飞尘，不由奔云之润；清风送凉，岂藉合欢之发。①

1962 年，中国社会科学院考古研究所洛阳工作队对汉魏洛阳城址进行探查，在《考古》1973 年第 4 期发表了《汉魏洛阳城初步勘查》；1979 年，发掘位于永宁寺遗址中心的佛塔基址，在《考古》1981 年第 3 期发表了《北魏永宁寺塔基发掘简报》；1996 年，中国大百科全书出版社出版了《北魏洛阳永宁寺 1979—1994 年考古发掘报告》，对永宁寺遗址做了全面细致的介绍和考察。考古学家和古建筑学家就是在考古发掘的数据基础上，结合文献记载中对永宁寺塔的描绘，对郭安兴主持建造的北魏永宁寺九层塔做了复原。通过对永宁寺塔复原的探讨，可以确认文献中关于郭安兴与永宁寺塔的有关记载是可信的，具有很高的史料价值；同时，对北魏佛塔的体量、比例、结构形式和建筑风格有了初步的认识和把握。洛阳永宁寺塔的塔身高 45 丈，约合今尺 123 米（在今天也是相当惊人的高度），塔身高阔比在 4.5∶1 左右，是南北朝时期多层木构佛塔的正常比例，但已达我国古代木构建筑高阔比的极限。② 由此可见，郭安兴所掌握的建筑技术已经是当时最尖端的水平了。

景明寺的规模仅次于永宁寺：

---

① （北魏）杨衒之撰，范祥雍校注：《洛阳伽蓝记校注》卷 1《永宁寺》，第 1—6 页。
② 钟晓青：《北魏洛阳永宁寺塔复原探讨》，《文物》1998 年第 5 期。

景明寺，宣武皇帝所立也。景明年中立，因以为名。在宣阳门外一里御道东。其寺东西南北，方五百步。前望嵩山、少室，却负帝城，青林垂影，绿水为文。形胜之地，爽垲独美。山悬堂观，盛一千余间。交疏对霤，青台紫阁，浮道相通，虽外有四时，而内无寒暑。房檐之外，皆是山池，竹松兰芷，垂列阶墀，含风团露，流香吐馥。至正光年中，太后始造七层浮图一所，去地百仞……是以邢子才碑文云：俯闻激电，旁属奔星是也。妆饰华丽，侔于永宁。①

永宁寺和景明寺都是北魏的皇家寺院，无论在规模上还是在修造的精美程度上都代表了当时建筑的最高水平。这种最高水平的体现，不但包括建筑构架的宏伟和规模的宏大，也包括对于整个建筑群落的布局与修饰，譬如佛像的塑造、梁壁的装饰绘画、花草树木的栽培布置等等，而这个巨大的系统工程的主要设计者和建造者就是郭安兴。不过我们从《洛阳伽蓝记》的描写来看，郭安兴在这两项规模庞大的工程中最引人注目的就是在永宁寺建造的九级浮图和在景明寺建造的七级浮图。

永宁寺九级浮图的建造与开工前在工地上所挖掘出的"金像三千躯"有关，胡太后认为这是对信仰佛教的一个瑞兆，因而激发出了修建九级浮图的热情，在当时这也是一个"营建过度"的工程。从我们今天的角度来理解，杨衒之所说的"营建过度"，可能有两方面的意思：一是过于奢华，二是从礼制上而论，九层浮图已经在高度和装饰方面远远超过了皇宫，成为洛阳的一个显著标志，以至于在离洛阳百里之外就可以看到九级浮图。但是另一个方面，也可能这样高而复杂的建筑的修建，对于当时的建筑技术来讲也是一次严峻的考验，是一种"过度"的修建。郭安兴能主持修造这样高大宏伟的建筑，说明他在建筑方面的整体设计能力水平是相当高的。在当时的条件下，七级浮图可能是最为成熟的样式，如永宁寺之后的景明寺浮图就是七层的，在胡太后登临永宁寺九级浮图的时候，崔光在劝谏胡太后不要劳民伤财的表章中就提到青州有七级浮图毁于大火。②可见，七级浮图的建造在当时是整个社会可以接受的一个标准。

---

① （北魏）杨衒之撰，范祥雍校注：《洛阳伽蓝记校注》卷3《景明寺》，第140页。
② （北齐）魏收：《魏书》卷67《崔光传》，第1496页。

郭安兴这种高超的建筑技术的渊源，由于史料的简单，我们无法做出更有价值的判断。不过有这样几方面的因素倒是可以加以考虑：

第一，郭安兴可能是出生自一个世代相传的建筑工匠家庭。因为技术工匠的家传性质，在古代社会是一种通例，只有父子相传、爷孙授受才能保证技术的不断纯熟和流传。

第二，北魏时期得到朝廷任用的很多技术人才，都是在鲜卑军队向南征战的过程中俘虏迁徙来的，譬如著名的北魏工匠蒋少游就是在宋明帝初年淮北四州沦陷时作为平齐户进入平城的。著名的医疗家徐成伯、徐文伯也是同蒋少游一道被从青州俘获带入平城的。[①] 而郭定兴墓志在追溯其父祖世系的时候，也说其曾祖郭珍为"南来客"，所以，郭定兴家族很可能是作为建筑方面的专业家族而被俘送到平城的。

第三，北魏都平城的后期，已开始提倡汉化，迁都洛阳之后，北魏社会更多地接受南朝文化。现存洛阳一带的佛教造像、雕刻纹饰以及洛阳周围地区的墓室画像砖等，均表现为南朝风格，这时的建筑风格也同样有所改变。从风格上看，那种自粗阔、简洁趋于纤细、繁密的倾向应源自南朝建筑的影响。因此，这时建造的永宁寺塔，在外观形式及细部做法上会与平城时期的佛塔、实即与平城造像塔和云冈石窟中的浮雕佛塔形象有一定差别。[②] 在这样大的技术变化的背景下，郭安兴的相关知识也肯定会受到南朝的影响。

第四，在《北史》卷90《蒋少游传》中曾载："初，文成时，郭善明甚机巧，北京宫殿，多其制作。"[③] 这个郭善明是北魏平城时代的重要建筑家，对于平城宫室的营建发挥了主要作用，那么他是否同郭安兴有家族关系？[④] 关于这个问题我们不能肯定地回答，但是有一个最基本的推断可以提出：郭安兴能在洛阳主持修建永宁寺这样在规模和技术难度上都具有挑战性的大型宫室类建筑工程，如果没有一定的规模工程的修建经验的积累，那是很难完

---

① （北齐）魏收：《魏书》卷91《徐謇传》，第1966页："徐謇，字成伯，丹阳人。家本东莞，与兄文伯等皆善医药。謇因至青州，慕容白曜平东阳，获之，表送京师。显祖欲验其所能，乃置诸病人于幕中，使謇隔而脉之，深得病形，兼知色候。遂被宠遇。"
② 参阅钟晓青：《北魏洛阳永宁寺塔复原探讨》，《文物》1998年第5期。
③ （唐）李延寿：《北史》卷90《蒋少游传》，中华书局1974年版，第2985页。
④ 罗新先生提出了这个问题，只能作为一个问题而存在，但是很有启发意义。参见罗新、叶炜：《新出魏晋南北朝墓志疏证》，第96页。

成的。从这个角度来看,郭定兴与郭善明的关系可能是比较密切的。

二、蒋少游

蒋少游是北魏时期的有名工匠,史书中对于蒋少游的记载相对来讲比较详细。从《魏书》中的记载来看,蒋少游是青州人,皇兴三年(469)慕容白曜平东阳,俘获了蒋少游,他被作为平齐户迁到了北魏首都平城,后被发配到云中作兵户。但是蒋少游"性机巧,颇能画刻。有文思,吟咏之际,时有短篇"①,所以他的这些才能引起了北魏统治者的注意,"遂留寄平城,以佣写书为业,而名犹在镇"②。这就是说,他的户口在云中,人却留在平城靠抄书写字维持生计。

蒋少游的被提拔任用同北魏名臣高允的推荐密切相关。蒋少游在云中做兵户的时候,同他在一起的患难兄弟高聪,也来自青州俘虏:

> 高聪,字僧智,本勃海蓨人。曾祖轨,随慕容德徙青州,因居北海之剧县。父法昂,刘骏车骑将军王玄谟甥也。少随玄谟征伐,以军功至员外郎,早卒。
>
> 聪生而丧母,祖母王抚育之。大军攻克东阳,聪徙入平城,与蒋少游为云中兵户,窘困无所不至。族祖允视之若孙,大加赒给。③

蒋少游就是通过高聪跟高允建立了关系,蒋少游被召为"中书写书生,与高聪俱依高允。允爱其文用,遂并荐之,与聪俱补中书博士"。这样,蒋少游才从一个兵户开始进入北魏统治者的官僚队伍之中,开始了他施展自己建筑才能的生涯。

蒋少游的建筑技能是否具有家族职业的技术背景,不是非常明朗。我们能判断和分析蒋少游身份背景及其建筑技能来源的材料有以下几条:

> 1. 始北方不悉青州蒋族,或谓少游本非人士,又少游微因工艺自

---

① (北齐)魏收:《魏书》卷91《蒋少游传》,第1970页。
② (北齐)魏收:《魏书》卷91《蒋少游传》,第1970页。
③ (北齐)魏收:《魏书》卷68《高聪传》,第1520页。

达，是以公私人望不至相重。唯高允、李冲曲为体练，由少游舅氏崔光与李冲从叔衍对门婚姻也。高祖、文明太后常因密宴，谓百官曰："本谓少游作师耳，高允老公乃言其人士。"眷识如此。然犹骤被引命，屑屑禁闼，以规矩刻缋为务，因此大蒙恩锡，超等备位，而亦不迁陟也。①

虽然高允在北魏朝廷是德高望重的大臣，但是他对蒋少游的评价和举荐，并不能完全得到北魏贵族官僚的认可。在北魏朝廷上的贵族官员看来，蒋少游作为来自青州的被俘获者，他的家族的"士人"背景是不被认可的，而他在北魏朝廷之所以能得到任用，是同他所拥有的"工艺"有关，所以这是被轻视的。因而文明太后在设宴招待大臣的时候才很轻蔑地说蒋少游是"作师"。正是因为这个原因，所以蒋少游只能以"规矩刻缋为务"，可以得到赏赐，但不能得到升迁。

2. 平城将营太庙、太极殿，遣少游乘传诣洛，量准魏晋基趾。后为散骑侍郎，副李彪使江南。高祖修船乘，以其多有思力，除都水使者，迁前将军、兼将作大匠，仍领水池湖泛戏舟楫之具。及华林殿、沼修旧增新，改作金墉门楼，皆所措意，号为妍美。②

蒋少游是平城太庙、太极殿的具体设计者，为了修造这些建筑，北魏朝廷专门派他到洛阳测量了前朝留下的宫殿基址。从这段文献我们可以得出两点认识：首先，包括北魏在平城的太庙、太极殿及华林殿在内的这些建筑，蒋少游所发挥的作用是"措意"，那就是设计而已；其次，到中原地区学习汉族的建筑样式和技术，是蒋少游为北魏营建宫殿的知识和技术来源之一。③

3. （永明）九年，遣使李道固、蒋少游报使。少游有机巧，密令观京师宫殿楷式。清河崔元祖启世祖曰："少游，臣之外甥，特有公输之

---

① （北齐）魏收：《魏书》卷91《蒋少游传》，第1971页。
② （北齐）魏收：《魏书》卷91《蒋少游传》，第1971页。
③ 据逯耀东先生的研究，在孝文帝拓跋宏改建平城的过程中，前一阶段的一些建筑工作如修建太庙、明堂、孔庙等由蒋少游主持，而太极殿这样比较重要的工程的修建工作却由李冲来主持。参见逯耀东：《从平城到洛阳——拓跋魏文化转变的历程》，中华书局2006年版，第174—175页。

思。宋世陷虏，处以大匠之官。今为副使，必欲模范宫阙。岂可令毡乡之鄙，取象天宫？臣谓且留少游，令使主反命。"世祖以非和通意，不许。少游，安乐人。庐宫室制度，皆从其出。①

蒋少游是南齐大臣崔元祖的外甥，崔元祖在谈及蒋少游时并没有说到他的家族有建筑方面的技艺，而只是说蒋少游"特有公输之思"，是"思"而非"作"；如果我们再结合前面所说的蒋少游"性机巧，颇能画刻"的特长，就可以推断蒋少游在图纸的绘制和设计方面具有超常的才能，所以崔元祖才会建议南齐皇帝不要让蒋少游观摩宫室建筑。并且此段文献还说"庐宫室制度，皆从其出"，说明蒋少游只是在"宫室制度"而非"宫室制作"方面做出贡献。

通过对上面这几段文献的解读，我们可以肯定地说，蒋少游是一个具有绘图才能的建筑设计师，他可以通过对建筑的观摩而绘制出准确的建筑图纸。他同郭安兴这样的建筑师的区别是，郭安兴是同郭善明这样的"宫室制作者"，是"匠"，而蒋少游则是图纸设计者，而非实际的工匠，所以他的家族不一定就是专门致力于建筑修造的家族。

从政治、社会地位来看，郭安兴和蒋少游是当时的工匠群体的特例，他们只代表了工匠中的一类人，那就是具有官府背景和一定的贵族背景的技术工匠。即使这样，他们的生存状态也是不容乐观的，如蒋少游就被北魏贵族轻蔑地称作"作师"，在官吏升迁体系下也得不到升迁，只能做些建筑设计之类的工作。

从技术的积累和使用角度来看，技术工匠的技术既有来自家庭行业技术积累的成分，也有自我学习、观摩获得知识的成分。不过从当时的大环境来讲，工匠阶层要积累一些技术性的专门知识和技艺，可能所面对的情况远远比郭安兴、蒋少游面对的严峻得多。

我们在史籍中见到两条关于当时的著名工匠技术受到血腥挑战的记载，就反映了一般民间杰出工匠的生存情况：

---

① （梁）萧子显：《南齐书》卷57《魏虏传》，第990页。

（赫连勃勃）以叱干阿利领将作大匠，发岭北夷夏十万人，于朔方水北、黑水之南营起都城。勃勃自言："朕方统一天下，君临万邦，可以统万为名。"阿利性尤工巧，然残忍刻暴，乃蒸土筑城，锥入一寸，即杀作者而并筑之。勃勃以为忠，故委以营缮之任。又造五兵之器，精锐尤甚。既成呈之，工匠必有死者：射甲不入即斩弓人；如其入也，便斩铠匠。又造百炼刚刀，为龙雀大环，号曰"大夏龙雀"，铭其背曰："古之利器，吴楚湛卢。大夏龙雀，名冠神都。可以怀远，可以柔逋。如风靡草，威服九区。"世甚珍之。复铸铜为大鼓，飞廉、翁仲、铜驼、龙兽之属，皆以黄金饰之，列于宫殿之前。凡杀工匠数千，以是器物莫不精丽。①

这样的对于民间工匠的生死考验，就是古代的一些手工经验和技艺得以发展的残酷环境之一。我们在各种锻剑、铸钟、烧瓷的传说中也总能看到工匠以生命熔炉而获得精巧产品的说法，这表明一般民间杰出工匠之所以能做出我们今天都匪夷所思的手工制品来，所付出的代价也是巨大的。

更为残酷的是，这种用很多生命换来的精湛的技艺，也可能会招致无端的杀戮，给工匠招来杀身之祸。《高僧传》所记载的洛阳宫城的修建者就遭到了这样的横祸：

耆域者，天竺人也……以晋惠之末至于洛阳……见洛阳宫城云：仿佛似忉利天宫，但自然之与人事不同耳。域谓沙门耆阇蜜曰：匠此宫者从忉利天来，成便还天上矣，屋脊瓦下应有千五百作器。时咸云：昔闻此匠实以作器著瓦下。又云：宫成之后，寻被害焉。②

此处所指的修建洛阳宫城的工匠，显然不是一般的劳作工匠，而是主持设计修建洛阳宫城的最高技术人才，他在洛阳宫城修好之后即被加害。在巫术盛行的时代，技术往往与巫术有密切的关联，此处所说的工匠将劳作工具压在洛阳宫城瓦下的说法，就是一种巫术行为，这样的举动，导致了这个杰

---

① （唐）房玄龄等：《晋书》卷130《赫连勃勃载记》，第3205—3206页。
② （梁）释慧皎：《高僧传》卷9《耆域传》，第364—365页。

出的工匠被杀害的结果。

第三节　佛教传播过程中的北方工匠阶层

在佛教的传播过程中，工匠阶层是一个至关重要的参与者。我们如果看看当时同佛教有关的建筑和工艺造作的相关数据，就会对这个问题有直观的了解。就《魏书·释老志》的记载来看，仅北魏王朝的统计，正光以后就有佛教寺院"三万有余"。[①] 到隋代初年，这个数据有增无减，况且据唐代僧人法琳的统计，隋初新造佛寺3792所，"造金、铜、檀香、夹纻、牙、石像等，大小一十万六千五百八十躯；修治故像一百五十万八千九百四十许躯"。[②] 至于像云冈石窟、敦煌莫高窟等这些石窟寺的开凿修建，也需要大量的具有不同专业技术的工匠阶层参与其事。

因而，在隋代之前，无论是佛寺修建还是佛像的雕刻、塑造，其数量都是非常巨大的。这就表明，工匠阶层对佛教活动的参与是相当广泛的。

一、参与佛寺修建、装饰的工匠类型

马德先生在《敦煌莫高窟史研究》中，对参与莫高窟营造的唐代工匠做了比较系统的考察，直接参加石窟营造的工匠主要有以下几类：1.打窟人，主要是开凿石窟的工匠；2.石匠，从事石窟开凿、建筑石料加工、石质工具的制造和修理的工匠；3.泥匠，从事土木建筑的工匠；4.木匠，从事土木建筑及木质器具制造、加工、修理的工匠；5.塑匠，从事泥塑敷彩的工匠；6.画匠，从事绘画的工匠。此外，还有一些同石窟建造密切相关的工匠，如金银匠、纸匠、玉匠、灰匠、染布匠等。[③]

我们不能将唐代参与佛寺修建活动的工匠的情况等同于魏晋南北朝时期

[①] 据《魏晋南北朝社会生活史》一书中的统计数据，在北齐、北周时期，北齐境内有寺院3万所，北周境内有寺院1万所。就是说，在隋初应该至少有寺庙4万余所。参见朱大渭等：《魏晋南北朝社会生活史》，中国社会科学出版社2005年版，第227页。
[②] （唐）释法琳：《辨正论》卷3《十代奉佛篇上》，载〔日〕高楠顺次郎等编修：《大正新修大藏经》第52册《史传部四》，第509页。
[③] 马德：《敦煌莫高窟史研究》，甘肃教育出版社1996年版，第169—173页。

的情况，但是其间的差别应该是不会很大的。只能说，在工艺方面和组织方面，也许后代比前代更为完善。但是在史料有限的情况下，作为一个回溯性的证据，还是有利于我们认识问题的。

事实上，魏晋南北朝时期参与佛寺修建的工匠类型，同马德先生所列出的唐代工匠的类型是相当一致的。《续高僧传》卷21列举隋初修建佛寺的工匠主要有"土、木、瓦、石"这四大类，显然修建木构寺院比开凿石窟寺又多了一个瓦匠。至于以上所列的其他的匠人，显然也是少不了的。如北魏王朝大力建造的云冈石窟以高大的洞窟和圆雕、浮雕造像为主，并对雕像施以彩绘；而同一时期的敦煌莫高窟，不但有石胎彩塑，也有大量精美的壁画。[①]那么这些石窟寺修建所用的工匠，无论在数量还是种类上都是相当庞大繁复的。至于像永宁寺、瑶光寺、景明寺等这些以木构为主体的土木建筑，无论从建筑技巧还是装饰水平方面，所需要的工匠的种类及其技术要求，自然也是相当高的。

在佛寺修建过程中，根据不同的工种和技术的高低，工匠阶层的技术等级也是非常鲜明的。在敦煌莫高窟的工匠中，按其技术可以分为都料[②]、博士、师、匠、工等等级。都料是具备高级技艺的师傅，其职责是从事本行业工程规划和组织实施，并负责行内事务；博士是能承担本行业高难度技术劳动的高级工匠，譬如"上仰泥博士"就是往洞窟顶上敷泥的高级工匠。此外，师和先生是对塑像、壁画工匠的尊敬性称呼，其地位同其他行业的博士是一样的；匠是对各行业能独立从事技术性工作的一般工匠的统称。[③]

显而易见，工匠的级别既同其技术有关，也同其专业种类有关。一般来讲，出笨力气的等级可能就比较低，如上面所列的"打窟人"，他就是在山崖上凿开洞窟的苦力工，地位就比较低；而石匠则是在洞窟开凿完的基础上做雕刻和精工工作的技术较高的人，其地位自然就相对高一点。画匠和雕塑

---

① 阎文儒：《中国石窟艺术总论》，广西师范大学出版社2003年版，第179—193页；阎文儒：《云冈石窟》，广西师范大学出版社2003年版，第13—45页。
② 据马德先生的研究，敦煌文献中的都料、都师、都匠都是同一级别的工匠。近年郑炳林、邢艳红二先生经过详细研究，证明"都师"是佛教寺院负责仓库保管和伙食管理的低级僧职，并不是工匠阶层的一种。参见郑炳林、邢艳红：《晚唐五代宋初敦煌文书所见都师考》，《西北民族学院学报》1999年第3期。
③ 马德：《敦煌莫高窟史研究》，第173—177页。

师工作的技术含量和文化水平应该比较高，其地位自然也是比较受尊敬的。

关于修建佛寺的技术工匠的专业差别所带给他们的生存差别的情况，我们从敦煌壁画的描绘中也可以得到一个相对感性的认识。在北周时期开凿绘饰的莫高窟296窟窟顶北披福田经变图中，参与佛寺修建的画匠们将自己的劳动情况绘制了下来。这幅经变图所表现的是工匠修建佛教寺院的僧舍等建筑的情况，图中的工匠从穿的服装和专业分工来看，基本上可以分两大类三部分：

第一类是从事重体力活的，他们穿着都非常简单，没有上衣和裤子，只穿着一个遮蔽下体的小裤头。他们又由两部分组成，一部分在房顶从事主要的构建技术工作，另一部分在地面为在房屋上工作的工匠递材料和运送材料。

第二类就是在画面下方的僧舍墙上绘制壁画的两个画匠，他们不同于那些修建僧舍的工匠的最大特征就是都穿着长袍，说明他们在工匠中是比较体面的人，地位应该高于一般的做体力活的工匠。这两个画匠的运笔还有些差别，左面那个在僧舍后墙的画匠右手端着颜料盘，左手握笔站在那里在墙上绘画，而右面那个在僧舍前墙绘画的画匠则左手端盘，右手绘画。这两个画匠应该也有为他们做辅助工作的人，右面这个画匠的旁边有一个穿长衫的人半跪在僧舍台阶的下面，从服装和所处的位置上来看，他应该就是为画匠做辅助工作的人，可能是徒弟之类的，做些准备颜料、调制颜料等工作。

在等级社会里工匠身份的低贱就决定了，他们的形象不可能得到文献、绘画等等传播记录手段的关注，因而，这幅由北周时期的佛寺画匠所作的经变图，给我们了解当时的画匠及其他修建佛寺的工匠的形象和劳动情况，提供了难得的生动资料。从整个画面来看，画匠穿长袍，地位比较高，职业技术性强，也很体面；从事建筑修建工作的工匠就相对要辛苦得多，地位可能也不如画匠，尤其是那些为修建房屋的工匠备料或传送材料的工匠，可能是地位最低的。

谢和耐先生对大历十年（775）的一份寺院建造的账单做了考察，认为雇用高度熟练的劳力以从事粗笨劳动、土方工程和运输等并不十分昂贵，而专业技术的索价则很高。[①] 虽然谢和耐先生的考察是针对唐代社会的情况而

---

① 〔法〕谢和耐：《中国5—10世纪的寺院经济》，耿升译，第20页。

言，但是我们认为这样的考察对我们认识3—6世纪北方社会的类似情况也具有相对性的参考意义。

二、佛教工程、制作与工匠阶层的经济与生存状况

关于工匠的收入问题，有三方面的情况值得注意：一是修建佛寺、雕刻佛像这样的事情，往往会被视为一种功德积累，所以工匠会降低对工钱的要求，甚至可能为寺院修建贡献义务性劳动。敦煌卷子中有这样的记载："马都料方□且空，绳墨不道师难。若得多少工价，尽行布施与□。"（S. 3905）二是由于佛教传播所引起的寺庙修建和造像雕刻在北方社会已经成为汹涌的社会浪潮，庞大的工程量使得商品化趋势非常明显，工匠阶层也因此而获得了丰厚的回报。三是由于皇权等国家势力的介入，很多工匠可能就是没有报酬的苦役或者说报酬很低的"百工户"，他们的生活状态非常糟糕。如北魏修建晋阳十二院和凿刻晋阳大佛，"百工困穷，无时休息，人牛死者不可胜纪"[①]，就是这种情况。下面，我们从三方面来考察当时参与佛寺修建的工匠的生存状态。

（一）佛寺修建中工匠的招募情况

对于工匠阶层因为积累功德而少要工钱或不要工钱的比例，由于资料的有限性，具体很难断定。但这种现象应该也是普遍存在的。一般来讲，佛寺使用的工匠大多都是雇佣而来的，并且佛教建筑是当时最为奢华和最具技术性的建筑，其造像、装饰与整体布局都需要相当的匠心，所以必须招募技艺精良的工匠。下面的这则故事有利于我们理解这个问题：

> 元造之时，有一外客来告大众云："我闻募好工匠造像，我巧能作此像。"大众语云："所须何物？"其人云："唯须香及水及料灯油支料。"既足，语寺僧云："吾须闭门营造，限至六月，慎莫开门，亦不劳饮食。"其人一入，即不重出。唯少四日，未满六月。大众平章不和，各云："此塔中狭迮，复是漏身？因何累月不开见出？"疑其所为，遂开塔门。乃不见匠人，其像已成。唯右乳上有少许未竟。后空神惊诫大

[①] （唐）李百药：《北齐书》卷8《帝纪·幼主》，第113页。

众云:"我是弥勒菩萨!"①

在这里,将能造作精妙佛像的工匠功绩归之于"弥勒菩萨",一方面是宣教的需要,另一方面也说明工匠的精湛技艺对于佛寺修建和佛像雕刻的重要性。那么要招募到技术好的工匠,就存在竞争问题和优选问题,同时也要有优厚的工钱和好的待遇。在这方面,敦煌文书中有一些记载:

> 乃召巧匠、选工师,穷天下之谲诡,尽人间之丽饰。(P. 2551)
> 遂千金贸工,百堵兴役。(P. 3608)
> 遂罄舍房资,贸工兴役……宏开虚洞。(P. 4640)

由此可见,对于工匠的招募,确实是寺庙修建和佛像雕刻、铸造的一个关键环节,所以一般都会用"千金"、"罄舍房资"这样的重金来吸引好的工匠。在出土的大量北朝民众造像碑和造像题记中,一般都说明造像之费用来自民众"各割家珍",并且都要选良匠,也说明工匠的工钱是不会很低的。

即使是在修建的过程中,一些寺庙或造像的捐助者对于工匠的生活状况也是比较重视的。如隋初高僧玄鉴负责佛寺修建,其情形是:

> 数有缮造,工匠繁多。豪族之人或遗酒食。鉴云:"吾今所营,必令如法。乍可不造,理无饮酒。"遂即止之。时清化寺修营佛殿,合境民庶同供崇建。泽州官长长孙义,素颇奉信,闻役工匠其数甚众,乃送酒两,舆以致之。鉴时检校营造,见有此事,又破酒器狼籍地上。告云:"吾之功德,乍可不成,终不用此非法物也。"②

这段史料说明,对于寺院修建的监工僧人来讲,工匠饮酒是属于非法的,同佛教的清净与戒律相矛盾。但是对于像地方豪族和地方官员而言,他们给工匠以酒食,自然是希望工匠能愉快地发挥自己的技艺,将工程修建得

---

① (唐)释道世:《法苑珠林》卷29《圣迹部第二》,载〔日〕高楠顺次郎等编修:《大正新修大藏经》第53册《事汇部上》,第502—503页。
② (唐)释道宣:《续高僧传》卷15《释玄鉴传》,第524页。

更好。这个事例表明了工匠阶层在佛寺修建的过程中,其待遇应该是相当不错的。

(二)地位较高的技术工匠的经济状况

在参与各类营造的过程中,一些工匠阶层因此而积累了雄厚的经济实力,如隋初的李清家族,就是典型的事例:

> 李清,北海人也,代传染业……家富于财,素为州里之豪民,子孙及内外姻族,近数百家,皆能游手射利于益都。每清生日,则争先馈遗,凡积百余万。①

像李清这样的因为世代从事专门的手工业的巨富家族,显然也是有一定数量的。据魏明孔先生的考证,在唐代,有些手工业家族其高超的技艺已经传了300多年而不衰②,其经济实力应该是相当可观的。

据《洛阳伽蓝记》的记载,北魏时期的洛阳,"市东有通商、达货二里。里内之人,尽皆工巧,屠贩为生,资财巨万。有刘宝者,最为富室。州郡都会之处,皆立一宅,各养马一匹……车马服饰,拟于王者"。③当时这些所谓"工巧"的工匠阶层的经济实力由此可见一斑。

显然,部分工匠阶层的富有,同社会上各类公私营建的频繁与商业化有关,其中一个重要的因素,就是佛教建筑的奢华和统治者的极力崇奉,显然刺激了工匠阶层得以聚敛资本的市场的扩大。

那些建筑宏伟、装饰富丽堂皇的皇家大寺、贵戚名庙的一掷千金使得工匠阶层从中分得了比较丰厚的份额。而风起云涌的民间建寺、造像活动也给具有一技之长的民间工匠提供了广阔的获得回报的机会。

就寺庙而言,工匠的水平尤其是一些高级工匠的水平就决定了寺庙建筑的成功与否,那么寺庙或者说皇家势力等捐助者显然就会招募最好的工匠来从事修建,其报酬应该也是相当可观的。从《洛阳伽蓝记》的记载来看,皇家和贵戚出资修建的寺庙主要追求的就是宏伟的建筑、高大的塔和巨型造像及富丽堂

---

① (宋)李昉等:《太平广记》卷36"李清"条引《集异记》,第230页。
② 魏明孔:《唐代工匠与农民家庭规模比较》,《西北师大学报》2004年第1期。
③ (北魏)杨衒之撰,范祥雍校注:《洛阳伽蓝记校注》卷4《法云寺》,第215—216页。

皇的奢华布置和装饰。可以断言，民间修建佛寺也是追求这样的标准。

因而佛教寺庙的修建，对于工匠阶层的技术要求也是一个挑战。譬如修建永宁寺的九级浮图，对于当时的建筑技术来讲就是一个高峰。杨衒之这样描绘它："架木为之，举高九十丈。上有金刹，复高十丈，合去地一千尺。去京师百里，已遥见之……殚土木之功，穷造形之巧。佛事精妙，不可思议。绣柱金铺，骇人心目。"①这样的木构佛塔，已经是当时洛阳城内最奢华的第一高层建筑，其修建规模和装饰的富丽已经远远超出了皇家宫廷的标准。所以，这个木构佛塔的主要设计者和建造人也有幸被简单地载入史册："世宗、肃宗时，豫州人柳俭、殿中将军关文备、郭安兴并机巧。洛中制永宁寺九层佛图，安兴为匠也。"②史书中关于此三位高级工匠的记述是如此简单，可见他们能被记载在史册，完全是因为郭安兴主持修造了永宁寺塔的原因。可以推断，柳俭、关文备和郭安兴是北魏世宗、肃宗时期最有名的木构建筑工匠和设计师。并且可以肯定，像郭安兴这样的工匠，之所以有"殿中将军"这样的"官称"，也同他们出色的建筑技术有关。2004年在洛阳出土了郭安兴的兄长河间太守郭定兴的墓志，志文提及郭安兴时说他"智出天然，妙感灵授。所为经建，世莫能传。论功酬庸，以授方伯"。③因而，对于佛寺建造的工匠而言，高超的技艺不但有助于他们得到丰厚的回报，也使得他们能够在一定范围内得到政治上的地位。

就佛寺造像而言，由于佛寺争相铸造或雕刻巨大的佛像，并对佛像施以工艺复杂的装饰，所以对工匠的选择也非常重要，这无疑有利于各级各类好的工匠从佛寺取得更大的经济收益。

4—6世纪，北方民间造像风气盛行，造像的数量庞大，显著增加了工匠阶层的收入。隋初"修治故像一百五十万八千九百四十许躯"④，这样的数据可能只是对佛寺造像的统计，并不包括数量庞大的民间佛教团体或一般信徒的造像。如果加上数量庞大的民间造像，数目是相当巨大的。这样数量庞大的造像，对于从事雕刻和修治佛像的工匠来讲，就意味着宽阔的谋生市场和

---

① （北魏）杨衒之撰，范祥雍校注：《洛阳伽蓝记校注》卷1《永宁寺》，第1—3页。
② （北齐）魏收：《魏书》卷91《蒋少游传》，第1972页。
③ 严辉：《北魏永宁寺建筑师郭安兴事迹的新发现及相关问题》，《中原文物》2004年第5期。
④ （唐）释法琳：《辨正论》卷3《十代奉佛篇上》，载〔日〕高楠顺次郎等编修：《大正新修大藏经》第52册《史传部四》，第509页。

丰厚的回报甚至巨大的商机。当时的许多造像和造像碑都是工匠之家商品化的产物，他们刻好或雕凿好各种材质、不同形象的佛像、碑等，等待佛教信徒来购买。这样的情况在当时是相当普遍的，佛史载："佛道形像，事极尊严。伎巧之家，多有造铸。供养之人，竞来买赎。品藻工拙，揣量轻重。买者不计因果，止求贱得。卖者本希利润，唯在价高。"① 这种完全商业化的操作，显然同当时社会的整体风气有关。佛教信仰已经成了一种日常生活中的存在符号之一，而不仅仅是一种严肃的信仰。在发现的北朝造像碑和造像题记中，很多并没有标明他们造的是什么像，只是刻上了"某某造像一躯"这样很含糊的题记。② 不管是菩萨还是佛，也不管是什么佛，只称之为"像"。因而，北方社会广泛的造像、建寺的风气，显然促进了那些具有相关技能的工匠的迅速致富。而工匠技艺的封闭型传授使得他们具有了相对优势的掌握市场的权力。

（三）底层工匠所遭受的盘剥和艰难生活

由于工匠在法律上属于"贱口"，所以虽然一部分技艺高超的工匠因为有广泛的技术需求，而成了像李清这样的富人，也有部分工匠，如郭安兴这样的，成了取得一定政治地位的人，但是，大多工匠的生活还是非常穷困的。

因为工匠阶层要为封建国家的各种各类的工程修造出力，所以他们往往被常年征调，从事繁重的劳役。关于这方面的情况，唐长孺先生在《魏、晋至唐官府作场及官府工程的工匠》一文中做了详尽的考证和叙述。我们在这里主要就工匠阶层在佛教工程修建过程中的困苦情况做个简单探索。

北魏王朝兴建大宝林寺等工程，参与其事的大多数工匠的境遇就非常悲惨：

> 于晋阳起十二院，壮丽逾于邺下。所爱不恒，数毁而又复。夜则以火照作，寒则以汤为泥，百工困穷，无时休息。凿晋阳西山为大佛像，一夜然油万盆，光照宫内。又为胡昭仪起大慈寺，未成，改为穆皇后大

---

① （唐）释道宣：《广弘明集》卷28《启福篇序》，载〔日〕高楠顺次郎等编修：《大藏新修大藏经》第52册《史传部四》，第329页。
② 侯旭东：《五、六世纪北方民众佛教信仰——以造像记为中心的考察》，第279—282页。

宝林寺，穷极工巧，运石填泉，劳费亿计，人牛死者不可胜纪。①

对于佛寺修建中对工匠的这种残酷役使，亲历其事的唐代官员也有过很翔实的描述：

役鬼不可，惟人是营。通计工匠，率多贫婆。朝驱暮役，劳筋苦骨，箪食瓢饮，晨炊星饭。饥渴所致，疾疹交集。岂佛标徒行之义愍畜产而不忍苦其力乎？又营筑之役，僧尼是税。虽展转乞丐，穷乏尤多。州县征输，星火逼迫。或谋计靡所，或鬻卖以充，怨声载路，和气不洽。岂佛标喜舍之义愍愚蒙而不忍夺其产乎？②

这就将问题说得很清楚了，佛寺的修建，所浪费的往往就是民脂民膏，为了修建佛寺，多少从事农业生产的家庭背负了沉重的负担，多少工匠在工地上贫病交加。

很明显，像佛寺修建这样的大规模工程，在工地上劳作的除了一些具有设计和管理职责的管理型工匠外，还有一些技术比较高超的技术型高等级工匠，这两部分人应该具有一定的经济基础。而大多数工匠和那些因为有罪来劳作的"工徒"，生活状况是非常悲惨的。

综上所述，工匠阶层是一个复杂的群体。佛教的传播和发展，使得佛寺修建和佛像铸造风气盛行于北方，这样就为一部分技术高超的工匠开拓了借以聚敛财富的渠道。而那些占工匠群体绝大多数的底层工匠，生活状态仍然十分悲惨。

---

① （唐）李百药：《北齐书》卷8《帝纪·幼主》，第113页。
② （元）释念常：《佛祖历代通载》卷12，载〔日〕高楠顺次郎等编修：《大正新修大藏经》第49册《史传部一》，第585页。

第五章　商人与佛教

佛教在印度的发展，同商人的关系非常密切，佛经中有大量关于释迦牟尼佛及其弟子们同商人密切交往的记载。

据《释迦谱》的说法，悉达多太子出生时，就有大商人来为他祝贺：

> 又有诸大商人，从海采宝还迦毗施兜国，彼诸商人各赍奇彩诸珍宝奉贡。王慰诸人："汝等入海，悉皆吉利，无苦恼不？及诸伴侣，无遗落耶？"彼诸商人答言："大王，所经道路，极自安隐。"王闻此言，甚大欢喜，即遣请诸婆罗门等。婆罗门众皆悉集已，设诸供养。或与象马及以七宝，田宅僮仆。供养毕已，抱太子出。即便白诸婆罗门言："当为太子作何等名？"诸婆罗门即共论议而答王言："太子生时一切宝藏皆悉发出，所有诸瑞莫非吉祥，以此义故，当名太子为萨婆悉达。"《瑞应本起》云，五百伏藏一时发出，海行兴利一时集至，梵志相师普称万岁，即名太子为悉达多。①

释迦牟尼刚刚成佛时，最先向他奉献食品的也是两个商人，如《方广大庄严经》卷十《商人蒙记品》：

> 时北竺国兄弟二人，为众商之主。一名帝履富婆，一名婆履。……时护林神忽现其形，语商人言："汝诸商人，勿怀恐惧。汝于长夜流转

---

① （梁）释僧祐：《释迦谱》卷1，载〔日〕高楠顺次郎等编修：《大正新修大藏经》第50册《史传部二》，第17页。

生死，今得大利。所以者何？有佛世尊出现于世，初成正觉，住此林中，不食已来四十九日。汝等应将种种饮食而以上之。"①

因而，佛教创始人乔达摩·悉达多的成长与修道都同商人有密切的关系。他在讲经中说："譬如于旷野之中，而欲欺诳商人导师，众生堕大黑暗之中，茫然不知所止住处，菩萨为然大智慧灯。"②释迦牟尼将商人称作"导师"，并且预言欺诳商人要"堕入黑暗之中"，可见他本人对于商人是敬重有加的。

在《佛本行经》③、《中本起经》④、《佛所行赞》⑤等经书中，都有关于佛陀与商人交往活动的记载。季羡林先生在《商人与佛教》一文中对此做了很详尽的考察，指出由于印度商人和佛教徒在经济利益和思想方面都有许多共同之处，所以他们结成了水乳交融的关系。⑥但是佛教传入中国后，情况就发生了很大的变化。佛教在中国的传播和发展，主要得力于皇室和王公贵族的支持，季羡林先生认为，"在中国，佛教与商人风马牛不相及"，指的就是这种情况。不过，我们应该确认的是，虽然佛教在中国的传播发展不像在印度一样依赖于商人，但是在中国传教的佛教徒同商人的关系，还是值得探讨的。

---

① （唐）地婆诃罗译：《方广大庄严经》卷10《商人蒙记品》，载〔日〕高楠顺次郎等编修：《大正新修大藏经》第3册《本缘部上》，第601页。
② （梁）释僧祐：《释迦谱》卷3，载〔日〕高楠顺次郎等编修：《大正新修大藏经》第50册《史传部二》，第33页。
③ （宋）释宝云译：《佛本行经》卷4，载〔日〕高楠顺次郎等编修：《大正新修大藏经》第4册《本缘部下》，第87—88页。
④ （汉）昙果、康孟详译：《中本起经》卷上，载〔日〕高楠顺次郎等编修：《大正新修大藏经》第4册《本缘部下》，第147—155页。
⑤ （古印度）马鸣造，（北凉）昙无谶译：《佛所行赞》卷3《阿惟三菩提品》，载〔日〕高楠顺次郎等编修：《大正新修大藏经》第4册《本缘部下》，第26—28页。
⑥ 相关论述，参见季羡林先生《商人与佛教》，载《季羡林文集》第七卷，第177—197页。季先生从经济关系、来源关系、意识形态、共同的历史使命这四点论述了印度商人同佛教徒关系密切的原因。从经济关系来讲，商人是施主，佛教徒有求于商人，早期的佛教徒同商人一样，主要居住在城市，结交官府，这样在政治上双方互相依靠；从来源关系来讲，新兴的佛教徒和商人一样，都是受婆罗门歧视的对象；从意识形态来讲，佛教不杀生非暴力等学说也正是商人所希望的，因为商业的繁荣必须要有稳定和平的环境，况且沙门思想体系总体上是对抗婆罗门思想体系的，而商人也同婆罗门对立；从共同的历史使命来讲，商人和佛教徒共同到印度的深山密林中的野蛮部落，前者带来先进技术等，后者带来了佛教教义，帮助部落组成新的社会组织，推动了社会的进步。

我们要探讨的商人有两类，一类是来自西域的商人，他们在3—6世纪中国社会生活中扮演了重要的角色。在史书中常常用"商胡"或"贾胡"这样的字眼来称呼他们。他们携带着大量的异域奢侈生活品，用"金钱和米酒"开道，贿赂中国的各级官员们给他们行商的方便，因而，他们的势力几乎渗透到了中国社会结构的各个角落。自然，早期主要来自西域的传教僧人也是他们的亲密伙伴和支持对象。另一类就是本土商人，由于传统上对商业精神的排斥和对商人阶层的鄙视，本土商人虽然也在商业中得到巨额利润，但是他们的政治地位决定了他们在社会活动中不得不小心从事，因而在佛教进入中国的早期传教活动中，本土商人的作用十分有限。

第一节　北方佛教传播中的西域商人

西域商人的东来，是一种东西物质文明交流的历程，同时也是文化交流的历程。佛教的传播，就是同商路的开辟和发展密切相关的。来自西域的商人同佛教徒的关系，至少在佛教初传时期，发挥了很重要的作用。

一、西域商人及其商业网络的扩展

西域商胡在中国的活动情况，吕思勉先生做过很精练的概括：

> 诸外国中，西域与中国通商特盛。西域人在中国经商者亦颇多，实为极可注意之事，此盖由其文明程度特高使然。西胡与中国关系之密，正不待唐、元之世矣。《隋书·食货志》言：南北朝时，"河西诸郡或用西域金银之钱。"即此一端，已可见西域贸易之盛。《魏书·景穆十二王传》："京兆王子推之子遥除凉州刺史，贪暴无极。欲规府人及商胡富人财物，诈一台符，诳诸豪云欲加赏，一时屠戮，所有资财生口，悉没自入。"可见凉州富贾之多。《周书·韩褒传》："除西凉州刺史。羌、胡之俗，轻贫弱，尚豪富，侵渔小民，同于仆隶。褒乃悉募贫人，以充兵士，优复其家，蠲免徭赋。又调富人财物以振给之。每西域商货至，又先尽贫者市之，于是贫富渐均，户口殷实。"可见通商为利之厚。……

此皆西域商人留居中国，仍以经商为事者。①

因而，由于"以农为本"的立国观念根深蒂固，来自西域的商人除了要受到风沙、盗劫等灾难的威胁外，贪暴的地方官吏和豪族恶霸对商人财物的劫夺，也是他们遭受损失的主要原因之一。然而，即使这样，通商中原所带来的丰厚利润，还是吸引大批的西域商人前赴后继地来到当时的国际贸易桥头堡——凉州，并由此继续东进南下，到洛阳、邺城等大型城市贩卖他们的商品如毯子等。

由西域到中原地区的商路的开拓，也就是佛教传播之路的开拓。这个过程可能是相互作用的，不远万里求取厚利的西域商人是这条道路的开拓者，他们将那些虔诚的西域或印度佛教徒带到了中原。而也许正是这些佛教徒，在沿路或到达目的地之后，又以文化使者的特殊身份，给西域商人谋求到了方便的生存环境。

西域商人在中国经商，有着自己的商业网络，确切地说，主要是以姑臧、敦煌为桥头堡，向广大的中原地区铺展扩散。

自张骞出使西域之后，西域同中国之间的商业往来就非常频繁，《后汉书》有"驰命走驿，不绝于时月；商胡贩客，日款于塞下"②的记载。三国时期，仓慈做敦煌太守期间，对西域商人实行了非常开明而宽容的政策，据史载：

> 常日西域杂胡欲来贡献，而诸豪族多逆断绝；既与贸迁，欺诈侮易，多不得分明。胡常怨望，慈皆劳之。欲诣洛者，为封过所，欲从郡还者，官为平取，辄以府见物与共交市，使吏民护送道路，由是民夷翕然，称其德惠。数年卒官，吏民悲感如丧亲戚，图画其形，思其遗像。及西域诸胡闻慈死，悉共会聚于戊己校尉及长吏治下发哀，或有以刀画面，以明血诚，又为立祠，遥共祠之。③

---

① 吕思勉：《两晋南北朝史》，上海古籍出版社1983年版，第1099页。
② （南朝宋）范晔：《后汉书·西域传》，第2931页。
③ （晋）陈寿撰，（南朝宋）裴松之注：《三国志》卷16《魏书十六·仓慈传》，第512—513页。

仓慈的这些举措，保证了从敦煌到姑臧、金城直至洛阳的商业贸易得以顺利进行，这条商路的畅通，其实也就保障了佛教东传的顺利。仓慈本身就是佛教徒，所以他对西域商人的态度，可能就同他对佛教的信仰有密切联系。这本身也从一个方面说明西域商人对于佛教传播的重要性。

1907 年在敦煌西北长城烽燧（编号 T. XII.a）出土的 8 件粟特文信札，有利于我们了解 3—4 世纪西域商人在这条商路上的情况。其中最完整的二号信札，墨书，全 36 行，按内容可分为 9 段，在这里移录反映商业网络情况的 1—6 段，以便展开讨论：

> 向着尊贵的大人纳奈德巴尔的府第，一千次一万次地祝福。您的奴仆纳奈凡达克屈膝叩拜，如同在（国王）陛下面前一般。他祝大人万事如意，安乐无恙。愿大人心静身强，然后我方能永蒙恩泽。
>
> 尊贵的大人，安玛塔萨其在酒泉一切顺利，安萨其在姑臧也好。但是大人，自从一粟特人从内地来此，已有三年。不久，我为古坦萨其准备行装，他一切都好。从来他去了淮阳，现在还无人从他那里来。这里，我告诉您这些去内地的粟特人的情况，以及他们到过哪些地方及其见闻。
>
> 尊贵的大人，据说最后一位天神之子因为饥困从洛阳逃走。不久，他那牢固的宫殿和坚实的城池被付之一炬。大火之后，宫殿夷为平地，城池化为荒原。洛阳不复存在！邺不复存在！
>
> 据说不久匈奴人来了，并和中国人混在一起。后来，他们占领了长安，统治了这片一直延伸到南阳和邺的土地。这些匈奴人不久以前还臣服于天神之子呢！尊贵的大人，我们不知道是否其他中国人能够将匈奴人逐出长安，逐出中国；也不知道匈奴人是否能够从中国人那里争得更多的土地。
>
> 言归正传。有一百名来自萨马尔罕的粟特贵族现居黎阳，他们远离家乡，孤独在外，在□［城］有四十二人。我想这些您都知道。您将会获得利益。但是，尊贵的大人，自从我们失去了来自内地的支持和帮助，已经过去了三年。在这种情况下，我们从敦煌前往金城，去销售大麻纺织品和毛毡（毛毯）。携带金钱和米酒的人，在任何地方都不会受

阻。当时我令卖掉了四件纺织品和毛毡。就我们而言,尊贵的大人,我们希望金城到敦煌间的商业信誉尽可能长期维持,否则,我们会寸步难行,坐以待毙。

关于我们的一切,我还没有如实向大人禀告。大人,我若如实禀告中国发生的事,那会令大人作呕,让人心烦,您也不会从中得到好消息。大人,自从我派萨克接着克和法尔纳扎德去内地,已经过去了八年,但直到三年前才韫到他们的音讯。他们都非常努力。自从最后的灾难降临后,他们的情况如何,我却再也无法知道。我还派一个名叫安提胡凡达克的人去内地,也已过去四年。因为商队是从姑臧启程,所以他们在第六个月才到达洛阳,那里的印度人和粟特人都破了产,并且都死于饥馑。我又派纳锡安去敦煌。不久他出了境,后来又返回,现在又走了。他曾向我告别。他负债累累,不久在蓟城被杀,行李也被抢劫一空。

这件文书藏于大英图书馆,编号 Or. 8212/92—101,是一个名字叫作纳奈凡达克的粟特商人头目写给远在撒马尔罕的上层商主纳奈德巴尔的信,汇报在中国的经商情况。关于这份文书的年代,学界有东汉末年说和西晋末年说两种看法①,王素、李方先生著的《魏晋南北朝敦煌文献编年》将其确切年代定在公元 311 年稍后,此时正是匈奴刘曜、刘粲攻破长安,西晋朝廷灭亡的历史转折关头。我在这里便是遵从了这一断代来讨论问题的。从这份报告中,我们至少可以得到以下几点认识:

这封信中提到了 11 个城市,依自西向东的次序为敦煌、酒泉、姑臧、金

---

① 这 8 件文书出土后,斯坦因(A. Stein)一直以为是公元 105—137 年间的作品;英国学者 W. B. Henning 在《粟特古书简的年代》一文中认为该书信是从中国发往撒马尔罕的,写信时间在 312—313 年之间;陈连庆先生认为汉末说不可信,书信的书写年代应该是公元 320 年前后,相当于"前凉张轨之世";林梅村认为,该信写于公元 200—204 年;陈国灿在《敦煌所出粟特文信札的书写地点和时间问题》一文中认为,书信中所说的"匈奴人占领了长安"的事件是指在永嘉五年(311)匈奴人刘曜、刘粲陷长安,所以他认为,"其书写时间在西晋永嘉六年八月,即公元 312 年 10 月"。相关的详细论述可以参见陈连庆:《汉唐之际的西域贾胡》,《1983 年全国敦煌学术讨论会文集》,甘肃人民出版社 1987 年版;林梅村:《敦煌出土粟特文古书信的断代问题》,《中国史研究》1986 年第 1 期;陈国灿文载《敦煌学史事新证》,甘肃教育出版社 2002 年版,第 56—72 页。

城、长安、洛阳、南阳、邺城、黎阳、淮阳、蓟城，这是驻扎在凉州首府姑臧的粟特商人头目纳奈凡达克所负责的商业网络所达到的地方，如果我们将这张商业网络地图同同时期的高僧活动行迹相比较，就可以看出，其实这些城市也是当时佛教高僧的主要活动地点。因而，西域僧人的传教活动是同西域商人所到达之地密切相关的。

从这封信来看，西域商人在整个中原地区有很完整的商业链条和组织，他们是一个很具规模的商业组织，有在国内的最高管理者和委托人"大人"，还有驻在敦煌和姑臧的商业头目，负责对前往中原其他地方的商人的管理工作，他的身份可能就是佛经中所说的"商主"，直接对在西域的"大人"负责。

我们从一批东晋十六国时期的小金铜佛像的出土地点发现，其分布与这条粟特商团的商路完全吻合。这批小金铜佛像出土地点，主要集中在从甘肃河西走廊到邺城，再到东北朝阳的道上，而出土于河北的居多。① 主要出土地点为石家庄、保定、唐县、易县等地。这当然不是一种偶然的巧合，这些小金铜佛像在河北太行东麓古道上的发现，昭示着十六国时期外来胡僧及胡商等异域文化传播者的行迹，这可能正是早期西域传教僧人随商队传教的证据。

这批小金铜像有以下共同特点：1. 特征鲜明的犍陀罗风格和本土演化痕迹；2. 大小在7—39厘米之间，大多在14厘米左右；3. 都是狮子座"禅定"佛；4. 佛像有波形发髻或高大的佛髻；5. 铜鎏金；6. 时间集中在佛图澄、释道安传教河北时段。在这批佛像中，两尊有造像铭，且具有明确的纪年：

（后赵）建武四年（338）岁在戊戌八月卅□比丘竺□□□慕道及一生。②

（大夏）胜光二年（429）己巳春正月朔日中书舍人施文为合家平安造像一区。③

---

① Roderick Whitfield, "Early Buddha Images from Hebei," *Artibus Asiae*, Vol. 65, No. 1 (2005), pp. 87-98；浙江省博物馆编：《佛影灵奇：十六国至五代佛教金铜造像》，文物出版社2018年版。
② 比丘竺某造禅定佛坐像，铜鎏金，美国旧金山亚洲艺术馆藏，参见金申：《海外及港台藏历代佛像珍品纪年图鉴》，山西人民出版社2007年版，第378页。
③ 中书舍人施文造铜佛坐像，铜鎏金，日本大阪市立美术馆藏，参见金申：《海外及港台藏历代佛像珍品纪年图鉴》，第380页。

"小金像时代"以338年为中心点,上溯到佛图澄传教年代(310—333),下可延伸到鸠摩罗什传教时期(386—413),或稍后的时期。因此,我判断,佛教在北方早期传播的东晋十六国时期,来自西域的一批胡僧和汉地僧人在没有得到朝廷力量大规模支持之前,以佛图澄、释道安为代表的僧人在"潜泽草野"的流动传教活动中,使用了便于携带、组合和拆卸的"小金铜佛像"作为临时建立"道场中心"的崇拜物。我们把这个短暂的传教时期暂称为"小金像时代"。

从小金铜禅定模式佛像在沿太行山山麓分布的路线可以看出来,这条通道在十六国时期是一个早期佛教传播的重要线路。这是佛图澄、释道安密集活动的区域,小金铜佛像在这一地区的分布,说明了他们在民间传教活动的兴盛。该线路也是同西域商团密切相关的一条通道。这条商道,到邺城就开始分叉,一向东南而折抵淮阳,一向东北而行,直至今天的北京地区。小金铜佛像的分布地点,也是越过邺城,一直向石家庄、保定、唐山,其最终所指,至少就是和龙。和龙城是上党冯氏家族的龙兴之地,以北魏冯太后为代表的冯氏家族笃信佛教,是此一地区早期佛教兴盛传播的象征,而冯素弗墓出土的玻璃器、金佛像也是此一道路畅通的证据。[①] 所以,小金像在河北地区的分布,将十六国时期的佛教北传道路与西域商团的商道连接了起来。

二、西域商人对外来僧人传教的帮助

正是由于西域商人具有严密的商业链条和体系,也为佛教徒提供了很好的传教帮助。

经书的传递有赖于西域商人,下为事例:

> 或乃护公在长安时,经未流宣,唯持至凉州,未能乃详审。泰元元年,岁在丙子,五月二十四日,此经达襄阳。释慧常以酉年,因此经寄互市人康儿,展转至长安。长安安法华遣人送至互市,互市人送达襄阳,付沙门释道安。襄阳时齐僧有三百人,使释僧显写送与扬州道人竺法汰。[②]

---

① 辽宁省博物馆编:《北燕冯素弗墓》,文物出版社2015年版,第34—37页。
② (梁)释僧祐:《出三藏记集》卷9《渐备经十住梵名并书叙第三》,第333页。

此处的释慧常就是利用了粟特商人的商业网络来为释道安传送经书，先是由"互市人"康儿将经书从凉州带到长安，然后转交给在长安的安法华，安法华又派人把经书送到互市，再由别的"互市人"把经书送达在襄阳的释道安之手。"互市"是中原政权同边境诸族交易的地方，一般设在边境地区。此处所说的"互市"是在凉州甚至长安这样的大都会中，显然就是指当时居住在这些地方经商的西域商人的居所或商业点。从姓名来看，康儿、安法华这两个人都是粟特人。那么文中所说的"互市人"，也就是对西域商人的称呼。与此相关的记载还有以下一条：

> 耶舍后辞还外国，至罽宾得《虚空藏经》一卷，寄贾客，传与凉州诸僧，后不知所终。[1]

佛陀耶舍在十六国时期来到中原，先后到达姑臧、长安，并同竺佛念等翻译《长阿含》等经典，他后来回归罽宾后，又通过西域商人将《虚空藏经》一卷带回凉州交给凉州僧人，说明在西域同凉州僧人以及中原之间有一个托付于西域商人网络的佛经传播渠道。

西域商人同佛教徒的密切关系，我们还可以从以下几方面得到印证：

一是来自西域的僧人甚至印度僧人和到印度、西域求法的中原僧人往往都同西域商队结伴而行。

> 僧伽跋摩，此云众铠，天竺人也。少而弃俗……跋摩游化为志，不滞一方，既传经事讫，辞还本国，众咸祈止，莫之能留，元嘉十九年。随西域贾人舶还外国。[2]
>
> 其日有从长安来者，见域在彼寺中。又贾客胡湿登者，即于是日将暮，逢域于流沙，计已行九千余里。既还西域，不知所终。[3]

二是有部分传教僧人本身就出生于在中原经商的西域商人之家。

---

[1] （梁）释慧皎：《高僧传》卷2《晋长安佛陀耶舍传》，第67页。
[2] （梁）释慧皎：《高僧传》卷3《僧伽跋摩传》，第118—119页。
[3] （梁）释慧皎：《高僧传》卷9《耆域传》，第366页。

> 康僧会，其先康居人，世居天竺。其父因商贾，移于交趾。会年十余岁，二亲并亡，以至性闻。既而出家，砺行甚峻。①
>
> 元嘉中，外国商人竺婆勒久停广州，每往来求利。于南康郡生儿，仍名南康，长易字金伽。后得入道，为昙摩耶舍弟子，改名法度。其人貌虽外国，实生汉土，天竺科轨，非其所谙。②

这两条史料虽然讲的都是在中国南方经商的西域胡商及出自胡商之子出家为僧的事情，但可以想见，在西域商人分布比较广泛的北方地区，也免不了这种情况。不仅如此，其实在来华的西域商人中，就有人是一边经商一边传播佛教的，这样的事例我们只发现下面一例，但很能说明问题：

> 时又有优婆塞安玄，安息国人。性贞白，深沉有理致，博诵群经多所通习。亦以汉灵之末，游贾洛阳，以功号曰骑都尉。性虚靖温恭，常以法事为己任，渐解汉言，志宣经典。常与沙门讲论道义，世所谓都尉者也。玄与沙门严佛调共出《法镜经》。③

安玄是一个汉学修养很高的西域知识分子，来自安息国，他在东汉灵帝时期来到中土，"游贾洛阳"，那么显然就是西域商团的成员，但是他又是个在家佛教信徒，所以同严佛调等僧人共同译经传教，在当时是非常有名的佛经翻译大师。

大约在南朝梁天监年间，一位来自康居国的商人放弃商务，在竹林寺出家为僧：

> 释道仙，一名僧仙，本康居国人，初以游贾为业，后值僧达禅师为其说法，遂沈宝船于江，辞妻子投灌口竹林寺而出家焉。④

---

① （梁）释僧祐：《出三藏记集》卷13《康僧会传第四》，第512页。
② （梁）释僧祐：《出三藏记集》卷5《小乘迷学竺法度造异仪记第五》，第232页。
③ （梁）释僧祐：《出三藏记集》卷13《安玄传第三》，第511页。
④ 佚名：《神僧传》卷5《道仙传》，载〔日〕高楠顺次郎等编修：《大正新修大藏经》第50册《史传部二》，第977页。

三是来自西域的僧人可能在不同程度上都得到了在中原经商的本国商人的照顾和善待：

> 有外国沙门昙摩难提者，兜佉勒国人也。……以秦建元二十年来诣长安，外国乡人咸皆善之。①

能在长安居住的"外国乡人"，只能就是驻扎在当地的商团成员，因而，在长安的外国人同东来的外国僧人关系是相当密切的。

四是西域商人及其家属在一定程度上应该是佛教在中原初传时期的主要信徒之一。

关于这个问题，我在前面已经论及，自汉代佛教传入之后，就有"唯听西域人得立寺都邑，以奉其神，其汉人皆不得出家"的禁令，而在佛图澄传教后赵、北方胡人没有普遍信仰佛教之前，可能来自西域的商人及其家属就是支撑佛教生长的主要力量之一。即使佛教在中原普及之后，西域商人也是主要的信徒力量之一。譬如在敦煌莫高窟294窟南壁就有北周商胡竹某的题名：

> 清信商胡竹□□居□供养
> 清信商胡竹□供养佛时②

西域商人作为佛教的有力支持者，不但同他们的庞大财力有关，也同他们与政治权势阶层所结成的利益共同体有一定关系。

第二节　对本土商人与佛教关系的考察

本土商人作为社会群体的一个部分，他们不但在经济上有雄厚的财力，

---

① （梁）释僧祐：《出三藏记集》卷9《增一阿含经序第九》，第339页。
② 《敦煌莫高窟北周商胡竹某题名》，在莫高窟294窟南壁，墨书，全2行，稍残。参见饶宗颐主编，王素、李方著：《魏晋南北朝敦煌文献编年》，第273页。

而且经商贩运奔波于海陆山岭之间，对于神力崇拜的痴迷显然也不会低于固定生活者如农夫等群体。

从有限的史料来看，一些商人本身就是具有较高佛学修养的信徒，譬如释慧睿之所以成为一代高僧，就同这样的一位商人的帮助有关：

> 释慧睿，冀州人，少出家，执节精峻。常游方而学经，行蜀之西界，为人所抄掠，常使牧羊。有商客信敬者，见而异之，疑是沙门，请问经义无不综达，商人即以金赎之。既还袭染衣，笃学弥至。游历诸国，乃至南天竺界，音译诂训殊方异义，无不必晓。①

从蜀地将释慧睿解救出来的这位商客，从他能考问正在为人牧羊的释慧睿对经义的理解，说明这位商人显然是个很虔诚并具有较深佛学造诣的信徒。

如果这仅仅是个特例，还不足以完全说明本土商人同佛教所具有的关系的话，那么，北魏时期，朝廷针对官商横行的情形所颁布的诏令，对我们认识商人、官员和佛教之间的密切关系有一定帮助：

> 丁亥，以牧守妄立碑颂，辄兴寺塔，第宅丰侈，店肆商贩。诏中尉端衡，肃厉威风，以见事纠劾。七品、六品，禄足代耕，亦不听锢贴店肆，争利城市。②

在这道诏书中，地方官员营造豪宅、修造塔寺和经商逐利这三大弊政被并列在一起，就是说这些地方官员之所以经商与民争利，其实是与其大修塔寺、营造豪宅这样的目的相关联的。当时的士人对于佛教的指责，也有"或垦殖田圃与农夫齐流，或商旅博易与众人竞利，或矜恃医道轻作寒暑，或机巧异端以济生业"③这样的说法，至少说明，佛教在中原扎根后，虽然主要依

---

① （梁）释慧皎：《高僧传》卷7《宋京师乌衣寺释慧睿传》，第259页。
② （北齐）魏收：《魏书》卷9《孝明帝纪》，第233—234页。
③ （晋）释道恒：《释驳论》，参见（梁）释僧祐：《弘明集》卷6，载〔日〕高楠顺次郎等编修：《大藏新修大藏经》第52册《史传部四》，第35页。

赖于政治势力的支持，但是其与生俱来的同商业和商人的那种内在关系并没有就此泯灭。

任何社会制度的构建，首先都奠基于一定的经济利益分配体系的建立之上。佛教在印度时得益于商人的支持，但是佛教传入中国后，由于中国历代政府对商业的限制政策，显然商人不可能成为支撑佛教的主要力量。

佛教有大量的佛教经典，它不像"萨满"等以法术和神灵附体为主要操作手段，而是要用整套的教义来让信徒得到世俗的解脱，所以它在意识形态领域就会对世俗君主的统治形成一定的威胁。

对专制政权来讲，意识形态领域的斗争是一根最脆弱的神经，尤其是成规模的宗教活动，如果不是在官方体制监督下进行的话，那将是对专制政权的极大挑战，是对统治者言说权和教化权的侵害。把言说权和教化权掌握在政府手里，是中国古代专制政权确立自身合法性的主要手段之一。这种对意识形态的掌控，主要是通过对传统儒家经典的官方解释和发挥来进行的，这种解说不仅用来培养政府的官吏，也是庶民在生活层面上必须遵守的伦理规则和行为规范，在一定程度上具有法的意义。所以，任何试图侵蚀这些解说和规则的意识形态方面的尝试，都是非常危险的行为。

那么，佛教作为来自异域的意识形态体系，就难以得到商人成规模的支持。因为在小农生产背景下的专制体制内，商人本身就是在伦理上缺乏足够合法性的一种阶层，他们随时面临着被强权无理剥夺的威胁，如果再同佛教僧人结盟的话，那将是非常危险的。在《洛阳伽蓝记》的记载中，洛阳诸寺修造寺庙者有皇帝、太后、王公大臣和来自西域的胡人，而鲜有商人立寺的记载。如洛阳大商人刘宝资财巨万"州郡都会之处，皆立一宅，各养马一匹，至于盐粟贵贱，市价高下，所在一例。舟车所通，足迹所履，莫不商贩焉。是以海内之货，咸萃其庭，产匹铜山，家藏金穴。宅宇逾制，楼观出云，车马服饰拟于王者"。[①] 即使这样一个人物，也没有立寺的记载。因而，投靠政治势力就成了佛教在中国传播发展的唯一大道。

这样，寺院的高级僧侣和各级僧官实际上就成了地主阶级的一个重要组成部分。所以，集聚了巨额财富的本土商人，显然不会很大方地将这些财富

---

① （北魏）杨衒之撰，范祥雍校注：《洛阳伽蓝记校注》卷4《法云寺》，第215—216页。

用在佛事活动中，而是投入到政治事务方面，以求获得特权地位。

北齐、北周时期，民间造像、写经风气日盛，而商人们在政治体制内努力的结果也是成果累累，买官卖官非常猖獗，"富商大贾多被铨擢，纵令进用人士，咸是粗险放纵之流"。① 北齐权贵和士开和商人的关系，就很能说明问题。和士开本姓素和氏，祖先是来自西域的商人，史载和士开"不阅书传，发言吐论，惟以谄媚自资。河清、天统以后威权转盛，富商大贾朝夕填门，朝士不知廉耻者多相附会，甚者为其假子，与市道小人同在昆季行列"。② 那么这些富商大贾能集聚在和士开门下，显然同和士开出自商人世家有关。他们极力巴结和士开，自然是有所图的，如"和士开母丧，托附者咸往奔哭，邺中富商丁邹、严兴等并为义孝"。③ 这样的托付奉迎，自然也会得到回报，朝政在和士开这样的人的把持下，以至于"州县职司多出富商大贾，竟为贪纵，人不聊生"④。

综上所述，早期主要来自西域的传教僧人同西域商人结成了亲密的伙伴，西域商人是早期佛教在中国传播的主要支持对象。由于传统的对于商业精神的排斥和对商人阶层的鄙视，本土商人虽然也在商业中得到巨额利润，但是他们的政治地位决定了他们在社会活动中不得不小心从事，因而在佛教活动中，本土商人的作用十分有限。

---

① （唐）李百药：《北齐书》卷16《段孝言传》，第215页。
② （唐）李百药：《北齐书》卷50《和士开传》，第689页。
③ （唐）李百药：《北齐书》卷21《封孝琰传》，第308页。
④ （唐）李百药：《北齐书》卷8《帝纪·幼主》，第114页。

第六章　4—6世纪佛教传播背景下的北方妇女

当我们仅仅把佛教作为一种简单的宗教信仰的时候，也许我们就忽视了这种社会现象后面所包含的人类个体的多样性生存方式。尤其值得我们注意的是，像宗教信仰这种社会现象，它维持自身合法性的种种努力和典型文本，往往会引导我们进入他们的思维逻辑，从而忽视在这种活动中担当具体角色的不同个体甚至不同人群和阶层的身份差异。

佛教为生活在各个阶层的人群提供了一个在社会上上升的渠道，对于妇女而言，也许佛教的这一特性体现得就更为明显，正是因为佛教的发展，才给中国古代妇女提供了一个相对自由的生活空间，后世的许多讲才子佳人的剧本、小说都以所谓的到寺庙"降香"或"还愿"为故事展开的因由，正说明了佛教寺庙之于古代中国女性的现实生活意义。

邓小南先生在考察了6—8世纪高昌妇女的墓志后认为："在当时，就男性而言，建功立业、光宗耀祖显然是头等大事；而对女性来说，家族关系是至关重要的。妇女本人难以标志其地位，他们通常需要借助于父系、夫系的关系确定自身的坐标。在简略型墓表中，几乎寻不到她们个人的踪影；而在内容稍详的墓志中，也只显现出她们在家中服侍诞育、婉娩顺从的形象。"[①] 而她在对同一时期的敦煌吐鲁番文书中的相关记载考察后则发现："在中古时期的吐鲁番，凡家中缺少（甚至没有）成年男性的情况下，凡家中男性另有所务或是不甘'有失身份'的情况下，凡外界压力影响到家庭生活的情况下，以家庭为其活动中心的女性，有可能掌握家庭经济资源，有可能参与租

---

① 邓小南：《六至八世纪的吐鲁番妇女——特别是她们在家庭以外的活动》，载季羡林等主编：《敦煌吐鲁番研究》第四卷，北京大学出版社1999年版。

佃、交易、借贷等涉及外界的经济活动，有机会也有必要为维护家门内的利益而走出家门。而在宗教斋事等项活动中，她们的参与程度也比人们通常想象的更为活跃。"①

邓小南的这个对比性的研究结论表明，由于生活环境不同，下层妇女更容易走出家门，参加一些与家庭生存有关的社会事务活动，而上层妇女则相对自由要少一些。但是无论上层妇女还是下层妇女，她们对宗教事务的参与都是比较活跃的。

如果说父系或夫系为妇女的存在提供了一个坐标的话，那么佛教则在更为广泛的意义上为妇女在社会中的存在提供了一个确认自身、表达声音、关注社会和广泛接触社会的机会。此外还值得注意的是，佛教为专制的男权社会中那些生存在艰难环境中的妇女提供了最后的庇护场所。

第一节　对北朝妇女崇信佛教史事的个案考察

随着女性社会地位的不同，她们在参与佛教活动中的表现、作用等方面也就会具有较大差异。我们选取了4—6世纪处于不同社会阶层的妇女崇信佛教的个案，以期对这个问题有一个直观的认识。

一、北朝皇后与北方佛教

在北方佛教早期发展史上，北朝皇后对佛教的信仰、支持以至出家为尼的现象很是引人注目。

根据《北史·后妃传》等史籍的有关记载，夏毅辉先生曾做过这方面的一个统计，北朝自拓跋魏入主中原到隋灭亡北周，共有17位后妃出家。其中，史书中所载的北魏31位皇后中，有7位出家为尼；北齐14位后妃中，有4位出家为尼；北周12位皇后，6位遁入空门。②这种现象显然很值得我们重视。

---

① 邓小南：《六至八世纪的吐鲁番妇女——特别是她们在家庭以外的活动》，载季羡林等主编：《敦煌吐鲁番研究》第四卷。
② 夏毅辉：《北朝皇后与佛教》，《学术月刊》1994年第11期。

节欲清修的宗教生活作为人类社会的一种独特的群体生活状态，在一定程度上具有"非常态"的意义，所以一个人放弃了常态生活而进入这样一种非常态生活状况，不外乎两种情况：一是宗教所宣扬的生活状态和精神境界确实征服了个体精神，以至于自觉地去追求这种崭新的生活或世界；二是常态生活环境抛弃了这个个体，或者个体所处的常态生活环境已经不能为其提供最基本的生存或生活条件，譬如安全感、足够的生活物资、自我价值体现、荣誉等等。

因而，北朝皇后之信仰佛教以至于出家为尼，最基本的也就是这两种原因。由于皇后处在专制社会的政治中心地带，出家为尼在一定程度上也是因为受了政治变动的影响。受家庭或家族信仰的影响也是一个重要方面。

最典型的事例是北魏文明太后冯氏家族[①]和北魏宣武帝灵太后胡氏家族。

冯氏家族起自北燕，而北燕是北方佛教传播较早而比较盛行的地区，所以文明太后冯氏信仰佛教深受家庭影响。如冯太后的哥哥冯熙就是非常虔诚的佛教徒，史书称其"为政不能仁厚，而信佛法。自出家财在诸州镇建佛图精舍，合七十二处。写一十六部一切经，延致名德沙门，日以讲论，精勤不倦，所费亦不资"。[②] 冯太后也曾"立思燕佛图于龙城"[③]，还修造了永固石窟寺。至于她本人对佛教的笃信程度如何，实在很难把握。在文明冯太后专权时期，其最大特点有二：一是能花钱，《魏书·天象志》谓其"宣淫于朝，昵近小人而附益之，所费以钜万亿计"[④]；二是手腕硬，善于杀戮，她"自以过失，惧人议己，小有疑忌，便见诛戮"。[⑤] 她的杀人和花钱几乎就是同一个风格——"大刀阔斧"，令人吃惊，譬如，太和初年，"怀州民伊祁苟初三十余人谋反，将杀刺史。文明太后欲尽诛一城之民"。[⑥] 如果不是大臣讲道理劝谏，文明太后的屠刀就会很轻易地落在一城百姓的头上。如此行径，实在难以同其佛教徒的形象联系起来。

[①] 关于对文明太后的全面认识，可参阅何兹全：《北魏文明太后》，《北京师范大学学报》1961年第4期；又参见何兹全：《读史集》，上海人民出版社1982年版，第235—241页。
[②] （北齐）魏收：《魏书》卷83《冯熙传》，第2677页。
[③] （北齐）魏收：《魏书》卷13《文成文明皇后冯氏传》，第329页。
[④] （北齐）魏收：《魏书》卷105《天象三》，第2412页。
[⑤] （北齐）魏收：《魏书》卷13《文成文明皇后冯氏传》，第330页。
[⑥] （北齐）魏收：《魏书》卷24，《张衮传》，第616页。

但是冯熙的两个女儿却曾出家为尼，文明冯太后"欲家世贵宠，乃简熙二女，俱入掖庭"①，这两位即是孝文帝元宏的大小冯后。按《南齐书》的说法，"大冯美而有疾，为尼，小冯为宏皇后，生伪太子询。后大冯疾差，宏纳为昭仪"。② 随之，大冯就构陷小冯，小冯后则被废"为庶人，遂为练行尼，后终于瑶光佛寺"。③

因而，北魏孝文帝大小冯后出家为尼，可能既有家族影响的原因，又有宫廷政治斗争的因素。

在北朝的皇后中，灵太后胡氏之佞佛是最为突出的。灵太后是"安定临泾人"，家中世代信佛，她的父亲幽州刺史胡国珍就是个异常虔诚的佛教徒，"年虽笃老，而雅敬佛法，时事斋洁，自强礼拜"④，致力于写经造像等佛事活动，并修建了正化寺，常年供养着上百的僧人⑤。灵太后曾专权十多年，挟丰厚的政治资源而信仰佛教，也深刻地影响着北朝佛教的发展进程，具体主要体现在以下四个方面⑥：1. 造寺修塔，举行斋会，灵太后先后修建了永宁寺、秦太上君等国家大寺，其中永宁寺华丽无比，被称为"天下第一"，来自西域的高僧都对它的华丽赞叹不已，认为"极物境界，亦未有此"⑦；2. 派遣僧人西行取经，518 年 11 月，灵太后派遣使者宋云和崇立寺僧人惠生前往西域取经，历尽千辛万苦，终于在 522 年返回洛阳，带回了大乘学说，促进了中国佛学大小乘的合流；3. 重视禅诵轻视讲经，灵太后下令提倡坐禅苦修，遏制了北方的讲经活动，目的在于统一思想；4. 将度僧权收归国有。

因此，灵太后对于北方佛教的发展有相当重要的影响。史载灵太后"性聪悟，多才艺，姑既为尼，幼相依托，略得佛经大义。亲览万机，手笔断决"。这样一个具有政治家头脑的人物，又处在权力中心，她出家为尼其

---

① （唐）李延寿：《北史》卷 13《后妃上》，第 499 页。
② （梁）萧子显：《南齐书》卷 57《魏虏传》，第 996 页。《北史》卷 13《后妃上》对此的说法是："（大冯）后有姿媚，偏见爱幸。未几，疾病，太后乃遣还家为尼，帝犹留念焉。岁余而太后崩，帝服终，颇存访之。又闻后素疹瘳除，遣阉官双三念玺书劳问，遂迎赴洛阳。"
③ （唐）李延寿：《北史》卷 13《后妃上》，第 499 页。
④ （北齐）魏收：《魏书》卷 83 下《胡国珍传》，第 1834 页。
⑤ （唐）释法琳：《辨正论》卷 4《十代奉佛篇下》，载〔日〕高楠顺次郎等编修：《大正新修大藏经》第 52 册《史传部四》。
⑥ 夏毅辉先生总结为这四个方面，应该是比较完全的，请参阅夏毅辉：《北朝皇后与佛教》，《学术月刊》1994 年第 11 期。
⑦ （北魏）杨衒之撰，范祥雍校注：《洛阳伽蓝记校注》卷 1《永宁寺》，第 7 页。

实是出于无奈的选择,当"尔朱荣称兵度河"之后,"太后尽召明帝六宫,皆令入道,太后亦自落发"。这样的选择,意图在于保命,但终究没能逃过尔朱荣的屠刀。

在胡氏家族成员中,北魏孝明帝的皇后胡氏也曾出家为尼。她是灵太后从兄冀州刺史胡盛的女儿,"灵太后欲荣重门族,故立为皇后。……武泰初,后既入道,遂居于瑶光寺"。①

因而,北魏7位出家为尼的皇后中,冯氏家族占了2人,胡氏家族占了2人,她们之出家为尼虽然是因为宫廷政治变动而导致的,但是家庭或家族的影响也是显而易见的。

至于其他13位出家为尼的北朝皇后,都是迫于无奈的选择,一般都是因为帝崩、帝废、改朝换代或无法忍受宫廷内部的残忍环境。因而她们真正能潜心向佛的似乎不多。如北齐后主皇后斛律氏即是被废后而为尼,北齐后主皇后胡氏因得罪皇太后而被迫出家,前者在北齐灭亡后"嫁为开府元仁妻",后者也还俗改嫁他人。北周武帝皇后李氏、北周宣帝皇后朱氏、陈氏、元氏、尉迟氏都是因为皇帝驾崩而出家为尼。北周的这四位皇后去世后都是以尼姑的身份下葬。此外,北魏宣武帝皇后高氏是以尼姑的身份在佛寺下葬的,史载:"为尼,居瑶光寺,非大节庆不入宫中。……丧还瑶光佛寺,殡葬皆以尼礼。"②从这种情况来看,这些皇后即使出家为尼,也没有同皇宫断绝来往,其实就是将尼寺作为一个避难或适度远离宫廷的手段而已。不过,皇后们即使在尼寺,地位也是相当尊崇的,如宣武帝皇后高氏的墓志铭曰:

> 尼讳英,姓高氏,勃海条人也。文昭皇太后之兄女。世宗景明四年纳为夫人,正始五年拜为皇后。帝崩,志愿道门,出俗为尼。以神龟元年九月廿四日薨于寺。十月十五日迁葬于芒山。弟子法王等一百人,痛容光之日远,惧陵谷之有移,敬铭泉石,以志不朽。③

高氏在瑶光佛寺去世,有弟子法王100多人,可见其地位是很高的。况

---

① (唐)李延寿:《北史》卷13《后妃上》,第505—506页。
② (唐)李延寿:《北史》卷13《后妃上》,第502页。
③ 赵超:《汉魏南北朝墓志汇编》,天津古籍出版社1992年版,第102页。

且皇后们出家的寺院如瑶光寺是北魏宣武帝所建造的贵族寺庙,建筑装饰富丽堂皇,有非常精致的园囿,一点也不比永宁寺差,"讲殿尼房,五百余间。绮疏连亘,户庸相通,珍木香草,不可胜言",瑶光寺的尼姑都出身于贵族之家,所谓"名族处女,性爱道场,落发辞亲,来仪此寺"。① 这样的地方,连皇帝都在此处避暑,那么太后在此处出家,同皇宫的排场和享受,也不会有什么差别。

在北朝的皇后中,北齐文宣帝皇后李氏出家为尼的背景比较惨烈,史载:

> 武成践阼,逼后淫乱,云:"若不许我,当杀尔儿。"后惧,从之。后有娠,太原王绍德至阁,不得见,愠曰:"儿岂不知邪?姊姊腹大,如不见儿。"后闻之大惭,由是生女不举。帝横刀诟曰:"尔杀我女,我何不杀尔女?"对后前筑杀绍德。后大哭,帝愈怒,裸后乱挝挞之,号天不已。盛以绢囊,流血淋漓,投诸渠水,良久乃苏,犊车载送妙胜尼寺。后性爱佛法,因此为尼。齐亡,入关,隋时得还赵郡。②

这样的遭遇确实是非常悲惨,这从一个方面说明了为什么北朝皇后会舍弃宫廷生活而进入佛门。

北朝皇后之出家为尼,确实是比较特殊的现象。这种现象的产生,同北朝胡汉社会的整个社会环境有一定的关联。北朝的统治者出自胡族,其对于生命存在的理解同儒家文化影响下的汉族上层统治者具有很大的差别,如信仰佛教的北魏冯太后善于滥杀无辜,尤其是北齐的皇帝,其残忍确实令人发指。如北齐文宣帝高洋"好捶挞嫔御,乃至有杀戮者"③,武成帝高湛也是惨烈无比,后主高纬更是惨无人性,"乐人曹僧奴进二女,大者忤旨,剥面皮;少者弹琵琶,为昭仪"④。在这样的宫廷氛围中生活,也许残酷的命运时刻在等待着这些侍候皇帝的高层女性,她们的身份又使其不可能改嫁,因而,进入佛寺避难也许就是最得体的办法,也是唯一的逃避出路。

---

① (北魏)杨衒之撰,范祥雍校注:《洛阳伽蓝记校注》卷1《瑶光寺》,第50页。
② (唐)李延寿:《北史》卷14《后妃下》,第521页。
③ (唐)李延寿:《北史》卷14《后妃下》,第521页。
④ (唐)李延寿:《北史》卷14《后妃下》,第526页。

二、西魏昌乐公主元法英及其家族

我们在这里选取元法英家族的崇佛作为个案,是企图以此为代表,能比较感性地认识在贵族家庭中妇女崇信佛教的动机和地位等问题。

关于敦煌太守邓彦的妻子元法英的崇佛活动,主要记载在以下几个写经题记中[①]:

邓季彦妻元法英供养《贤愚经》卷一题记:

> 敦煌太守邓季彦妻元法英供养为一切

邓季彦妻元法英供养《贤愚经》卷二题记:

> 敦煌太守邓季彦妻元法英供养为一切

瓜州刺史邓彦妻昌乐公主写《摩诃衍经》卷八题记:

> 大魏大统八年十一月十五日,佛弟子瓜州刺史邓彦妻昌乐公主元,敬写《摩诃衍经》一百卷。上愿皇帝陛下国祚再隆,八方顺轨。又愿弟子现在夫妻男女家眷,四大康健,殃灾永减灭。将来之世,普及含生,同成正觉。

这三个写经题记写于同一时期,就是《摩诃衍经》卷八抄写的大统八年,即公元542年。在这一年,到底元法英及其家庭有着怎样的心理动机,促使她来写经以乞福?要了解这个问题,我们就必须廓清这个家庭所生存的历史背景。

元法英有"昌乐公主"的身份,那她肯定出自皇族元氏。至于邓彦,在正史中虽然没有他的传记,但在《周书》卷36《令狐整传》中有相关记载:

> 魏孝武西迁,河右扰乱,荣仗整防扦,州境获宁。及邓彦窃瓜州,

---

① 饶宗颐主编,王素、李方著:《魏晋南北朝敦煌文献编年》。

拒不受代，整与开府张穆等密应使者申徽，执彦送京师。太祖嘉其忠节，表为都督。①

公元534年，北魏孝武帝元修逃往关中依靠宇文泰。535年，宇文泰杀元修，立元宝炬为帝，建都长安。从时间上来推断，"孝武西迁"后不久，"窃瓜州"的邓彦，就是542年写经乞福的昌乐公主的丈夫邓彦。在写于同一年的三份题记上，邓彦变换了两次身份，敦煌太守和瓜州刺史，那么这就表明，也正是在大统八年十一月之前，作为敦煌太守的邓彦，又兼任了瓜州刺史这一职位，不过从"窃瓜州"这一记载来看，他的瓜州刺史的职位的获得具有反叛独立的性质。邓彦拒不接受西魏的统治，这样才导致敦煌大族首领令狐整同张穆、申徽等联合起来，将他捕送到京城，让皇帝发落。关于这一事件，《周书》卷32还有更为详细的记载：

> 东阳王元荣为瓜州刺史，其女婿刘彦随焉。及荣死，瓜州首望表荣子康为刺史，彦遂杀康而取其位。属四方多难，朝廷不遑问罪，因授彦刺史。频征不奉诏，又南通吐谷浑，将图叛逆。文帝难于动众，欲以权略致之。乃以徽为河西大使，密令图彦。徽轻以五十骑行，既至，止于宾馆。彦见徽单使，不以为疑。徽乃遣一人微劝彦归朝，以揣其意。彦不从。徽又使赞成其住计，彦便从之，遂来至馆。徽先与瓜州豪右密谋执彦，遂叱而缚之。②

将此记载同上引《周书》卷36《令狐整传》相对照，很显然，这两处记载说的是同一件事，此处之"瓜州豪右"，显然就是指敦煌大族令狐整、张穆。

这些文献记载给了我们几点明确认识：首先，窃居瓜州的是邓彦，不是刘彦，因为在写经题记中，妻子是不可能将丈夫的姓名写错的，只能是《周书》卷32误记了；其二，"昌乐公主"元法英是东阳王元荣的女儿；其三，随岳父到瓜州的邓彦在元荣去世之前，是敦煌太守，而写经题记中邓彦两次变换身份，说明元荣去世和邓彦杀元康的时间就在大统八年。

---

① （唐）令狐德棻等：《周书》卷36《令狐整传》，第642页。
② （唐）令狐德棻等：《周书》卷32《申徽传》，第556页。

昌乐公主出生于一个崇信佛教的家庭，现存敦煌卷子中有她的父亲东阳王元太荣（即元荣）抄写佛经乞福的题记12种[①]，撰写时间主要是从530年到533年。这些题记所乞福的内容，主要有以下几端：530年东阳王元荣期望通过写经而使自己远离疾病的缠绕，能够延年益寿；531年是为自己以及妻子、子女甚至奴婢、六畜乞福，希望长寿，并表达了期望回归家乡的愿望；532年是希望让到京城"诣阙修受"的儿子叔和能平安归来；533年的题记是期望能除去自己的疾病，使得"四体休宁"。除此之外，还有元荣的亲信部下尹波在孝昌三年（527）为主人乞福所写的《观世音经》题记一份。下面我们对这些题记的内容做详细考察。

530年写经题记有明确纪年的有两件：北京博物馆藏《仁王般若经》卷上题记和北图藏殷46《仁王般若经》题记，此外还有无纪年的《无量寿经》卷下题记，其中北京博物馆藏《仁王般若经》上卷题记比较完整，现录之于下：

> 大代永安三年岁次庚戌七月甲戌朔廿三日丙申，佛弟子使持节、散骑常侍、都督岭西诸军事、车骑大将军、瓜州刺史、东阳王元荣，生在末劫，无常难保，百年之期，一报极果。窃闻诸菩萨天人，将护圣智，立誓余化，自有成告。有能禀圣化者，所愿皆得，天人将护，覆卫其人，令无衰忽，所求成愿。弟子自惟福薄，屡婴重疾，恐怡灰粉之央，天算难诣。既居秽类，将何以自救。惟庶心天人，仰奉诸佛，敬造《仁王般若经》三百部：一百部，仰为梵天王；一百部，仰为帝释天王；一百部，仰为比沙门天王等。以此经力之故，速升成佛。救护弟子，延年益寿，上等菩萨，下齐彭祖。故天王誓不虚发，并前所立愿，弟子晏望延年之寿，事同前愿。如天所念，愿生离苦也。

这个题记中，东阳王自称"弟子自惟福薄，屡婴重疾，恐怡灰粉之央，天算难诣"，由此来看，他的身体状况确实很不好。按学界的一般说法，他是在孝昌元年（525）九月从京师来到敦煌任瓜州刺史的，那么，到530年已

[①] 饶宗颐主编，王素、李方著：《魏晋南北朝敦煌文献编年》。

经在敦煌待了5年之多。我们无法详细了解此时的东阳王的心境，不过从这份题记来看，他最关心的就是自己的身体状况，希望能延年益寿，他的这种心态，一方面来自于自身疾病痛苦的影响，另一方面可能也同期望返回京城的念头有关。他的部下尹波在《观世音经》题记中许愿说："愿东阳王殿下，体质康休，洞略云表，年寿无穷，永齐竹柏，保境安蕃，更无虞寇，皇途寻开，早还京国，敷畅神讯，位升宰辅，所愿称心，事皆如意。"从一般情理来推断，尹波作为东阳王的亲信老部下，他所许的愿望，应该就是东阳王最需要得到解决的问题。可见东阳王当时一是希望自己久病的身体能"体质康休，年寿无穷"，再就是希望"早还京国，位升宰辅"。在531年的写经题记中，东阳王自己也急切地表达了这种心态："佛弟子元荣，既居末劫，生死是累，离乡已久，归慕常心。……愿天生成。佛弟子家眷、奴婢、六畜、滋益长命，乃至菩提。悉蒙还阙，所愿如是。"

元荣在532年的写经题记有5份①，在这些题记中，他祈求自己病体康复的愿望暂时退居一隅，几乎无一例外都是希望远在京城的儿子叔和早日回来：

> 惟天地妖荒，王路否塞，君臣失礼，于兹多载。天子中兴，是得遣息叔和，诣阙修受。弟子年老疹患，冀望叔和早得回还。

我们无法了解元荣的这个儿子是否很快回到了敦煌，但可以肯定的是，作为一个女子，昌乐公主元法英在两代家庭间所承受的痛苦必须找到排遣的渠道。

因而，大统八年对于昌乐公主元法英和他的家庭来讲，是个风云变幻的痛苦年代。从写经题记来看，元法英期望通过写经乞福，能使家国安宁："上愿皇帝陛下国祚再隆，八方顺轨。又愿弟子现在夫妻男女家眷，四大康健，殃灾永减灭。将来之世，普及含生，同成正觉。"虽然在各类造像记和写经题记以及佛教碑中，将为国家、皇帝乞福作为一个固定程式，但对元法英而言，她作为皇族子弟，当然希望西魏政权能重振像北魏政权一样的雄风的；她刚刚失去父亲，丈夫又杀了她的弟弟或者是哥哥元康，这对于她来

---

① 饶宗颐主编，王素、李方著：《魏晋南北朝敦煌文献编年》。

讲，也应该是很大的打击。并且她应该清楚，丈夫邓彦不但"频征不奉诏"，而且还有"南通吐谷浑，将图叛逆"的迹象，这首先威胁到的就是她的家庭的完整性和生活的安宁，所以，她希望通过写经供奉来消灭或减少降临到她家庭成员身上的灾难。

其实，在封建专制的脆弱的小农生产体系下，对处在民族矛盾与权力纷争之中的元法英家族成员来讲，他们自己能把握的东西也是很有限的。崇信佛教也就不可避免地成为其寻求生存支柱的一个主要途径。

元法英崇信佛教的这个个案，很生动地向我们提供了中古时期的上层家庭妇女进入佛教领域寻求精神支持的动机。在个体生存的主体性得不到关注的古代专制社会，政治势力的关系变动、家族和家庭事务中的各类矛盾变化，往往对处在家庭中的妇女有至关重要的意义。她们要通过家庭的完整和稳固来确认自身的存在价值，家庭一旦有变动，妇女是最直接的受害者。

三、羌族妇女雷明香

以父系、夫系来确认自身存在的中古妇女参与宗教活动，事实上是为了延续正常的家庭生活而采取的一种安全性行动，祈祷、造像、写经等活动是女性诉说自己、关注自身及家人的一种方式。通过这种方式，妇女既在精神层面上为家庭或家族的生存尽了自己的力量，也对自己的身份做了肯定性确认。

北周《雷明香为亡夫同蹄乾炽造像记》就是一个很典型的事例：

> 今佛弟子雷明香知世非常，减割家珍，为亡夫同蹄乾炽敬造石像一区。愿亡夫托生西天无量寿□，罪恶崩销，万吉庆集，复愿家内大小，老者追康，少者益寿，门风度厚，礼义布足，常□法来味，恒与善俱，蒙此微因，愿皇帝延祚无穷……大周天和六年七月十五日造讫。①

从这个造像碑题记中不难看出，雷明香是一个在大家庭中地位已经相当显赫的人物，她的丈夫虽然已经过世，但是她的娘家的势力是很大的。从题

---

① 韩伟、阴志毅：《耀县药王山佛教造像碑》，《考古与文物》1996年第2期；参见马长寿：《碑铭所见前秦至隋初的关中部族》，第94—95页。

名中可以看出来，除了她的过世的丈夫是旷野将军、殿中司马外，雷明香的夫系家族中似乎已经没有什么很有势力的人物了。倒是雷明香娘家人的实力值得炫耀，从弟雷显庆是"开府外兵尝治都督"，兄长雷保标是"横野将军、强弩司马"，弟弟雷标安是"宣威将军、辅朝请别将"。这些将军号是否符实暂且不论，但是从雷明香造像碑上的这种题名来看，显然雷氏家族的力量要比同蹄氏强大。

也许正是这样的家族势力的对比，决定了在同蹄氏家族中雷明香的重要地位。因而，祝愿"家内大小，老者追康，少者益寿，门风度厚，礼义布足"的雷明香，已经是这个羌族大家庭的家长了。

雷明香的事例，可以代表当时具有一定经济实力的民间家庭女性参与佛教活动的一般状况。但是大量的底层妇女参与佛教活动，并没有留下更为翔实的资料。

所以，女性从事佛教活动来关注自己的家庭及自身生存状况，一般有两种形式。一种就是如雷明香这样的丈夫亡故的女性，她在家庭或家族中有了一定的地位，并有足够的经济条件，可以率领儿女亲戚等单独造像或写经；另一种就是依附于家庭或邑义组织，以清信女或清信士的身份参与佛事活动。经济条件好的女性在这样的活动中也可以取得"像主"等身份，并有可能在造像碑上留下自己的形象，虽然很多形象只是千人一面的刻画，但是这也给了在常态生活状态下妇女一个得以记录在历史上的机会。

雷明香作为为家族写经造像中的一个典型人物，同时还揭示了一个问题，那就是妇女对佛教的信仰，往往会影响到自己的家庭尤其是子女，如西晋时期参与佛经翻译的底层知识分子卫士度就是这样的典型。卫士度是"司州汲郡人"，据说其人"陆沉寒门，安贫乐道，常以佛法为心"。[1] 佛史中有关于其母亲"诵经长斋"[2]的记载，说明他可能出生在一个崇信佛教的贫民之家，在佛教信仰方面，他的母亲对他的影响应该是非常强烈的。在现存的图像资料中，我们也能见到三口之家中父母信仰佛教对孩子的示范图景，高昌壁画中的全家拜佛图，一个活泼的儿童一边双手合十礼拜佛像，一边笑眯眯

---

[1] （梁）释慧皎：《高僧传》卷1《帛远传》，第28页。
[2] （唐）释道世：《法苑珠林》卷36，载〔日〕高楠顺次郎等编修：《大正新修大藏经》第53册《事汇部上》，第572页。

地回头张望着自己虔诚拜佛的父母。这样的图景，给我们认识3—5世纪的家庭信仰对于佛教发展的影响提供了非常直观的材料。

第二节　妇女参与佛事的苦难背景与欢乐意义

心理学和社会学的研究都表明，女性在对于生命的理解和关爱上，往往要比男性细腻，并且感性程度要浓厚于理性程度。但是传统的中国社会并没有给女性提供可以用她们的性别优势来关注社会、参与社会事务的机会和舞台。汉代所树立的典型是以《孝经》为中心的伦理体制，这是一种完全依附于父权和夫权的僵死的说教。正是佛教的传入为妇女普遍地关注生命、参与社会事务提供了一个机会。

因而，我们只有在此背景下来认识妇女参与佛教的活动，才能真正了解佛教之于女性的重大意义。

一、女性参与佛事活动的苦难背景

当佛教本身将"救苦救难"作为教义张扬的一个方面的同时，也就预示着现实生活的苦难是佛教得以发展的主要背景之一。

（一）女性对自身性别的"卑贱感"苦难

对于女性来讲，除了战乱、灾荒、生老病死等带给她们的苦难外，女性身份在等级制男权社会中的"卑贱"地位赋予她们的性别歧视苦难，是其积极信仰佛教的主要原因之一。

无论是在家信仰还是削发为尼，她们都希望能通过佛事活动摆脱女性的身份。这样的愿望在造像记或写经题记中表述得都比较明确。北周大定元年（581）《张阿真写大集经卷十题记》：

> 大定元年岁次辛丑正（二）月壬子朔十五日丙寅，清信女张阿真，自惟往业作因，生居女秽。有女阿华、训华等，并奄女刑，□年损折。遂为减割衣资，敬写大集经一部。愿亡者乘此□□，面奉诸佛。又愿在

家卷，一切含生，速离忧苦，行齐法云，一时成佛。①

信仰佛教的张阿真认为自己之所以成为女人，跟自己前世没有好好修行积德有关，所以期望通过写经这种活动，能摆脱女人之身。她的这种对女性身体的"卑贱感"的表达非常强烈，认为女性身体是"女秽"，而自己生的女儿是在受"女刑"，这样的对女性身体的认同，无疑表达了生存在等级制男权社会中的女性对于现存世界的绝望和对争取更有尊严的社会身份的努力。

西魏尼姑《道容写大般涅盘经卷十二题记》所表达的也是这样的愿望：

是以佛弟子比丘尼道容，往行不修，身处女秽。自不尊崇妙旨，何以应其将来之果。故减撤身口衣食之资，敬写涅盘经一部。②

而北魏《宋景妃造像题记》就是这样的情绪的典型代表：

大魏孝昌三年岁次癸未四月癸巳朔八日庚子，清信女宋景妃，自惟先因果薄福缘浅，漏生于阎浮，受女人形，赖亡□母慈育恩深，得长轻躯。是以仰寻助养之劳无以投报，今且自割钗带之金，仰为亡孝比敬造释迦像一区。藉此效功，愿令亡考比托生西方妙乐国土，值佛闻法，见弥世勒。一切有形，皆同斯□。③

"受女人形"被当作一个生命诞生所受的上天的惩罚，可见当时的女性对于自己性别角色的确认是负面的。如果我们再结合前面讲的北齐文宣皇后李氏的那种悲惨遭遇，就会很深刻地理解，在中古社会里，女性的社会角色就决定了她们自身对于女性身份的厌弃。因而，即使出家为尼，她们所渴望的除了"一时成佛"这样的神性追求外，也期望能成为男子，如《西魏尼建晖写大般涅盘经卷十六题记》云：

---

① 饶宗颐主编，王素、李方著：《魏晋南北朝敦煌文献编年》，第 273 页。
② 饶宗颐主编，王素、李方著：《魏晋南北朝敦煌文献编年》，第 237—238 页。
③ （清）陆增祥撰：《八琼室金石补正》，民国十四年希鼓楼刊本，载国家图书馆善本金石组编：《先秦秦汉魏晋南北朝石刻文献全编》第一册，北京图书馆出版社 2003 年版，第 118 页。

> 夫至妙冲玄，则言辞难表；惠深理固，则凝然常寂。……是以比丘尼建晖，为七世师长父母，敬写涅盘一部、法华二部、胜曼一部、无量寿一部、方广一部、仁王一部、药师一部。因此微福，使得虽女身后成男子，法界众生，一时成佛。①

对比丘尼建晖而言，现实的存在已经是无法改变的，所以希望通过写经这种乞福活动，而使自己在来世能成为男子。很显然，在中古时期，女性对于自己性别身份的确认受当时社会氛围和个人社会地位的影响。这样的心态应该是普遍存在的，不过随着生存状态的不同，也会有一些差异。

对于生活稳定的女性，她们在佛事活动中所表达的愿望，相对来讲就会远离对于自身性别身份的确认，而转向对自己所依附的家庭和亲人的关心。如《北朝郭法姬写大般涅盘经卷廿三题记》：

> 夫晓雾连昏，势极于初晖。……是以弟子郭法姬，仰感慈训，俯自克厉。仰为亡夫杨群豪敬写大般涅盘经一部……庶缘此福，愿使姬身延长现辰，富闰将加，道心日进，普及众生。②

对郭法姬来讲，她所期望的是自己能长寿，现有的富贵能越来越丰厚。而我们前面所谈到的雷明香所关注的就更为宽泛，她不但希望全家安康，还关心自己这个大家族能"门风度厚，礼义布足"。由此可见，随着女性社会地位的提高，对于女性性别身份的"卑贱感"就会相对降低。

许多社会学家都承认社会化是性别角色差异的主要原因，传统的性别差异受到社会条件和人们认识自我的社会环境的深刻影响。③ 因而，在等级制的男权社会里，女性往往就会因为性别差异而遭受更多的苦难。

"五胡乱华"之后的北方社会，女性的生存状况和角色意识的自我确认，可以考虑到这样四方面的制约因素：一是北方少数民族对于以儒家伦理体系为主的男女伦理关系的冲击，使得对于女性的礼节制约相对要松散得多；二

---

① 饶宗颐主编，王素、李方著：《魏晋南北朝敦煌文献编年》，第206页。
② 饶宗颐主编，王素、李方著：《魏晋南北朝敦煌文献编年》，第268页。
③ 〔美〕戴维·波普诺：《社会学》（第十版），李强等译，第358页。

是自两汉以《孝经》等为核心而确立的"男尊女卑"的思想和社会伦理体系；三是北方少数民族相对的原始和野蛮性对女性的戕害；四是北方政权更替的频繁和社会的不稳定、青年男性在战争中的减少等。这四方面的因素交互作用，产生的后果就可想而知了。

譬如北齐文宣皇后李氏的那种遭遇，仔细分析，就是有前三种因素交互出现在她的生活中：武成帝不顾伦理道德，逼淫李氏并残酷暴打，是第一和第三种因素；李氏在受委屈后被自己儿子讥称为"姐姐"，又是第二种因素在起作用。再如后赵石虎对于女性的随意处置更是大规模的："大发民女二十已下、十三已上三万余人，为三等之第，以分配之。郡县有希旨，务于美淑。夺人妇者九千余人。民妻有美色，豪势因而协之，率多自杀。"① 这样的惨烈行径，自然会造成无尽的苦难。

为了更好地理解这个问题，我们将引入关于妇女的"能力剥夺"这样一个概念。② 这个概念来自阿马蒂亚·森，其内涵指的是在现代社会条件下，一些群体在参与社会生活中所经历的身份性社会排斥，从而剥夺了其选择他认为有价值的生活的能力。这样的定义，在古代身份制等级社会中，就更为突出。对女性而言，尤其如此。按照目前我们对于社会发展的理解，古代社会的生产体系——尤其是男耕女织的小农经济就决定了女性必须在家庭的内部担任角色，这就会不可避免地"剥夺"女性的社会交往权利和担当能力，使她们不但在经济上依附于男人，在社会能力方面也被视为天然的"无能力者"。对于女人的"能力被剥夺"的情状，就连当时的高僧也认为进入佛门的女性在智力上是低于男人的，而说"凡女人之性，智弱信强"③，可见这种"能力被剥夺"的后果是何等严重，它是造成女性成为男人以至男权社会依附的一个主要原因。

但是，人的需要是多层次的，即使处在"男尊女卑"社会中的女性也不例外，她们需要的不仅有物质，还有自我得到他人的"承认"，即自我被要求承认为"人"：有尊严或有价值的存在者。④ 至少，佛教给了她们这样一个

---

① （北齐）魏收：《魏书》卷95《石勒传》，第2052—2053页。
② 〔印度〕阿马蒂亚·森：《作为能力剥夺的贫困》，李春波译，载《视界》第4辑，河北教育出版社2001年版，第56—58页。
③ （梁）释僧祐：《出三藏记集》卷5《小乘迷学竺法度造异仪记第五》，第233页。
④ 〔美〕弗兰西斯·福山：《历史的终结》，黄胜强、许铭原译，远方出版社1998年版，第179页。

表达和交往及确认自身存在的机会和舞台,所以她们在造像记中对于女性自身性别苦难的倾诉、对男性身份的渴望,其实就是争取作为人的尊严和价值的努力。

(二)生活苦难对女性信仰佛教的影响

生活的苦难具有普遍意义,无论是男性还是女性,生老病死、自然灾难、贫穷动乱等都会带来深深的痛苦。譬如战乱在威胁男性生命的同时,也威胁着女性的生存依附。但是,无论什么样的灾难,都会给那些处在当事者位置的女性带来破坏性的打击。一般而言,没有独立经济能力的女性在结婚前依靠父母兄弟而生存,结婚后依靠丈夫或儿子。这种依附是非常脆弱的,所以,从最基本的生存角度讲,佛教信仰对女性而言具有双重的意义:其一,通过参与佛事活动,可以关注家庭、祈求佛的护佑,这是一种心理暗示,也是一种维持家庭安宁的努力;其二,对家遭不幸、无所依靠的女性而言,佛教寺院又是一个安全的庇护场所。

这种安全性,不仅仅是经济生存的安全,关键是寺院也为女性提供了身体不受侵犯的安全。在对中国古代问题的研究中,我们往往会忽视的一个比较重要的问题,那就是身体的历史。就现代社会而言,我们关注身体的历史和现状,目的就是要如何更好地解决"在由男女双方搭起的社会结构中,女性的心智被束缚所造成的孱弱和无力",以使得两性力量的不均衡得到改善。[①]在古代中国,虽然古人也有对人的身体历史和现状的关注,但是关注身体往往在一定程度上是为了加强对身心的束缚,所谓"身体发肤,受之父母,不敢毁伤,孝之始也"[②],就是一个典型的样板。

尤其对女性而言,问题就更加严重,古代男权社会对女性身体的关注,往往会对女性的生存造成灾难性后果。在几千年的中国礼教社会中,一旦女性的身体部分受到伤害或者侵害,在一定程度上就等于生命的终结。幸好,佛教作为一个平和的宗教,为这部分女性的生存开拓出一片独立于世俗世界的天地。

在僧人宝唱撰《比丘尼传》中,记载了从东晋升平年间(357—361)到梁天监年间(502—519)大约将近150年间的56位有名的长江南北的比丘

---

① 刘辉:《镜头内外的女性》,载《视界》第8辑,河北教育出版社2002年版,第64页。
② (清)皮锡瑞撰,吴仰湘点校:《孝经郑注疏》,中华书局2016年版,第13页。

尼，其中有41人出家原因不明，而以下15位女性则或多或少是因为家庭或自身所遭受的灾难，而避居佛门。具体而言，有以下几种情况。

其一，婚后丈夫去世或者因为离婚而失去依靠，这种情况较多，有4人。净捡，其父亲是武威太守，据说她喜欢学习，但是婚后不幸早寡，依靠为那些豪门贵族的女子教弹琴谋生，僧史说她"闻法信乐，莫由咨禀，后遇沙门法始，经道通达"。①武威是佛教盛行之地，净捡受当地佛风的影响，应该是顺理成章的，不过如果没有婚后的不幸守寡，她的出家为尼也就没有了自身依附基础。

妙相，本姓张，僧史说其"家素富盛，相早习经训"。同净捡一样，家庭背景很好，从小受到了比较良好的教育。她15岁嫁给了太子舍人皇甫达，后来因为"达居丧失礼，相恶之。告求离绝，因请出家。父并从之"。②

道仪，本姓贾。雁门娄烦人，名僧慧远的姑姑，嫁给解直，"直为寻阳令亡。仪年二十二，弃舍俗累，披著法衣"。③

超明，本姓范。"父先，少为国子生，世奉大法。明幼聪颖雅，有志尚，读五经、善文义，方正有礼，内外敬之。年二十一，夫亡寡居，乡邻求媒，誓而弗许。因遂出家。"④

其二，由于北方战乱和政权更替，使得家庭流离失所，或者干脆就是本人被北方少数民族所掳掠之后，不得已而出家。

明感，家中世代信佛，后家门遭不幸，她"为虏贼所获，欲以为妻，备加苦楚，誓不受辱。谪使牧羊，经历十载"⑤，其后出家为尼。

令宗，"幼有清信，乡党称之。家遇丧乱，为虏所驱。归诚恳至，称佛法

---

① （梁）释宝唱：《比丘尼传》卷1，载〔日〕高楠顺次郎等编修：《大正新修大藏经》第50册《史传部二》，第934页。
② （梁）释宝唱：《比丘尼传》卷1，载〔日〕高楠顺次郎等编修：《大正新修大藏经》第50册《史传部二》，第935页。
③ （梁）释宝唱：《比丘尼传》卷1，载〔日〕高楠顺次郎等编修：《大正新修大藏经》第50册《史传部二》，第937页。
④ （梁）释宝唱：《比丘尼传》卷3，载〔日〕高楠顺次郎等编修：《大正新修大藏经》第50册《史传部二》，第944页。
⑤ （梁）释宝唱：《比丘尼传》卷1，载〔日〕高楠顺次郎等编修：《大正新修大藏经》第50册《史传部二》，第935页。

僧，诵《普门品》。拔除其眉，托云恶疾，求诉得放。随路南归，行出冀州"。①

法相，本姓侯，敦煌人也。"清安贫婆，不以荣达移心。出适傅氏，家道多故，苻坚败绩，眷属散亡。出家持戒，信解弥深。"②

法净，江北人。"年二十值乱，随父避地秭陵门修释教。"③

法盛，本姓聂。"遭赵氏乱，避地金陵，以元嘉十四年于建福寺出家。"④

其三，由于父母去世或家中没有可依靠的男性成员而出家。

僧猛，本姓岑。"曾祖率，晋正员郎余杭令，世事黄老，加信敬邪神。猛幼而慨然，有拔俗之志，年十二父亡，号哭吐血，绝而复苏。三年告终，示不灭性，辞母出家。"⑤

昙备，本姓陶，丹阳建康人也。"少有清信，愿修正法。而无有昆弟，独与母居，事母恭孝，宗党称之。年及笄嫁，徵币弗许。母不能违，听其离俗。"⑥

宝贤，本姓陈。"十六丁母忧，三年不食谷，以葛芋自资，不衣缯纩，不坐床席。十九出家。"⑦

其四，因为身患疾病，无法治疗而进入佛门。

道寿，"元嘉中遭父忧，因毁遘疾，自无痛痒，唯黄瘠骨立，经历年岁诸治不瘳。因尔发愿，愿疾愈得出家。立誓之后渐得平复，如愿出俗"。⑧

玄藻，本姓路。"藻年十余，身婴重疾，良药必进，日增无损。"⑨ "菜食

---

① （梁）释宝唱：《比丘尼传》卷1，载〔日〕高楠顺次郎等编修：《大正新修大藏经》第50册《史传部二》，第936页。
② （梁）释宝唱：《比丘尼传》卷2，载〔日〕高楠顺次郎等编修：《大正新修大藏经》第50册《史传部二》，第940页。
③ （梁）释宝唱：《比丘尼传》卷2，载〔日〕高楠顺次郎等编修：《大正新修大藏经》第50册《史传部二》，第941页。
④ （梁）释宝唱：《比丘尼传》卷2，载〔日〕高楠顺次郎等编修：《大正新修大藏经》第50册《史传部二》，第937页。
⑤ （梁）释宝唱：《比丘尼传》卷3，载〔日〕高楠顺次郎等编修：《大正新修大藏经》第50册《史传部二》，第942页。
⑥ （梁）释宝唱：《比丘尼传》卷1，载〔日〕高楠顺次郎等编修：《大正新修大藏经》第50册《史传部二》，第935页。
⑦ （梁）释宝唱：《比丘尼传》卷2，载〔日〕高楠顺次郎等编修：《大正新修大藏经》第50册《史传部二》，第941页。
⑧ （梁）释宝唱：《比丘尼传》卷2，载〔日〕高楠顺次郎等编修：《大正新修大藏经》第50册《史传部二》，第938页。
⑨ （梁）释宝唱：《比丘尼传》卷2，载〔日〕高楠顺次郎等编修：《大正新修大藏经》第50册《史传部二》，第938页。

长斋三十七载。"①

其五，抗拒不满意的婚姻而出家。

僧端，"门世奉佛，姊妹笃信。誓愿出家，不当婢采。而姿色之美有闻乡邑，富室凑之，母兄已许。临迎之三日，宵遁佛寺。"②

北朝时期，由于统治者的提倡，僧尼数量剧增。就北齐建国的50多年间而言，北方僧尼数量达到了200万之众，这样一个庞大的群体，很多都是来自底层，他们在僧史等材料中没有留下记载。而我们在这里所列举的事例，仅仅是就《比丘尼传》中所记载的56位著名比丘尼中的十多位的情况而言的，所以并不能代表当时北方女性出家为尼的整体情况。但是，就是在这些数量很小的比丘尼中，因为苦难的生存环境而出家的人数就占到了我们所考察人数的26%。由此可见，苦难的生存环境，对于妇女出家具有一定程度上的决定意义。

二、佛教传播之于女性的欢乐意义

造像、写经、诵经、参与佛教法事等活动，在一定程度上打破了社会的平行层级接触状态，上下层级之间的纵向交流和合作成为可能。我们在大量的造像记中可以看到，一些佛寺、乡村组织、佛教社邑组织所发起的造像活动中，几乎不论身份贵贱都是参与者。

女性作为一个特殊群体，在传统的祭祀等活动中是被排除在外的，至少不会成为主角。而佛教几乎是平等地接纳了男性和女性。对于女性而言，参与佛事活动在一定程度上消解了传统社会安排给女性的固定角色，使得她们走出了家门，以佛寺为中心、以邑义组织为依托，以为家庭、家族乞福和积德为手段，开始参与之前不能参与的社会群体性活动。

（一）佛事活动给予女性一个面向整个社会表达个人意向的空间

《春秋左氏传》有"太上立德，其次立功，其次立言"③的说法，将言论权的实施列举为人生的三大目标之一，当然这个目标的确立也是以所谓的君

---

① （梁）释宝唱：《比丘尼传》卷2，载〔日〕高楠顺次郎等编修：《大正新修大藏经》第50册《史传部二》，第938页。
② （梁）释宝唱：《比丘尼传》卷2，载〔日〕高楠顺次郎等编修：《大正新修大藏经》第50册《史传部二》，第939页。
③ 杨伯峻编著：《春秋左氏传注》第4册《襄公二十四年》，中华书局2009年版，第1199页。

子而不是一般平民为对象的。

就人类历史而言，言说权的实施是一种进化非常缓慢的"社会专制权利"，即使是在传媒非常发达的今天，占人类大多数人的"言说权"事实上也是被剥夺的，各种媒体往往总是掌握在很少数量的人手中。在专制的古代社会，这方面的情况就可想而知了。古代社会言论权实施的方式有两种：文字书写和口头论说。文字书写以著书立说为主，口头论说以讲学和清谈为主。这三种向社会群体表达思想和意向的方式，基本上都掌握在具有儒学知识并有一定政治地位的特权阶层手中。如江南士大夫在酒酣耳热之际随便说的一些琐碎的对话，可以被保留在《世说新语》这样的言论集中，传刻留世，成为我们今天阅读的典籍。而平民百姓即使再有思想，也不可能得到宣扬、传播或保留。

在这个意义上，佛教造像、写经、斋集、讲经等群体性活动，为广大的社会各阶层提供了一个表达意向和思想，并将之留存下来的途径。从今天发现的大量的造像记、写经题记中，我们可以看到在历史上没有记载的平民百姓曾经的想法。虽然很多都是简单而模式化的，但是它对于那些曾经存在过的默默无闻的人来说，却具有重大的意义。底层平民的"诉说"不但因此而公之于大众，有了共时性，关键是有了历时的意义。这一点对于女性来讲，尤其重要。

在造像记和写经题记中，女性主要表达了以下几类个人意向：

1. 对家庭成员和师僧的关注，主要包括对父母、丈夫和兄弟姊妹及儿女的乞福。

如《田黑女题记》：

> 正光二年七月十日，佛弟子田黑女造石像一区，愿亡夫亡女，三面五灾，速令解□。①

2. 对疾病痛苦的表述。如《北魏比丘建晖写入楞伽经卷二题记》：

---

① （清）陆增祥撰：《八琼室金石补正》卷13，载国家图书馆善本金石组编：《先秦秦汉魏晋南北朝石刻文献全编》第一册，第115页。

凡夫想识，岂能穷达。推寻圣典，崇善为先。是以比丘建晖，既集因殖，窠形女秽，婴罹病疾，抱难当今。仰惟此若由可拔迹，即减割衣资……敬写《入楞伽》一部。①

《尼法兴题记》：

延昌二年八月二日，比丘尼发行因惠发，愿造释迦像一区，愿使此身厄恶云消。②

3. 对现有生活状态的认可或对未来生活状态的渴望。如《北朝郭法姬写大般涅盘经卷廿三题记》：

庶缘此福，愿使姬身延长现辰，富闺将加，道心日进，普及众生。③

《尼惠智题记》：

永平三年十一月廿九日，比丘尼惠智为七世父母、所生父母造释迦像一区，愿使托生西方妙乐国土，下生人间，为公王长者，永离三途。④

大量的造像记和写经题记语句简单，模式单一，但是正是这些单调的乞福语言，给了处在古代男性社会边缘地带的女性一个表达的权利和媒介。她们的愿望被刻在石头上、写在经卷上，在比较广泛的社会范围内被阅读、传诵，这对于妇女的社会意义是巨大的。

尤其值得我们重视的是，佛教的传播与其造像、写经、讲经等活动，在

---

① 《北魏景明三年陈益公等供佛题记》，载饶宗颐主编，王素、李方著：《魏晋南北朝敦煌文献编年》，第182页。
② （清）陆增祥撰：《八琼室金石补正》卷13《尼法兴题记》，载国家图书馆善本金石组编：《先秦秦汉魏晋南北朝石刻文献全编》第一册，第111页。
③ 饶宗颐主编，王素、李方著：《魏晋南北朝敦煌文献编年》，第268页。
④ （清）陆增祥撰：《八琼室金石补正》卷13《尼惠智题记》，载国家图书馆善本金石组编：《先秦秦汉魏晋南北朝石刻文献全编》第一册，第109页。

一定程度上确实激发了信仰者"立言"的创造能力，其时，有一大批由佛教信徒所创作出的佛经，最典型的是齐、梁间比丘尼僧法的佛经创作，据说她从九岁就开始创作，据《祐录》统计，她出佛经21种，共计35卷。梁释僧祐编《出三藏记集》，本着"既染毫牍，必存于世"的文献著录原则，将僧法尼所出的这些经典收入"疑经目录"保存下来。僧祐是当世人记当世事，对僧法事迹的记述应该是忠实于当时情况的：

> 初，尼子年在龆龀。有时闭目静坐，诵出此经。或说上天，或称神授。发言通利，有如宿习，令人写出，俄而还止，经历旬朔，续复如前。京都道俗，咸传其异。今上敕见面问所以，其依事奉答，不异常人。然笃信正法，少修梵行。父母欲嫁之，誓而弗许。后遂出家，名僧法，住青园寺。祐既收集正典，捡括异闻，事接耳目，就求省视，其家秘隐，不以见示。唯得《妙音师子吼经》三卷，以备疑经之录。此尼以天监年三月亡。有好事者得其文疏，前后所出定二十余卷。厥舅孙质以为真经，行疏劝化，收合传写。①

僧法出身于官宦世家，应该受过比较良好的文化教育，她能创作出这些经典，显然还是有一定的佛学修养。至于这些经典是否有翻译的成分，我们很难判断。但是就从这个事例，我们对当时佛教信仰者的创作经典的"立言"史事有了比较鲜明的认识。

在中国古代的本土知识生产体系里，经过两汉时期的尊经崇儒等专制措施，知识和思想的产生与积累，基本上都是在对儒家经典的注释和解说的基础上进行的。并且这种解说和注释的权力，还掌握在讲究师承关系的儒学家和官府机构的手中，有严格的师法和家法，平常百姓是没有权力进入这个言说体系的。

佛教的典籍就不同了，在大乘学说占据主流地位之前，小乘经典流行。一些本土僧人、佛教徒为了表达自己的佛学思想就开始创造经典，高僧道安对此种现象的说法是"喜事者以沙糅金，斌斌如也"②，可见当时这种由本土

---

① （梁）释僧祐：《出三藏记集》卷5《僧法尼所诵出经入疑录》，第230页。
② （梁）释僧祐：《出三藏记集》卷5《新集安公疑经录第二》，第221—222页。

信仰者创造出来的经典，数量不少。这种创作，据僧祐的总结，其方法是"或凭真以构伪，或饰虚以乱实"。①

（二）佛事活动突破了乡村地域限制，赋予妇女独立的宗教性社会人格

女性参与佛教活动，有三种方式，一是单独参与，二是随家庭或家族活动，三是随邑义或"法义"活动。邑义或法义是魏晋南北朝时期产生的佛教信徒的民间团体组织，其主要活动就是造像、建寺、写经、斋集等。②因而，女性在造像记、供佛题记、写经中出现，也随之有三种形式。

第一种以家庭或家族中的男人为依附坐标的形式出现，如"某某妻"、"某某姊"、"某某妹"，具体如"夏侯妻皇供养佛时，成宗姊阿乞供养佛时"③、"姜氏妹小晖持花供养佛时，母田持花供养佛时"④等。由此可以断定，给寺庙的捐钱是来自家庭中的男子，所以以男子为坐标。

这种情况最为典型的是大齐河清二年《阳阿故县村合邑造像记》，此次造像活动中参加的女性占将近一大半⑤，很多女性都是地方官员的妻子。不论是一般佛教徒的妻子还是地方官员的妻子，在造像记题名中出现，是以其丈夫作为限定前缀的，如"银轮王像主高庆安妻韩顺晕，邑子□方妻赵阿丑，邑子韩仁兴妻张罗姬"等，并且很多女性只列出了姓，而没有名字，如"邑子高平令许僧贲妻周，邑子孔苗妻杨，广阳令刘法洪妻柳，邑子军主史僧兴妻许"等等。这样的邑义显然体现的并不是女性的主体性意志，而仅仅是将女性作为一个家庭或男性的代表符号来看待的。

第二种以"清信女"或"邑子"的身份出现在以男子为主体的造像群体中，这种情况表明女性是以一个独立的佛教信仰个体的身份参与佛事活动的，她同这个团体中的所有成员是一种佛教信仰团体内兄弟姊妹的平等关系。如北魏正光五年（524）的《新城成买等造像题名》就反映了这种情况，"大魏正光五年……法义兄弟姊妹一百人敬造弥勒尊像一区"，这个法义中的

---

① （梁）释僧祐：《出三藏记集》卷5《新集安公疑伪撰杂录第三》，第224页。
② 请参阅本书第九章"对佛教信仰群体所处社会组织的考察"。
③ 《北魏永平二年比丘建晖写入楞伽经卷二题记》，载饶宗颐主编，王素、李方著：《魏晋南北朝敦煌文献编年》，第162—163页。
④ 《北魏景明三年姜小晖等供佛题记》，载饶宗颐主编，王素、李方著：《魏晋南北朝敦煌文献编年》，第179—180页。
⑤ 由于碑文残缺较多，很难比较精确地统计人数。

成员以男性居多，但其中的成公令妃、孟妙、□帝姬等就显然是女性。①

不仅如此，在一些邑义中，女性已经占据了主体地位，如北魏孝昌二年（526）的《帝主元氏法义卅五人题记》②中，该法义虽称为35人，而题名者有42人，除3个僧人外，有39人参加。其中从名字上可确定为女性的就有25人，其中2个女性还担任维那。女性不但在人数上占绝大多数，在邑义的管理方面也占有一席之地。由此可见女性在这种佛教团体里面已经是一个完全独立的社会人，而不是依附者。

第三种是女性独立成立邑义组织进行造像等活动。

如北魏正光四年（523）的《黄石崖法义兄弟姊妹等造像题记》就比较典型：

> 大魏正光四年七月廿九日，法义兄弟姊妹等敬造石窟像廿四区，悉以成就，磨名题记
>
> 维那主刘爱女　维那主沐瓮姬　贾□　刘法香　王宝姬　刘阿香　刘阿思　刘胜玉　胡阿嫔　王犁姜　呼延伏姬　贾阿妃　刘桃姬　王足孙敬嫔　赵妃姜　张胜界　张英仁　纪姜女　□骨子　徐清女　维那主张牛女　维那主呼延摩香　白齐姜　石桃女　赵义姜　张道女③

这个法义组织虽然自称是"法义兄弟姊妹"，但是从名字来看，参与者都是女性。像这样完全由女性而组成的邑义，在北朝时期应该是不少的。并且一些女性组成的邑义还使用了"母人"、"邑义母人"这样的名称，这应该就是唐五代出现的"女人社"的原型。如《公孙村母卅一人造像记》："大齐天保四年二月廿日，公孙村母人合卅一人等，敬造白玉像一区。"而在北齐废帝乾明元年（560）的《大交村造像记》中，就称作"大交村邑义母人七十五人等"。

---

① （清）陆增祥撰：《八琼室金石补正》卷16《新城成买等造像题名》，载国家图书馆善本金石组编：《先秦秦汉魏晋南北朝石刻文献全编》第一册，第145页。
② （清）陆增祥撰：《八琼室金石补正》卷16《帝主元氏法义卅五人题记》，载国家图书馆善本金石组编：《先秦秦汉魏晋南北朝石刻文献全编》第一册，第144页。
③ （清）陆增祥撰：《八琼室金石补正》卷16《黄石崖造像法义兄弟姊妹等题记》，载国家图书馆善本金石组编：《先秦秦汉魏晋南北朝石刻文献全编》第一册，第144页。

可见，女性组成的邑义，应该就像其他邑义一样，应该既有小范围的基层邑义，譬如一个村中的几十个女性组成，也有整个村的女性或者很多村的女性组成的。所以女性组成的邑义规模，也是小者有二三十人，大者有上百人的，如在山西发现的东魏孝静帝元象元年（538）《合邑诸母一百人造像碑》就是一个例证。①

有的邑义虽然没有标明是"母人"，但是全体成员都是女性，上面所列的《黄石崖法义兄弟姊妹等造像题记》即是此种。我们可以从《邑主隽蒙□娥合邑子卅一人等造像记》②来看一下由女性单独组成的邑义的构成情况：

　　□□□□，萨云表诞世之容；妙法开敷，波若阐拥惠之音。……是以大代永熙二年□□□月戊子朔八日乙未，北雍州宜君郡黄堡县邑主隽蒙□娥合邑子卅一人等，自慨丕逾流转无穷，故减割家珍，聘□□□□大路显敞之处，敬造石像一区。功就成讫，令国祚永隆，□□□治，下愿庆七世，永超八难。神县福堂，济生死之苦，愿诸□□蒙求众患，消□□愿初手书人夫蒙显达。

　　比丘僧郭僧景名丰洛　沙弥夫蒙僧贵　邑主清信隽蒙文姬
　　邑主清信裳姬娥　邑谓清信同蹄云□　邑谓清信同蹄定姜
　　维那清信□扶达　维那清信同蹄弥弱　弹官清信夫蒙妙朱
　　邑正清信同蹄蛾媚　邑正清信朱阿傥　典录清信同蹄阿美
　　典录清信同蹄阿陵　香火清信王兰小　香火清信同蹄磨昏
　　邑子清信□□　邑子清信□□□　亡邑主清信隽蒙阿护承
　　亡邑主清信王归香　亡维那清信裳姬香　亡维那清信同蹄龙姜
　　亡邑子清信同蹄文姬　亡邑子清信田文姜　邑子同蹄□男
　　邑子夫蒙连花　邑子同蹄□贵　邑子夫蒙禄花
　　邑子裳俗男　邑子荔非贵姬　邑子同蹄道如
　　邑子王□男　邑子同蹄显妃　邑子同蹄妙花
　　邑子于□向妃　邑子夫蒙照男　邑子雷贵姬

---

① 参阅刘淑芬：《五至六世纪华北乡村的佛教信仰》，载林富士主编：《礼俗与宗教》，第239页。
② 马长寿：《碑铭所见前秦至隋初的关中部族》之附录一《关中北魏北周隋初未著录的羌村十种造像碑铭》，第91—92页。

第六章 4—6世纪佛教传播背景下的北方妇女 | 171

邑子同蹄明月　　　邑子刘双□　　邑子□想姬
邑子清信同蹄轩朱　邑子清信同蹄妙娥　邑子清信同蹄真朱
邑子清信同蹄树姬　邑子清信裳亭□　　邑子清信同蹄树姬
邑子清信成定姬　　邑子清信同蹄照姬　邑子清信杨□妙□
邑子清信夫蒙白伏　邑子清信钳耳支诚　邑子清信同蹄凤凰
□□□□□男姬　　　□□□□□□伏男　□□□□□□姬

在这个羌族造像题记中，虽然题记标明是邑子31人，其实按现存部分计算，共有参与者58人，如果没有残缺部分的话，人数可能还会远远多于此数。至于为什么会出现这种情况，可能同题名时的各种复杂情况有关，如比丘和"手书人"就不是邑义的成员，而列入题名的"亡邑主、亡邑子"等也不在计算之内，等等。

我们从名字上来判断，除比丘僧和沙弥及"手书人"夫蒙显达是男性外，其他都是女性。因而，这是北雍州宜君郡黄堡县的一个纯粹由女性组成的邑义组织。

在这个邑义中，设有3个邑主、2个维那、2个邑谓、2个典录、2个香火，都是由女性自己来担当。邑义成员的题名也完全摆脱了由男性来定位的模式，女性在这里成了一个具有完整的社会意义的独立的人。

最为重要的是，这个邑义是以"北雍州宜君郡黄堡县"范围而成立的，这说明，关中地区羌村女性所成立的邑义，已经突破了"村"的地域限制，成为在县域范围内的一个联合性质的团体。由此可见，佛教的这种法事活动和组织，扩大了妇女的活动范围和视野，为妇女走向社会、相互交流提供了一个合法的途径和渠道。

综上所述，对于3—6世纪的女性而言，佛教的传播和发展为她们的生活开辟了一个新的天地。生活当中的苦难、恐惧和焦虑等感觉，可以通过参加造像、写经等活动得到诉说和安慰；任何一项佛事活动，都是她们关注社会和家庭事务的方式，当她们在造像、写经中刻下或写上"愿皇帝陛下、愿父母、愿合邑诸子"等这样的字句时，就表明她们已经有了自己表达愿望的媒介，有了对社会生活表示关注和参与的权利。虽然这仅仅是一种精神意义上的社会参与，是一种形式，但是社会发展的历史恰恰说明，往往形式的参与就预示着一种权利的突破。这对于处在男权社会专制制度的女性来说，未尝不是一种精神的欢乐和社会权利的突破。

况且，当生活走投无路的时候，女性可以削发为尼获得庇护。至少，这是苦难者摆脱苦难的一道方便之门。而邑义这样的佛教团体更是为女性提供了合理合法的社会活动条件和场合，她们可以怀着美好而神圣的感情合法地进入一种社会组织。同僧人这样的神职人员的接触，至少避免了那个时代世俗男女接触所遇到的伦理约束的尴尬。

此外，佛教以佛学修养和德行积累等原则为阶梯的成员上升体制，为在世俗社会没有任何上升渠道的女性，提供了一个凭借自身的努力而取得独立的社会地位的机会和渠道。

在世俗社会的上升渠道中，女性唯一的道路是依靠男性——丈夫或儿子的政治荣耀和社会地位而得到尊重。除此之外，女性是一种没有独立社会地位的群体，她们是附着在家庭符号下的一个因子，就像前引造像记中的"邑子高平令许僧贲妻周，邑子孔苗妻杨，广阳令刘法洪妻柳"这样的称呼。可是佛教邑义的发展打破了这种对女性定位的传统模式，使得参与佛事活动的女性成为一个完全独立的主体。在邑义中，女性可以凭借个人威信、佛学修养或者钱物多少而成为"邑主、都维那"；在佛寺中，出家为尼的女性可以凭借自己的学养和高尚的道德等因素，而成为寺主、僧主、名僧，并进而成为王公贵族所仰慕的对象。

如比丘尼妙音：

> 博学内外，善为文章。晋孝武皇帝、太傅会稽王道、孟顗等并相敬信，每与帝及太傅中朝学士谈论属文，雅有才致，藉甚有声。太傅以太元十年为立简静寺，以音为寺主，徒众百余人。内外才义者，因之以自达，富倾都邑，贵贱宗事。①

比丘尼道琼：

---

① （梁）释宝唱：《比丘尼传》卷1，载〔日〕高楠顺次郎等编修：《大正新修大藏经》第50册《史传部二》，第936页。

> 年十余，博涉经史……晋太元中，皇后美其高行……富贵妇女争与之游。①

比丘尼业首：

> 弥好禅诵，造次无怠。宋高祖武皇帝雅相敬异，文帝少时从受三归。②

我们绝不能说，这些女性进入佛门就是为了追求这种世俗的荣耀，但是我们也不能否认，任何宗教，都正是因为得到了这种世俗的荣耀，才得到了更多的发展机会。在世俗的制度化阶梯上升体系中，女性不可能得到这样的荣耀和实实在在的制度内地位上升。只有在佛教团体中，她们才能真正作为这个制度的一部分而独立存在。并且这是一个具有广泛意义的上升渠道，我们所列举的都是僧史所记载的高僧大德，她们可以同皇帝和王公贵族往来交流。而在广大的底层，一般的比丘尼和有一定佛学造诣的信徒，在她们所属的佛寺、乡村和邑义中，显然也会得到该社区和本地域范围内普遍的尊重和地位的相应上升。

北齐颜之推在《颜氏家训》中，记述了北齐都城邺城妇女的地位普遍较南方城市为高的事实，他说：

> 江东妇女，略无交游，其婚姻之家，或十数年间，未相识者，惟以性命赠遗，致殷勤焉。邺下风俗，专以妇持门户，争讼曲直，造请逢迎，车乘填街衢，绮罗盈府寺，代子求官，为夫诉屈。此乃恒、代之遗风乎？③

他还说：

---

① （梁）释宝唱：《比丘尼传》卷2，载〔日〕高楠顺次郎等编修：《大正新修大藏经》第50册《史传部二》，第938页。
② （梁）释宝唱：《比丘尼传》卷2，载〔日〕高楠顺次郎等编修：《大正新修大藏经》第50册《史传部二》，第940页。
③ 王利器：《颜氏家训集解（增补本）》卷一《治家第五》，中华书局1993年版，第48—49页。

河北人事，多由内政。①

因而，事情的复杂性就在于，也可能一种令人瞩目的历史现象的出现，并不是简单地因为 A 所以就 B 的这样一种单线的逻辑在起作用。因而颜之推虽为当代人记当代事，也不能很准确地把握"河北人事，多由内政"的深层原因，只能疑惑地反问"此乃恒、代之遗风乎？"

可能正是"恒、代之遗风"影响了北朝妇女，使得她们不但风尘仆仆地在官府衙门里进进出出为家人谋求世俗的利益，而且还大大方方地在佛寺盘桓，为家人、为自己祈求佛的佑助。我们如果阅读一下那些在邑义里造像的 6 世纪的妇女对自己的很得意扬扬的赞誉，也许对此问题就会有比较深刻的认识，这段文字是东魏孝静帝武定三年（545）郑清等六十个妇女造像记中的铭颂：

> 奇哉邑母，识知无常，缘乡劝化，造石金罡，舍此秽形，杲登天堂。合邑诸母，善根宿殖，昼夜忧惶，造像永匕，释迦已过，弥勒愿殖。②

我们把这个铭颂同颜之推的记述相比照而解读，就会发现，无论在世俗的事务中，还是在宗教活动中，这些北朝女性的奋斗精神确实令人吃惊。也许正是佛教邑义的组织力量和北方"恒、代之遗风"的互动——前者提供社会基础，后者提供组织力量并助长这种趋势的不断生长③，才使得北朝妇女具有了那种"奇哉邑母，识知无常"的自信与愉悦。

---

① 王利器：《颜氏家训集解（增补本）》卷一《治家第五》，第 48—49 页。
② 参见刘淑芬：《五至六世纪华北乡村的佛教信仰》，载林富士主编：《礼俗与宗教》，第 239 页。
③ 马小虎先生在研究"魏晋以前个体自我演变历史"时指出，古代中国个体被禁锢受四个方面的影响：薄弱的商品经济、强势的宗法组织、高度集权的专制统治、排斥"个人"意识的传统伦理道德（参见马小虎：《魏晋以前个体"自我"的演变》，中国人民大学出版社 2004 年版，第 495—522 页）。因而，脱离于宗族组织和国家专制体制之外的、由参与成员平等组成的邑义组织，对妇女"个人"意识的加强和独立行为的促进，具有重要的催化意义。可以说，正是邑义这样一个民间社会组织，在一定程度上突破了以上所说的那四种禁锢"个体"的因素和势力。

第七章　僧人医疗家群体与民间医疗问题

对于佛教在初期传播过程中所借助的种种辅助方式，古人有极精练的总结：

> 何栖托之高远，而业尚之鄙近。至于营求孜汲，无暂宁息。或垦殖田圃与农夫齐流，或商旅博易与众人竞利，或矜恃医道轻作寒暑，或机巧异端以济生业，或占相孤虚妄论吉凶，或诡道假权要射时意，或聚畜委积颐养有余，或抵掌空谈坐食百姓。斯皆德不称服，行多违法。[1]

这个总结基本上将当时佛教僧徒传教时所用的一些招式都概括到了，包括置田产、经商、做医生、算卦、巴结权贵、使用幻术、聚敛钱财等等。显然，佛教徒或僧人以医术而被称道或者被诟病，也是当时社会变化或者说生活背景变化的一个很重要的方面。因而，在这里，我们对佛教发展与当时的医疗状况之间的关系做些考察。

从生存环境而言，政治上的变动或变故更容易引起历史学家的重视，譬如在马克思主义史学产生之前的中国本土历史学传统中，"汤武革命"、"秦政"等等总是历代史学家要强调的标志性事件，而在其后，像"贞观之治"、"开元盛世"也更容易被作为社会群体生存条件好转的一个标志性历史事件来特别看待。之所以这样，目的无非在于"资治"的方面给当下的统治者一个"榜样"，其积极意义是显而易见的。

不过，要更细腻地贴近古代生活，了解古代社会群体的具体而微的生存状态，对疾病的控制和医疗体系发展状态的考察也是一个很好的视角。

---

[1] （梁）释僧祐：《弘明集》卷6《道恒法师释驳论》，载〔日〕高楠顺次郎等编修：《大正新修大藏经》第52册《史传部四》，第35页。

第一节　对中古时代医疗事实的常规描述

要考察佛教传播中僧人群体同当时社会医疗问题之间的关系，那么就必须对当时的医疗背景或者说"医疗"这个古代事实的存在状态做出常规的描述，这样我们才能比照看出僧人参加到"医疗"这个事实中之后，事情是否发生了变化，如果发生了变化，那是怎样的变化，这种变化都体现在什么方面，等等。因而现在首先需要我们解决这样几方面的问题：当时的"医疗"观念是怎样的？"医疗"这个事实发生的时候有哪些主体参与了？参与程度如何？等等。下面我们循此进入。

一、国家机构在何种程度上参与民间医疗

医疗问题绝不仅仅是医生和病人二者之间简单的对应关系，这种对应关系的建立应该说是近代以来的事情，在现代医疗体制里面，病人通过专门设置的、具有一定点面分布的医院同医生及药建立了一种比较明晰的对应关系。可是在古代社会，问题就不会这么简单。从技术方面来讲，医疗问题受三个方面的因素制约：知识体系、交通条件、政治参与度。从参与主体方面来讲，有国家主体（包括政府机构和官员这两个要素）、平民和医生这三方。

我们主要是从参与主体的这三方面来讨论问题，在讨论的过程中，将技术方面的三个问题贯穿其中。

虽然中国很早就有了由国家管理的医疗机构，但是这种医疗机构的分布如何，运作如何，我们无法得知。从文献记载来看，中国古代的草药医疗水平及医疗机构确实是相当发达的。但是，医疗水平的最高成就与皇帝及其官僚集团能得到分享的医疗服务，并不能代表整个社会的普遍情况。[①] 历史过

[①] 对于古代医疗问题的估价，可能往往会因为文献中的某些并非既成事实的官方文件语言的影响，而得出医疗措施非常完善的结论来。其实，很多官方文献，在一定程度上只有文本意义和宣传价值，而并没有落到实处。陈邦贤先生在《中国医药史》（团结出版社 2006 年版）中并没有过多地涉及魏晋南北朝时期的医疗现实情况的描述；在王振国先生主编的《中国古代医学教育与考试制度研究》（齐鲁书社 2006 年版）一书中，对于魏晋南北朝时期的医学问题的考察，所引用的文献主要由两部分组成：一是职官志中关于国家医疗机构设置的记载，二是皇帝下达的关于医疗问题的诏书；作者就是根据这两部分有限的材料认为当时的医学教育水平和普及程度比较高。关于这一点，我是持怀疑态度的。

程中的某些具有延续性发展的事物是可以通过逆推法得出结论的，医疗就是其中最明显的一个。

如果说历史的整体过程是在上升、进步的话，那么，时下在那么多所谓"落后地区"的人根本就没有基本的医疗可言的情况下，古代的医疗普及程度和知识水平再发达，也不会比现在更好，只能是更糟。

（一）从几份诏书看中古国家在民间医疗问题上的参与程度

在 3—6 世纪，关于国家医疗机构介入民间医疗的事例，我们能找出很多来，尤其是北魏时期最为典型。

皇兴四年（470）诏书：

> 三月丙戌，诏曰："朕思百姓病苦，民多非命，明发不寐，疚心疾首。是以广集良医，远采名药，欲以救护兆民。可宣告天下，民有病者，所在官司遣医就家诊视，所须药物，任医量给之。"①

太和二十一年（497）诏书：

> 九月丙申，诏曰："哀贫恤老，王者所先，鳏寡六疾，尤宜矜愍。可敕司州洛阳之民，年七十已上无子孙，六十以上无期亲，贫不自存者，给以衣食；及不满六十而有废痼之疾，无大功之亲，穷困无以自疗者，皆于别坊遣医救护，给医师四人，豫请药物以疗之。"②

永平三年（510）诏书：

> 冬十月辛卯，中山王英薨。丙申，诏曰："朕乘乾御历，年周一纪，而道谢击壤，教惭刑厝。至于下民之茕鳏疾苦，心常愍之，此而不恤，岂为民父母之意也。可敕太常于闲敞之处，别立一馆，使京畿内外疾病之徒，咸令居处。严敕医署，分师疗治，考其能否，而行赏罚。虽龄数有期，修短分定，然三疾不同，或赖针石，庶秦扁之言，理验今日。又

---

① （北齐）魏收：《魏书》卷 6《献文帝纪》，第 130 页。
② （北齐）魏收：《魏书》卷 7 下《孝文帝纪》，第 182 页。

经方浩博，流传处广，应病投药，卒难穷究。更令有司，集诸医工，寻篇推简，务存精要，取三十余卷，以班九服，郡县备写。布下乡邑，使知救患之术耳。"①

永平四年（511）诏书：

> 夏四月，癸未，诏曰："肆州地震陷裂，死伤甚多，言念毁没，有酸怀抱。亡者不可复追，生病之徒宜加疗救。可遣太医、折伤医，并给所须之药，就治之。"②

这四道诏书，是北魏政府颁发的很严肃的关于民间医疗问题的文件。在这里首先要说明的是，我们之所以引证这些诏书来谈北魏国家对于民间医疗的参与程度问题，是出于两方面的考虑：一是因为史书中关于医疗问题的记载，主要是指能在史书上留名的达官显贵的一些材料，其情形不足以代表当时国家对于一般民众的医疗提供的参与程度；即使有一些关于平民的很零星的医疗事例，也是民间行为而不是政府行为。二是因为诏书具有"国家政策"的意义，至少在一定程度上反映了政府对于民间医疗参与的主观意愿和努力程度。

这四道诏书，对于民间医疗问题所设计的框架可以概括为以下几点：

1. 在有地震等自然灾害的情况下，国家可能会动议派出医生并提供免费药物，这是控制灾情的一个措施，因而必然是暂时性的政策；

2. 对于京畿地区贫病无靠、年龄较高且有病的平民给予一定的政府医疗照顾，这个政策的随意性也是比较强的，因为皇帝的诏书不是现代的法案，并不具有永久的制度效力；

3. 命令各地官员为本地的贫病百姓提供免费的医疗和照顾；

4. 由国家出资整理医学典籍，并下发到各地，供平时医疗之用，这是普及医学知识、培养草药医生的一个措施。

这个框架从总体而言，事实上并不会像现代法案一样具有永久的制度效

---

① （北齐）魏收：《魏书》卷8《宣武帝纪》，第210页。
② （北齐）魏收：《魏书》卷8《宣武帝纪》，第212页。

力，而是有很大的随意性。就是说，它可以被执行，但仅仅是在被强调的时候或者说在非常特殊的条件下才可能被付诸实施。

只要稍有一点地理空间常识，就会明白，这些材料只能说明一个问题：这样的医疗措施，只是在大灾大疫流行的情况下，在皇帝所在的京畿地区中心所实行的一种具有文本性象征意义的措施。

这些史料至少可以给我们提供三种解读结果：

1. 这些诏书确实是被忠实地执行了，皇帝的太医应诏而动，政府提供了免费药品，那些贫病的人得到了及时救治，并且一些常用的医疗典籍和药方也由政府分发到了"乡邑"；

2. 所有这些措施都被官员们大打折扣实行，但是确实发挥了一定的救助作用；

3. 这些诏书完全都是一篇篇的官样文章，这样的医疗史实在历史上并没有发生。

对于认识这个问题，我们所处的险境是：在这个历史事件中，只有皇帝出场了，我们只看到他高调宣读了一道又一道具有"福利国家"性质的免费医疗命令，可是这个命令的受惠者——普通百姓却鸦雀无声。就是说，我们面对的是一个不完整的历史事实，我们只得到了一个蓝图，却看不到这个蓝图的实施情况。

从当时的社会制度背景来看，这样的医疗制度的实施当然不可能是制度性的，但是就特殊情况而言，这些国家医疗措施的贯彻施行，就完全取决于官僚机构的办事效率和处事理念。

（二）地方官员在关键时刻能否成为民间医疗问题的承担者和组织者

在上列第一条诏书中，皇帝要"宣告天下"，让各地的官府机构派医生到所谓的生病的"民"家去看病，并提供免费的药物。对此项诏令能否成为一个历史事实，我们拿下面几个最简单的事例来印证一下：

（元诞）除齐州刺史。在州贪暴，大为人患，牛马骡驴，无不逼夺。家之奴隶，悉迫取良人为妇。有沙门为诞采药，还而见之，诞曰："师从外来，有何消息？"对曰："唯闻王贪，愿王早代。"诞曰："齐州七万户，吾至来，一家未得三十钱，何得言贪？"①

元诞作为齐州刺史，居然认为自己没有贪得齐州 7 万户百姓每家 30 钱，因而不算贪暴，有这样可怕的逻辑的地方官员，一般平民百姓的生活可想而知。可以预见，连平民百姓的牛马驴骡和妇女都不放过的地方官员，会把背着免费药物的医生派到有病而不能得到照护的平民家中去？这种可能性恐怕近乎零。

元诞的这个例子只具有"点"的意义，而我们在下面列出的几道诏书，就很能说明"面"的问题。

> 1. 州郡县不得妄遣吏卒，烦扰民庶。若有发调，县宰集乡邑三老计赀定课，裒多益寡，九品混通，不得纵富督贫，避强侵弱。太守覆检能否，核其殿最，列言属州。刺史明考优劣，抑退奸吏，升进贞良，岁尽举课上台。牧守荷治民之任，当宣扬恩化，奉顺宪典，与国同忧。直道正身，肃居官次，不亦善乎？②

这是太延元年（435）北魏太武帝拓跋焘对自己臣下的谆谆教导，可谓语重心长，希望那些地方官员能"奉顺宪典，与国同忧"。

> 2. （太延三年）夏五月己丑，诏曰："方今寇逆消殄，天下渐晏。比年以来，屡诏有司，班宣惠政，与民宁息。而内外群官及牧守令长，不能忧勤所司，纠察非法，废公带私，更相隐置，浊货为官，政存苟且。夫法之不用，自上犯之，其令天下吏民，得举告守令不如法者。"③

很显然，北魏地方官员们并没有像太武帝前面诏书里所要求的那样"奉顺宪典，与国同忧"，而是"废公带私，更相隐置，浊货为官，政存苟且"。

---

① （北齐）魏收：《魏书》卷 19 上《景穆十二王上》，第 448 页。
② （北齐）魏收：《魏书》卷 4 上《太武帝纪》，第 86 页。
③ （北齐）魏收：《魏书》卷 4 上《太武帝纪》，第 88 页。

3.（太平真君四年）六月庚寅，诏曰："朕承天子民，忧理万国，欲令百姓家给人足，兴于礼义。而牧守令宰不能助朕宣扬恩德，勤恤民隐，至乃侵夺其产，加以残虐，非所以为治也。今复民赀赋三年，其田租岁输如常。牧守之徒，各厉精为治，劝课农桑，不听妄有征发。有司弹纠，勿有所纵。"①

从太延三年（437）到太平真君四年（443），时隔6年，太武帝陛下的地方官员们不仅没有"与国同忧"，反而对治下的百姓"侵夺其产，加以残虐"。

4.（太安四年）夏五月壬戌，诏曰："朕即阼至今，屡下宽大之旨，蠲除烦苛，去诸不急，欲令物获其所，人安其业。而牧守百里，不能宣扬恩意，求欲无厌，断截官物以入于己，使课调悬少；而深文极墨，委罪于民。苟求免咎，曾不改惧。国家之制，赋役乃轻，比年已来，杂调减省，而所在州郡，咸有逋悬，非在职之官绥导失所，贪秽过度，谁使之致？自今常调不充，民不安业，宰民之徒，加以死罪。申告天下，称朕意焉。"②

从太安四年（458）文成帝拓跋濬的这道诏书所说的情况来看，地方官员盘剥老百姓的招数真是花样翻新，不但"断截官物以入于己"而中饱私囊，还强词夺理地编造公文，把不能完成国家赋税的罪名推到百姓身上去，就连皇帝也不得不发出"贪秽过度"的慨叹来。

5.（太安五年）九月戊辰，诏曰："夫褒赏必于有功，刑罚审于有罪，此古今之所同，由来之常式。牧守莅民，侵食百姓，以营家业，王赋不充，虽岁满去职，应计前逋，正其刑罪。而主者失于督察，不加弹正，使有罪者优游获免，无罪者妄受其辜，是启奸邪之路，长贪暴之心，岂所谓原情处罪，以正天下。自今诸迁代者，仰列在职殿最，案制治罪。克举者加之爵，宠有愆者肆之刑戮，使能否殊贯，刑赏不差。主

---

① （北齐）魏收：《魏书》卷4下《太武帝纪》，第96页。
② （北齐）魏收：《魏书》卷5《文成帝拓跋濬帝纪》，第116—117页。

者明为条制,以为赏楷。"

从太安五年(459)诏书所述来看,情况并无改善。皇帝之所以这样连篇累牍地下诏督促地方官员不要"侵食百姓",首先是因为地方官员的贪暴导致了"王赋不充"的结果,损害了皇帝自家的经济利益。所以越是像这样站在自身利益来考虑问题的文本,它所反映的情况越具有比较高的可信度。

就国家机器对社会问题的反应机制来看,只要是上升到国家意志来加以禁止和规范的社会现象或情况,往往就说明该种社会现象已经在整个社会中弥漫成灾了,尤其古代社会更是如此。地理差距和交通的不畅通及信息的不对称状况,就决定了国家机器对社会现实问题的反应机制非常迟钝。因而,诏书中所反映的情况,其实就是当时地方官员的常态,只能是比皇帝所谴责的情况有过之而无不及。

如果再没有什么意外情况的话,可以想象,这样的地方官员,怎么可能会去为一般贫民百姓派医送药,提供医疗呢?但是我们也不敢保证,在局部范围内,或者在皇帝可以看到的地方,也确实发生了那些在专制国家的制度体系内的"太医"或别的什么医生对受灾或贫苦的平民实行了一些免费的医疗。

这样的情况说明了,皇帝在诏书里面所说的"宣告天下"其实是大实话,只是宣告而已,并没有考虑怎么去实行,也不可能去实行。

鉴于这种情形,问题的差异性就比较大。历史文献中记载的各种关于历史事实的个案只能当作差异性的一种去理解,而未必就具有普遍的代表意义。但是,我们也不能排除有一些地方官员所发挥的作用,可能会远远超出皇帝所希望的那样。隋初的辛公义就是这样一个例子:

> (辛公义)从军平陈,以功除岷州刺史。土俗畏病,若一人有疾,即合家避之,父子夫妻,不相看养,孝义道绝,由是病者多死。公义患之,欲变其俗。因分遣官人巡检部内,凡有疾病,皆以床舁来,安置听事。暑月疫时,病人或至数百,听廊悉满。公义亲设一榻,独坐其间,终日连夕,对之理事。所得秩俸,尽用市药,为迎医疗之,躬劝其饮食,于是悉差,方召其亲戚而喻之曰:"死生由命,不关相著。前汝弃

之，所以死耳。今我聚病者，坐卧其间，若言相染，那得不死，病儿复差！汝等勿复信之。"诸病家子孙惭谢而去。后人有遇病者，争就使君，其家无亲属，因留养之。始相慈爱，此风遂革，合境之内呼为慈母。①

从对辛公义救治病人及扭转地方风俗的文献记载的这种规模来看，至少表明像他这样的事例是异于正常情况的，是具有"新奇"的标志性意义的"政绩"宣扬事例。我们能否将这类事例作为当时民间医疗问题的一个常态来看待？恐怕不行。

古代国家政治体制的运行，既有制度化的一面，也存在极度的随意性，很大程度上受制度运行者的道德观念的影响。如果地方官员有很好的自我约束机制和自我褒扬意识，可能就会更多地为治下考虑。反之，也可能更多地进行贪剥而不会受到有效的制约。就是说，制度的良好运行没有必然性，而具有很大的偶然性和随意性。所以我们根本上就不能从制度的层面和文件所规定的条例去理解这个社会的实质运行情况。

（三）地方官衙有无官方草药医生的存在

在这里，我们需要讨论的是，在该历史时段内，地方官僚机构中有无专门的医生从事医疗方面的工作。

这方面的记载很少，但是从有限的记载来看，应该是有一些专门的官方医生的。《搜神后记》卷6记载了这样一个故事：

> 酒泉郡每太守到官无几辄卒死，后有渤海陈斐见授此郡，忧恐不乐，将行，就卜者占其吉凶。卜者曰："远诸侯，放伯裘，能解此，则无忧。"斐仍不解此语，卜者报曰："君去自当解之。"斐既到官，侍医有张侯，直医有王侯，卒有史侯、董侯等。斐心悟曰："此谓诸侯。"乃远之。即卧，思"放伯裘"之义，不知何谓。至夜半后有物来斐被上。斐觉，便以被冒取之，其物跳踉，訇訇作声。外人闻，持火入。欲杀之，魅乃言曰："我实无恶意，但欲试府君耳。听一相赦，当深报府君恩。"斐曰："汝为何物？而忽干犯太守？"魅曰："我本千岁狐也，今

---

① （唐）魏徵等：《隋书》卷73《辛公义传》，第1682页。

变为魅,垂垂化为神,而正触府君威怒,甚遭困厄,听一放我。我字伯裘,有年矣。若府君有急难,但呼我字,当自解矣。"……月余,主簿李音私通斐侍婢,既而惊惧,虑为伯裘所白,遂与诸侯谋杀斐。伺旁无人,便使诸侯持杖直入,欲格杀之。斐惶怖,即呼:"伯裘,来救我!"即有物如曳一疋绛,割然作声,音、侯伏地失魂,乃以次缚取之。考问来意故,皆服首。云斐未到官,音已惧失权,与诸侯谋杀斐。会诸侯见斥,事不成。斐即杀音等。①

在这则故事里面,渤海人陈斐上任酒泉太守之前,前面已经有几任太守死在了专权妄为的部下手中,这些部下包括主簿李音、侍医张侯、直医王侯、卒史侯、卒董侯。可见,在酒泉郡的这个小吏势力集团内部,作为医生的张侯和王侯应该是有着相当地位的角色,否则就不可能同主簿这样的重要属吏把持一郡的权力,戕害太守。从名称来看,他们一个是"侍医",一个是"直医",并且还有"侯"这样的称呼。

关于"侍医",《隋书·百官志》中有其名称:

> 门下坊,中庶子、中舍人、通事守舍人、主事守舍人,各四人。又领殿内、典膳、药藏、斋帅等局。殿内局有内直监二人,副直监四人。典膳、药藏局、监、丞各二人。药藏又有侍医四人。斋帅局、斋帅、内阁帅各二人。②

很显然,侍医是中央职官,是属于药藏局的,其职责应该是为皇室及上层官员服务,隋代官员潘徽在《江都集礼序》中曾说:

> 书圃翰林之域,理窟谈丛之内,谒者所求之余,侍医所校之逸,莫不澄泾辩渭,拾珠弃蚌。以为质文递改,损益不同。《明堂》、《曲台》之记,南宫、东观之说,郑、王、徐、贺之答,崔、谯、何、庾之论,

---

① (宋)陶潜撰,李剑国辑校:《搜神后记辑校》卷6《伯裘》,中华书局2019年版,第625—626页。
② (唐)魏徵等:《隋书》卷27《百官志中》,第760页。

简牒虽盈，菁华盖鲜。①

按这个说法来看，侍医还具有搜集、整理、校对医药典籍的职责。

不过在《隋书》之前，其他各家史书中不见有"侍医"这一职官的设置。那么为什么在酒泉太守之下会有"侍医"这样一个属官呢？这种情况值得注意。

关于"直医"，史籍无载，其含义与职责都不甚明了。

在《晋书》、《隋书》关于地方机构设置的记载里，我们也找不到地方上有专门设置的官方医疗属员的线索。《晋书》载：

> 郡皆置太守，河南郡京师所在，则曰尹。诸王国以内史掌太守之任，又置主簿、主记室、门下贼曹、议生、门下史、记室史、录事史、书佐、循行、干、小史、五官掾、功曹史、功曹书佐、循行小史、五官掾等员。②

显然，在这个记载比较详细的太守下属小吏队伍中，很难发现有专门的官方医生的影子。我们来看看《隋书》的记载：

> 上上郡太守，属官有丞，中正，光迎功曹，光迎主簿，功曹，主簿，五官，省事，录事，及西曹、户曹、金曹、租曹、兵曹、集曹等掾佐，太学博士，助教，太学生，市长，仓督等员。合属官佐史二百一十二人。上中郡减上上郡五人。上下郡减上中郡五人。中上郡减上下郡四十五人。中中郡减中上郡五人。中下郡减中中郡五人。下上郡减中下郡四十人。下中郡减下上郡二人。下下郡减下中郡二人。③

这个记载可能就比较详细，上上郡太守一共有属员212人，仅从列出来的属官职称来看，包括了地方行政的各个方面，甚至就连管理仓库的仓督都

---

① （唐）魏徵等：《隋书》卷76《潘徽传》，第1746页。
② （唐）房玄龄等：《晋书》卷24《职官志》，第746页。
③ （唐）魏徵等：《隋书》卷27《百官志中》，第762页。

列了出来，但就是没有"侍医"和"直医"，那么是不是"侍医"和"直医"包括在这200多属员的那个"等员"省略中了呢？如果真是这样，那也正好说明了，即使有这样的官方医生，在整个设置中也是无足轻重的，那么他们在地方上所能发挥的作用也是极其有限的。

我们不能不考虑，缀名陶潜所著的《搜神后记》的故事性记载中，对于地方职官的称呼是否有不尽严谨的地方，这一点我们无法判断。但是从这则记载，我们还是可以相信：至少在当时的酒泉郡，无论他在名称上叫什么，太守属员中肯定是有官方背景的医生存在的。

关于这一点，我们从北魏皇兴四年（470）诏书中可以追寻到一些相关线索：

> 三月丙戌，诏曰："朕思百姓病苦，民多非命，明发不寐，疚心疾首。是以广集良医，远采名药，欲以救护兆民。可宣告天下，民有病者，所在官司遣医就家诊视，所须药物，任医量给之。"[1]

既然皇帝下诏要求各地方政府官员对生病的当地民众采取救济措施——"遣医就家诊视"，那么，各地政府应该是有自己所属的草药医生的，否则就无从谈起"遣医"之说。

可以支持我们这个判断的另一个证据是汉代地方政府中有医生存在这一史实。金仕起对两汉时期的"医者"做了比较系统的探讨，根据正史文献和敦煌汉简的记载，他指出在边郡地区有专门的官医为边关官兵提供医疗，这种医疗行动有时候也会延及到边关地区的其他民族群众之中。[2] 而在内地也有太守派遣医生的记载[3]，可见汉代地方官府中是有专门的医生存在的。由此可断定，晋唐之际的地方官府中应有专门的医生作为吏员而存在。

---

[1] （北齐）魏收：《魏书》卷6《献文帝纪》，第130页。
[2] 金仕起：《古代医者的角色——兼论其身份与地位》，载李建民主编：《生命与医疗》，中国大百科全书出版社2005年版，第20—21页。
[3] （汉）班固：《汉书》卷76《韩延寿传》，第3211页："延寿为吏，上礼义，好古教化，所至必聘其贤士……接待下吏，恩施甚厚而约誓明。或欺负之者，延寿痛自刻责：'岂其负之，何以至此？'吏闻者自伤悔，其县尉至自刺死。及门下掾自到，人救不殊，因喑不能言。延寿闻，对掾史涕泣，遣医治视，厚复其家。"

二、民间医疗如何进行

虽然传统中国的国家太医机构是相当发达的，无论在知识积累还是制度建设上，都非常专业化。但是，这样的机构只是局限于对皇家及其近臣的服务，并不能代表当时普遍的医疗技术水平和服务提供程度。

在这种相对发达的官方医疗体系背景下，我们对民间医疗事实的认识需要从以下几方面去进行：

（一）"巫术"与医疗

在专制的中古社会，整个世界的运行法则与我们今天所接受的"机械"宇宙截然不同。人们普遍认为所有的物质中都渗透着某种"精神"或效力。生活中一旦出现了不同寻常的事情或变故，从"精神"而不是"物质"的角度去寻求帮助和解决的办法，是最普遍而经常的选择。

人们往往将病痛与鬼神、灵异动物及居住环境等具有"精神"意义的事象联系起来加以考虑。所以，民间对于生病的解决办法往往也会同"巫"这个职业阶层联系起来。在魏晋时期的志怪小说如《搜神记》、《异苑》等等中，很多治病的例子都同"巫"有关。

民间巫医的大量存在，无疑为解决疾病的诊疗问题提供了很方便的条件。在当时的知识体系和社会条件下，"巫"、"祝"及各类法术等等是正当合法的知识，是被普遍接受的文明体系。[①] 当然，巫、祝等所作的法术和各种仪式被应用于疾病，并不排除草药医生的存在和草药的广泛利用。

（二）从草药知识体系看民间医疗

民间医疗体系，完全具有自生自灭的性质，中医药是一种可以通过简单临床经验和书本知识进行掌握的知识体系，许多草药医生往往是通过自学来掌握这些知识的，如：

[①] 关于"巫"在魏晋南北朝时期所发挥的医疗作用问题，本拟以单独的一章放在对佛教法术的讨论中来探讨，但是由于资料准备不足和时间的关系，不能如愿完成。这方面的问题，可以参阅林富士先生《中国六朝时期的巫与医疗》一文，林先生在列举大量巫参与治病的史例的基础上，指出："在六朝时期的中国社会中，巫者是主要的医疗者之一……在医疗市场上，巫者必须和医者、道士、僧人竞争。在疾病观和医疗法上，巫医道僧都各有其特色和专长，不过，他们也有一些共通性，而这些共通性似乎是自先秦、两汉以来即已发展成熟的巫的医疗传统。"林富士先生的相关论述，参阅林富士主编：《礼俗与宗教》，第79—116页。

> 李元忠族弟密……密性方直，有行检，因母患积年，得名医治疗，不愈。乃精习经方，洞晓针药，母疾得除。当世皆服其明解，由是亦以医术知名。①
>
> 季舒大好医术，天保中，于徒所无事，更锐意研精，遂为名手，多所全济。虽位望转高，未曾懈怠，纵贫贱厮养，亦为之疗。②
>
> 皇甫谧字士安，幼名静，安定朝郡人也，沈静寡欲，始有高尚之志，以著述为务，自得风痹疾，因而学医，习览经方，手不辍卷，遂尽其妙。③
>
> （殷仲堪）父病积年，仲堪衣不解带，躬学医术，究其精妙，执药挥泪，遂眇一目。④
>
> 许智藏，高阳人也。祖道幼，常以母疾，遂览医方，因而究极，时号名医。诫诸子曰："为人子者，尝膳视药，不知方术，岂谓孝乎。"由是，遂世相传授。⑤

其实很多著名的草药医生，往往都是因为困于疾病，不得不自己钻研医典，并终于成为名医。但是这也有一个问题，那就是在史书记载中能钻研医典，并进而成为一代名医的人物，往往也有很好的儒学背景和官僚经历。据宋代张杲《医说》的记载，魏晋南北朝时期见诸记载的医生，主要由四种人组成：官员、道士、僧人和不知来历的民间医生，其中大多是官员。如裴頠，官至尚书左仆射；刘德，官至太医校尉；史脱，拜太医校尉；阮偘，官至河内太守；程据，官至太医令；徐熙，官至泰山太守；等等。

那么就是说，很多没有这种官方背景也不是非常知名的医生，并不能被记载下来。这种文献记载的选择性局限，显然会在很大程度上影响我们对当时的医疗事实的判断。

无论怎么来看待现存文献对史实的代表程度，不容忽视的是，有知识的各种官僚是当时真正有一定系统草药医学知识的主要人物之一。他们在各个

---

① （唐）李百药：《北齐书》卷22《李元忠传》，第316页。
② （唐）李百药：《北齐书》卷39《崔季舒传》，第513页。
③ （宋）张杲：《医说》卷1，明吴勉学刻本。
④ （唐）房玄龄等：《晋书》卷84《殷仲堪传》，第2194页。
⑤ （唐）李延寿：《北史》卷90《许智藏传》，第2981页。

地域的民间医疗中应该是发挥了一些积极作用的。

但是必须明确的是,这些具有官方背景的人,所从事的医疗活动是具有私人性质的,并且是否具有普遍的意义,很难做出结论来。按司马迁的说法"医史卜祝"之流是比较低贱的职业,至少在传统的伦理层级体制中是很低下的。那么这些官员们虽然有较高的医术或医学知识,能否屈尊进行广泛的民间医疗活动,是很难说的。

我们从史料中找到当时的太医进行民间医疗的一个个案,关于北齐著名太医马嗣明出诊的事例:

> 从驾往晋阳,至辽阳山中,数处见榜,云有人家女病,若有能治差者,购钱十万。诸名医多寻榜至,问病状,不敢下手。唯嗣明独治之。其病由,云曾以手将一麦穗,即见一赤物长二寸似蛇,入其手指中,因惊怖倒地,即觉手臂疼肿,渐及半身俱肿,痛不可忍,呻吟昼夜不绝。嗣明为处方服汤。比嗣明从驾还,女平复。嗣明,隋初卒。[①]

这是一个很特殊的案例,马嗣明是在跟皇帝出行的时候,因为有钱人家出重金聘医治病,才参与了这次民间医疗活动,具有很大的偶然性。

这个事例也说明,民间医疗主要还是以商业化的民间医生为主,作为一种谋生的手段,钱肯定是决定他们行医的一个主要标准。至于是否这些医生都能经常性地为民众提供低廉的或者免费的医疗,我们无法做出判断。有两个因素影响我们的判断:一是一千多年前的乡村主体伦理和价值观念的实际状态,我们很难根据有限的史料来做出判断;二是当时要进入医疗状态的界限在什么地方,我们也一无所知。譬如我们既不能用今天市场化的观念来判断当时的医生,也不能判断当时的医生是否都会经常性地做免费医疗,否则我们就不能解释那些因为"购钱十万"医生就纷纭前往这样的事例了。此外,我们今天可能小小的感冒就会去看医生,而当时的老百姓在身体疾病达到什么程度上才去看医生,我们显然无法做出很准确的判断,但是可以从一些零星的事例来得到一些认识。

---

① (唐)李百药:《北齐书》卷49《马嗣明传》,第681页。

我们在文献中见到的病案,有三种情况。

一种是比较紧急的日常性的疾病,譬如食噎、蛇咬等等,这是需要专门的医生来处理的,譬如三国华佗处理的一桩著名的病例:

> 佗尝行道,见一人病咽,嗜食不得下。家人车载,欲往就医。佗闻其呻吟声,驻车往视,语之曰:"向来道边有卖饼家,蒜齑大酢,从取三升饮之,病自当去。"即如佗言,立吐蛇一枚。①

很显然,此类病案往往是简单的病症,但是医生用了更加简单的、让人匪夷所思而又具有很明显的医疗原理的治疗方法和药物。就是说,简单的治疗取得了神奇的效果,所以得到了记载。那么日常生活中的一般病例显然不会书诸文献。

第二种情况是多年不能得到治疗的疾病,这可能既同经济条件有关,也同没有找到好的治疗方法有关,知识的闭塞显然会妨碍疾病的治疗,一旦有新的知识者来到,则将这类问题很轻易地解决。

第三种情况是一些比较怪异的疑难杂症,这些疾病的被治愈,带有很浓厚的神话色彩,往往是由巫医来完成这种病症的治疗。其具体治疗方法,在医疗原理上是说不通的。这种病例的被治疗,在文献记载中也会由于对神奇法术的记载而忽略了对掩盖在法术之下的医疗手段和药物使用的分析。

由此我们可以推断,但凡记载在文献中的这三类病例,除了第一种因为其医疗手段的高度透明性,可以判断不会有太多的花费外,第二、第三类病案应该会因为其神奇而获得截取钱财的最好借口。

因而,对于民间商业化的医生与病人之间的关系,我们应该从以下两方面来理解。

1. 草药治疗方法应该具有一定的开放性,就是说,生病的人不一定就需要医生,完全可以通过自我治疗达到目的。

在现代科学体系占据主导地位之前的中国古代社会,除了儒家经学体系有着很严格的师法传承和典籍规范之外,医药知识是否具有严格的规范与传

---

① (晋)干宝撰,李剑国辑校:《搜神记辑校》附录,中华书局2019年版,第617页。

承，似乎不太可能。这就是为什么很多草药医生是自学而成的。

对这个问题的理解还要从草药的来源做些思考。现代西医的药物生产与化学学科的成熟息息相关，其前身是炼丹以求长生、成仙的术士和炼金以求神奇获财的法师的伎俩。因而，现代西医的药物来自实验室，来自一个极端复杂、高知识含量的系统生产过程，是一个知识门槛很高的殿堂；而草药则具有地地道道的"草根性"，完全来自荒野之地。生于斯长于斯的普通百姓经常在接触它们，只要有一些简单的经验就会很熟练地应用这些花花草草来为自己身体的不适做些调整。所以，草药的使用在一定程度上也有极强的民间性和随意性，这些草根同民众之间的关系虽然也存在一个"如何搭配"这样的知识屏障，但是比起"巫术"这种古代文明体系中的专门性很强的"知识系统"来，显然要简单得多。

就是说，草药的利用在民间医疗中可能是非常广泛而普遍的，而"巫术"则是一个相对要昂贵的治疗体系。

2. 以系统知识为背景的草药治疗显然需要比较高的代价，因而一般民众要得到这样的治疗也是比较困难的。历史文献中有一些比较清贫的官员都不能支付必要的医药费的记录：

> 李胤，字宣伯，辽东襄平人也……胤虽历职内外，而家至贫俭，儿病无以市药。帝闻之，赐三十万。①

因而，面对疾病，运用一些简单的家常疗法也是民间医疗的一个主要方面，尤其是"酒"的应用，当时应该是非常广泛的，这是一种用酒精的麻醉来减少病症痛苦的办法，《魏书》卷92《列女传》有这样的一个事例：

> 乐部郎胡长命妻张氏，事姑王氏甚谨。太安中，京师禁酒，张以姑老且患，私为酝之，为有司所纠。王氏诣曹自告曰："老病须酒，在家私酿，王所为也。"张氏曰："姑老抱患，张主家事，姑不知酿，其罪在张。"主司疑其罪，不知所处。平原王陆丽以状奏，高宗义而赦之。②

---

① （唐）房玄龄等：《晋书》卷44《李胤传》，第1253—1254页。
② （北齐）魏收：《魏书》卷92《列女传》，第1980页。

显然，这就是俗话说的"有了病，挺一挺"的绝好实例，老人经常有病，儿媳就酿酒来调节，或者说用酒来缓解病痛。这种方法不仅一般老百姓用，统治阶层中的官僚也不得不使用：

> 尚希素有足疾，上谓之曰："蒲州出美酒，足堪养病，屈公卧治之。"于是出拜蒲州刺史。①

因而，限于当时的医疗条件，对无法治愈的疾病的"挺"也是不分贫富贵贱的各个群体都不得不面对的现实，另外一则史料也是"挺病"的典型：

> 庾衮字叔褒，咸宁中大疫，二兄俱亡，次兄毗复殆。疠气方盛，父母诸弟皆出次于外，衮独留不去。诸父兄强之，乃曰："衮性不畏病。"遂亲自扶持，昼夜不眠。间复抚柩，哀临不辍。如此十余旬，疫势既退，家人乃返。毗病得差，衮亦无恙。②

（三）民间医疗活动的主要从事者

民间医疗活动的主要从事者，恐怕主要还是这样几种人，即民间草药医生、巫师、道士和僧人。

除职业的以追求利益为目的的草药医生外，还有一些致力于医疗救助的民间医生也不能不引起我们的重视。

宋代张杲的《医说》中引了《列仙传》中的一个关于民间草药医生的记载，虽然具有故事性质，但很能说明问题：

> 负局先生者，不知何许人也。语似燕、代间人。常负磨镜，局徇吴市中，衒磨镜，一钱因磨之。辄问主人，得无有疾苦者，辄出紫丸药以与之，得者莫不愈，如此数十年。后大疫病，家至户到，与药活者万计，不取一钱。吴人乃知其真人也。后止吴山绝崖头，悬药下与人，将欲去时，语下人曰："各还蓬莱山，为汝曹下神水。"崖头一旦有水，白

---

① （唐）魏徵等：《隋书》卷46《杨尚希传》，第1254页。
② （晋）干宝撰，李剑国辑校：《搜神记辑校》附录，第655页。

色流从石间来下，服之多愈疾，立祠十余处。①

这个负局先生，是一个磨镜子的人，那么他的主要谋生手段似乎不是依靠行医，而是磨镜子。为乡间民众提供医疗服务，只是负局先生的一种职业外义务性行为，是没有任何功利目的的。就是这样的人，居然在有疫病的情况下凭借自己配制的草药丸药救活了上万人。

另外，当时的一些具有经济实力的慈善人物的参与，也是改善或者说促进民间医疗的一个主要方面，如严植之是我们能在史书中找到的这样一个典型的致力于医药救助的人物：

> 植之自疾后，便不受廪俸，妻子困乏，既卒，丧无所寄，生徒为市宅，乃得成丧焉。
>
> 植之性仁慈，好行阴德，虽在暗室，未尝息也。少尝山行，见一患者，植之问其姓名，不能答，载与俱归，为营医药，六日而死，植之为棺殓殡之，卒不知何许人也。尝缘栅塘行，见患人卧塘侧，植之下车问其故，云姓黄氏，家本荆州，为人佣赁，疾既危笃，船主将发，弃之于岸。植之心恻然，载还治之，经年而黄氏差，请终身充奴仆以报厚恩。植之不受，遗以资粮，遣之。其义行多如此。撰《凶礼仪注》四百七十九卷。②

对于普通百姓来讲，日常性的疾病要得到治疗，是非常艰难的，如严植之所救助的这两个普通百姓，就是很典型的事例。

从事民间医疗的另外一类人就是方术宗教之士，主要包括巫师、道士和佛教僧人。葛洪、陶弘景这些有名的道士同时也是有名的医生，像僧深、支法存则是僧人医疗者中的佼佼者。他们是民间医疗的积极参与者。

---

① 王叔岷撰：《列仙传校笺》卷下《负局先生》，中华书局2007年版，第150页。
② （唐）姚思廉：《梁书》卷48《严植之传》，第671—672页。

第二节　僧人医疗家与中古医学

佛教僧人参与医疗的史实，往往会淹没在那些神奇的法术记载中。当然这样的结果，并不是他们所进行的医疗活动没有得到传统社会的认可和包容，而是僧人们使用了太多玄虚神异的手段和做出了太多匪夷所思的解释，这自然就会招致具有冷静的伦理理性意识的儒家知识者的广泛批评。即使这样，在传统的古代医药典籍里，对于佛教僧人在医药方面所做出的贡献，还是有相当客观的反映。譬如像佛教医药菩萨"龙树"及本土医学僧人释僧深都得到了传统医药学家相当的尊敬和褒扬，他们所传承的很多验方的疗效也得到了普遍的承认和广泛的应用。

那么，在法术的重重迷雾中，我们该如何评价和认识在中古时期曾致力于民间医疗的这个佛教僧人群体？恐怕最直接的办法应该就是从他们从事这一事业的知识理路入手，结合他们的医疗史实来做梳理和剖析。

佛教僧人医疗者的知识体系和所应用的治病方法，有三个来源：一是印度与西域古典医学技术；二是传统的中国医药体系；三是本土巫术与外来巫术及佛教经典中的治病体系。

这个问题，我们可以从佛教医疗家所撰著的医疗典籍及相关文献中寻找到一些线索。在《隋书·经籍志》中，所记录的同佛教医疗家有关的医疗典籍有下列几种：

> 《寒食散对疗》一卷，释道洪撰。
> 《解寒食散方》二卷，释智斌撰。
> 《释慧义寒食解杂论》七卷，亡。
> 《解释慧义解散方》一卷，亡。
> 《释僧深药方》三十卷。
> 《支法存申苏方》五卷。
> 《摩诃出胡国方》十卷，摩诃胡沙门撰。
> 《诸药异名》八卷，沙门行矩撰。本十卷，今阙。
> 《单复要验方》二卷，释莫满撰。
> 《释道洪方》一卷。

《疗百病杂丸方》三卷，释昙鸾撰。
《议论备豫方》一卷，于法开撰。
《论气治疗方》一卷，释昙鸾撰。
《释僧匡针灸经》一卷。
《龙树菩萨药方》四卷。
《西域诸仙所说药方》二十三卷，目一卷，本二十五卷。
《西域波罗仙人方》三卷。
《西域名医所集要方》四卷，本十二卷。
《婆罗门诸仙药方》二十卷。
《婆罗门药方》五卷。
《耆婆所述仙人命论方》二卷，目一卷，本三卷。
《乾陀利治鬼方》十卷。
《新录乾陀利治鬼方》四卷，本五卷，阙。
《龙树菩萨和香法》二卷。
《龙树菩萨养性方》一卷。[1]

这25部医药典籍，其编撰者大多是僧人，计有释道洪、释智斌、释慧义、僧深、支法存、摩诃胡沙门、释莫满、释昙鸾、于法开、行矩、释僧匡等。

可以想见，这并不是当时佛教医疗者所收集的验方和所作的医药典籍的全部，这一点，我们从《隋书·经籍志》关于收录这些医典的原则中可以得其仿佛：

> 道、佛者，方外之教，圣人之远致也。俗士为之，不通其指，多离以迂怪，假托变幻乱于世，斯所以为弊也。故中庸之教，是所罕言，然亦不可诬也。故录其大纲，附于四部之末。[2]

这其实是一种以本土文明为中心所产生的知识偏见，根据现有的有限记

---

[1] （唐）魏徵等：《隋书》卷34《经籍志三》，第1041—1049页。
[2] （唐）魏徵等：《隋书》卷35《经籍志四》，第1099页。

载来看，佛教医疗者在传播天竺、西域医学，保存传承本土医学方面所发挥的作用是相当重要的，这一点我们在后面将会讲到。

一、来自异域的佛教僧人医疗家及其医学著作

印度古典医学的主流体系——生命吠陀，对中古时期的西域医学和中国传统医学具有深远的影响，它的传播与应用，与佛教的东传息息相关。生命吠陀所依据的哲学体系和药材系统，都同以儒、道哲学为基础的中国传统医学体系有很大的差别。因而，生命吠陀在西域和中国的传播，主要归功于来自印度、西域的佛教传教僧人及其弟子，当然，部分商人也发挥了一定作用。陈寅恪先生认为："吾国旧时医学，所受佛教之影响甚大。"[①]

关于印度古典医学和西域医药知识对中古中国医药传统的影响，可以从该时期的医学典籍中得到一些感性的认识。

从上面所列出的《隋书·经籍志》所记载的医疗著作和经典验方，我们无法完全判断何者来自天竺医疗体系，何者是本土医疗知识的记载，但是仅仅从书名和相关情况来判断，初步可以确定以下几部医籍是同印度古典医学技术和西域医学有密切关系，或者说就是古印度医学或西域医学典籍的翻译本：

> 《摩诃出胡国方》十卷，摩诃胡沙门撰。
> 《议论备豫方》一卷，于法开撰。
> 《支法存申苏方》五卷。
> 《龙树菩萨药方》四卷。
> 《西域诸仙所说药方》二十三卷，目一卷，本二十五卷。
> 《西域波罗仙人方》三卷。
> 《西域名医所集要方》四卷，本十二卷。
> 《婆罗门诸仙药方》二十卷。
> 《婆罗门药方》五卷。
> 《耆婆所述仙人命论方》二卷，目一卷，本三卷。

---

① 陈寅恪：《崔浩与寇谦之》，载《金明馆丛稿初编》，上海古籍出版社1982年版，第113—114页。

《龙树菩萨和香法》二卷。

《龙树菩萨养性方》一卷。①

下面我们将对与这些医籍相关的情况做一些详细考察。

（一）耆婆医学的传播及后续影响

随佛教而传入中国的天竺医学，最具有代表性的是耆婆的医术与医药典籍的传入。据《高僧传》的记载，东晋时的僧人于法开所学的就是耆婆医学。

耆婆是古印度草药医生中的优秀者，拥有"医王"的称号。在东汉安世高译的《佛说奈女耆婆经》中，有关于耆婆身世的传说：

> 佛在世时，维耶离国王苑中，自然生一奈树，枝叶繁茂。实又加大。既有光色，香美非凡。王实爱此奈。自非宫中尊贵美人，不得啖此奈果。其国中有梵志居士，财富无数，一国无双。又聪明博达，才智超群。王重爱之，用为大臣。王请梵志，饭食毕，以一奈赏与之。梵志见奈香美非凡，乃问王曰："此奈树下，宁有小栽可得乞不？"王曰："大多小栽，吾恐妨其大树，辄除去之。卿若欲得，今当相与。"即以一奈栽与。梵志得归种之，朝夕灌溉，日日长大，枝条茂好。三年生实，光彩大小如王家奈。梵志大喜，自念："我家资财无数，不减于王，唯无此奈，以为不如。今已得之，为无减王。"即取食之，而大苦涩，了不可食。梵志更大愁恼，乃退思维："当是土无肥润故耳。"乃捉取百牛之乳，以饮一牛，复取一牛乳，煎为醍醐，以灌奈根。日日灌之，到至明年，实乃甘美，如王家奈。而树边忽复生一瘤节，大如手拳，日日增长。梵志心念："忽有此瘤节，恐妨其实。"适欲斫去，复恐伤树。连日思惟，迟回未决而节中忽生一枝，正指上向，洪直调好，高出树头，去地七丈。其杪乃分作诸枝，周围傍出，形如偃盖，华叶茂好胜于本树。梵志怪之，不知枝上当何所有。乃作栈阁，登而视之，见枝上偃盖之中，乃有池水，既清且香。又如众华，彩色鲜明。披视华下，有一女

---

① （唐）魏徵等：《隋书》卷34《经籍志三》，第1043—1049页。

儿，在池水中。梵志抱取，归长养之，名曰柰女。至年十五，颜色端正，天下无双，宣闻远国。有七国王，同时俱来。诣梵志所，求娉柰女以为夫人。梵志大恐怖，不知当以与谁。乃于园中，架一高楼，以柰女著上。出谓诸王曰："此女非我所生，自出于柰树之上，亦不知是天龙鬼神女耶？鬼魅之物？今七王俱来求之，我设与一王，六王当怒，不敢爱惜也。女今在园中楼上，诸王便自共议，有应得者，便自取去，非我所制也。"于是七王口共诤之，纷纭未决。至其夕夜，萍沙王从伏窦中入，登楼就之共宿。明晨当去，柰女白曰："大王幸枉威尊，接近于我。今复相舍而去，若其有子，则是王种，当何所付。"王曰："若是男儿，当以还我。若是女儿，便以与汝。"王即脱手金镮之印，以付柰女，以是为信。便出语群臣曰："我已得柰女，与共一宿。亦无奇异，故如凡人，故不取耳。"萍沙军中皆称万岁曰："我王已得柰女。"六王闻之，便各还去。柰女后生得男儿，儿生之时，手中抱持针药囊出。梵志曰："此国王之子，而执持医器，必是医王。"名曰耆婆，至年八岁，聪明高才，学问书疏，越殊伦匹。与比邻小儿游戏，心常轻诸小儿，以不如己。诸小儿共骂之曰："无父之子，淫女所生！何敢轻我！"耆婆愕然，默而不答，便归问母曰："我视子曹，皆不如我，而反骂我言无父之子。我父今者为在何许？"母曰："汝父者，正萍沙王是也。"耆婆曰："萍沙王乃在罗阅祇国，去此五百里，何缘生我？若如母言，何以为证？"母即出印镮，示之曰："此则汝父镮也。"耆婆省之，见有萍沙王印文，便奉持此镮，往到罗阅祇国。径入宫门，门无诃者。即到王前为王作礼，长跪白王言："我是王子，柰女所生，今年八岁，始知是大王种类，故持指镮印信，远来归家。"王见印文，忆昔日之誓，知是其子，怅然怜之，以为太子。涉历二年后，阿阇世王生，耆婆因白王曰："我初生时手持针药囊，是应当为医也。王虽以我为太子，非我所乐。王今自有嫡子生矣，应袭尊嗣。我愿得行学医术。"王即听之，王曰："汝不为太子者，不得空食王禄，应学医道。"王即命敕国中诸上手医尽术教之，而耆婆但行嬉戏，未曾受学。诸师责谓之曰："医术鄙陋，诚非太子至尊所宜当学，然大王之命，不可违废。受敕以来，积有日月，而太子初不受半言之方，王若问我，我当何对？"耆婆曰："我生而有医证在手，故白大王,捐弃荣豪,求学医术,岂复懈怠须师督促?直以诸师之道无足学者故耳。"便取本草药方针脉诸经,具难问师,师穷无以答,皆下为耆婆作礼,长跪叉手曰:"今日密知太子神圣,实非我等所及也。向所问诸事,皆是我师历世疑义所不能通,愿太子具悉说之,开解我等生年之结。"耆婆便为解说其义。诸医欢喜,皆悉更起,头面作礼,承受其法。于是耆婆便行治病,所治辄愈,国内知名。①

这是一个优美动人的故事,美丽的奈树上长出美轮美奂的绝世佳人,来自远方的王子们争相想得到这个美丽纯洁的姑娘,但是只有那个最幸运、最机灵的萍沙王赢得了姑娘,生下了高贵的医王耆婆。这样的具有童话色彩的故事,确实非常吸引人。

在《善见律毗婆沙》中,关于耆婆的身世就没有什么美丽的奈女生下耆婆王子的说法,而是说得更为直白。

> 耆婆者,外国音,汉言活童子。
> 何以名之活童子?
> 时无畏王子,晨朝乘车欲往见王,路见小儿,问傍人言:"此儿为死活?"傍人答言活,是故言活童子。王子问曰:"其母生已,何以掷置路上?"答曰:"此淫女法。若生女教习为淫女种,若生男则掷弃,是故生弃路上。"王子无畏,抱取养育渐渐长大,即立为儿。
> 问曰:耆婆童子何不学余技术?
> 答曰:往昔有佛,名曰莲花,时有一医师,恒供养莲花如来。耆婆见已心自念言:"云何我未来世,得如此医供养如来。"作是念已,即于七日中供养如来。往至佛所头面礼足,白佛言:"愿我未来世作大医师供养佛,如今者医师供养佛无异。"作是愿已礼佛而退。耆婆命终即生天上,天上福尽下生人间,如是展转乃至释迦出世,宿愿所牵不学余技,但学医方。
> 问曰:耆婆所以善学医道者?

---

① (汉)安世高译:《佛说柰女耆婆经》,载〔日〕高楠顺次郎等编修:《大正新修大藏经》第14册《经集部一》,第902—903页。

耆婆就师学时，天帝释观见此人，医道若成必当供养佛，是故帝释化入耆婆师身中，以教耆婆，于七月中得师法尽。过七月已，帝释所教如是，满七年医道成就。①

按《佛说柰女耆婆经》的说法，耆婆就是国王的亲生儿子，而《善见律毗婆沙》又说耆婆是那些风尘女子所生的弃儿，只不过得到了国王的收养。

在佛教传说中，国王往往是一个很重要的角色，包括安世高、鸠摩罗什在内的很多来自天竺或西域的僧人，往往被说成是国王的儿子，一方面这可能确实跟当时天竺、西域小国林立的现实状况有关，一方面也不能避免有附会的成分。无论怎么样，耆婆的身世都与国王有关，这一点是毫无疑问的。在佛经中，有耆婆为释迦僧团疗病的一些事例：

时阿难背上生痈，佛命耆婆治阿难所患。耆婆白佛："不敢以手近阿难背。"佛告耆婆："但治勿疑。我自当与阿难说法，令其不觉痛。"如来令阿难熟视佛相好，佛为说："如来身者金刚之数，不可败坏，三千二百福功德所成。"阿难目视不倦、耳听不厌、心念不散。时耆婆于阿难背上，溃痈傅膏。佛问阿难："汝觉背上痛不？"答曰："不觉。"不觉痛者，由念佛故也。十力所成，四无所畏。②

（阿那律）多日不眠，遂便失眼。造诣耆婆求欲治之。耆婆问其患眼内缘，那律具答。耆婆对曰："睡是眼食。久时不眠，眼便饿死，永更巨治。"那律闻之，遂修天眼。③

显然耆婆应该同佛教创始人释迦牟尼是同时代人，在《佛说柰女耆婆经》中，有释迦牟尼佛对耆婆的说法："佛告耆婆：汝宿命时，与我约誓，俱当救护天下人病。我治内病，汝治外病。今我得佛，故如本愿。"既然将

---

① （南朝齐）僧伽跋陀罗译：《善见律毗婆沙》卷17，载〔日〕高楠顺次郎等编修：《大正新修大藏经》第24册《律部三》，第793—794页。
② 佚名译：《分别功德论》卷3，载〔日〕高楠顺次郎等编修：《大正新修大藏经》第25册《释经论部上》，第37页。
③ （隋）慧远：《维摩义记》卷第二（本），载〔日〕高楠顺次郎等编修：《大正新修大藏经》第38册《经疏部六》，第455页。

耆婆的地位提高到同释迦牟尼佛同样的地位，那么耆婆无论在古印度的世俗社会还是僧团内部，地位都是很高的。

随着佛教的东传，耆婆医术体系也传到了中国，最主要的就是耆婆所作的医典和使用的一些验方被中国草药医生们所认可。

耆婆所作的关于医药的典籍，流传到中国并得到记载的大概有以下几端：

1.《耆婆所述仙人命论方》2卷。

《隋书·经籍志》载此方药典籍，到《旧唐书·经籍志》和《新唐书·艺文志》均无载录。魏晋南北朝时期是求仙修道、期望长生不老的一个高峰时期，服食一些丹药类药物是统治阶层的一种生活状态，所以从这个背景来推断，《耆婆所述仙人命论方》应该与当时上层统治者的求仙需求有关。

2.《大素本草》，载《孔雀经音义》：

> 《大素本草》之文，神农耆婆之术，岂当此妙经力耶。
>
> 次释题目。是有二趣，一显二秘。显者以多名句，撰一义理是也。秘者一字中含无量义理是也。所以圣人说教，随人大小大海分味随汲浅深。身病百种，即方药不能一途；心疾万品，经教不得一种。是故，我大师薄伽梵，施种种药，疗种种病。《大素本草》，是神农耆婆方药。①

3.《耆婆六十四问》1卷，载《宋史》卷107《艺文志》6。

4.《耆婆要用方》1卷，载《宋史》卷107《艺文志》6。

5.《耆婆脉经》3卷，载《宋史》卷107《艺文志》6。

6.《耆婆五藏论》1卷，载《宋史》卷107《艺文志》6。

宋陈自明撰《妇人大全良方》卷10：

> 《五脏论》有称耆婆者，论一月如珠露，二月如桃花，三月男女分，四月形象具，五月筋骨成，六月毛发生，七月游其魂，儿能动左手，八月游其魄，儿能动右手，九月三转身，十月受气足。

---

① 〔日〕观静撰：《孔雀经音义》上卷，载〔日〕高楠顺次郎等编修：《大正新修大藏经》第61册《续经疏部六》。

关于耆婆《五脏论》，有出土于吐鲁番的汉文文书残片，该文书藏德国国家图书馆，编号 Ch.3725，残片全文六行，录之如下：

> 分，右捣筛为散，一服方寸匕，□［忌］
> 如药法。五梦［劳］：肺劳则语声□泚；心劳
> 则腰疼痛。伤心即吐血；伤肾则尿血；
> 伤肥肉则白（百）骨疼，恶寒盗汁（汗）；伤肠
> 即曳［痢］；伤肺则语［声］不通。伤肝即
> 眼膜暗。焉（耆）婆五脏论一卷。①

该文书残片最后一行标明"焉（耆）婆五脏论一卷"。这块残片，应该是《龙树五脏论》的一个总论部分。

此外，在中医药典籍及出土文献中，还可以见到耆婆的一些医药典籍及验方记载：

1.《耆婆治恶病论》。

明王肯堂撰《证治准绳》卷 27："耆婆《治恶病论》曰：疾风有四百四种，总而言之，不出五种，即是五风所摄。"

2.《耆婆书》。

这是一个梵文于阗文残卷，斯坦因盗自敦煌藏经洞，残卷共记录了 90 个药方，陈明先生作了翻译本。②

3. 耆婆万病丸。

孙思邈《备急千金要方》卷 12《胆腑》：

> 耆婆万病丸。治七种癖块，五种癫病，十种疰忤，七种飞尸，十二种蛊毒，五种黄病，十二时疟疾，十种水病，八种大风，十二种□□裙痹，并风入头，眼暗漠漠，及上气咳嗽，喉中如水鸡声，不得眠卧，饮食不作肌肤，五藏滞气，积聚不消，拥闭不通，心腹胀满及连胸背鼓气

---

① 参见陈明：《殊方异药——出土文书与西域医学》，北京大学出版社 2005 年版，第 158 页。引用的时候，对一些不能打出的异体字做了改动，特此说明。
② 参见陈明：《殊方异药——出土文书与西域医学》，第 311—334 页。

坚结流入四肢。或复义心膈气满，时定时发，十年二十年不差。五种下痢疳虫，寸白诸虫，上下冷热，久积痰饮令人多睡，消瘦无力，荫入骨髓，便成滞患。身体气肿，饮食呕逆，腰脚酸疼。四肢沉重，不能久行立。妇人因产冷入子藏，藏中不净。或闭塞不通，胞中瘀血冷滞，出流不尽，时时疼痛为患。或因此断产，并小儿赤白下痢，及胡臭耳聋鼻塞等病。此药以三丸为一剂，服药不过三剂，万病悉除。说无穷尽，故称万病丸。以其牛黄为主，故一名牛黄丸。以耆婆良医。故名耆婆丸方。①

4. 耆婆汤。

《外台秘要方》卷38："耆婆汤，疗人风劳虚损，补髓令人健。"

耆婆药方最为著名的应该是"耆婆万病丸"，自孙思邈《千金方》开始，历代医药典籍都很忠实地记录此方，可见其在应用中确实有很好的疗效。

另外，上面所列的几种耆婆医药典籍中，有几种在《隋书·经籍志》和两《唐书》均无载，而《宋史》却做了收录，这说明其传入有两种可能性：一是在民间流传，没有进入《唐书》之前的目录编纂者的视野，直到撰写《宋史》才被收入国家目录；另一种情况是这些医籍的传入时间要在两《唐书》成书之后的历史时段内，因而未能收入。不过，从孙思邈对天竺医学的重视程度来看，如果在此之前耆婆的这些著作已经译成汉文，他是不会注意不到的。因而最大的可能性就在于，耆婆医书有一部分的翻译时间是比较迟的。但是其在北方地区尤其在来自天竺的传教僧人中得到应用，应该是很早的。

此处尚需说明的是，耆婆在僧录中又被写作"耆域"，如《大藏经》就有《㮈女耆域经》1卷。

（二）婆罗门药方

在佛教传播的同时，天竺婆罗门教也有相当数量的传道者来到中国，依托医术等手段，传播其教义。《佛图澄传》所记载的一则史料可能有利于我们理解这个问题：

时太子石邃有二子在襄国，澄语邃曰："小阿弥比当得疾，可往迎

---

① （唐）孙思邈：《备急千金要方》卷12《胆腑》，人民卫生出版社1955年版，第223—224页。

之。"遂即驰信往视,果已得病。大医殷腾及外国道士自言能治,澄告弟子法雅曰:"正使圣人复出,不愈此病,况此等乎?"后三日果死。①

此处所说的"外国道士",显然同佛图澄是不一样的,可能就是当时的婆罗门医生。而见于《高僧传》的另一则材料,也证明了婆罗门传教在当时是有一定规模的:

> (朱士行)西渡流沙。既至于阗,果得梵书正本,凡九十章。遣弟子不如檀,此言法饶,送经梵本还归洛阳。未发之顷,于阗诸小乘学众,遂以白王云:"汉地沙门欲以婆罗门书,惑乱正典,王为地主,若不禁之,将断大法,聋盲汉地,王之咎也。"王即不听赍经。士行深怀痛心,乃求烧经为证,王即许焉。于是积薪殿前,以火焚之。士行临火誓曰:"若大法应流汉地,经当不然,如其无护,命也如何。"言已,投经火中,火即为灭,不损一字,皮牒如本。大众骇服,咸称其神感,遂得送至陈留仓恒水南寺。②

朱士行到于阗之后,虽然取到了梵文佛教经典,但是于阗国小乘僧人为了阻碍大乘经典的流传中国,居然在于阗国王面前编造谎言,说朱士行要带回中国的是婆罗门经典,要用婆罗门经典来毁坏汉地的佛教传播。这样就逼迫朱士行不得不用烧经的办法来证明他让自己的弟子要带回汉地的是佛教经典,而不是婆罗门经典。烧经不坏一说,实在难以理解。但是这些于阗僧人之所以编造这样的谎言,也说明当时的婆罗门经典及婆罗门僧人在汉地的传教活动应该也是相当具有规模的。

婆罗门传教的受挫,可能与鸠摩罗什僧团在关中翻译经典、取得政府的支持有关。《高僧传》卷6:

> 师子国有一婆罗门,聪辩多学,西土俗书罕不披诵,为彼国外道之宗。闻什在关大行佛法,乃谓其徒曰:"宁可使释氏之风独传震旦,而

---

① (梁)释慧皎:《高僧传》卷9《竺佛图澄传》,第349页。
② (梁)释慧皎:《高僧传》卷4《朱士行传》,第145—146页。

吾等正化不洽东国?"遂乘驼负书来入长安。姚兴见其口眼便僻,颇亦惑之。婆罗门乃启兴曰:"至道无方,各尊其事,今请与秦僧捔其辩力,随有优者,即传其化。"兴即许焉。时关中僧众,相视缺然,莫敢当者。什谓融曰:"此外道聪明殊人,捔言必胜。使无上大道,在吾徒而屈,良可悲矣。若使外道得志,则法轮摧轴,岂可然乎。如吾所睹,在君一人。"融自顾才力不减,而外道经书未尽披读,乃密令人写婆罗门所读经目,一披即诵。后克日论议,姚兴自出,公卿皆会阙下,关中僧众四远必集。融与婆罗门拟相酬抗,锋辩飞玄,彼所不及。婆罗门自知辞理已屈,犹以广读为夸,融乃列其所读书,并秦地经史名目卷部,三倍多之。什因嘲之曰:"君不闻大秦广学,那忽轻尔远来。"婆罗门心愧悔,伏顶礼融足,数日之中无何而去。像运再兴,融有力也。①

这应该是一桩非常具有典型意义的公案,这个来自师子国的婆罗门,同释道融展开辩论,企图驳倒以鸠摩罗什为中心的佛教僧团,从而取得姚兴政权的支持,发展自己的宗教。他虽然博学多才,但是最终败在了道融的手下,不得不离开中原地区。这场由姚兴及其大臣和关中僧侣参加的规模浩大的辩论,也可能正是婆罗门在中原受挫而佛教在中国得以战胜来自天竺等地其他教派的一个关键点所在,所以对于道融这次挫败婆罗门僧,鸠摩罗什在事前有"若使外道得志,则法轮摧轴"这样语气沉重的断语,而《高僧传》在事后的评价则是"像运再兴,融有力也"。由此可见这次辩论之于佛教在中原发展的重要意义,可以说具有转折性的价值。

因而,婆罗门的被挫败,一定程度上遏制了婆罗门僧在中原地区的活动及其影响力。但是,婆罗门在传教活动中所使用的医术和一些具有神奇效果的药方,却得到了中国传统医典的吸收,并保留了下来。

《隋书·经籍志》所载《婆罗门诸仙药方》20卷与《婆罗门药方》5卷,各家医籍没有提及,不过对于来自婆罗门的药方和按摩方法,确有一些零星记载。

孙思邈在《备急千金要方》之《按摩法》中首先就提到了婆罗门按摩方

---

① (梁)释慧皎:《高僧传》卷6《释道融传》,第241—242页。

法,将之列在"老子按摩法"之前:

> 天竺国按摩,此是婆罗门法。两手相捉扭捩,如洗手法;两手浅相义,翻覆向胸;两手相捉共按胜,左右同;以手如挽五石力弓,左右同;两手相重按,徐徐捩身,左右同;作拳向前筑,左右同;作拳却顿,此是开胸,左右同;如拓石法,左右同;以手反捶背上,左右同;两手据地缩身曲脊,向上三举,两手抱头宛转上,此是抽胸;大坐斜身,偏欹如排山,左右同;大坐伸两脚,即以一脚向前虚掣,左右同;两手拒地回顾,此是虎视法,左右同;立地反拗,身三举,两手急相义,以脚踏手中,左右同;起立,以脚前后虚踏,左右同;大坐伸两脚,用当相手勾所伸脚著膝中,以手按之,左右同。
>
> 右十八势,但是老人日别能依此三遍者,一月后百病除,行及奔马,补益延年,能食,眼明轻健,不复疲乏。①

在《外台秘要方》中,收录了一些婆罗门药方:

> 张文仲硇砂、牛膝三物散疗脚气,上气方硇砂牛膝细辛,右药为散酒和服,方寸匕日,再经四五服即效……云是婆罗门法。②
> 近效婆罗门僧疗大风疾并压丹石热毒热风手脚不随方。③
> 近效莲子草膏疗一切风耳聋眼暗生发变白坚齿延年,本是婆罗门方。④

关于婆罗门对于印度医药方面的知识的传播,当然不仅仅止于这些零星的药方和按摩法,但是在隋代之前,由于资料的缺乏,我们只能讨论到这里。隋唐时期,来自印度的一些婆罗门在医药、音乐方面对中国文化所做的贡献也是非常突出的。

---

① (唐)孙思邈:《备急千金要方》卷27《养性》,第481页。
② (唐)王焘:《外台秘要方》卷19,华夏出版社1993年版,第356页。
③ (唐)王焘:《外台秘要方》卷30,第575页。
④ (唐)王焘:《外台秘要方》卷31,第608页。

（三）关于龙树菩萨医疗典籍

关于龙树菩萨的医疗典籍有一部分可能是托名之作，但是这些也都毫无疑问是属于佛教僧人医学著作之列的。①

托名龙树的佛教医学典籍，影响也是比较大的，除《隋书·经籍志》所载的《龙树菩萨和香法》2卷、《龙树菩萨养性方》1卷和《龙树菩萨药方》4卷外，《宋史》卷207《艺文志》中尚有《龙树眼论》1卷，《宋史》卷157《选举志》有《龙树论》。据《宋史》所载，《龙树论》在草药医学教育体系中具有重要的地位：

> 医学，初隶太常寺，神宗时始置提举判局官及教授一人，学生三百人。设三科以教之，曰方脉科、针科、疡科。凡方脉以《素问》、《难经》、《脉经》、为大经，以《巢氏病源》、《龙树论》、《千金翼方》为小经，针、疡科则去《脉经》而增《三部针灸经》。②

既然《龙树论》被列为宋代医学教育三科之中的主要教材，与《巢氏病源》、《千金翼方》并称为脉科的"小经"，可见其地位之重要。

以龙树为标志的天竺医学体系，在针灸方面也可能具有重要的指导意义，宋张杲《医说》卷2说："为儒必读五经三史诸子百家，方称学者。医者之经《素问》、《灵枢》是也；史书即诸家《本草》是也；诸子《难经》、《甲乙》、《中藏》、《太素》是也；百家《鬼遗》、《龙树金镞刺要》、《铜人明堂》、《幼幼新书》、《产科保庆》等是也。"③这就将题名龙树的针灸著作《龙树金镞刺要》提到了一个很高的地位。

---

① 作为大乘学说的创始人，龙树得到后人的无比崇敬，关于他的生平，有不少附会的传说。据玄奘的记载，龙树因为是得到了长生术，使得信仰他的皇帝长命不死，迫不及待继承王位的王子就逼迫龙树自杀。吕澂先生认为龙树的生年应该是公元三四世纪，他的汉译著作可信的有17种，在西藏文本中，龙树的著作保存得相当多，鸠摩罗什的《龙树菩萨传》还是可信的。在《龙树菩萨传》中，记载龙树"弱冠驰名独步诸国，天文地理图纬秘谶，及诸道术无不悉综"。并且说他在青年时代就对药的判断有极高的天分，因而曾得到术士的指点。从这些迹象来看，龙树在医药方面确实是有一定造诣的。参见（后秦）鸠摩罗什译：《龙树菩萨传》，载〔日〕高楠顺次郎等编修：《大正新修大藏经》第50册《史传部二》，第184—185页；吕澂：《印度佛学源流略讲》，上海人民出版社2005年版，第88—96页。
② （元）脱脱等：《宋史》卷157《选举志》，中华书局1985年版，第3689页。
③ （宋）张杲：《医说》卷2，台北新文丰出版公司1981年版，第24—25页。

此外，《银海精微》卷下《开金针法》：

> 凡开金针，需择吉日风静日暖，需待日午之时，焚香请呼龙树医王观音菩萨，然后方静坐片时，定自己之气息。①

《银海精微》一书，《四库提要》定之为宋代以后的著作，在《开金针法》中开篇就将龙树列出，显然是将龙树当成了针灸这个医疗技术行业的一个代表性人物，由此可见龙树医籍无论在基本的诊病理论还是在用药、针灸方面都有自己独特的体系，对中国医学有深刻的影响。

此外需要注意的是，在佛藏密宗部中有《龙树五明论》上下两卷②，不知何时何人译出，其中有大量用来治病的咒语。

（四）摩诃胡沙门与《摩诃出胡国方》

求诸史籍，《摩诃出胡国方》的作者摩诃胡沙门应该就是中天竺僧人求那跋陀罗，据《高僧传》："求那跋陀罗，此云功德贤，中天竺人。以大乘学故世号摩诃衍。本婆罗门种，幼学五明诸论，天文书算医方咒术靡不该博。"求那跋陀罗世号"摩诃衍"，并且非常精通医方咒术。

求那跋陀罗自公元 435 年来到中国，在中国传教译经 30 多年，在此期间，他所具有的医学药物知识，应该得到了很好的发挥。

（五）支法存、仰道人与《支法存申苏方》

支法存是东来传教僧人中，医学知识最为丰富，也是最有影响的一位医僧。在有限的文献记载中，往往将支法存、仰道人相提并论，可能他们应该是一道行医的同伴，或者说他们之间可能具有医学传承关系。

医学典籍中关于二人的记载非常简单，孙思邈在《备急千金要方》中记载了这两位医僧：

> 考诸经方，往往有脚弱之论，而古人少有此疾。自永嘉南渡，衣缨士人多有遭者。岭表江东有支法存、仰道人等并留意经方，偏善斯术，

---

① （清）佚名氏撰，郑金生整理：《银海精微》，人民卫生出版社 2006 年版，第 125 页。
② 佚名译：《龙树五明论》，载〔日〕高楠顺次郎等编修：《大正新修大藏经》第 21 册《密宗部四》，第 956—968 页。

晋朝仕望多获全济，莫不由此二公。①

就是说对脚气病的治疗，支法存和仰道人是这方面的专家。按孙思邈的说法，古代医籍虽有"脚弱之论"，但是对这样的症状没有基本的认识和诊治。这是自西晋南渡之后由于北方人迁居南方，随着生存条件的变化而产生的新病种。这种病只有支法存和仰道人能治疗，他们在这方面是处在最前沿的专家。

仰道人是否是来自天竺的僧人，除了上引孙思邈的记载，再没有其他记载，因而我们不得而知。

支法存其人，《高僧传》没有记载，这至少说明在外来僧人中，他在佛教界的影响力是相当有限的。我们能见到的关于支法存的完整记录来自南朝宋刘敬叔的《异苑》：

> 沙门有支法存者，本自胡人，生长广州，妙善医术，遂成巨富。有八尺□□，光彩耀目，作百种形象。又有沈香八尺板床，居常香馥。太原王琰为广州刺史，大儿邵之屡求二物，法存不与，王因状法存豪纵，乃杀而籍没家财焉。法存死后，形见于府内，辄打阁下鼓，似若称冤，如此经日，王寻得病，恒见法存守之，少时遂亡。邵之比至扬都，亦丧。②

根据这个记载，我们知道支法存是生长在广州的外来僧人，他依靠医术成为巨富，可见他同一般僧人是不一样的。因为支法存拥有稀世珍宝，引起了广州刺史王琰③之子王邵之的垂涎，在多次索要未果的情况下，王琰居然

---

① （唐）孙思邈：《备急千金要方》卷7《风毒脚气》，第259—260页。
② （南朝宋）刘敬叔：《异苑》卷6，中华书局1996年版。
③ 关于王琰，上面我们引的《异苑》中的他，是一个为了贪财而不惜枉法杀人的贪官暴吏形象，而在《法苑珠林》卷14有一条关于他的记载，他又以非常虔诚的佛教徒形象出现："齐建元初，太原王琰者，年在幼冲，于交阯贤法师所受五戒，以观音金像令供养，遂奉还杨都，寄南涧寺。琰昼寝梦像立于座隅，意甚异之，即驰迎还，其夕。南涧失像十余，盗毁铸钱。至宋大明七年秋夕，放光照三尺许，金辉映夺，合家同睹。后以此像寄多宝寺。琰适荆楚垂将十载，不知像处。及还杨都，梦在殿东，众小像内的分明。诘旦造寻，如梦便获，于建元元年七月十三日也。故琰《冥祥记》自序云：此像常自供养，庶必永作津梁。"可以说，释道宣的这个记载非常混乱，这条记载同《异苑》的记载有以下几方面的矛盾之处：一是按《异苑》的记载来看，王琰不可能活到南齐建元元年（479），因为《异苑》成书下限在南朝宋的465—471年；二是按《异苑》记载说王琰死于广州刺史任上，而释道宣却说从广州返回了扬州。

以"豪纵"为借口，构陷支法存，将之杀害并且抄没了其财产。王琰是《冥祥记》一书的作者①，他本人是个虔诚的佛教徒，因而他在广州的时候同当地僧人的交往应该是比较密切的。《隋书·经籍志》集部有《王邵之集》，其作者应该就是劫夺支法存财物珍宝的那个王邵之。

支法存的医药学著作，《隋书·经籍志》有"《支法存申苏方》五卷"的记载，可见支法存当时所用的一些验方曾有比较广泛的流传。这个《支法存申苏方》之"申苏"是什么意思，难以理解。如果从支法存治疗疾病的专长来看，可能就是治疗脚气病的专门药方。

二、对天竺、西域传教僧人的医疗事迹的考察

传统的草药医疗技术同传统的巫术是分不开的，因而，从事医药研究和诊疗的人，以各种术士和修炼者为多。中国古代史籍中所记载的草药医生，往往都是精通方术者。对诞生于印度大陆的佛教而言，医术也是僧团成员必不可少的必修课之一，这一方面是因为僧团内部诊疗的需要，另一方面也是为了传教的方便。来自天竺和西域的僧人们很多都是这方面的专家。上面我们已经对著有医疗典籍或验方之书的部分外来僧人医疗家做了考察，下面我们对史籍明确记载具有医术技能的外来僧人略做考释。

（一）安世高

> 安清字世高，安息国王正后之太子也。幼以孝行见称，加又志业聪敏，克意好学，外国典籍及七曜五行医方异术，乃至鸟兽之声，无不综达。②

安世高在东汉桓帝年间来到中国，翻译经典，宣扬佛教。《高僧传》说他精通"医方异术"，但是没有他诊疗病人的任何记录。

（二）耆域

据《高僧传》记载，西晋光熙元年（306），天竺僧人耆域从天竺转扶南，经交州、广州、襄阳，抵达洛阳。他是第一个由海道来中国的天竺僧人。

---

① 鲁迅：《古小说钩沉》，载《鲁迅全集》第 8 卷，人民文学出版社 2005 年版。
② （梁）释慧皎：《高僧传》卷 7《安世高传》，第 4 页。

在洛阳，耆域为人治病，疗效非常好。当时的衡阳太守滕永文因为患有脚挛屈症，多年行走不便，寄住在洛阳的满水寺里治疗，经过耆域的治疗，恢复了正常。此外，这个耆域还治好了另一个即将死亡的病人。《高僧传》记载的这个"耆域"，其主要特征就是有很神奇的法术。按《高僧传》的说法，滕永文的病是耆域用简单的"咒术"治好的。《高僧传》还说耆域有分身术等。耆域后来返回西域后就不知所终。①

耆域作为一个具有神奇医术的人物，现存医典中也留下了他的一些验方。如《针灸资生经》卷3："治小肠气方甚多，未必皆效。耆域方、夺命散、良方仓猝散，皆已试之效者。"卷7《产后余疾》又有"耆域方如圣散"。②《普济方》卷423《痢论》有"诸痢惟耆域方，用厚朴、罂粟壳末最佳"，同卷又有"耆域蜜公丸"。③

（三）佛图澄

佛图澄（232—348），《高僧传》记载他是西域人，而《魏书》、《晋书》则记他为天竺人。

佛图澄少年时代在乌苌国信奉佛教，公元310年来到洛阳，后赵政权建立后，佛图澄来到后赵都城襄国，在后赵大将郭黑略的帮助下，以神奇的鬼神方术取得了后赵统治者石勒、石虎的信任，并参与后赵军国大计的谋划，被尊称为"大和上"。在暴虐的后赵统治下，佛图澄利用统治者对他的尊敬和信任，经常劝诫石勒、石虎，以至于很多人得以幸免于残暴的屠刀。在此期间，佛图澄还广施医术，救治了很多人。

佛图澄运用医疗技术诊疗病人的医案有三则：

> 1. 时有疬疾世莫能治者，澄为医疗，应时瘳损，阴施默益者，不可胜记。④
> 2. 石虎有子名斌，后勒爱之甚重，忽暴病而亡。已涉二日，勒曰："朕闻虢太子死，扁鹊能生。大和上，国之神人，可急往告，必能致

---

① （梁）释慧皎：《高僧传》卷9《耆域传》，第364—366页。
② （宋）王执中：《针灸资生经》，人民卫生出版社2007年版，第114、313页。
③ （明）朱橚等：《普济方》第十册，人民卫生出版社1959年版，第426页。
④ （梁）释慧皎：《高僧传》卷9《竺佛图澄传》，第346页。

福。"澄乃取杨枝咒之，须臾能起，有顷平复。由是勒诸稚子，多在佛寺中养之。每至四月八日，勒躬自诣寺灌佛，为儿发愿。①

3.时太子石邃有二子在襄国，澄语邃曰："小阿弥比当得疾，可往迎之。"邃即驰信往视，果已得病。大医殷腾及外国道士自言能治，澄告弟子法雅曰："正使圣人复出，不愈此病。况此等乎？"后三日果死。②

第一则记载是说佛图澄在后赵政权的暴虐统治下，曾在比较广泛的范围内为各个阶层的人治疗顽固性疾病，取得了很好的效果，为他在北方传播佛教奠定了很好的基础。

第二则记载则是一个神奇的医疗个案，佛图澄仅仅用简单的咒术就将已经死去两天的石斌救活，实属不可思议。这个记载显然有些故弄玄虚，但是抛开这种神话色彩，还是不难发现，如果这个医疗个案真的曾经发生过的话，那么佛图澄的医疗主要也是采取了一些巫术的手段，但这只是表象，真正起作用的应该是他所掌握的来自天竺医学体系中的草药医疗技术。正是因为他的医疗技术的高超，所以石勒将他的孩子都放在佛图澄的寺院里养育。

第三则医案是佛图澄对"外国道士"和当时后赵的太医殷腾对石邃的两个生病的孩子诊断的判断。殷腾和外国道士认为可以治疗，而佛图澄却认为即使圣人复出，也不可能治好这种病，事实证明佛图澄的判断是准确的。

这三则医案事例，从不同的方面证明了佛图澄确实是具有比较专业的医疗水平的僧人医疗者，他不仅能治疗一些疑难杂症，而且对于疾病种类与程度的判断也是非常专业的，以至于超过了当时的皇家太医。

那么，完全可以断定，佛图澄的医疗技术肯定会对其徒弟有一定的影响。竺佛调应该就是佛图澄医学的传人之一。《高僧传》卷9载：

竺佛调者，未详氏族，或云天竺人。事佛图澄为师，住常山寺积年。业尚纯朴，不表饰言，时咸以此高之。常山有奉法者，兄弟二人，

---

① （梁）释慧皎：《高僧传》卷9《竺佛图澄传》，第348页。
② （梁）释慧皎：《高僧传》卷9《竺佛图澄传》，第349页。

居去寺百里。兄妇疾笃，载至寺侧，以近医药。①

从《高僧传》的记载来看，竺佛调是不是天竺人还是有待考证的。如果他是来自天竺，那么应该有一定的天竺医学知识；如果他不是天竺人，那么他的医学知识应该来自佛图澄的传授。无论何种情况，竺佛调的医学知识肯定受到过佛图澄的传授。

从上面的记载可以知道，石勒的儿子在佛图澄的寺院中养育。佛图澄的寺院是否已经具有了医疗中心点的功能，我们很难完全断定。但是竺佛调所在的常山寺则已经具有了这一功能，成了周围佛教徒求医问药、常住治疗的一个公益机构。

佛图澄的医学技术，可能也会传给竺法雅，上面我们列举的关于佛图澄的第三则医案中，佛图澄对竺法雅所说的石邃的儿子并不能治疗的话，其实不仅仅是一种判断，而且完全可以看作是传授医术的临床经验。

（四）昙无谶与房中术

昙无谶是中天竺人，自幼年就随达摩耶舍诵经读咒，明解咒术，被西域称之为大咒师。来华年代不详，大约在公元414年前后，取得了北凉沮渠蒙逊的支持，翻译佛经。昙无谶的医疗专长据说是能驱使鬼为人治病。《魏书》卷99：

> 始罽宾沙门曰昙无谶，东入鄯善，自云"能使鬼治病，令妇人多子"，与鄯善王妹曼头陀林私通。发觉，亡奔凉州。蒙逊宠之，号曰"圣人"。昙无谶以男女交接之术教授妇人，蒙逊诸女、子妇皆往受法。世祖闻诸行人，言昙无谶之术，乃召昙无谶。蒙逊不遣，遂发露其事，拷讯杀之。②

从这个记载来看，昙无谶所擅长的是"房中术"，这也是传统方书中的一个主要组成部分。北魏太武帝拓跋焘感兴趣的可能就是他的房中术，所以逼迫沮渠蒙逊将昙无谶交出，这才引来了昙无谶的杀身之祸。昙无谶被害于

---
① （梁）释慧皎：《高僧传》卷9《竺佛调传》，第363页。
② （北齐）魏收：《魏书》卷99《卢水胡沮渠蒙逊》，第2208—2209页。

433年，终年49岁。

关于昙无谶的房中术问题，李零先生有专文《昙无谶传密教房中术考》论及这个史实。① 在李零先生的文章中，对佛教密宗的神咒传播做了简单讨论，并指出昙无谶东来传教是印度房中术传入中国之始。

我们在此处所要进一步论述的是，当时东来的僧人在房中术方面应该是有一些相对比较特殊的技术的，这些技术都归之于所谓的"杂学"。

鸠摩罗什可能也有这方面的专长，他的知识结构非常庞杂：

> 什以说法之暇，乃寻访外道经书，善学围陀含多论，多明文辞制作问答等事，又博览四围陀典及五明诸论。阴阳星算，莫不必尽，妙达吉凶，言若符契。为性率达，不厉小检，修行者颇共疑之。然什自得于心，未尝介意。②

对于所说的鸠摩罗什的这种杂学基础上的"为性率达，不厉小检"，得到了其他修行者的质疑。显然，在其所学的外道杂学中，房中术也可能是其中之一，下面的记载有可能为我们提供一点线索，据《晋书》载：

> （鸠摩罗什）尝讲经于草堂寺，兴及朝臣、大德沙门千有余人肃容观听，罗什忽下高坐，谓兴曰："有二小儿登吾肩，欲鄣须妇人。"兴乃召宫女进之，一交而生二子焉。兴尝谓罗什曰："大师聪明超悟，天下莫二，何可使法种少嗣。"遂以伎女十人，逼令受之。尔后不住僧坊，别立解舍，诸僧多效之。什乃聚针盈钵，引诸僧谓之曰："若能见效食此者，乃可畜室耳。"因举匕进针，与常食不别，诸僧愧服乃止。③

此外，我们还要讨论的问题是，当时具有医学知识的僧人，不仅仅是运用医学知识来治疗疾病，除了像昙无谶这样用在房中术上面的外，还有把药用在其他歪门邪道上面去的。例如：

---

① 李零：《中国方术续考》，中华书局2006年版，第294—299页。
② （梁）释慧皎：《高僧传》卷2《鸠摩罗什传》，第47页。
③ （唐）房玄龄等：《晋书》卷95《鸠摩罗什传》，第2501—2502页。

> 时冀州沙门法庆既为祆幻，遂说勃海人李归伯，归伯合家从之，招率乡人，推法庆为主。法庆以归伯为十住菩萨、平魔军司、定汉王，自号"大乘"。杀一人者为一住菩萨，杀十人为十住菩萨。又合狂药，令人服之，父子兄弟不相知识，唯以杀害为事。①

像法庆这样"合狂药"来聚集部众、荼毒生灵的事例，可能有其外来因素的影响，史载乌苌国就有用药来断案的习俗：

> 乌苌国，在赊弥南。北有葱岭，南至天竺。婆罗门胡为其上族。婆罗门多解天文吉凶之数，其王动则访决焉。土多林果，引水灌田，丰稻麦。事佛，多诸寺塔，事极华丽。人有争诉，服之以药，曲者发狂，直者无恙。②

（五）求那跋摩

求那跋摩为罽宾国王族，20 岁的时候就出家受戒。到他 30 岁的时候，罽宾王去世，没有王子，群臣想让求那跋摩返俗继承王位，他坚决拒绝，并开始游历诸国，先后到过师子国、阇婆国。元嘉八年（431）他由广州抵达南朝宋的京都建康，得到了宋文帝的召见。

关于求那跋摩的医疗事例，《高僧传》记载了两则，都是发生在他来到广州之前在阇婆国的事情。其一为阇婆国王率兵作战，"遇流矢伤脚，跋摩为咒水洗之，信宿平复"；其二为阇婆国王率众为求那跋摩修建精舍，让建筑材料给伤到了脚趾，"跋摩又为咒治，有顷平复"。③

（六）师贤

师贤是来自罽宾国的僧人，他在中国北方的活动年代，大概在北魏太平真君六年（445）到北魏和平初年（460）之间。

关于师贤的事迹，见于《魏书·释老志》：

---

① （北齐）魏收：《魏书》卷 19 上《景穆十二王·拓跋遥》，第 445 页。
② （北齐）魏收：《魏书》卷 102《西域》，第 2280 页。
③ （梁）释慧皎：《高僧传》卷 3《求那跋摩传》，第 106 页。

> 京师沙门师贤，本罽宾国王种人，少入道，东游凉城，凉平赴京。罢佛法时，师贤假为医术还俗，而守道不改。于修复日，即反沙门，其同辈五人。帝乃亲为下发。师贤仍为道人统。
>
> 和平初，师贤卒。昙曜代之，更名沙门统。①

北魏太武帝灭佛，虽然时间很短，但是措施非常严酷：

> 自今以后，敢有事胡神及造形像泥人、铜人者，门诛。虽言胡神，问今胡人，共云无有。皆是前世汉人无赖子弟刘元真、吕伯强之徒，接乞胡之诞言，用老庄之虚假，附而益之，皆非真实。至使王法废而不行，盖大奸之魁也。有非常之人，然后能行非常之事。非朕孰能去此历代之伪物！有司宣告征镇诸军、刺史，诸有佛图形像及胡经，尽皆击破焚烧，沙门无少长悉坑之。②

在这种高压政策下，师贤也不得不假装还俗，以行医来处世。文成帝452年继位复兴佛法后，师贤和他的同伴才结束了专职医生的经历，再次进入寺院，并担任了北魏王朝僧人管理机构的最高僧官"道人统"。师贤能假托医术而逃避迫害，说明当时来自西域、印度的很多传教僧人，都具有比较杂的学术知识背景，医学是他们得以立足的一个主要手段。

三、本土僧人医疗家及其医疗著作

《隋书·经籍志》所载本土僧人的医疗著作有以下几种：

> 《寒食散对疗》一卷，释道洪撰。
> 《释道洪方》一卷。
> 《解寒食散方》二卷，释智斌撰。
> 《释慧义寒食解杂论》七卷，亡。
> 《解释慧义解散方》一卷，亡。

---

① （北齐）魏收：《魏书》卷114《释老志》，第3036—3037页。
② （北齐）魏收：《魏书》卷114《释老志》，第3034—3035页。

《释僧深药方》三十卷。

《诸药异名》八卷，沙门行矩撰。本十卷，今阙。

《单复要验方》二卷，释莫满撰。

《疗百病杂丸方》三卷，释昙鸾撰。

《议论备豫方》一卷，于法开撰。

《论气治疗方》一卷，释昙鸾撰。

《释僧匡针灸经》一卷。①

我们将以此为线索，对本土僧人医疗者及其著作情况做详细考察。

（一）于法开与耆婆医学

于法开是佛教典籍中明确记载运用耆婆医疗方法治病的僧人医疗者。

> 于法开，不知何许人。事兰公为弟子，深思孤发，独见言表。善《放光》及《法华》。又祖述耆婆，妙通医法。尝乞食投主人家，值妇人在草危急，众治不验，举家遑扰，开曰："此易治耳。"主人正宰羊，欲为淫祀，开令先取少肉为羹，进竟，因气针之。须臾羊膜裹儿而出。升平五年孝宗有疾，开视脉，知不起，不肯复入。
>
> 或问："法师高明刚简，何以医术经怀？"答曰："明六度以除四魔之病，调九候以疗风寒之疾，自利利人，不亦可乎。"年六十卒于山寺。②

关于于法开运用耆婆医术治疗民间患者的情况，史料仅此一条，说他"祖述耆婆，妙通医法"，至于如何"祖述"，史无明载。但是从上面的考察可以知道，至少冠以"耆婆"之名的医籍和验方在当时的佛教僧人中有一定程度的流传，如敦煌曾出土梵文于阗文双语本的《耆婆书》。③

后代医学典籍中虽然也谈到了于法开，但是所有的记载都发源于《高僧传》于法开的本传，这说明，关于于法开从事医疗活动的资料确实很有限。

---

① 参见（唐）魏徵等：《隋书》卷34《经籍志三》，第1041—1047页。
② （梁）释慧皎：《高僧传》卷4《于法开》，第167—168页。
③ 参见陈明：《殊方异药——出土文书与西域医学》，第4页。

但是既然于法开说他的治病是"明六度以除四魔之病，调九候以疗风寒之疾"，则显然是综合了佛教医学体系与传统中国的"调九候"这种医学理论来行医济世的。所以他的祖述耆婆，其实不仅仅是应用了耆婆的医疗技术。但是可能正是他的这种应用外来的耆婆医术，使他对疾病的治疗有不同于传统治病的地方，因而也可能就会取得神奇的效果。

于法开本传中记载的用羊肉羹辅助进针催产的方法，就连后世医家也不得其法，四库馆臣在明代医家江瓘所编《名医类案》提要中谈及于法开的这个典型的医疗案例时说：

> 《焦氏类林》载于法开令孕妇食肥羊十余脔，针之即下事。既不明食羊何义，又不明所针何穴，亦徒广异闻，无裨医疗，皆未免惊博嗜奇。然可为法式者，固十之八九亦医家之法律矣。[①]

这种推测显然是很有道理的。不过我们也应该注意到，于法开所运用的这种有些怪异的催产方法，作为一个证明其医疗技术高明的案例被典型化引用，只有两种可能性：要么这完全就是故弄玄虚，要么这就是一种不被中国传统草药郎中所熟知的来自印度医药体系的新的催产方法。后者的可能性可能要远远大于前者。

《隋书·经籍志》所列于法开的医疗典籍是《议论备豫方》一卷，这说明至少在5—7世纪的中国社会，于法开所应用的治病验方曾是比较流行的，至少是得到了保留，此后再无记载，那也可能说明由于这些验方的日常性，而被合并到了其他药方之中或散佚流失。

（二）单道开及其眼部疾病治疗术

随着佛教的东传，在眼部疾病的治疗方面，可能受到外来医学的影响比较大。其中，敦煌僧人单道开是比较著名的眼部疾病专家。

单道开，姓孟，敦煌人，据说其少年时代就有隐居修道的志向。至于他什么时候出家为僧，不得而知。但是他做僧人后，曾在大山绝谷中修道，以吃柏树籽、松脂和细石子为生，坚持修炼了7年，而且后来发展到昼夜不卧

[①] （清）永瑢等撰：《四库全书总目》卷104《子部十四·医家类二·名医类案十二卷》，中华书局1965年版，第874页。

的境地。这样坚持了 10 年之后，同他一起修炼的同伴有的死了，有的退出了修炼行列，只有他坚持了下来。

单道开的成名，可能最早也归功于他的这种独特而常人无法做到的修炼方法，所以他到邺城之后，有"乐仙者"去向他讨教。他对此往往沉默不言，只是用很含糊的偈语说："我矜一切苦，出家为利世。利世须学明，学明能断恶。山远粮粒难，作斯断食计。非是求仙侣，幸勿相传说。"① 看来，单道开其实是有口难言，十多年的非人的修炼方式，只能告诫后来者"幸勿相传说"。

我们之所以探讨单道开的这种修炼方法，是试图说明单道开之所以留心于医药典籍并成为名僧与医疗者，可能同他的这一段修炼经历有一些关系。

据《晋书》载，单道开在邺城"日服镇守药数丸，大如梧子，药有松蜜姜桂茯苓之气，时复饮茶苏一二升而已"②，很显然，经过十多年的特别修炼，单道开已经不能适应正常的饮食生活，只能用同松脂、柏树籽等具有相同功用的药物来维持新陈代谢。这样的生存状态，应该是他对医药做进一步探讨的动力之一。

关于单道开从事眼部疾病诊治的案例，文献中有三则：

1. 开能救眼疾，时秦公石韬就开治目，著药小痛，韬甚惮之，而终得其效。佛图澄曰："此道士观国兴衰，若去者当有大灾。"③
2. 自云能疗目疾，就疗者颇验。视其行动，状若有神。④
3. 单道开能治目疾，常周行墟野，救疗百姓王公，远近赠遗累积，皆受而施散，一毫无余。⑤

从这些记载来看，单道开在治疗眼病时使用了比较独特的外敷的药，这种药对皮肤或眼部病灶有一定的刺激性，但是效果很好，非常受当时上至王

---

① （梁）释慧皎：《高僧传》卷 9《单道开传》，第 361 页。
② （唐）房玄龄等：《晋书》卷 95《单道开传》，第 2492 页。
③ （梁）释慧皎：《高僧传》卷 9《单道开传》，第 361 页。
④ （唐）房玄龄等：《晋书》卷 95《单道开传》，第 2492 页。
⑤ （明）董斯张：《广博物志》卷 22，上海古籍出版社 1992 年版，第 165 页。

公下至贫民的信任和感激。所以，经他诊疗过的病人会给他施舍一些财物，但是单道开又将这些东西施舍了出去。由此可见当时的僧人医疗家对于社会——尤其是对于贫民的贡献和作用。

（三）释道洪与《寒食散对疗》

释道洪，《高僧传》及其他僧录无传，撰有《寒食散对疗》1卷，《释道洪方》1卷。

按唐代王焘在《外台秘要方》中的说法，宋齐间著名僧人医疗家释僧深在药学方面曾受过道洪的影响：

> 旧论曰：神农、桐君深达药性，所以相反畏恶，备于《本草》，但深师祖学道洪，道洪所传，何所依据云。①

这个记载说明，道洪是早于释僧深的僧人医疗家，那么他所活动的时代至迟应该是在5世纪上半叶。道洪对药物很有研究，所以王焘说他在药学方面曾影响到了释僧深。

按《隋书·经籍志》的记载来看，道洪的主要著作是《寒食散对疗》，这说明他对当时风行的服食丹药的身体药理反应有比较扎实的研究。

在隋代巢元方的《巢氏诸病源候论》中，曾提到了一个叫"道弘"的僧人医疗家，他的事迹倒是同"道洪"有相同之处。

《诸病源候论校注》卷6《寒食散发候》谈及服食丹药后的身体调节问题时说：

> 世人未能得其深趣，故鲜能用之。然其方法犹多不尽。但论服药之始，将息之度，不言发动之后，治解之宜，多有缺略。
> 江左有道弘道人，深识法体，凡所救疗，妙验若神制。②

按巢元方的说法，魏晋六朝时期人们只知道服食寒食散，但是对于寒食散药劲发作之后带给身体的痛苦以及对症化解的研究和考虑却不足。在这

---

① （唐）王焘：《外台秘要方》卷37《乳石阴阳体性并草药触动形候等论并法一十七首》，第749页。
② （隋）巢元方撰，丁光迪校注：《诸病源候论校注》卷6，人民卫生出版社2013年版，第117页。

方面，只有江南的僧人道弘有研究，他能对症治疗，缓解"寒食散"带来的痛苦。

同书还有一条关于道弘的记载：

《小品方》云道弘道人制"解散对治方"说：草石相对之和有的，能发动为证。世人逐易，不逆思寻古今方说，至于动散，临急便就服之，既不救疾，便成委祸。①

很显然，这个道弘对于服食寒食散身体出现反应后的调节和诊治是非常有研究的，他所配制的药方"解散对治方"有很好的应用效果。

结合这两条记载所说的道弘的医学专长，我们很容易就会联想到这个专门诊治服食寒食散后身体不适症的僧人医生，很可能就是《隋书·经籍志》中所记载的撰著《寒食散对疗》一书的道洪。

（四）释慧义与《释慧义寒食解杂论》

释慧义，《隋书·经籍志》记载他撰有《释慧义寒食解杂论》7卷和《解散方》1卷，在《高僧传》中，释慧义有传，但是没有提及他是否精通医道。就是说，《隋书·经籍志》所记载的这个释慧义是否就是《高僧传》中有传的这个释慧义呢？

下面我们试做考证，《高僧传》卷7：

释慧义，姓梁，北地人，少出家。风格秀举，志业强正。初游学于彭、宋之间，备通经义。后出京师，乃说云，冀州有法称道人，临终语弟子普严云："嵩高灵神云，江东有刘将军，应受天命，吾以三十二璧镇金一鉼为信。"遂彻宋王，宋王谓义曰："非常之瑞，亦须非常之人，然后致之。若非法师自行，恐无以获也。"义遂行。以晋义熙十三年七月往嵩高山，寻觅未得。便至心烧香行道，至七日夜梦见一长须老公，拄杖将义往璧处指示云："是此石下。"义明便周行山中，见一处炳然如梦所见，即于庙所石坛下，果得璧大小三十二枚、黄金一鉼。此瑞详之

---

① （隋）巢元方撰，丁光迪校注：《诸病源候论校注》卷6，第117页。

《宋史》。义后还京师，宋武加接尤重，迄乎践阼，礼遇弥深。

宋永初元年，车骑范泰立祇洹寺，以义德为物宗，固请经始。义以泰清信之至，因为指授仪则，时人以义方身子，泰比须达。故祇洹之称，厥号存焉。后西域名僧多投止此寺，或传译经典，或训授禅法。宋元嘉初，徐羡之、檀道济等专权朝政，泰有不平之色，尝肆言骂之，羡等深憾。闻者皆忧泰在不测，泰亦虑及于祸，乃问义安身之术，义曰："忠顺不失，以事其上，故上下能相亲也，何虑之足忧。"因劝泰以果竹园六十亩施寺，以为幽冥之祐，泰从之，终享其福。及泰薨，第三子晏谓义昔承厥父之险，说求园地，追以为憾，遂夺而不与。义秉泰遗疏，纷纠纭纭，彰于视听。义乃移止乌衣，与慧睿同住。宋元嘉二十一年终于乌衣寺，春秋七十三矣。①

从这个传记中，我们可以知道以下几点：

1. 释慧义由于为宋武帝找到了象征天授皇权的象征物，而深得宋武帝敬重。

2. 释慧义所居住的寺院是由南朝宋大臣范泰在永初元年（420）建立的祇洹寺，因而慧义同范泰的关系也应该是很不错的。

3. 文献中记载的释慧义的主要活动时间起自南朝宋建国的永初元年（420），直到他去世的元嘉二十一年（444），共24年。

在《法苑珠林》卷100，也提到了南朝宋京师的一个僧人释慧义：

何澹之，东海人，宋大司农，不信经法，多行残害。永初中，得病，见一鬼，形甚长壮，牛头人身，手执铁叉，昼夜守之。忱布屏营，使道家作章符印录，备诸禳绝，而犹见如故。相识沙门慧义，闻其病往候；澹之为说所见，慧义曰："此是牛头阿旁也，罪福不昧，唯人所招；君能转心向法，则此鬼自消。"澹之迷狠不革，顷之遂死。②

---

① （梁）释慧皎：《高僧传》卷7《释慧义传》，第266—267页。
② （唐）释道世：《法苑珠林》卷83，载〔日〕高楠顺次郎等编修：《大正新修大藏经》第53册《事汇部上》，第901页。

此处提到的何澹之，《晋书》、《宋书》多处提及，曾历任参军、龙骧将军、游击将军、振武将军等职，根据他历任军职杀戮甚多的情况来看，同《法苑珠林》中这条史料说他"不信经法，多行残害"的记载相符合。可以断定，《法苑珠林》的这条材料所说的何澹之，就是《晋书》、《宋书》多处提及的何澹之。

那么在永初年间，何澹之、释慧义及范泰都在南朝宋的京师，所以《法苑珠林》中所说的释慧义，其实就是《高僧传》所记载的这个释慧义。

虽然《高僧传》中没有提到释慧义曾有过医疗活动，但是《法苑珠林》的这条材料就正好弥补了这个缺环。

由此，我们可以相信，《高僧传》所记载的南朝宋京师祇洹寺的释慧义，就是《隋书·经籍志》中《释慧义寒食解杂论》7卷和《解散方》1卷的作者。

既然释慧义是一位僧人医疗家，那么从这两本著作来看，他的主要研究是放在对于"寒食散"的解散方面，这也同他的地位及社会交往圈层有密切联系。从释慧义的传记来看，他在僧界的成名及其之后的发展，是同南朝宋皇帝及范泰这样的大臣密切相关。在同这个阶层的交往中，他的医疗服务就必须切合这个阶层的人的需要。在当时的文人权贵普遍服食"寒食散"的情况下，释慧义专心于寒食散解散的研究也就顺理成章了。

此外，我们还注意到，当时的祇洹寺是一个比较有名的学术中心，"西域名僧多投止此寺，或传译经典，或训授禅法"①，因而，在释慧义的医学知识里面，也免不了会受到西域医学或印度医学的影响。

（五）智斌与《解寒食散方》

释智斌著《解寒食散方》二卷。《高僧传》中，"释智斌"曾被略略提及：

> 释僧瑾……宋孝武敕为湘东王师，苦辞以疾，遂不获免。王从请五戒，甚加优礼。先是智斌沙门，初代昙岳为僧正，斌亦德为物宗，善三论及维摩、思益、毛诗、庄老等。后义嘉构衅，时人谗斌云为义嘉行道，遂被摈交州。时湘东践阼，是为明帝。仍敕瑾使为天下僧主。②

---

① （梁）释慧皎：《高僧传》卷7《释慧义传》，第266页。
② （梁）释慧皎：《高僧传》卷7《释僧瑾传》，第294页。

由此，我们可以知道，释智斌的活动年代大约在南朝宋的孝武帝到明帝朝，大约在454—465年之间。他曾接替昙岳做过南朝宋的最高僧官僧正。宋明帝泰始二年（466），晋安王子勋举兵，于寻阳即皇帝位，改元义嘉，同年八月败亡。在这次事件中，释智斌被人诬陷与晋安王有牵扯，遂被宋明帝发配到了交州，下落不明。

这个智斌可能就是《解寒食散方》的作者。

（六）僧深及其《释僧深药方》

释僧深是宋齐之间的著名僧人医家。慧皎《高僧传》没有记载僧深其人，关于他的事迹，记载比较零星。《魏书》卷114《释老志》云：

> 世宗以来至武定末，沙门知名者，有惠猛、惠辨、惠深、僧暹、道银、僧献、道晞、僧深、惠光、惠显、法营、道长，并见重于当世。①

此处所提到的名僧僧深，所处时代正在宋齐之际，应该就是我们要考察的这个僧人医家。孙思邈对僧深的活动时代及医学传承有比较清晰的记载：

> 宋齐之间有释门深师道人，述法存等诸家旧方为三十卷，其脚弱一方，近百余首。②

在宋齐之间，僧深将支法存等诸医家所使用过的草药药方作了汇集，编成30卷的药方集子，其中关于脚气病的药方就有近百首，可见僧深在一定程度上继承了支法存的医疗方法。从这个记载来看，僧深所汇集的这30卷的药方著作，就是《隋书·经籍志》所载的《释僧深药方》30卷，不过，《隋书·经籍志》中，将《释僧深药方》30卷与《支法存申苏方》5卷并列兼收，那么，是不是《释僧深药方》30卷没有包括《支法存申苏方》的内容呢？这种可能性比较小。因为《释僧深药方》30卷在《隋书·经籍志》、《旧唐书·经籍志》和《新唐书·艺文志》中都有著录，并且卷数没有变化，而《支法存申苏方》在两《唐书》中均无著录，这就说明，由于《释僧深药

---

① （北齐）魏收：《魏书》卷114《释老志》，第3047页。
② （唐）孙思邈：《备急千金要方》卷7《风毒脚气方》，第259—260页。

方》包含了《支法存申苏方》的内容，《支法存申苏方》就没有再单独存录的必要了。

关于《释僧深药方》的实际应用情况，宋张杲在《医说》中说：

> 僧深，齐宋间道人也，少以医术知名，疗脚弱脚气之疾，为当时所伏，撰录法存诸家旧方三十余卷，经用多效，时人号曰深师方。[1]

僧深所集结的《释僧深药方》在当时是非常流行的实用药方，所以从其结集产生之后，很受民间欢迎和医药家的重视，在自宋齐到隋唐时代，一直完好流传。同代或后代一些著名医学典籍对其验方的引用也比较多。如在葛洪的《肘后备急方》卷2有后人补入"深师方：治伤寒病哕不止，半夏熟洗干末之生姜汤服一钱"；卷3有"深师方：疗久咳逆上气体肿，短气胀满，昼夜倚壁不得卧，常作水鸡声音，白前汤主之"的记载。孙思邈的《备急千金要方》也有引用的验方，唐代王焘在《外台秘要方》中对僧深及其《释僧深药方》的评价也是相当高的：

> 近代释僧深、崔尚书、孙处士、张文仲、孟同州、许仁则、吴升等十数家皆有编录，并行于代，美则美矣，而未尽善。何者？各擅风流，递相矛盾，或篇目重杂，或商较繁芜。[2]

王焘在此处将僧深同张文仲等这些著名的医家并列而论，反映了他对于僧深的医药学成就还是相当认可的。这可能也是后代医家的共识，因而，自陶弘景补《肘后备急方》始，到孙思邈、王焘都将僧深称作"深师"，可见对其尊敬与认可。

对于僧深的医药学知识传承，除了继承支法存的关于"脚弱"的医疗知识，王焘可能还受到了僧人医疗家道洪的影响。王焘在《外台秘要方》卷37谈到药学知识时说僧深在药学方面曾"祖学道洪"。[3]

---

[1] （宋）张杲：《医说》卷2，明吴勉学校刻本，第20页。
[2] （唐）王焘：《外台秘要方·原序》，第7页。
[3] （唐）王焘：《外台秘要方》卷37《乳石阴阳体性并草药触动形候等论并法一十七首》，第749页。

（七）释昙鸾对"气疾"的研究及其《调气论》

释昙鸾是一位因为自身患病，而久病成名医的僧人医疗家，他的主要活动时间在6世纪上半叶。他撰著的医学典籍有《调气论》、《疗百病杂丸方》3卷、《论气治疗方》1卷。《续高僧传》有其传记：

> 释昙鸾，或为恋，未详其氏，雁门人也。家近五台山，神迹灵怪，逸于民听。时未志学，便往寻焉，备觏遗踪，心神欢悦，便即出家。内外经籍，具陶文理，而于四论佛性，弥所穷研。读《大集经》，恨其词义深密，难以开悟，因而注解。文言过半，便感气疾，权停笔功，周行医疗。行至汾川秦陵故墟，入城东门，上望青霄，忽见天门洞开，六欲阶位，上下重复，历然齐睹，由斯疾愈，欲继前作，顾而言曰："命惟危脆，不定其常。《本草》诸经，具明正治。长年神仙，往往间出，心愿所指，修习斯法。果克既已，方崇佛教，不亦善乎！"承江南陶隐居者，方术所归，广博弘赡，海内宗重，遂往从之。
>
> 既达梁朝，时大通中也……鸾寻致书通问，陶乃答曰："去月耳闻音声，兹辰眼受文字。将由顶礼岁积，故使应真来仪。正尔整拂藤蒲，具陈花水，端襟敛思，伫聆警锡也。"及届山所，接对欣然，便以仙方十卷用酬远意……
>
> （昙鸾）辞还魏境，欲往名山，依方修治。行至洛下，逢中国三藏菩提留支。鸾往启曰："佛法中颇有长生不死法，胜此土仙经者乎？"留支唾地曰："是何言欤！非相比也。此方何处有长生法？纵得长年，少时不死，终更轮回三有耳。"即以《观经》授之曰："此大仙方，依之修行，当得解脱生死也。"鸾寻顶受，所赍仙方，并火焚之，自行化他，流靡弘广。魏主重之，号为"神鸾"焉，下敕令住并州大寺。晚复移住汾州北山石壁玄中寺，时往介山之阴，聚徒蒸业，今号鸾公岩是也。以魏兴和四年，因疾卒于平遥山寺，春秋六十有七。①

释昙鸾自己患有气疾，可能还相当严重，以至于闹得他不能安心读经，

---

① （唐）释道宣：《续高僧传》卷6《释昙鸾传》，第187—189页。

所以他才会外出寻访医药，希望治好自己的病。

关于"气疾"，《明堂灸经》卷一说：

> 气海在脐下一寸半，主藏气虚惫、一切气疾，主少腹疝气游行五藏，腹中切痛及惊不得卧，主冷气冲心，女妇恶露不止，绕脐痛气结成块状如覆杯，小便赤涩，又名脖胦。①

可见，所谓"气疾"，实际上是一类病的统称，包括疝气等，至于释昙鸾的"气疾"症状如何，不得而知，很可能就是疝气，所以他不得不游历各地，希望能得到治疗。在这个传记中说他因为看见"天门洞开"这样的神迹而"气疾"痊愈，恐怕是不可信的。如果这么容易他的气疾就好了，也就不会有《调气论》等著作的诞生了。

释昙鸾关于"气疾"研究的成果，其本传中这样说："鸾神宇高远，机变无方，言晤不思，动与事会，调心练气，对病识缘，名满魏都，用为方轨。因出《调气论》。"②可见，他之所以能写出《调气论》这样的关于"气疾"的医学理论著作，跟他多年来的"调心练气，对病识缘"有极大的关系，是久病成医。

当然，昙鸾成为在治疗"气疾"方面的专家，显然不仅仅是对自身疾病的琢磨，而是有一个学习的过程，学习吸收医学知识的过程。他曾四处寻访名医名药，还不远万里到江南跟陶弘景学习《仙经》，这些学习经历，显然也是他医学知识的主要来源之一。

昙鸾之所以"名满魏都"，同他研究"气疾"取得的成就也有很大关系，所以当时他对"气疾"的认识及治疗应该是处于前沿的，他的《论气治疗方》1卷，直到唐宋时期还在广泛应用，新旧《唐书》都收录了他的《调气方》，可见其疗效还是非常显著的。

四、僧人医疗家与佛教寺院在中古医疗中的地位与作用

对于佛教僧人的从事医疗问题，站在正统立场的儒家知识分子对此痛斥

---

① 方吉庆等点校：《新编西方子明堂灸经》，人民卫生出版社1990年版，第37页。
② （唐）释道宣：《续高僧传》卷6《释昙鸾传》，第189页。

尤甚，认为佛教僧人"假糅医术，托以卜数。外刑不容，内教不悔"①，可谓深恶痛绝之。这种批评是否过头权且不论，但是从这种批评中，我们可以明显地感觉到，当时以医疗为手段传教的僧人不在少数。

这就涉及一个问题，在佛寺数量膨胀、僧尼人数急剧上升的魏晋南北朝时期，庞大的僧尼数量和遍布各地的佛教寺院，是否为当时的民间医疗问题提供了更为便利的条件。这一点，我们至少从常理上可以做出推断来。在佛教传入之前，民间术士、巫、草药医生、官方医生、儒家知识分子等这些人是"医生"这一角色的主要扮演者，而随着佛教的普及和佛寺的兴建，数量剧增的僧人也加入了这一行列。僧人医疗家的加入，极大地提高了民间医疗的整体水平，增加了社会福祉。这种社会福祉的增加主要体现在以下两方面。

（一）僧人医疗家在医学知识研究和传承方面做出了贡献

魏晋南北朝时期的名医，或多或少都曾求学于僧人医疗家。

《魏书》卷91《术艺传》中列入当时的医学高手有周澹、李脩、徐謇、王显、崔彧五人，至少有四人受过僧人的教授或指点。其中李脩：

> （李脩之父李亮）少学医术，未能精究。世祖时，奔刘义隆于彭城，又就沙门僧坦研习众方，略尽其术，针灸授药，莫不有效。②

李亮医术的提高，是因为向彭城僧人僧坦学习的结果，而李脩在其父培养下医术大增。崔彧医术的发展和提高，主要是他在青州这个当时的佛教圣地得到了僧人的指点：

> 少尝诣青州，逢隐逸沙门，教以《素问》九卷及《甲乙》，遂善医术。中山王英子略曾病，王显等不能疗，彧针之，抽针即愈。③

有趣的是，徐謇也曾到过青州：

---

① （唐）释道宣：《广弘明集》卷6《列代王臣滞惑解上》，载〔日〕高楠顺次郎等编修：《大正新修大藏经》第52册《史传部四》，第127页。
② （北齐）魏收：《魏书》卷91《李脩传》，第1966页。
③ （北齐）魏收：《魏书》卷91《崔彧传》，第1970页。

> 徐謇，字成伯，丹阳人。家本东莞，与兄文伯等皆善医药。謇因至青州，慕容白曜平东阳，获之，表送京师。显祖欲验其所能，乃置诸病人于幕中，使謇隔而脉之，深得病形，兼知色候。遂被宠遇。为中散，稍迁内侍长。①

史书中说徐謇"因至青州"，很可能他的青州之行就是同他向僧人或佛教医疗家求学的事情有关。王显是彭城人，并且也曾得到过僧人的指点：

> 王显，字世荣，阳平乐平人，自言本东海郯人，王朗之后也。祖父延和中南奔，居于鲁郊，又居彭城。伯父安上，刘义隆时板行馆陶县。世祖南讨，安上弃县归命，与父母俱徙平城，例叙阳都子，除广宁太守。显父安道，少与李亮同师，俱学医药，粗究其术，而不及亮也。安上还家乐平，颇参士流。
> 显少历本州从事，虽以医术自通，而明敏有决断才用。
> …………
> 始，显布衣为诸生，有沙门相显后当富贵，诫其勿为吏官，吏官必败。②

这些史料说明，当时作为佛教圣地之一的青州，应该云集了很多具有比较高超的医药学知识和医疗经验的僧人医疗家，他们的医药学知识，对于当时的一些名医的成长具有一定的引导和培养作用。

可以想见，在各地都会有僧俗之间的这种医学交流和学习，如孙思邈所说的治风冷痰饮症的"芫花散"就是来自僧人医疗家的传承。该方在隋初由定州僧人惠通传授给李孝隆，因为在临床使用中效果非常好而深得好评。孙思邈后来也是从僧人静智处得到了这个方子。③

（二）佛教寺院成为遍布各地的公共医药救助机构

佛教的传播和僧人们的广结善缘，带给传统中国社会的一个福祉就是——佛教寺院成为遍布各地的公共医药救助机构，这是不同于前代的地

---

① （北齐）魏收：《魏书》卷91《徐謇传》，第1966—1967页。
② （北齐）魏收：《魏书》卷91《王显传》，第1968—1970页。
③ （唐）孙思邈《备急千金要方》卷12《胆腑》，第441页。

方。以下引证的史料将会为我们提供支持。

《晋书》卷95《佛图澄传》：

> 勒爱子斌暴病死，将殡，勒叹曰："朕闻虢太子死，扁鹊能生之，今可得效乎？"乃令告澄。澄取杨枝沾水，洒而咒之，就执斌手曰："可起矣！"因此遂苏，有顷，平复。自是勒诸子多在澄寺中养之。①

在佛图澄传教时期，曾以医术治病救人，北方民众得到治疗的不计其数，这也是为什么佛图澄能在北方传教成功的主要原因之一。他的医术之高明以及救治范围之广是显而易见的，连石勒这样的上层人物也将自己的儿子放在佛图澄的佛寺养护。

高僧法显幼年时期因为生病，而不得不到寺院去，并得到了治疗：

> 释法显，姓龚，平阳武阳人，有三兄，并髫龀而亡，父恐祸及显，三岁便度为沙弥。居家数年，病笃欲死，因以送还寺，信宿便差。不肯复归。②

同样的实例还有：

> 竺佛调者，未详氏族，或云天竺人。事佛图澄为师，住常山寺积年，业尚纯朴，不表饰言。时咸以此高之。常山有奉法者兄弟二人，居去寺百里，兄妇疾笃，载至寺侧以近医药。兄既奉调为师，朝昼常在寺中咨询行道，异日调忽往其家，弟具问嫂所苦，并审兄安否。调曰：病者粗可，卿兄如常。

显然，这是将竺佛调的寺院当作养病治疗的医疗机构了。当有疫病流行的时候，寺院还是主要的疫病治疗场所。

---

① （唐）房玄龄等：《晋书》卷95《竺佛图澄传》，第2487页。
② （梁）释慧皎：《高僧传》卷3《释法显》，第87页。

第七章 僧人医疗家群体与民间医疗问题

>安慧则，未详氏族。少无恒性，卓越异人，而工正书，善谈吐。晋永嘉中，天下疫病，则昼夜祈诚，愿天神降药以愈万民。一日出寺门，见两石形如瓮，则疑是异物，取看之，果有神水在内，病者饮服，莫不皆愈。①

同样的事例还有：

>释慧达，姓王，家于襄阳。幼年在道，缮修成务，或登山临水，或邑落游行，但据形胜之所，皆厝心寺宇，或补缉残废为释门之所宅也。后居天台之瀑布寺，修禅系业，又北游武当山，如前摄静。有陈之日，疠疫大行，百姓毙者，殆其过半。达内兴慈施，于杨都大市建大药藏，须者便给，拯济弥隆。②

其实寺庙所提供给民众的，远不止这些，我们可以引用一份大约2世纪晚期在敦煌的粟特人所写的信件来佐证：

>我生活得很惨，没有衣服，没有金钱，我想借钱，但是没人肯借给我。我靠寺庙僧侣的施舍。（他对我说）如果你走，我会给你一匹骆驼，一名男子将（陪同你）前往。③

这封信件是滞留在敦煌的粟特妇女米薇写给粟特社区长官的，正如解读这封信件的威廉姆斯所言，这封信件所反映的事实之一是："寺庙的施舍是穷人最后的求生希望。"同样，寺庙的医疗，也是当时穷人最后的求生希望，也是最方便的医疗场所。

我们完全可以肯定，从现有史料来看，当时的寺院确实发挥了医疗中心的作用。南阳太守滕永文久住寺庙治病就是一个更为典型的事例：

---

① （梁）释慧皎：《高僧传》卷10《神异下·晋洛阳大市寺安慧则》，第372页。
② （唐）释道宣：《续高僧传》卷30《释慧达传》，第1209页。
③ 〔英〕辛姆斯·威廉姆斯：《粟特文古信札新刊本的进展》，载《粟特人在中国——历史、考古、语言的新探索》，中华书局2005年版，第77页。

> 耆域者，天竺人也……以晋惠之末至于洛阳。
>
> 时衡阳太守南阳滕永文在洛，寄住满水寺。得病经年不差，两脚挛屈，不能起行。域往看之，曰："君欲得病疾差不？"因取净水一杯，杨柳一枝，便以杨柳拂水，举手向永文而咒，如此者三。因以手搦永文两膝令起，即起行步如故。①

《梁书》中记载的一个实例也是此类情况：

> 江紑字含洁，济阳考城人也。父蒨，光禄大夫。紑幼有孝性，年十三，父患眼，紑侍疾将期月，衣不解带。夜梦一僧云："患眼者，饮慧眼水必差。"及觉说之，莫能解者。紑第三叔禄与草堂寺智者法师善，往访之。智者曰："《无量寿经》云：慧眼见真，能渡彼岸。"蒨乃因智者启，舍同夏县界牛屯里舍为寺，乞赐嘉名。敕答云："纯臣孝子，往往感应，晋世颜含，遂见冥中送药。近见智者，知卿第二息感梦，云饮慧眼水。慧眼则是五眼之一号，若欲造寺，可以慧眼为名。"及就创造，泄故井，井水清冽，异于常泉。依梦取水洗眼及煮药，稍觉有瘳，因此遂差。时人谓之孝感。②

由以上几个事例可见，寺院发挥的作用主要有：为周围百姓提供就近的方便医疗；为患病者提供养病场所；有疫情的时候负责救治民众；提供免费医疗。

此处需要注意的是，僧人医疗家对民间疾病的诊治，一般的状况应该主要还是以市场化的行医为主，免费的救济和诊治可能大多都是特例。只不过佛教僧人的加入，可能使医疗变得更加方便了。

五、对佛教医疗及僧人医疗家活动的评价

当中古时期的那些僧人医疗家一边使用着草药，一边口中念念有词地诵读着别人听不明白的咒语诊治各类疾病的时候，我们该如何来认识他们的医

---

① （梁）释慧皎：《高僧传》卷9《耆域传》，第364—365页。
② （唐）姚思廉：《梁书》卷47《江紑传》，第656页。

疗活动呢？显然，具体的情况总是千差万别的，综理千头万绪，我们至少可以从他们的医疗活动中概括出这样两类来。

第一，支法存是一种类型的僧人医疗家的代表，他也许并不留意于佛学方面的修养，而是专心于他的世俗医疗活动。那些为躲避胡人的铁骑和灾荒而纷纷南下的北方人群，患上了奇痒难耐的脚气病，可是在传统的中古中国医籍里，找不到如何治疗这种病的验方。就是说，在此之前的医家对此没有研究，既没有理论的论述，也没有临床的经验。可是，身为天竺人的支法存，由于具有天竺医学的修养，加上他的研究与探索，成为可以治疗脚气病的几乎唯一的专家，于是财源滚滚而来。

财源给了支法存富贵的生活，也带来了灾难，他最终因为自己收藏的奇珍异宝而死在了地方官僚的手中。

第二，单道开是另一类僧人医疗家的代表。同支法存一样，他也是一位专门的医疗家，擅长眼疾的治疗，但是在行医方面，他又同支法存截然不同。他凭借自己的医疗手段和慈悲胸怀，为社会各个阶层诊治眼疾，不追求财物与虚名，即使因为医疗而得到了财物，他也会毫不犹豫地分散出去，给那些最需要这些财物的民众。

不论怎么样，僧人医疗家在从事医疗的过程中，既拯救了生命，也顺利地传播了佛陀的思想，可是由于他们在医疗活动中大量而普遍地使用了咒语、巫术，并曾真诚地坚信通过念诵佛经等活动会减轻或治疗信徒的疾病。这样的信仰和行为，可能会大大降低他们在疾病治疗方面的准确度，从而延误疾病的治疗。

不能避免的情况是，一些顽劣的僧人，也会利用所谓的法术治病来骗取钱财，给深信不疑的民众带来痛苦的灾难。

因而，对于中古时期从事医疗的僧人医疗家的评价与认识，我们应该在以上所讲的这个背景下面去展开认识。

（一）巫术背景下普遍而有效的慈悲福祉

对于这些僧人与寺院所从事的医疗活动，各方面的评价可能是不太一致的。先看看在国家政治体系中的具有儒学教养的官员是怎么评价的：

自释氏流教，其来有源，渊检精测，固非深矣。舒引容润，既亦广矣。然习慧者日替其修，束诚者月繁其过，遂至糜散锦帛，侈饰车从。复假精医术，托杂卜数，延姝满室，置酒浃堂，寄夫托妻者不无，杀子乞儿者继有。而犹倚灵假像，背亲傲君，欺费疾老，震损宫邑，是乃外刑之所不容戮，内教之所不悔罪，而横天地之间，莫之纠察。人不得然，岂其鬼欤。今宜申严佛律，裨重国令，其疵恶显著者，悉皆罢遣，余则随其艺行，各为之条，使禅义经诵，人能其一，食不过蔬，衣不出布。若应更度者，则令先习义行，本其神心，必能草腐人天，竦精以往者，虽侯王家子，亦不宜拘。

　　凡鬼道惑众，妖巫破俗，触木而言怪者不可数，寓采而称神者非可算。其原本是乱男女，合饮食，因之而以祈祝，从之而以报请，是乱不诛，为害未息。凡一苑始立，一神初兴，淫风辄以之而甚，今修堤以北，置园百里，峻山以右，居灵十房，糜财败俗，其可称限。又针药之术，世寡复修，诊脉之伎，人鲜能达，民因是益征于鬼，遂弃于医，重令耗惑不反，死夭复半。今太医宜男女习教，在所应遣吏受业。如此故当愈于媚神之愚，惩艾媵理之散矣。①

周朗的这个评价，其实涉及一个重要的知识背景，那就是儒家的理性知识系统同传统的巫术知识系统的冲突。自孔子始，就提倡"不语怪力乱神"，这是传统的中国知识体系的一个主流，或者说这是一个用政治伦理体系来抑制上古社会的巫术传统的主流意识形态。

问题恰恰就在于，随着佛教的传入，一些僧人借助灵异传教，像咒术、魔法仪式等疗病方式都得到广泛的应用，这显然会在一定程度上助长在中国本土已经就相当流行的巫术、魔法治病的势头。② 这就是周朗所说的"民因是益征于鬼，遂弃于医"，造成的后果是"重令耗惑不反，死夭复半"。问题是我们还要注意到，在现代医学学科产生之前，几乎是在全世界范围内，整个人类就是靠经验与巫术混合而成的这种"医学体系"修复生命，各种草药

---

① （梁）沈约：《宋书》卷82《周朗传》，第2100页。
② 其实文学家的研究也有利于我们理解这个变化，佛教的传入，使中国传统的神怪意识从儒学的政治伦理理性的抑制下复活，大量的神怪作品开始产生。

和各种想当然的办法如法术、咒语往往被普遍使用。

在这种治疗体系里面，以用药为主的医生和以魔法为主的巫师的意见往往是并驾齐驱的。如北周建德三年（574），"文宣太后寝疾，医巫杂说，各有异同"。[①] 对这种知识背景下的僧人从事医疗，要做出一个合适的评价可能就显得相当困难，因为巫术或这些魔法把戏也可能会为一般民众提供一种有效的帮助。但是，周朗所说的因为迷信神鬼之术而不求助于医药治病，导致一半生病者被耽误致死的情况，也确实不能不引起注意，这就是当时的民众所不得不面对的"医疗事实"。

在以"物质"的确定不移的唯一性来排斥灵魂存在的科学体系占据现代社会的意识领域之前，古代的巫术与魔法的应用也是一个确定不移的坚强社会意识系统。在这个体系下，死在巫术延误中的病人同今天在西医手术台上倒下的患者一样，一定程度上具有不可避免的合理性。

另一种评价来自医、巫知识体系并存背景下的名医，唐代名医孙思邈在谈及"芫花散"方治风冷痰饮症时说：

> 遐览前古，莫睹此方。有高人李孝隆者，自云隋初受之于定州山僧惠通道人，此后用之大有效验，秘而不传，但得其药，其方不可得而闻。始吾得之于静智道人，将三纪于兹矣。时俗名医未之许也，然比行之，极有神验。[②]

按孙思邈的说法，当时的很多"时俗名医"对来自佛教僧人的这些医药方子是持轻视态度的，但是孙思邈认为这些药方"极有神验"。而从孙思邈到巢元方，对于佛教僧人医疗家的医疗成就和药方的功效还是非常认可的，在《备急千金要方》、《肘后备急方》和《巢氏诸病源候论》、《外台秘要方》及《医说》等隋、唐、宋医典中，僧深、支法存等佛教僧人医疗家的验方得到了极高推崇和评价。

结合上面的考察，对于当时佛教医疗家及其寄身的寺院所从事的医疗活动，在总体上我们可以提出这样三点评价：

---

① （唐）令狐德棻等：《周书》卷47《姚僧垣传》，第842页。
② （唐）孙思邈：《备急千金要方》卷12《胆腑》，第441页。

1. 无论从数量上还是从空间分布上，随着僧尼数量的增加，"医生"这个社会角色的数量和分布密度也随之大幅度提高，"医生"可能离平民百姓更近，医疗也更方便了。

2. 这些僧人医疗家不但有本土知识体系，而且还在一定程度上掌握并使用了天竺医学和西域医学的一些药物和验方，在临床使用上往往会取得比较神奇的疗效。如有名的"耆婆万病丸"，自孙思邈的《备急千金要方》开始载录，后代医家著作也大多收录，就是因为它来自天竺而疗效不错，该药有"服药不过三剂，万病悉除"的神效，所以被称作万病丸。《宋书》所载的一个事件也更能说明这个问题。

> （宋武帝）帝尝行至下邳，遇一沙门，沙门曰："江表寻当丧乱，拯之必君也。"帝患手创积年，沙门出怀中黄散一裹与帝曰："此创难治，非此药不能瘥也。"倏忽不见沙门所在。以散傅创即愈。余散帝宝录之，后征伐屡被伤，通中者数矣，以散傅之，无不立愈。①

3. 僧人的宗教精神显然会支撑他们去做更多的义务或免费治疗，这也许是当时社会福祉增加的一个主要的方面之一。如佛图澄、单道开在这方面都是典范，上至王公、下至贫民，他们都尽心医疗，并且将得到的馈赠物品都又施舍了出去。

（二）一种通透观照生命存在的医疗思想的普及

如果我们仅仅从天竺和西域医学的医疗方法和药物这些方面去认识僧人医疗家对于中古社会的意义和价值，可能就稍显机械化。事实上，不仅在具体的医药领域内，僧人医疗家是中国中古社会的一个主要的民间医疗群体，为中国的医学发展和医疗的普及做出了贡献。更重要的是，佛教医疗在一定程度上也普及了一种医学思想，这种医学思想是从人的身体的自然性出发，注重对身体的生物性、社会性及精神性的全面调节。

对于这个问题的考察，我们从孙思邈的相关论述出发，来做一些探索。

对于优秀的草药医生的知识储备问题，孙思邈曾提出过一个行业技术

---

① （梁）沈约：《宋书》卷27《符瑞志上》，第784页。

标准：

> 凡欲为大医，必须谙《素问》、《甲乙黄帝针经》、《明堂流注》、《十二经脉》，五脏六腑表里孔穴、本草药对；张仲景、王叔和、阮河南、范东阳、张苗、靳邵等诸部经方。又须妙解阴阳禄命、诸家相法及灼龟五兆、周易六壬，并须精熟，如此乃得为太医。若不尔者，如无目夜游，动至颠殒。次须熟读此方，寻思妙理，留意钻研，始可与言于医道者矣。又须涉猎群书，何者？若不读五经，不知有仁义之道；不读三史，不知有古今之事；不读诸子，睹事则不能默而识之；不读内经，则不知有慈悲喜舍之德；不读庄老，不能任真体运，则吉凶拘忌，触途而生，至于五行休王、七耀天文，并须探究，若能具而学之，则于医道无所滞碍而尽善尽美矣。①

孙思邈认为，一个优秀的医疗家至少应该具备三项条件：首先要熟知传统的前代医药文献，并且要致力于对前人医方的钻研；其次要精通占卜、相面；再次要熟读儒、释、道三家的典籍。

由孙思邈描述的关于优秀草药医生的这个标准，我们可以知道，在唐代之前，儒、释、道及传统的来自原始宗教的巫术是中国传统医学的知识体系主干之外的四个辅助性基本知识源泉。按孙思邈的说法，这四个基本的中医学的知识源泉所提供的是不同的知识支撑，佛教所提供的就是"慈悲喜舍之德"。关于这一点，我们能从《佛说佛医经》中得到很好的理解。《佛说佛医经》1卷，吴天竺沙门竺律炎与支越翻译，全文如下：

> 人身中本有四病：一者、地；二者、水；三者、火；四者、风。风增，气起；火增，热起；水增，寒起；土增，力盛。本从是四病，起四百四病。土属身，水属口，火属眼，风属耳。火少寒多，目冥。春正月、二月、三月寒多，夏四月、五月、六月风多，秋七月、八月、九月热多，冬十月、十一月、十二月有风有寒。何以故春寒多？以万物皆

---

① （唐）孙思邈：《备急千金要方》卷1，第3页。

生,为寒出,故寒多。何以故夏风多?以万物荣华、阴阳合聚,故风多。何以故秋热多?以万物成熟,故热多。何以故冬有风有寒?以万物终亡热去,故有风寒。

三月、四月、五月、六月、七月得卧。何以故?风多故身放。八月、九月、十月、十一月、十二月、正月、二月不得卧。何以故?寒多故身缩。

春三月有寒,不得食麦、豆,宜食粳米、醍醐诸热物。夏三月有风,不得食芋、豆、麦,宜食粳米、乳、酪。秋三月有热,不得食粳米、醍醐,宜食细米、𪎊、蜜、稻、黍。冬三月有风寒,阳兴阴合,宜食粳米、胡豆、羹、醍醐。有时卧风起有时灭;有时卧火起有时灭,有寒起有时灭。

人得病有十因缘:一者、久坐不饭;二者、食无贷;三者、忧愁;四者、疲极;五者、淫泆;六者、瞋恚;七者、忍大便;八者、忍小便;九者、制上风;十者、制下风。从是十因缘生病。

佛言:有九因缘,命未当尽为横尽:一、不应饭为饭,二、为不量饭,三、为不习饭,四、为不出生,五、为止熟,六、为不持戒,七、为近恶知识,八、为入里不时不如法行,九、为可避不避。如是九因缘,人命为横尽。

不应饭为饭,谓不可意饭,亦谓不随四时食,亦为以饭复饭,是为不应饭为饭。不量饭者,谓不知节度,多食过足,是为不量饭。不习饭者,谓不时食。若至他郡国,不知俗宜,饭食未习,不稍稍饭,是为不习饭。不出生者,谓饭物未消复上饭,若服药吐下不尽便食来,是为不出生。止熟者,谓大便、小便来时不即时行,噫吐、下风来时制,是为止熟。不持戒者,谓犯五戒,现世间盗,犯他人妇女者,便入县官,或刻或死,或得栲榜压死,或饿死,或得脱外从怨家得首死,或惊怖忧愁死,是为不持戒。近恶知识者,谓他人作恶便及人。何以故?不离恶知识故。恶人不计当坐之,是为近恶知识。入里不知时不如法行者,谓晨暮行,亦有魍魉诤斗者,若有长吏追捕而不避,若入他家舍,妄视不可视、妄听不可听、妄犯不可犯、妄念不可念,是为入不知时不如法行。可避不避者,谓弊牛、马、狮、狗、虮、蛇、虫,水、火、坑、阱、奔车、驰马，拔刀醉人、恶人，亦若干，是为可避不避。

如是九因缘，人命未尽为尽。黠人当识是，当避是，已避得两福：一者得长寿，及得闻道好语，亦得久行道。

佛言：有四饭，一、为子饭，二、为三百矛斫饭，三、为皮革虫生出饭，四、为灾饭。子饭者，谓人贪味食肉时，便自校计念：是肉皆我前世时父母、兄弟、妻子亲属，亦从是不得脱生死！已得是意便止贪，是为子饭。三百矛斫饭者，谓饭随味念复念其殃，无有数能不念味便得脱，又矛斫人为亡身，已生念复念有若干受苦，为三百矛斫饭。皮革虫生出饭者，谓人念味，亦一切万物忧家中事，便穿人意，意作万端为出去，是为皮革虫生饭。灾饭者，谓一生死行皆为灾饭，如火烧万物，人所行皆当来恼身，剧火焚万物故言灾。所以言饭者，谓人所可意念人，故言饭也。

人食肉譬如食其子，诸畜生皆为我作父母、兄弟、妻子，不可数。亦有六因缘不得食肉：一者、莫自杀；二者、莫教杀；三者、莫与杀同心；四者、见杀；五者、闻杀；六者、疑为我故杀。无是六意得食肉，不食者有六疑。人能不食肉者，得不惊怖福。

佛言：食多有五罪：一者、多睡眠；二者、多病；三者、多淫；四者、不能讽诵经；五者、多著世间。何以故？人贪淫、人知色味，瞋恚知横至味，痴人知饭食味。《律经》说：人贪味，味复味得生不得美味。

佛言：一食者为欲断生死，亦随贪不能行道，为得天眼自知所从来生去至何所。人不念死，多食，常念妇人，皆堕百四十恶，中天皆用饭故。犯十恶后生便失人形，堕畜生中。既得作人，饥渴血出，瞋恚傍生，于爱内生于贪。佛说有大福，自饥以饭与人，令人得命，是为大福。后生饶饮食，乏瞋恚，亦无所施，施亦不得，但意恣贪淫，亦无所施，但得意恣，非我所有。一钱以上，不得取故，作贪欲空，自苦作罪。道人不有忧愁，忧随怒，愁随贪。我辈有死岁、有死月、有死日、有死时，亦不知、亦不畏、亦不行道、亦不持戒，东走西走，忧铜忧铁，忧田宅、奴婢，但益人恼、增人苦，为种畜生习。

佛言：人治生，譬如蜂作蜜。采取众华，勤苦积日已成，人便攻取去。唐自苦，不得自给。人求是念，是忧有忧，无饥渴勤苦。合聚财物,未死,忧五家分,或水、火、盗贼、县官、病痛,多不如意。已死,他人得之。身当得其罪,毒痛不可言。五分者:一者、火分;二者、水分;三者、盗贼分;四者、县官分;五者、贫昆弟分。何为无忧所有?人不计是五分忧,苦剧不弃,是忧苦有万端,结在腹中,离道远法。人法生贾作,得利,不当喜;不得利,亦不当忧;是皆前世宿命所致。人有贪,贪便不得利。正使得一天下财物,亦不能猛自用之,亦不随人去,但益人结、但有苦恼、但种后世缘因。缘因如火,如火无所不烧。我辈不觉,是黠不敢妄摇,知为增苦种罪。①

《佛说佛医经》可以说是佛教关于疾病与人体之间关系认识的一个极具哲理性的文献。作为一份宗教经典,它对于疾病的认识构建于"地、水、火、风"这四大元素的消长变化上,并将之同季节、时令与人的主要器官联系起来推理疾病的起因。尤其重要的是,它的着眼点并不在于药物的使用,而在于在不同的时令、不同的季节、不同的生存环境下如何调节饮食、调节生活规律及调节生存模式。

最关键的是,它从调养角度出发,所注意的人不仅是自然的生物人,也是身受各种诱惑的社会人,更是具有复杂欲望与思维的精神人。因而,它要从生物的、社会的、精神的这三方面来对人进行调节。这可能正是孙思邈所说的佛教典籍给予中国传统医学的"慈悲喜舍之德"内容的主要内核。

在北方的大量造像记中,对于人的生命的理解已经完全超脱出了机械的"物质"或"生物人"的范围,这不仅是一种宗教思想,其实也是一种对待生命与生活的生存思想。这种思想,也许完全可以理解为佛教所带给芸芸众生的一种认识生命本真和生命存在方式的医学思想。

① 竺律炎、支越译:《佛说佛医经》,载〔日〕高楠顺次郎等编修:《大正新修大藏经》第17册《经集部四》,第737—738页。

第八章 僧人的流动与中古地理视域的拓展

魏晋南北朝时期，是以黄河流域、长江流域为主体的传统中国农业文明社会同漠北草原文化社会及西域、印度、罗马等异域文明交汇融合的时期，这一点，在地理知识的增加和地理视野的拓展上，表现得尤为明显。

其实，在传统中国的知识体系和地理视野中，一直就包含丰富的"天下主义"的内容①，从《山海经》、《博物志》、《西域图记》直至唐代玄奘的《大唐西域记》，甚至包括《史记》、《汉书》等一系列国史中对周边民族和国家的关注、描述和研究，以及对海洋民族的零星表述记载，都表明，在传统的地理视域中，古人总是自觉或不自觉地以一种"他者"的眼光在审视遥远的世界和人群。这种审视与探索，随着佛教的传入达到了一个高潮时期。在佛教传入中国并逐步融入华夏文明和世俗化的过程中，这种地理知识的增加和视野的拓展，受以下四个因素的影响。

---

① 关于中国古代的"天下主义"视野问题，是人类学家王铭铭先生提出的（参见王铭铭：《没有后门的教室》，中国人民大学出版社2006年版，第187页）。我不知道关于这个问题是否有历史学界的其他"原创者"。无论怎样，这个问题确实非常有意思，在近些年的历史研究中，马嘎尔尼来华事件往往被作为中国传统的开放意识与接纳精神开始败落的标志，被历史学界做拉锯式的再三讨论。大清王朝的康熙皇帝将那些精巧的西洋机械制品放进珍宝大库中吸收灰尘的事件，如果同西汉皇帝因为要得到汗血宝马，就不惜兴师西征大宛这样的事件相比，甚至于汉明帝仅仅因为一个奇怪的梦境，就会派遣使者到遥远的西域求取佛教经典，并且还几乎是不费任何周折就将这种来自异域的经典和宗教与具有国教性质的"黄老"并列祭祀。这种反差，是否确实意味着中华民族在清王朝统治的几百年中，丧失了古已有之的"天下主义"精神？对这个问题的思考，直接涉及对中华文明整体的认识与评价。有两方面的因素会遮蔽我们的视野，一是西学东来后，自清王朝开始的盲目排斥，已经使我们远远落后于现代文明，这就不可避免地会或隐或显地造成"中华文化劣势论"这样的一种看法；二是由于受现代政治干预下的过多的学术实用主义和映射意识的影响，我们极力对历史上汉唐兴盛时期的扩张主义持贬抑或低调处理、变调处理。这样其实就遮蔽了中古中国甚至上古中国的对外探索精神。

1. 大批异域高僧和商队的到来，不但带来了新奇的异域物质，更带来了活灵活现的关于异域各个方面的表述和相关的表演性知识，譬如幻术、杂技等，非常感性而具体地增加了人们对于异域的了解。

2. 以异域知识体系和地理背景、社会背景为底色而形成的佛教经典及相关文本的翻译，扩大了包括地理知识在内的文本知识。

3. 部分中国僧人到西域、印度西行求法学习，返回后纷纷写成《游记》等，以本土文化的眼光和认知模式来描述异域的地理、风土人情、物产等，无疑拓展了本土文化对于异域的进一步了解。

4. 僧人的脱离于封建编户体制和传教的需要，使得他们以各地的寺院为据点，能在尽可能大的范围内合法流动交流，扩展了人们对国内不同地域的认识和了解；而僧寺的进一步山林化，则使得很多荒僻的山水之地得到了一定程度的开发，作为一个坐标或知识进入人们的视野之中。

第一节　僧人的传教活动与中古的海洋视域

据《汉书·地理志》的记载，在海洋航行方面，远在公元前 2 世纪汉武帝统治时期已经有船从徐闻（今广东徐闻）、合浦（今广西合浦）出发，经过东南亚到达印度和锡兰。

在魏晋南北朝时期，中国人的海洋知识与视野显然有所扩展，在这个过程中，从印度等地前来传教的佛教僧人和通过海路到其他地方传教或者求取经典的本土僧人，发挥了一定的作用。

从海路来到中国传教的僧人，一般都是搭乘商船前来。古代海洋知识的扩大，同商人的关系最为密切。至少在中古时期的中国，以交趾、广州为中心的同南洋国家如印度、越南、斯里兰卡等国的商业交往，拓展了人们的海洋视域。魏晋南北朝时期僧人在海上的航行活动，其实大都也发生在以交趾、广州为中心之一的南洋航线上。僧人虽然并不是当时海洋航行的主体，但是他们是当时商业航行中的见证者。虽然有众多的商人在海洋的风波里频繁出没，但是只有这些僧人留下了关于海洋航行的记载。

早期来到洛阳传教的僧人是否有从海路过来的，没有明确记载，我们自然也就不能多做推断。3 世纪中叶来到建康的康僧会，他的祖上原来是康居人，后来又到了天竺，世代经商，并移居到了中国交趾。交趾是当时的南海商人的主要聚居地，可以推断，康僧会或者其家人肯定有很丰富的海洋航行经验。西晋太康二年（281），西天竺僧人娄至来到广州，译出了《十二游经》。① 这个娄至是从陆路还是海路而来，由于史料记载简单，无法做出判断。就一般情况而言，娄至没有在其他地方游历驻扎的记载，这很可能预示着他是由海路来到广州的。②

其实到了西晋时期，很多天竺僧人在中国大陆活动，他们中的一些人应该就是从海路而来的，只不过没有留下明确的记载罢了。当然，有海洋航行经历的僧人，不仅仅是外来传教者，而且一些中国本土求法僧人也是通过海路到天竺或者由海路返回中国，著名的高僧法显就是这方面的典型事例。

一、高僧法显所记录的海洋航行知识

晋代高僧法显是一位伟大的旅行家和佛经翻译家，他是中国历史上第一个由西域向天竺，然后由海路归国的取经者，也是第一个把梵文经典带回国内并直接翻译成汉文的人。最为重要的是，高僧法显不但是第一个用文字记述天竺取经见闻的人，而且是第一个以亲身经历记载海洋航行事件的人。

法显（335—422），俗姓龚，平阳郡武阳（今山西襄垣）人，法显幼年多病，被父母送到寺院做小沙弥，到了二十岁的时候，正式出家做了僧人。

法显后来到了佛教中心后秦的都城长安，研读佛教经典。但是由于当时翻译出来的佛经有些错讹较多，并且由于律部佛典的缺乏，没有统一的佛教戒律清规，僧界非常混乱。鉴于这种情况，法显决心要到天竺去求取经典。后秦弘始元年（399），已经 64 岁的法显与四位志同道合的僧人从长安出发，西行求经。③ 法显历经千难万险，先后游历了西域及天竺诸国。公元 409 年冬天，法显从多摩梨帝国（今印度加尔各答）乘坐商人的船舶，渡海到达师子国（今斯里兰卡），在师子国停留了两年，到 411 年，法显又搭乘另一艘

---

① （宋）释志磐：《佛祖统纪》卷 36，载〔日〕高楠顺次郎等编修：《大藏新修大藏经》第 49 册《史传部一》，第 338 页。
② 我对这个判断并没有什么坚实的把握，娄至也完全有可能是从陆路来到广州的。
③ 参见郭鹏：《法显与〈佛国记〉》，载郭鹏注译：《佛国记注译》，长春出版社 1995 年版，第 11—14 页。

商船，踏上了返回中国的海上航行。这次航行中，商船遇到大风暴，船舱漏水，船上的人纷纷把粗重的东西抛入大海，以减轻重量，法显也将自己随身带的生活物品抛进大海，但一心祈祷，就怕商人把他求取的佛教经典和佛像抛了，好在船漏被及时堵上，避免了一场毁灭性的灾难。在随风漂流90多天后，停靠在了耶婆提国（今印度尼西亚国爪哇岛），在那里居留五个月后，又乘船向广州，途中遇到了狂风恶浪，由于连阴天无法看见星辰，船舶迷失了方向，同船人认为是因为搭载了法显这个僧人才招致了旅途的不顺利，商议要把法显扔进大海，好在法显的一个信徒为他说话，才躲过了这场灾难。到东晋义熙八年（412），法显搭乘的商船漂到了山东半岛的长广郡牢山，法显历经千难万险，历经13年终于回到了祖国。

法显返回后，就开始翻译经典，并将他此次求取佛教经典的历程，写成了游记，就是我们今天见到的《佛国记》。《佛国记》中关于海洋的文字，是中国航海史上最宝贵的资料。

法显住此国二年，更求得弥沙塞律藏本，得《长阿含》、《杂阿含》，复得一部杂藏，此悉汉土所无者。得此梵本已，即载商人大舶上，可有二百余人。后系一小舶，海行艰险，以备大舶毁坏。

得好信风东下，三日便值大风，舶漏水入。商人欲趣小舶，小舶上人恐人来多，即斫绁断。商人大怖，命在须臾，恐舶水满，即取粗财货掷著水中。法显亦以君墀及澡罐并余物弃掷海中，但恐商人掷去经像，唯一心念观世音及归命汉地众僧。我远行求法，愿威神归流，得到所止。

如是大风昼夜十三日，到一岛边。潮退之后见船漏处，即补塞之，于是复前。

海中多有抄贼，遇辄无全。

大海弥漫无边，不识东西，唯望日月星宿而进。若阴雨时，为逐风去，亦无所准。当夜暗时，但见大浪相搏，晃若火色。鼍鼊水性，怪异之属。商人荒惧，不知那向。海深无底，又无下石住处。至天晴已，乃知东西，还复望正而进。

若值伏石，则无活路。如是九十许日，乃到一国，名耶婆提。其国外道婆罗门兴盛，佛法不足言。

停此国五月日，复随他商人大舶，上亦二百许人，赍五十日粮，以四月十六日发。

法显于舶上安居，东北行趣广州。一月余日夜鼓二时，遇黑风暴雨。商人贾客皆悉惶怖。法显尔时亦一心念观世音及汉地众僧蒙威神祐。得至天晓。

晓已，诸婆罗门议言："坐载此沙门，使我不利，遭此大苦。当下比丘置海岛边，不可为一人令我等危险。"法显檀越言："汝若下此比丘，亦并下我，不尔便当杀我。如其下此沙门，吾到汉地当向国王言汝也。汉地王亦敬信佛法，重比丘僧。"诸商人踌躇不敢便下。

于时天多连阴，海师相望僻误。遂经七十余日，粮食水浆欲尽，取海咸水作食。分好水，人可得二升，遂便欲尽。商人议言："常行时，政可五十日便到广州。今已过期多日，将无僻耶！"即便西北行求岸，昼夜十二日到长广郡界牢山南岸，便得好水菜。但经涉险难，忧惧积日，忽得至此岸，见藜藿菜依然，知是汉地，然不见人民及行迹，未知是何许。或言未至广州，或言已过，莫知所定。①

法显所记述的海洋航行经历②，是中国古代一份最早的并且是比较完整的关于海洋的正式文本。通过这份文本，我们至少可以明了以下几点知识：

1. 远航到广州的天竺商人的大船能乘坐 200 多人。

2. 海商的船舶出发前，已经配备了一些较小的救生船，但是这种救生船数量有限。

3. 在当时的南海航道，海盗活动频繁，并且手段非常凶狠。

4. 商人的海船上，已经有专门的"海师"负责航海方向，海师应该主要靠日月星辰来定位，所以遇到阴雨天，就会产生"海师相望僻误"这样的情况，就只能估摸着随风前进。

---

① （晋）法显自记：《高僧法显传》卷1，载〔日〕高楠顺次郎等编修：《大藏新修大藏经》第51册《史传部三》，第865—866页。
② 据云川先生的考证，法显东归的海上路线大致是从师子国过孟加拉湾，经过尼克巴群岛，东下巽他海峡，直到爪哇。再从爪哇北行，过南海，入东海，到了青州。参见云川：《法显求法东归行程考》，载《现代佛教学术丛刊·汉魏两晋南北朝篇下》，大乘文化出版社1978年版，第333页。

5. 海底暗礁是当时航行的最大障碍之一，一旦遇到，将会船破人亡。

法显所提供的这个中国最早的海洋航行的真实情况记录文本，其知识意义相当重大。在我们今天看来，这段简短的文字所提供的只不过是一种最简单的海洋航行常识。但是从中古时代的中国知识体系和地理视野来讲，这种来自亲身经历的海洋知识，在一定程度上打破了传统的海洋知识体系的那种怪诞式的空想描述。

在传统的中国地理结构里，海洋是被排除在视域之外的，所谓"四海"其实就是传统中国地理学结构的最清晰的边缘。① 所以海洋往往是同"仙人"及各种怪异的现象联系在一起的。我们应该注意到，法显作为具有神性思维的僧人，对于他所经历的可怕的海洋居然没将之描写成有神鬼出没的地方，而是非常写实："大海弥漫无边，不识东西，唯望日月星宿而进。若阴雨时，为逐风去，亦无所准。当夜暗时，但见大浪相搏，晃若火色。鼍鼊水性，怪异之属。"这至少说明了这种亲身经历的、以生死相搏的海洋经历，同那种道听途说、凭想象描写的海洋描写的实质性差异。

中国传统的知识体系里面，不是不讲海洋，而是讲的是"形而上"的海洋，正如王凌云先生所指出的那样：

> 在儒家那里，"海"是其非思、未思和不能思之物；而在道家那里，"海"仅仅是一种隐喻、一种空想。②

而法显的这份文本，恰恰是突破了这种空想的海洋叙述方式，将这种充满暴风雨的、没有任何浪漫或神性想象力空间的真实海洋在文本记载上展现了出来。虽然法显所作的这个文本的影响范围非常有限，但是这种对海洋地

---

① 关于"海洋"这个概念在中国上古时期的内涵与外延问题，我们必须有一个清晰的认识。在很多关于"海洋"问题的著作中，往往将中国的"海洋"知识与视域上溯到《山海经》，如王荣国的《海洋神灵》（江西高校出版社2003年版）即是如此。如果从此类知识的源头来讲，这是没有什么错误的，但是必须分清一个问题，那就是在隋唐及其后的大规模航海展开之前，中国古代典籍中的"海"这个词所包含的意义，并不等同于我们今天所说的"海洋"，而是将譬如居延海、贝加尔湖等陆地湖泊都包含在"海"这个词的义项之内。所谓"四海之内"并没有将这个"海"扩展到欧亚大陆的四围海洋的意思。

② 王凌云：《元素与空间的现象学——政治学考察》，载〔德〕C. 施米特：《陆地与海洋——古今之"法"变》附录，林国基、周敏译，华东师范大学出版社2006年版，第149页。

理知识的拓展功绩,却是不能够抹杀的。

我们在同时代的其他文献中,再也看不到像法显这样的关于海洋的纪录,我们能阅读到的,或者能供今天的航海史家使用的海洋资料,往往还是停留在《山海经》或秦皇遣童男女入海寻仙人的那个水平。如《搜神记》卷12 的这条材料:

> 南海之外有"鲛人",水居如鱼,不废绩织。时从水中出,向人家寄住,积日卖绡。鲛人临去,从主人索器,泣而出珠满盘,以与主人。①

像这样近乎奇谈怪论的海洋描述,就是我们现在能见到的用来构建当时海洋知识的文献记载,很多海洋史著作不得不引用这些资料,因为确实缺乏像样的纪录。

二、天竺僧人那伽仙在中国与扶南、林邑航道的航行

在南朝宋时期,天竺僧人竺枝曾撰有《扶南记》。该书早佚,但是在《水经注》、《艺文类聚》和《太平御览》中保存有一些零星文句,岑仲勉先生曾做过专门的辑佚②,存文共有 8 条,内容涉及扶南地理及其周边的林邑、顿逊、林杨、金陈、毗骞、林那、安息等国,对这些国家的具体位置、同扶南的距离及其风俗等情况做了记述。《扶南记》既然由南朝宋时期的竺枝所撰,显然可以推断竺枝应该也是同那伽仙这样的来自天竺的僧人,那么他应该有海上航行的经历,这一点可以从现存文字中得到证实,他所记述的"顿逊国"就在海上。但是,由于没有更多的资料和缺乏直接的证据,对于竺枝的航海,我们无法做出进一步的考察。

在竺枝稍后来到中国的僧人那伽仙,是以扶南国使者的身份由海路来到中国大陆的天竺僧人。

> 宋末,扶南王姓侨陈如,名阇耶跋摩,遣商货至广州。天竺道人那

---

① (晋)干宝撰,李剑国辑校:《新辑搜神记》卷28《鲛人》,中华书局2007年版,第443页。
② 岑仲勉:《晋宋间外国地理佚书辑略》,载《中外史地考证》(上),中华书局2004年版,第180—182页。

伽仙附载欲归国，遭风至林邑，掠其财物皆尽。那伽仙间道得达扶南，具说中国有圣主受命。

永明二年，阇耶跋摩遣天竺道人释那伽仙上表称扶南国王臣侨陈如阇耶跋摩叩头启曰："天化抚育，感动灵祇，四气调适。伏愿圣主尊体起居康豫，皇太子万福，六宫清休，诸王妃主内外朝臣普同和睦，邻境士庶万国归心，五谷丰熟，灾害不生，土清民泰，一切安稳。臣及人民，国土丰乐，四气调和，道俗济济，并蒙陛下光化所被，咸荷安泰。"又曰："臣前遣使赍杂物行广州货易，天竺道人释那伽仙于广州因附臣舶欲来扶南，海中风漂到林邑，国王夺臣货易，并那伽仙私财。具陈其从中国来此，仰序陛下圣德仁治，详议风化，佛法兴显，众僧殷集，法事日盛，王威严整，朝望国轨，慈愍苍生，八方六合，莫不归伏。如听其所说，则化邻诸天，非可为喻。臣闻之，下情踊悦，若暂奉见尊足，仰慕慈恩，泽流小国，天垂所感，率土之民，并得皆蒙恩祐。是以臣今遣此道人释那伽仙为使，上表问讯奉贡，微献呈臣等赤心，并别陈下情。但所献轻陋，愧惧唯深。伏愿天慈曲照，鉴其丹款，赐不垂责。"又曰："臣有奴名鸠酬罗，委臣逸走，别在余处，构结凶逆，遂破林邑，仍自立为王。永不恭从，违恩负义，叛主之愆，天不容载。伏寻林邑昔为檀和之所破，久已归化。天威所被，四海弥伏，而今鸠酬罗守执奴凶，自专很强。且林邑扶南邻界相接，亲又是臣奴，犹尚逆去，朝廷遥远，岂复遵奉。此国属陛下，故谨具上启。伏闻林邑顷年表献简绝，便欲永隔朝廷，岂有师子坐而安大鼠。伏愿遣军将伐凶逆，臣亦自效微诚，助朝廷剪扑，使边海诸国，一时归伏。陛下若欲别立馀人为彼王者，伏听敕旨。脱未欲灼然兴兵伐林邑者，伏愿特赐敕在所，随宜以少军助臣，乘天之威，殄灭小贼，伐恶从善。平荡之日，上表献金五婆罗。今轻此使送臣丹诚，表所陈启，不尽下情。谨附那伽仙并其伴口具启闻。伏愿愍所启。并献金镂龙王坐像一躯，白檀像一躯，牙塔二躯，古贝二双，琉璃苏钲二口，玳瑁槟榔柈一枚。"①

---

① （梁）萧子显：《南齐书》卷58《东南夷》，第1014—1016页。

那伽仙是在南朝齐永明二年（484）受扶南王阇耶跋摩的派遣来到南朝齐做使者①，期望南朝齐王朝能帮助扶南征讨其敌对国林邑，所以，这次航行，扶南王还带给南朝齐皇帝大批海珍宝贝，其中包括佛像等宗教珍品。

根据这段史料记载，那伽仙是在南朝宋末年由广州搭乘扶南王派遣到中国的商船从广州要返回他的祖国，可是途中遇上了风暴，船只漂到了林邑国。据扶南王的说法，林邑国王不仅掠夺了他的商船的全部货物，而且将那伽仙的私人财物也掠夺一空。后来那伽仙辗转到了扶南，并向扶南王讲述了当时中国的情况。

这个记载至少说明了三个事实：

1. 那伽仙至少在南朝宋末年的时候就来到了中国的广州，至于他是否从海路而来，我们不得而知，但是他返回的时候是走海路的，并且在回到扶南后又受扶南王派遣，从海路来到了广州，期望完成鼓动齐王朝帮助扶南征讨林邑的这个使命。

2. 在南朝宋的广州等地，像那伽仙这样的有过海路航行经历的天竺僧人应该是有一定数量的。

3. 从扶南王的上表来看，在那伽仙到扶南讲述中国情况之前，扶南国对中国是否信仰佛教的情况并不太了解。当然，扶南王的这种说法也不能避免是为了同齐王朝套近乎，而用佛教作为一个两国的共同点来打动齐朝皇帝的这样一个办法。

关于这个问题，有两条史料有必要引起我们足够的重视：一就是那伽仙这条，可以看出扶南王对中国的佛教发展状况非常陌生，因为他对那伽仙所描述的中国佛教的发展盛况相当吃惊，在写给南朝齐皇帝的表章中用过多的溢美之词对此表示了敬仰；另一条就是法显和尚在晋义熙十二年（416）从海路返回中国时，因为遇到风暴，那些商人认为法显是引起风暴的原因，想把他丢弃在海上，当时法显的一个信徒威胁那些商人说："汝若下此比丘，亦并下我，不尔便当杀我。如其下此沙门，吾到汉地当向国王言汝也。汉地

---

① 《佛祖统纪》卷36 有"永宁元年，扶南国王遣使，同西竺沙门那伽仙，进缕金龙座佛象牙塔"的记载，将那伽仙来华定在西晋惠帝年间，与《南齐书》的记载冲突，显然是错误的。谭中、耿引曾先生《印度与中国》一书中沿袭了这一错误，将那伽仙来华定在 300 年（《印度与中国》，商务印书馆 2006 年版，第 256 页）。

王亦敬信佛法，重比丘僧。"由这位信徒的这番话，是否可以推断，那些商人似乎对中国南朝皇帝信仰佛教的状况不太了解，所以这位信徒强调"汉地王亦敬信佛法"这个事实。是否由这两条史料，我们可以得出这样一个比较模糊的认识：在当时的海洋航行者中，似乎对中国佛教发展的情况并不是非常了解，这是否表明当时的海路确实对中国佛教的发展影响非常有限。

那伽仙随后又作为南齐的使者为扶南王带去了齐武帝的诏书①，为两国海上交往的加强做出了杰出贡献。那伽仙在中国与扶南之间的航行与出使，显然增加了当时的中国对扶南、林邑国家的政治经济状况的了解。

三、释慧深的跨洋航行与"扶桑国"问题

据《梁书》的记载，在5世纪末叶，有位叫慧深的僧人曾到达过"大汉国东两万余里"的"扶桑"这个地方，很多学者们认为这个"扶桑"就是今天的墨西哥。关于这个记载，确实有许多比较令人迷惑的地方，下面我们将这份资料完整列出，再做分析。

> 扶桑国者，齐永元元年，其国有沙门慧深来至荆州，说云："扶桑在大汉国东二万余里，地在中国之东，其土多扶桑木，故以为名。扶桑叶似桐，而初生如笋，国人食之，实如梨而赤，绩其皮为布以为衣，亦以为绵。作板屋。无城郭。有文字，以扶桑皮为纸。无兵甲，不攻战。其国法，有南北狱，若犯轻者入南狱，重罪者入北狱，有赦则赦南狱，不赦北狱。在北狱者，男女相配，生男八岁为奴，生女九岁为婢。犯罪之身，至死不出。贵人有罪，国乃大会，坐罪人于坑，对之宴饮，分诀若死别焉。以灰绕之，其一重则一身屏退，二重则及子孙，三重则及七世。名国王为乙祁，贵人第一者为大对卢，第二者为小对卢，第三者为纳咄沙。国王行有鼓角导从。其衣色随年改易，甲乙年青，丙丁年赤，戊己年黄，庚辛年白，壬癸年黑。有牛角甚长，以角载物，至胜二十斛。车有马车、牛车、鹿车。国人养鹿，如中国畜牛。以乳为酪。有桑梨，经年不坏。多蒲桃。其地无铁有铜，不贵金银。市无租估。其婚

---

① （梁）萧子显：《南齐书》卷58《东南夷》，第1016—1017页。

姻，婿往女家门外作屋，晨夕洒扫，经年而女不悦，即驱之，相悦及成婚。婚礼大抵与中国同。亲丧，七日不食；祖父母丧，五日不食；兄弟伯叔姑姊妹，三日不食。设灵为神像，朝夕拜奠，不制缞绖。嗣王立，三年不视国事。其俗旧无佛法，宋大明二年，罽宾国尝有比丘五人游行至其国，流通佛法、经像，教令出家，风俗遂改。"

慧深又云："扶桑东千余里有女国，容貌端正，色甚洁白，身体有毛，发长委地。至二、三月，竞入水则任娠，六七月产子。女人胸前无乳，项后生毛，根白，毛中有汁，以乳子，一百日能行，三四年则成人矣。见人惊避，偏畏丈夫。食咸草如禽兽。咸草叶似邪蒿，而气香味咸。"天监六年，有晋安人渡海，为风所飘至一岛，登岸，有人居止。女则如中国，而言语不可晓；男则人身而狗头，其声如吠。其食有小豆。其衣如布。筑土为墙，其形圆，其户如窦云。①

这份文献提供给我们的信息主要有以下几条：

1. 慧深和尚是扶桑国人，在公元499年不远万里来到了中国荆州，并对扶桑国的情况做了比较详细的描绘。

2. 扶桑国在中国东两万余里的地方，其国土特征可以概括为以下几点：植物多桑木，多葡萄；没有城郭；国家设有南北两种监狱；有自己特殊的法律体系；动物方面有角比较长的牛，养的鹿比较多；婚姻以女性为主体，有走婚的性质；等等。

3. 根据慧深的描述，扶桑国没有很明显的本土宗教，在宋大明二年（458）之后，有5位来自古印度的僧人开始了佛教的传播，此后佛教在扶桑国扎下了根；那么就是说至少据慧深来到荆州前，佛教在扶桑国的传播已经经历了至少40多年的时间。

应该说，以上这三点是我们读这份文献可以很清晰地得出的一些基本看法。可是自从1761年法国汉学家金勒向法国文史学院提交了《美洲海岸中国人航迹之寻究》一文，提出《梁书》所记载的这个"慧深"是中国僧人，他所到达的"扶桑国"就是今天的墨西哥。这篇报告一经提交发表，就引起了

---

① （唐）姚思廉：《梁书》卷54《东夷传》，第808—809页。

人们极大的兴趣。此后，围绕这段史料所展开的讨论主要有两个问题：1. 慧深到底是扶桑国人还是中国人？ 2. 慧深所描述的"扶桑国"是否就是今天的墨西哥？

关于慧深及其"扶桑国"，我们所能见到的史料，只有两部分：一部分就是我们上面所引的这一段，这也是被各方学者想尽办法曲折解读的主要部分；另一段史料来自《高僧传》，文字非常简单，仅仅21个字——"沙门慧深，亦基之弟子，深与同学法洪，并以戒素见重"[1]——这只是提到宋文帝时的高僧慧基有几个出类拔萃的弟子，其中一个叫慧深罢了。

很明显，《梁书》的这段资料明确说明慧深是来自扶桑国的僧人，那么在没有扎实的关联证据之前，我们要推翻这个最原始的记载，将慧深推定为中国人，恐怕不是很稳妥的办法；至于《高僧传》中所提到的那个慧深，就更不能随便安在讲述"扶桑国"的这个慧深头上，同名的僧人俯拾皆是，哪能随便将两个毫无关联迹象可言的人捏合在一起。当然，前贤之所以断言"慧深"应该是中国僧人，也有自己推断的道理，我们在后面将会顺便讨论这个问题。

《梁书》的这段史料记载，如果说有可讨论空间的话，那就是到底这个"扶桑"是不是墨西哥，因为慧深列举了这个"扶桑国"的政治、刑罚制度、动植物、矿物质、婚姻习俗等方面比较独特的地方，如果做进一步深入的对比，倒是有可能做出一些建设性的判断来。

我们在这里对这段史料记载的一个小问题需要做些特别说明。慧深所说的扶桑国的政治身份等级制度——"名国王为乙祁，贵人第一者为大对卢，第二者为小对卢，第三者为纳咄沙"。此处所提到的"大对卢"为扶桑国最尊贵的大官，而当时的高句丽，其最大的官也是"大对卢"，《周书》卷49《异域上·高丽》："大官有大对卢，次有太大兄、大兄、小兄、意俟奢、乌拙、太大使者、大使者、小使者、褥奢、翳属、仙人并褥萨凡十三等，分掌内外事焉。其大对卢，则以强弱相陵，夺而自为之，不由王之署置也。"[2]

由此，我们可以怀疑，关于慧深航行的这段史料是否有僧人为夸饰其广游博闻而结合自己的海上经验编造的嫌疑。无论如何，即使历史时期曾有过

---

[1] （梁）释慧皎：《高僧传》卷8《释慧基传》，第325页。
[2] （唐）令狐德棻等：《周书》卷49《异域上·高丽》，第885页。

文化方面的交往或联系，高句丽同远在美洲的墨西哥在对于官员的称呼上恐怕不会如此雷同，此其一；其二，这种现象是否也正好说明了慧深可能是来自离高句丽不太远的一个地方。

在隋代之前，中国大陆同日本之间的航线还没有形成，到日本都是要经过朝鲜半岛中转的。① 这就说明，当时船舶的航行能力及导航技术还不能支持这种定向性很好的穿越远洋的航行。当时的很多航行都是以近海航行为主的，这一时期，在导航方面似乎主要还是以"陆标导航"为主，如耆域来到中国，就是"自发天竺至于扶南，经诸海滨爰及交广"②，完全就是沿海岸航行。即使这样，一旦遇到风或洋流，当时的船只也不得不随风而漂，所以我们在该时期的文献中所见到的一些外来商船有的就是遇风而"漂"来的：如天竺高僧求那跋摩原本是要从天竺出发到一个小国去，结果在海上遇到了大风，也就顺水行舟，漂到广州来了；而那伽仙本来是要从广州返回天竺，结果却漂到了林邑；高僧法显搭商人船舶回来的时候，本来商船是要去广州的，结果在海上遇到风暴和阴雨天，不得不西北行，而漂到山东半岛。

种种迹象都表明，在当时的条件下，舟船要通过这种近乎"漂流"的方式从美洲航行到中国大陆来，应该是一件相当令人震惊的事情。那么这个"慧深"应该在佛界有一定的影响力，可是，我们在佛教著作中找不到他的踪迹。此外，既然慧深提到"大对卢"这个官号，我们就不能不怀疑，慧深是不是综合了朝鲜半岛等地的一些材料和见闻编造了这些故事。还有一个疑点是：当时但凡外来僧人，一般都会记载其音译的名字，可是这个来自"扶桑国"的慧深居然用的是中国僧人的法号，这就难怪学者要断定他是中国人了。

对于这段文献，我们还要讨论的一个问题就是慧深对"扶桑国"与"女国"的这种"描写方式"，完全是同中国传统"中心主义"的描写方式一致的。如果说对于"扶桑国"的描写还有客观的写实作风的话，那么对于"女国"的描写，已经完全同《山海经》、《博物志》、《搜神记》等对"异域人"的描写是一致的了。《梁书》同卷还有一则关于海岛居民的记载，也是这类描写的典型事例：

---

① 金健人：《古代东北亚海上交流史分期》，《社会科学战线》2007年第1期。
② （梁）释慧皎：《高僧传》卷9《耆域传》，第365页。

> 天监六年，有晋安人渡海，为风所飘至一岛，登岸，有人居止。女则如中国，而言语不可晓；男则人身而狗头，其声如吠。其食有小豆。其衣如布。筑土为墙，其形圆，其户如窦云。①

传统地理书对于"异域人"的记载或描写，尤其是对于那些来自传闻的"异域人"的描写，往往是相当怪诞的。按现代人类学家的研究，这种对不是自己族类的异民族的描写，事实上是在最大程度上确认"为何那些人不是中国人"② 这个问题。所以在描写他们的时候，就会尽量找出那些不同的特征，站在"华"的立场上，尽可能地在最大程度上将"夷"同"禽兽"野物连接起来描写。③ 但是作为来自"扶桑国"的慧深，可以说肯定经历了海洋风暴的生死考验，并且这种跨越远洋的航海经历，肯定要比法显的那种近乎沿海岸的航海经历复杂惊险得多，可是慧深的描写兴趣居然同中国传统地理学偏好完全相投，而对于他所经历的海洋没有一点像样的感叹或描述，这是不可思议的。如果说是《梁书》的撰写者省去了慧深关于海洋的叙述，这也是不可思议的，海洋在传统的中国文化中，一向就是神秘的处所。④ 如果有这方面的惊险叙述，不可能不在史料中得到体现。⑤ 再者，在《高僧传》中，但凡从海路来到中国的高僧，其海洋经历都会被或多或少地描述一番，高僧

---

① （唐）姚思廉：《梁书》卷 54《东夷传》，第 809 页。
② 相关论述，可以参阅王明珂：《华夏边缘：历史记忆与族群认同》，社会科学文献出版社 2006 年版，第 185—208 页。
③ 古人对于夷夏之间的区分是相当严格的，如《大宋宣和遗事·元集》的说法就很有代表性："中国也，君子也，天理也，皆是阳类；夷狄也，小人也，人欲也，皆是阴类。阳明用事的时节，中国奠安，君子在位，在天便有甘露庆云之瑞，在地便有醴泉芝草之祥，天下百姓，享太平之治；阴浊用事底时节，夷狄陆梁，小人得志，在天便有彗孛日蚀之灾，在地便有蝗虫饥馑之变，天下百姓，有流离之厄。"
④ 对于海洋神秘性的描写和认识，可能不仅仅是古代中国人将之当作一个"仙人"出没的神奇之域，而是全球的内陆农耕或畜牧民族的一种对于海洋认识的共同的模式，德国政治哲学家施密特认为："纯陆地性存在的民族，如那些畜牧者和耕者，以典型的方式从陆地的角度来思考问题，而对海洋则抱着一种宗教般的敬畏。"参见〔德〕C.施密特：《陆地与海洋——古今之"法"变》，林国基、周敏译，第 204 页。
⑤ 孙光圻先生虽然认为当时的航海条件，有可能完成中国与美洲之间的航行，但是也认为《梁书》关于慧深的这些记录，如果不是当时的僧人编造的话，那就是这些记录有遗漏的地方（参阅孙光圻：《中国古代航海史》，海洋出版社 2005 年版，第 183 页）。虽然孙先生没有说明遗漏了什么，但是我们认为关于海洋的描写应该是慧深此次航行最值得大写特写的地方，可是这样长的文字记载，恰恰没有一点点关于海洋的叙述，显然是不正常的。

法显对于海洋的描写就是很典型的例证。如果我们将慧深的记述同法显航海归来后的记述相比，就会发现前者只感兴趣于对异域的描写①，而后者对于自己所经历的海洋却做了很有震撼力的描述。

四、对其他传教僧人海洋航行事迹的考察

以上我们考察的三位僧人，在当时的海洋航行中具有典型的代表意义，可以说他们代表了当时僧人加入海洋航行队伍所取得的最高成就。虽然他们加入航海，其目的并不在对海洋的探索，而在于传教、取经等宗教目的。他们的航行各有特点，法显是最早的海洋航行文献的记录者，那伽仙是进入当时的国际政治外交活动的航海者，而慧深则是最早的跨远洋航行者——虽然这个事实值得怀疑。

当然，当时航行在海洋上的僧人不止他们三位。除了他们之外，我们至少还可以找到下列一些由海路到中国传教或到天竺求学取经的僧人，他们分别是：天竺僧人耆域、北天竺僧人佛驮跋陀罗、幽州黄龙人释昙无竭、西凉州僧人释智严、罽宾僧人求那跋摩、中天竺僧人求那跋陀罗、中天竺僧人求那毗地等。其中，耆域、佛驮跋陀罗的海洋航行有一定的代表意义。

（一）就现有文献记载来看，耆域是最早由海路来到中国的天竺僧人

耆域是西晋光熙元年（306）到达洛阳的，那么他到达中国的时间也大概就在该年，《高僧传》关于耆域海洋航行的记载比较简单：

> 耆域者，天竺人也。周流华戎，靡有常所，而倜傥神奇，任性忽俗。迹行不恒，时人莫之能测。自发天竺，至于扶南，经诸海滨，爰及交广，并有灵异。既达襄阳，欲寄载过江，船人见梵沙门衣服弊陋，轻而不载，船达北岸，域亦已度。前行见两虎，虎弭耳掉尾，域以手摩其头，虎下道而去。两岸见者随从成群。以晋惠之末，至于洛阳。②

---

① Louise Levathes 在引用关于慧深的这些讲述时，用了"中国人自己编织的故事"这样的判断，显然也对这些史料的真实性有所怀疑，但是却不能轻易否定，只能有所存疑（参见〔美〕李露晔：《当中国称霸海上》，邱钟麟译，广西师范大学出版社 2004 年版，第 25 页）。
② （梁）释慧皎：《高僧传》卷 9《耆域传》，第 364—365 页。

耆域是从天竺到扶南，再从扶南沿着海岸线一路来到了交趾、广州，从他到达襄阳后衣衫褴褛的记载来看，耆域的海上航行确实是历经了千难万险。耆域是以"神异"著称的僧人，他既会驯化老虎等野兽，据说还善于分身术，并且又善于治病，他的这些本领也可能在帮助他搭载商船方面发挥了一定的作用。耆域在洛阳主要以为人治病而享有盛名，后逢"洛阳兵乱，辞还天竺"。① 所以，可以推定他在中国的活动时间大概在306—316年之间。

耆域返回天竺是从洛阳出发，取道西域，据《高僧传》，有商人曾在西域流沙碰到了西返的耆域："贾客胡湿登者，即于是日将暮，逢域于流沙，计已行九千余里。既还西域，不知所终。"②

（二）在来华僧人中，佛驮跋陀罗有丰富的海洋航行经验或知识

佛驮跋陀罗出生于商人之家，他原本姓释氏，迦维罗卫人，他的祖父曾经在北天竺经商，所以后来就移居到北天竺。佛驮跋陀罗皈依佛教后，以博学群经而著称，尤其在禅律方面造诣颇深，享有盛名。佛驮跋陀罗在游学罽宾的时候，正好后秦僧人智严也在罽宾，受智严邀请，于是佛驮跋陀罗决定来华传教。

> 于是舍众辞师，裹粮东逝。步骤三载，绵历寒暑，既度葱岭，路经六国，国主矜其远化，并倾心资奉。至交趾，乃附舶循海而行，经一岛下，贤以手指山曰："可止于此。"舶主曰："客行惜日，调风难遇，不可停也。"行二百余里，忽风转吹，舶还向岛下，众人方悟其神，咸师事之，听其进止。后遇便风，同侣皆发，贤曰："不可动。"舶主乃止。既而有先发者，一时覆败。后于暗夜之中，忽令众舶俱发，无肯从者。贤自起收缆，一舶独发，俄尔贼至，留者悉被抄害。
>
> 顷之，至青州东莱郡，闻鸠摩罗什在长安，即往从之，什大欣悦，共论法相，振发玄微，多所悟益。③

佛驮跋陀罗的来华路线，是先过葱岭，由陆路到达交趾，然后又从交趾

---

① （梁）释慧皎：《高僧传》卷9《耆域传》，第366页。
② （梁）释慧皎：《高僧传》卷9《耆域传》，第366页。
③ （梁）释慧皎：《高僧传》卷2《佛驮跋陀罗传》，第70页。

搭乘商船来到广州。从《高僧传》中的记载来看，佛驮跋陀罗似乎对于海洋航行有相当丰富的经验，他不仅对交趾到广州途中的海洋风向的变化有十足的把握，而且对这一带海域海盗的活动情况似乎也了如指掌。这是一件让人很迷惑的事情，来自天竺的佛驮跋陀罗是如何掌握这一远在千里的海域的情况的？当然，僧传中之所以记录这些事情，无非是为了说明佛驮跋陀罗是如何的神异，但是事情并非如此简单。这需要我们从佛驮跋陀罗的家庭背景做一些探讨。佛驮跋陀罗出身于商人之家，虽然从三岁的时候就因为父亲早亡而沦为孤儿，但是他同商团之间应该有一些割不断的联系。这一点推测我们可以从僧传记载的佛驮跋陀罗的另一件神异的事情去了解。佛驮跋陀罗到达长安后，曾对弟子说："我昨见本乡有五舶俱发。"[1] 这样的远隔万里所做的预言，当然没人会相信，可是一年之后，佛驮跋陀罗"复西适江陵，遇外国舶至，既而讯访，果是天竺五舶先所见者也"。[2] 如果抛却其中的神异成分，是不是我们可以推断，佛驮跋陀罗同他家乡的商团之间应该是有比较密切的联系的。如果这一点确定的话，那么他对于由交趾到广州之间的航线上的海风及海盗活动情况有所了解，就可以得到解释了——频繁往来于这条航线上的家乡商团，应该就是佛驮跋陀罗海洋知识的来源。

佛驮跋陀罗大约是在晋义熙年间（405—418）来到长安，到元嘉六年（429）71岁辞世，在中国佛界活动十多年。他的关于海洋的一些经历和知识及同天竺商团的关系，应该对他身边的僧人有一定的影响。如邀请佛驮跋陀罗来华的西凉僧人释智严，不仅陪伴佛驮跋陀罗从天竺来到中国，而且修习禅律的释智严，觉得自己"积年禅观而不能自了"[3]，所以又再次乘坐商船到天竺学习禅律，最终以78岁的高龄在罽宾辞世。智严的两度由海路来往于天竺与中国之间，似乎应该同乃师佛驮跋陀罗的知识和相关背景有一定关系。

（三）僧人的知识背景与海洋航行

虽然我们只有很少的例证，但是我们无法绕过这样一个现象：那就是由海洋来华的天竺僧人大多都具有一些神异的法术，并且是咒术的主要传授者。如耆域在华的主要行迹就是神异的法术和以咒术治病，佛驮跋陀罗本人

---

[1] （梁）释慧皎：《高僧传》卷2《佛驮跋陀罗传》，第71页
[2] （梁）释慧皎：《高僧传》卷2《佛驮跋陀罗传》，第72页
[3] （梁）释慧皎：《高僧传》卷3《释智严传》，第100页。

受到长安僧人集团的排挤,最主要的一个原因也就是他做了那种神奇的预言;至于求那跋摩,从罽宾到师子国、阇婆国,再到南朝宋,最引人注目的就是他一路用咒术治病①;求那跋陀罗最著名的事迹也是在由天竺来华的船上以"密咒"降雨。除了这些僧人的密教背景外,我们是否可以推断,也许正是这样的有实用性质的技能,才使得这些僧人能很顺利地搭上商人的船只。

由于资料的有限性,我们能看到的僧人在商船上发挥明显作用的主要就是佛驮跋陀罗和求那跋陀罗这两个例子。佛驮跋陀罗的海洋风向知识和对海盗情况的了解,使得他所乘坐的那个商船避免了两次大的可能性灾难,一次是避开了风暴的颠覆,一次是躲开了海盗的杀戮;而求那跋陀罗则是预言了海上信风雨水的到来,解决了全船的缺淡水问题②。这两个事例表明,至少这两个僧人具有一定的气象知识,对于风雨有一定的预报能力。

僧人所具备的这种应付海上意外情况的知识,应该是他们能同商人结伴而行的背景之一。此外,商人对于佛教的信仰可能也是一个主要原因。如中天竺僧求那毗地就是这样的僧人,他不但聪慧强记,而且兼学外学典籍,明解阴阳之术,善于占卜,所以"南海商人咸宗事之"。③

当然,我们所讨论的这些在海洋上来往于中国与天竺等国僧人都是一些个例,但是却具有一定的代表意义。事实上,僧人们在这种海洋航行中所付出的生命代价也是惨重的。以下的零星史料有利于我们理解这个问题。

> (慧达)东游吴县,礼拜石像,以像于西晋将末,建兴元年癸酉之岁,浮在吴松江沪渎口。渔人疑为海神,延巫祝以迎之,于是风涛俱盛,骇惧而还。时有奉黄老者,谓是天师之神,复共往接,飘浪如初。后有奉佛居士吴县民朱应,闻而叹曰:"将非大觉之垂应乎?"乃洁斋共东云寺帛尼及信者数人,到沪渎口。稽首尽虔,歌呗至德,即风潮调静。遥见二人浮江而至,乃是石像,背有铭志,一名惟卫,二名迦叶,

---

① (梁)释慧皎:《高僧传》卷3《求那跋摩传》,第106页。
② (梁)释慧皎:《高僧传》卷3《求那跋陀罗传》,第131页:(求那跋陀罗)"既有缘东方,乃随舶泛海。中途风止,淡水复竭,举舶忧惶,跋陀曰:'可同心并力念十方佛,称观世音,何往不感?'乃密诵咒经恳到礼忏。俄而,信风暴至,密云降雨,一舶蒙济。"
③ (梁)释慧皎:《高僧传》卷3《求那毗地传》,第139页。

即接还安置通玄寺。吴中士庶嗟其灵异，归心者众矣。①

来自海上的石像，显然同从海路而来的船舶有关，要么是遇到风浪不得已将石像抛弃，要么就是船舶覆没而致。显然，那些不远万里携带石像来传教的僧人也难免葬身大海的厄运。

第二节　对佛教僧人地理学著作的探讨

《隋书·经籍志》所载地理著作139部，1432卷，其中由僧人、佛教信徒撰写或与佛教有关的地理学著作就有15部共51卷，分别是释僧祐撰《世界记》5卷，释法盛撰《历国传》2卷，释法显撰《佛国记》1卷，沙门释智猛撰《游行外国传》1卷，释昙景撰《外国传》5卷，裴矩撰《隋西域图》3卷，《西域道里记》3卷，《大隋翻经婆罗门法师外国传》10卷，释道安撰《四海百川水源记》1卷，释昙景撰《京师寺塔记》2卷，后魏杨衒之撰《洛阳伽蓝记》5卷，宗居士撰《衡山记》1卷，张光禄撰《华山精舍记》1卷，刘球撰《京师寺塔记》10卷，《庐山南陵云精舍记》1卷。② 这些著作主要包含两类，一类是西行取经的僧人对西域诸国地理风土情况的描述，另一类是僧人或信徒对以寺庙为中心的周边地理风土的记述。但是应当引起我们注意的是，释道安撰《四海百川水源记》1卷显然类似于《水经注》这样的地理学著作。这种情况说明，当时的佛教僧人由于传教的需要，足迹不仅遍及大江南北，而且由于对佛教经典和西域语言学习的需要，又不断有人到西域诸国游历，回来后将自己行程中的所见所闻及异域的地理人文风俗撰写出来，无疑扩大了当时中国人的地域视野。

我们从《隋书·经籍志》中所看到的，仅仅是当时佛教僧人及其信徒所作的关于西域和境内地理著作的一部分。《太平寰宇记》、《艺文类聚》等地理学著作和类书里面，有一些条目引用了此类著作的内容。特别是北魏郦道元在作《水经注》的时候，关于西域诸国的地理水道、山川形势部分较多地

---

① （梁）释慧皎：《高僧传》卷13《释慧达传》，第478—479页。
② （唐）魏徵等：《隋书》卷33《经籍志二》，第984—987页。

引用了佛教僧人所作的这方面的著作。大概有以下几种为《隋书·经籍志》所不载：《佛图调传》、《释氏西域记》、支僧载《外国事》、竺枝《扶南记》。在《大藏经》中所保留的僧人或者佛教徒所作的地理学著作，还有北魏僧人惠生《使西域记》、杨衒之《洛阳伽蓝记》和法显《佛国记》，这三种著作，也是佛教地理学著作中迄今为止保存最完好的。此外，郦道元在注释西域地理时还多次提到了一个熟知西域的僧人——竺法维①，这也是值得我们注意的一个人物。

据岑仲勉先生的考证，在隋以前关于西域地理的著作有28种，分别是：《穆天子传》、西汉张骞《出关志》、东汉成光子《别传》、吴康泰《扶南传》、吴朱应《扶南异物志》、《外国图》、西晋竺法护《耆阇崛山解》、西晋支僧载《外国事》、东晋《佛图调传》、东晋道安《西域志》、东晋道安《西域图》、东晋道安《四海百川水源记》、东晋宝云《游传》、东晋支昙谛《乌山铭》、东晋释法显《佛游天竺记》②、宋昙勇《外国传》、宋释智猛《游行外国传》、北魏道药《游传》、宋道普《大传》、释昙景《外国传》、宋竺枝《扶南记》、宋竺法维《佛国记》、齐法献《别记》、齐僧祐《世界记》、释法盛《历国传》、北魏释惠生《行记》、北魏宋云《行记》、隋裴矩《西域图》。③ 这些著作的撰写者，大多是曾到西域求法的僧人。④

一、对西行求法僧人所撰部分地理学著作的考察

唐代僧人释道宣所作的《释迦方志》，主要根据《高僧传》等书的记载，

---

① 杨守敬、熊会贞疏：《水经注疏补》上篇卷1《河水》，第41页。
② 此处指的应该是《法显传》。《二十五史补编》中清文廷式撰《补晋书艺文志》载："《佛游天竺记》一卷，《初学记》二十九引作《释法显佛游本记》，《出三藏记集》右六部凡六十三卷，晋安帝时沙门释法显以隆安三年游西域，于中天竺师子国得梵本，归京都，住道场寺，就天竺禅师佛驮跋陀罗共译出。"郭鹏先生据此考订，《佛游天竺记》是法显从梵文翻译过来的经典，并非今传《法显传》。因而岑仲勉先生此处所说的《佛游天竺记》，其实指的是《法显传》，也可以叫作《佛国记》或《历游天竺传》。参见郭鹏：《法显与〈佛国记〉》，载郭鹏注译：《佛国记注译》，第11—14页。
③ 岑仲勉：《隋以前之西域及南蕃地理书》，载岑仲勉：《中外史地考证》（上），第310—318页。
④ 对该时期随着佛教僧人西行求取经典所撰写的地理学著作的情况，也可参阅向达先生《汉唐间西域及海南诸国古地理书叙录》，此文对部分地理书的佚文保存处有较详细的叙述，可以作为一个简单的索引使用。参见向达：《唐代长安与西域文明》，生活·读书·新知三联书店1957年版，第565—578页。

第八章　僧人的流动与中古地理视域的拓展 | 261

对于张骞通西域之后、玄奘西行取经之前的西行求法的僧人，做过比较系统的概括，现列之如下：

1. 后汉显宗孝明皇帝，永平三年夜梦金人，身长丈余项佩日月光，飞行殿前。帝问群臣，通人傅毅曰："臣闻西域有神，其名曰佛，陛下所梦将必是乎。"帝乃遣郎中蔡愔博士秦景等，从雪山南头悬度道，入到天竺，图其形像，寻访佛法。将沙门迦叶摩腾、竺法兰等还，寻旧路而届雒阳。

2. 后汉献帝建元十年，秦州刺史遣成光子，从鸟鼠山度铁桥而入，穷于达嚫。旋归之日，还践前途，自出《别传》。

3. 晋武世，敦煌沙门竺法护，西游三十六国，大赍胡经，沿路译出。至长安青门外立寺，结众千余，教相广流东夏者。

4. 东晋隆安初，凉州沙门释宝云，与释法显、释智严等前后相从，俱入天竺。而云历大夏诸国，解诸音义。后还长安及以江表，详译诸经，即当今盛行莫非云出。而乐栖幽静终于六合山。游西有《传》。

5. 东晋后秦姚兴弘始年，京兆沙门释智猛，与同志十五人，西自凉州鄯鄯诸国至罽宾，见五百罗汉，问显方俗。经二十年至甲子岁，与伴一人还东，达凉入蜀。宋元嘉末卒成都，游西有《传》，大有明据，题云《沙门智猛游行外国传》，曾于蜀部见之。

6. 后燕建兴末，沙门昙猛者，从大秦路入达王舍城。及返之日，从陀历道而还东夏。

7. 后秦弘始二年，沙门法显，与同学慧景等，发自常安，历于阗道，凡经三十余国。独身达南海师子国，乃泛海将经像还。至青州牢山，登晋地，往杨荆等州出经。所行出《传》。

8. 宋初凉州沙门智严游西域，至罽宾受禅法。还长安，南至扬州宋都，广译诸经。然以受戒有疑，重往天竺。罗汉不决，为上天咨弥勒，告之得戒。于是返至罽宾而卒。遣弟子智羽等报征西返。

9. 宋永初六年，黄龙沙弥释法勇，操志雄远，思慕圣迹，招集同志沙门僧猛、昙朗等二十五人，发迹雍部，西入雪山，乘索桥并传弋度石壁。及至平地，已丧十二人。余伴相携，进达罽宾，南历天竺。后泛海东还广州。所行有《传》。

10. 宋元嘉中,凉州沙门道泰西游诸国,获大毗婆沙还。于凉都沮渠氏集众译出。

11. 宋元嘉中,冀州沙门慧睿,游蜀之西界至南天竺,晓方俗音义,为还庐山。又入关又返江南。

12. 后魏太武末年,沙门道药从疏勒道入,经悬度到僧伽施国。及返还寻故道。著《传》一卷

13. 宋世高昌沙门道普经游大夏,四塔道树,灵迹通谒。别有大《传》。又高昌法盛者。亦经往佛国。著《传》四卷

14. 后魏神龟元年,敦煌人宋云及沙门道生等,从赤岭山傍铁桥,至乾陀卫国雀离浮图所。及返寻于本路。①

据释道宣的这个统计,自汉明帝遣蔡愔、秦景到天竺寻访佛经始,有据可查的到西域游历、求法的有14次,除其中1次为道教修行者外,其余13次都是佛教僧徒冒死西行。在这13次佛教徒的西域游历中,释宝云、智猛、法显、法勇、道药、道普、法盛等都撰写了专门的著作,来记述他们的西域之行。但是由于佛教作为一种知识体系,在当时的中国并不具备主流的意识形态意义,就是说,他们的知识体系在一定程度上是被以儒家知识为主流的政治伦理知识体系所遮蔽的,因而就不可能得到及时的传播,也不可能被积极地在比较广泛的范围内作为知识被保存。这种情况所造成的后果是,这些记载西域地理风土人情的地理学著作,散佚非常严重,大多都没有被保存下来,就连《隋书·经籍志》对这类书的记载,也是非常模糊。尽管如此,从现有的材料来看,当时僧人撰写的此类地理书的规模是相当可观的。

可以说,现存的东晋高僧法显的《佛国记》、北魏僧人惠生《使西域记》和杨衒之《洛阳伽蓝记》这三部地理学著作,是7世纪前佛教地理学著作中的经典作品,其基本情况已经非常明了,在这里就无须多说了。

下面,我们对可以考索的佛教僧人及其地理学著作的具体情况。

---

① (唐)释道宣:《释迦方志》卷下《游履篇》,载〔日〕高楠顺次郎等编修:《大正新修大藏经》第51册《史传部三》,第969页。

(一) 僧祐与《世界记》

关于《世界记》的内容,《高僧传》只是略略提及此为僧祐著作,而僧祐本人并没有游历西域的经历,那么他撰述《世界记》,所凭的当然也是传闻口述。我们来看看僧祐的学术经历:

> 释僧祐,本姓俞氏,其先彭城下邳人,父世居于建业。祐年数岁入建初寺礼拜。因踊跃乐道,不肯还家。父母怜其志,且许入道,师事僧范道人。年十四,家人密为访婚。祐知而避至定林,投法达法师。达亦戒德精严,为法门梁栋,祐师奉竭诚,及年满具戒,执操坚明。初受业于沙门法颖,颖既一时名匠,为律学所宗。祐乃竭思钻求,无懈昏晓,遂大精律部,有励先哲。齐竟陵文宣王每请讲律,听众常七八百人。永明中,敕入吴,试简五众,并宣讲十诵。更申受戒之法。凡获信施,悉以治定林、建初及修缮诸寺,并建无遮大集舍身斋等,及造立经藏,搜校卷轴。使夫寺庙开广法言无坠,咸其力也。
>
> 祐为性巧思,能目准心计,及匠人依标,尺寸无爽。①

从师承关系来看,僧祐的佛学知识主要来自僧范、法达、法颖、法献这几位高僧。其中,僧范、法达、法颖生平行履不详,只有法献游历过西域,并且,僧祐也自称为法献弟子②,所以,僧祐关于西域的知识,应该主要来自法献和尚。据《高僧传》载:

> 释法献,姓徐,西海延水人。先随舅至梁州,乃出家。至元嘉十六年,方下京师,止定林上寺。博通经律,志业强悍。善能匡拯众许,修葺寺宇。先闻猛公西游,备瞩灵异,乃誓欲忘身,往观圣迹。以宋元徽三年,发踵金陵,西游巴蜀,路出河南,道经芮芮。既到于阗,欲度葱岭,值栈道断绝,遂于于阗而反。获佛牙一枚,舍利十五身,并《观世音灭罪咒》及《调达品》,又得龟兹国金锤鍱像,于是而还。其经途危阻,见其别记。

---

① (梁) 释慧皎:《高僧传》卷11《释僧祐传》,第440页。
② (梁) 释慧皎:《高僧传》卷13《齐上定林寺释法献传》,第489页。

> 佛牙本在乌缠国，自乌缠来芮芮，自芮芮来梁土，献赍牙还京五十有五载。密自礼事，余无知者，至文宣感梦，方传道俗。①

由此可以知道，法献曾到过西域于阗，在行程中对巴蜀、河南、芮芮都有亲身见闻，并且还将自己这次西行所经历的各种危险奇异的情况写成了书，即本传所谓的《别记》。很显然，法献的《别记》有过一定程度上的流通，至少写作《高僧传》的慧皎见过这个著作。法献去世后，"弟子僧祐为造碑墓侧，丹阳尹吴兴沈约制文"，那么作为像僧祐这样亲近的弟子，根据老师法献的《别记》及平时所讲的西域见闻，再整理而成《世界记》，就是顺理成章的了。至少，对没有到过西域的僧祐来讲，法献对于西域的讲述肯定是其《世界记》内容的主要来源。

（二）支僧载《外国事》与《外国图》

支僧载，《高僧传》无传，生平履历不详。关于支僧载《外国事》与《外国图》，杨守敬指出：

> 《后汉书·东夷传》注、《文选》郭璞《游仙诗》注、《类聚》八十九、《通典·边防门》，并引《外国图》。《寰宇记·四夷部》屡引《外国图》，俱不言何时人撰。《史记·始皇本纪·正义》称吴人《外国图》，此《外国图》称大晋，则为晋人之书，是《外国图》有二矣。观后文引《支僧载外国事》云，据晋言十里也。称晋与此条同，此岂《支僧载外国事》之图欤？②

按杨守敬的说法，北魏郦道元在《水经注》中所引用的《外国图》一书可能就是支僧载所撰的《外国事》一书的图集。古代地理类著作图、文相分或据文作图的例子不是没有，因而我们不能排除这种可能性，但是在没有确切的证据之前，我们只能认为《外国事》和《外国图》是两部没有相应关联关系的地理学著作。

关于支僧载的《外国事》一书，我们从类书中引用的一些条目可以大概

---

① （梁）释慧皎：《高僧传》卷13《释法献传》，第488—489页。
② 杨守敬、熊会贞疏：《水经注疏补》上篇卷1《河水》，中华书局2014年版，第4—5页。

窥探到它的具体内容。

> 支僧载《外国事》曰：佛泥洹后，天人以新白㲲裹佛，以香花供养，满七日，盛以金棺，送出王宫，度一小水，水名醯兰那，去王宫可三里许，在宫北，以栴檀木为薪，天人各以火烧薪，薪了不然。大迦叶从流沙还，不胜悲号，感动天地，从是之后，他薪不烧而自然也。王敛舍利，用金作斗，量得八斛四斗。诸国王、天、龙、神王，各得少许，赍还本国，以造佛寺。阿育王起浮屠于佛泥洹处，双树及塔，今无复有也。此树名娑罗树，其树华名娑罗佉也。此花色白如霜雪，香无比也。……
>
> 支僧载《外国事》曰：维邪离国去王舍城五十由旬，城周圆三由旬，维摩诘家在大城里宫之南，去宫七里许，屋宇坏尽，惟见处所尔。
> ……
>
> 《外国事》曰：迦维罗越国今无复王也。城池荒秽，惟有空处，有优婆塞姓释，可二十余家，是昔净王之苗裔，故为四姓，住在故城中，为优婆塞，故尚精进，犹有古风。彼曰浮图坏尽，条王弥更修治一浮图，私诃条王送物助成……阿育王以青石作后扳生太子像。昔树无复有，后诸沙门取昔树栽种之，展转相承到今，树枝如昔，尚荫石像。又太子见行七步足迹，今日文理见存。阿育王以青石挟足迹两边，复以一长青石覆上，国人今日恒以香花供养，尚见足七形，文理分明。今虽有石覆无异，或人复以数重吉贝，重覆贴著石上，逾更明也。①

当时僧人的西行，主要目的有二：一为学习佛法、求得佛经；二为瞻仰佛祖生活和成道的所谓灵迹。我们从《水经注》所引的《外国事》的这几条内容来看，其记述的内容主要就集中在释迦牟尼佛生活地、涅槃处自然与人文境况的描写，既有对过去传说的回顾，也有对现有遗迹情况的描写，如写维摩诘家所在的维邪离国的情况，已经时过境迁，"屋宇坏尽，惟见处所尔"。而释迦牟尼出生的迦维罗卫国，"今无复王也，城池荒秽，惟有空处"。

---

① （北魏）郦道元：《水经注》卷1《河水》，中华书局2007年版，第5—7页。

整体文风还是能看出来非常写实,具有浓厚的游记风格,应该是支僧载游历佛教发源地的真实记录。

(三)竺法维与《佛国记》

竺法维其人,《高僧传》卷2《昙无谶传》有简单记载:"时高昌复有沙门法盛,亦经往外国,立传凡有四卷。又有竺法维、释僧表,并经往佛国云云。"① 由此可知,竺法维同昙无谶是同时代的僧人。

这个竺法维虽然在《高僧传》里面记载非常简单,但是他在中国早期佛教发展史上应该是有一定地位的,隋代僧人释彦琮在《通极论》中说:"金人梦刘庄之寝,摩腾伫蔡愔之劝,遗教之流汉地,创发此焉,迄今五百余年矣。自后康僧会、竺法维、佛图澄、鸠摩什,继踵来仪,盛宣方等,遂使道生、道安之侣,慧严、慧观之徒,并能销声挂冠,翕然归向。缁门繁炽,焉可胜道。"② 释彦琮将康僧会、竺法维、佛图澄、鸠摩什四人并列为中国早期佛教发展的杰出人物,可见竺法维确实是一位著名的高僧。

竺法维的《佛国记》是在西行游历的基础上撰写出来的,应该具有一定的可靠性,因而,北魏郦道元在谈及西域诸国的时候,多次征引竺法维的说法,《太平寰宇记》183卷也两次引了竺法维《佛国记》的记载,由此可以断定,北魏郦道元所引竺法维关于西域的有关描述,就是来自其著作《佛国记》。杨守敬认为,"雅"、"维"字形相近,因而竺法维可能就是《高僧传》中的竺法雅,显然是错误的。③

(四)释法盛与《历国记》

释法盛,《高僧传》有简单记载:"时高昌复有沙门法盛,亦经往外国立传,凡有四卷。"可见这个法盛是高昌人。关于法盛的这个简单记录是附在《昙无谶传》中,那么法盛与昙无谶之间应当有一些佛学渊源关系。据《隋书·经籍志》记载,法盛所撰《历国记》2卷,而《高僧传》却记载法盛经往外国所立传是4卷。唐代僧人释道宣所作的《释迦方志》亦取《高僧传》的4卷之说,由此可见《隋书·经籍志》著录时,该书可能已经有所缺损。

---

① (梁)释慧皎:《高僧传》卷2《昙无谶传》,第81页。
② (唐)释道宣:《广弘明集》卷4《通极论》,载〔日〕高楠顺次郎等编修:《大正新修大藏经》第52册《史传部四》,第114页。
③ 杨守敬、熊会贞疏:《水经注疏补》上篇卷1《河水》,第41页。

（五）释氏《西域记》及《西域图》

《西域记》一书，郦道元称之为"释氏《西域记》"，在《水经注》中屡有征引。梁启超曾认为《西域记》的作者"释氏"就是东晋名僧释道安，但是没有提出什么坚实的证据。岑仲勉先生认为："此书为道安所撰，梁氏虽未举证，而其说则合，盖以释命氏，实始道安，故《水经注》特称曰释氏。《注》（《水经注》）又云：'释云：赖得《调传》，豁然为解，乃宣为《西域图》，以语法汰。'汰与道安同学，佛图调师佛图澄，亦即安之同门也。"① 岑仲勉先生的考证解决了两个问题：一则道安就是《西域记》的作者。在郦道元引证的地理学著作中，往往表明撰者，只有此《西域记》以"释氏"名作者，因而断定此释氏即释道安，应该是非常恰当的。二则《西域图》是释道安参考了《佛图调传》的基础上所作的关于西域地理的图籍。

作为东晋名僧的释道安，并没有西行求取经典或者学习的经历，但是《西域记》中的文字主要是讲述西域各国的地理情况的，那么他在这方面的知识可能就来自外来僧人等一些间接的途径。据岑仲勉先生的辑佚，现存的《西域记》的文字零星保存在《水经注》、《艺文类聚》、《太平御览》中，大概有34条，内容涉及天竺山川、天竺各国、于阗、疏勒、屈茨等地的情况。②

二、山林佛教与佛教地理图本的产生

佛教初传中国，走的是上层路线，并且一直也没有放弃对政治阶层的依赖。所以，早期佛教的传播势力主要集中在姑臧、长安、洛阳等比较繁华的城市及政治文化中心，但是佛教势力的进一步发展和统治阶层对于佛教的打击，促进了佛教的山林化趋势。佛教僧人开始寻求在一些名山大川甚至人迹罕至的地方兴建寺庙，开拓自己的传教中心。

在此背景下，一些之前没有进入人们视野的山水之地，随着佛教僧人的进入，得到了一定程度的开发和认识。佛教僧人对于山水之地的开拓问题，郦道元在考察水道山形作《水经注》的时候，应该有很深刻的认识。各地无处不在的山林寺院，是郦道元讲述水道山势的最好坐标，如他讲到东郡白马县的地理方位时就是以神马寺作为一个坐标点来记述的："东郡白马县

---

① 岑仲勉：《中外史地考证》（上），第311—312页。
② 岑仲勉：《中外史地考证》（上），第171—178页。

之神马亭，实中层峙，南北二百步，东西五十许步，状丘斩城也。自外耕耘垦斫，削落平尽，正南有蹑陛陟上，方轨是由，西南侧城有神马寺，树木修整，西去白马津可二十许里，东南距白马县故城可五十里，疑即《开山图》之所谓白马山也。"①类似这样的例子很多，这说明在很多山水之地，佛教寺院已经成了标志性建筑，已经具有了地理学坐标的价值。这也从一个侧面说明了佛教僧人的深入山林，拓展了新的生存环境，开阔了地理视野。

（一）佛教山林化及僧人流动引起的对域内地理的探索

从郦道元所作的记载来看，佛教寺院进入山林，至少在以下几方面具有开拓性的意义。

1. 由于佛教僧人的好奇心或别的原因，一些奇妙的地理现象被发现。

故燕地，秦始皇二十三年置上谷郡。王隐《晋书·地道志》曰：郡在谷之头，故因以上谷名焉。王莽更名朔调也。水出郡之西南圣水谷，东南流径大防岭之东首。山下，有石穴，东北洞开，高广四五丈，入穴转更崇深，穴中有水。《耆旧传》言：昔有沙门释惠弥者，好精物隐，尝篝火寻之，傍水入穴三里有余，穴分为二：一穴殊小，西北出，不知趣诣；一穴西南出，入穴经五六日方还，又不测穷深。其水夏冷冬温，春秋有白鱼出穴，数日而返，人有采捕食者，美珍常味，盖亦丙穴嘉鱼之类也。是水东北流入圣水。圣水又东径玉石山，谓之玉石口，山多珉玉、燕石，故以玉石名之。其水伏流里余，潜源东出，又东，颓波泻涧，一丈有余，屈而南流也。②

像僧人惠弥这样的来到荒山建寺的僧人，因为好奇等原因，而对所在的山谷洞穴、河流及鱼类的情况做出了尝试性的探索。这样的探索，显然会丰富时人对大自然的认识。

2. 僧人进入荒山，开拓了新的适宜于人类生存的新环境。

在人口有限、开拓能力相对较弱的条件下，对一些荒山野岭的开发利用是要付出一定代价的。而佛教僧人在其宗教精神的鼓励下，往往会率先到一

---

① （北魏）郦道元：《水经注》卷5《河水》，第134—135页。
② （北魏）郦道元：《水经注》卷12《圣水》，第299页。

些荒僻之地，成为这些地域的最早开拓者，逐渐适应荒山野岭的艰苦环境，为普通民众的生存和交往开拓了新的地域。

> 洭水又南历灵鹫山，山，本名虎郡山，亦曰虎市山，以虎多暴故也。晋义熙中，沙门释僧律，葺宇岩阿，猛虎远迹，盖律仁感所致，因改曰灵鹫山。①

沙门释僧律对虎郡山的改造可能就是一个相当典型的事例，他在虎郡山的居住修道，逐渐改善了该地老虎多暴的境况，自然对本地百姓是有好处的。事实上，一旦僧人在这些地方建立了僧舍，往往就会有许多僧人前来，如：

> 水之西岸有盘石，谓之石头，津步之处也。西行二十里曰散原山，叠嶂四周，杳邃有趣。晋隆安末，沙门竺昙显建精舍于山南，僧徒自远而至者相继焉。②

随着僧人数量的增加，僧人们自然要就地生产，并广泛联系四周的居民，传播佛教，这样，随着僧人及其周边居民活动的频繁，荒山野岭往往会慢慢变成为适宜于人类居住的地方。

当然，僧人们一般会选择自然条件相对较好的山林作为自己修道的地方，但是也有部分寺庙修建在自然条件相对恶劣的地方，如：

> 《魏土地记》曰：蓟城东北三百里有右北平城。鲍丘水又东，巨梁水注之，水出土垠县北陈宫山，西南流径观鸡山，谓之观鸡水。水东有观鸡寺，寺内起大堂，甚高广，可容千僧，下悉结石为之，上加涂塈，基内疏通，枝经脉散，基侧室外，四出爨火。炎势内流，一堂尽温。盖以此土寒严，霜气肃猛，出家沙门，率皆贫薄，施主卢阙道业，故崇斯

---

① （北魏）郦道元：《水经注》卷38《洭水》，第901页。
② （北魏）郦道元：《水经注》卷39《庐江水》，第921页。

构,是以志道者多栖托焉。①

像这样处在严寒之地的僧人寺庙,往往就会因地制宜,尽力适应周边环境,对这些地区的开发还是有一定积极意义的。可以说,佛寺的深入山林,在广阔范围内确实将一些荒僻之地逐步改造成了适宜人类活动的场所,如:

> 天门山石自空,状若门焉,广三丈,高两匹,深丈余,更无所出,世谓之天门也。东五百余步,中有石穴西向,裁得容人,东南入,径至天井,直上三匹有余,扳蹑而升,至上平,东西二百步,南北七百步,四面险绝,无由升陟矣。上有比丘释僧训精舍,寺有十余僧,给养难周,多出下平,有志者居之。寺左右杂树疏颁。有一石泉,方丈余,清水湛然,常无增减,山居者资以给饮。②

事实上,像天门山天井这样的地方,是非常不适宜于人类居住的地方,佛教僧人将人类活动的足迹延伸到了这里的同时,也将文明社会的火种播撒开来。

3. 一些高僧在山水形胜之地的开拓,一定程度上使得荒僻之地变成了山林文化的名胜之地。

> 济水又东北,右会玉水,水导源太山朗公谷,旧名琨瑞溪,有沙门竺僧朗,少事佛图澄,硕学渊通,尤明气纬,隐于此谷,因谓之朗公谷。故车频《秦书》云:符坚时,沙门竺僧朗尝从隐士张巨和游,巨和常穴居,而朗居琨瑞山,大起殿舍,连楼累阁,虽素饰不同,并以静外致称,即此谷也,水亦谓之琨瑞水也。③

像竺僧朗这样的高僧,由于他们在风景优美的山谷中修建寺庙、宣扬佛教,从而使得这些山林之地成了著名的人文胜地。

---

① (北魏)郦道元:《水经注》卷14《鲍丘水》,第343页。
② (北魏)郦道元:《水经注》卷9《清水》,第225页。
③ (北魏)郦道元:《水经注》卷8《济水》,第209页。

如果说佛寺深入山林拓展了人们对于自然的认识的话，那么僧人的流动则在很大程度上不但拓展了人们对于不同地域的地理状况的认识，也增加了人们对于不同地域的社会人文等知识的交流。

（二）《耆阇崛山解》与佛教地图绘制

佛教的地图之学，既同佛教的山林化有关[①]，也同对域外地理的探索有关。就目前的文献记载来看，佛教地图主要由这样三部分构成。

一是对"山志"文字的图画描绘，如北魏《耆阇崛山图》和南朝宋《灵鹫山图》就是此类典型。

二是对佛寺建筑的描绘。这有两种情况：由图而寺或由寺而图。如东晋高僧法显从天竺返回后，就带来了一幅《龙华图》，这显然是由寺而图。此后他据图而创建了著名的龙华寺，就是由图而寺。

三是对佛教的世界地理观念的图像化，如将佛教经典中所描述的关于"须弥山"或"忉利天宫"的文字转化成图像描绘。目前来看，文献中记载的这方面的图本还没有发现有3—6世纪的，所以只在此处提及，不再展开讨论。

前两者是对现实地理现象的描绘，而后者其实是一种对虚拟世界的具有想象成分的描绘。

为了表述的方便，在此处我们需要顺便解决一个地理学方面的小问题，就是关于地图的定义。按现代地理学的要求，地图往往是同数学意义上的测绘等联系在一起的。前人在研究中国古地图的时候，发现把这样的要求放在好几千年之前的地理学事实的研究上，就有些削足适履的感觉。如果我们不坚持精细准确的数据测绘，从对于透视技术的运用方面来看，地图与画显然是很难区分的，因而，研究地图史的学者认为，地图不可能是独立于绘画而诞生的，早期的地图其实就是画，而很多画也就是地图。[②]在张彦远的《历代名画记》中，如《甘泉宫图》、《五岳真形图》、《区域图》、杨诠期的《洛

[①] 汤用彤先生指出："僧人超出尘外，类喜结庐深山。故名山纪略，恒与佛史有关。"（汤用彤：《汉魏两晋南北朝佛教史》，第418页）胡宝国先生在讲述魏晋时期的山水地志类著作的产生原因时，亦将佛僧的山林化作为一个主要原因。参见胡宝国：《汉唐间史学的发展》，商务印书馆2003年版，第171页。

[②]〔美〕余定国：《中国地图学史》，姜道章译，北京大学出版社2006年版，第170—198页。

阳图》、裴秀的《地形方丈图》和王玄策的《中天竺国图》等①，显然不是一般的画而是地图，可是张彦远将之列入"历代名画"之中，这说明在唐代地图也被视为画的一种。

就唐代的情况而言，由于会昌灭佛，可能很多佛教寺院的壁画遭到了破坏，但是据张彦远的记载，当时所能见到的画在寺院墙壁上的地图还是有以下两种。

1. 杨廷光画《西域记图》：

> 昭成寺西廊障日《西域记图》，杨廷光画。②

昭成寺创建于武则天当政时期，杨廷光是著名画家吴道子的弟子，当时长安、洛阳两京佛教寺院的许多壁画都出于杨廷光之手。从他所画在昭成寺的《西域记图》来看，当时的寺庙墙壁绘画中，也有一些地理图的内容。

2. 甘露寺王陀子画《须弥山海水图》：

> （甘露寺）王陀子《须弥山海水》，在僧伽和尚外壁。③

关于须弥山的描述，也是佛教地理观念表述中一个主要的方面，如《佛祖统纪》卷 31 就有《大千世界万亿须弥之图》。这种描述虽然并不是来自于现实的地理状况，但是这种图确实是一种地理意义而不是图画意义上的图本。

从上面这两幅绘在寺院之中的图本，可以推断，在 3—6 世纪的佛教寺院图画中，这种地理图的存在也是显而易见的。下面我们就对隋代之前佛教地理图的具体情况做些探讨。

关于这方面的情况，我们准备从竺法护的《耆阇崛山解》出发来讨论。

耆阇崛山，即是佛教创始人释迦牟尼佛修行讲道的地方，也往往被称作"鹫峰"或"灵鹫山"。鸠摩罗什译《大智度初品中住王舍城释论第五》云：

---

① 张彦远：《历代名画记》卷 3，浙江人民美术出版社 2019 年版，第 63—64、68、70 页。
② 张彦远：《历代名画记》卷 3，第 61 页。
③ 张彦远：《历代名画记》卷 3，第 62 页。

"耆阇崛山精舍，近城而山难上，以是故杂人不来。近城故乞食不疲，以是故佛多在耆阇崛山中，不在余处。"① 沙门法显到天竺之后，曾拜谒此山的佛陀遗迹，据法显记载，此山上还有黑狮子出没②，可见当时已经比较荒凉了。

由于耆阇崛山是佛教创始人讲经传道的圣地，所以历代以来到天竺取经学道的僧人往往都对该山的地理、建筑及佛教遗迹非常关注。据《出三藏记集》上卷第二记载，晋武帝（265—290）时的高僧竺法护从西域带回了《耆阇崛山解》一卷的"胡本"，将它翻译了出来。竺法护翻译的这个文本，隋沙门法经等撰的《众经目录》中又称作《耆阇崛山解经》。③

《耆阇崛山解》虽然已经散佚，但是我们可以根据其题名推断，这个文本显然就是描写释迦牟尼佛讲经说法的佛教圣地的自然地理及建筑等情况的，是一份来自西域的"山志"或"寺塔记"。④

尤其引起我们注意的是，佛教僧人对于佛教创始人所在的佛教圣地的崇拜，又激发了善于以图像来表述教义的佛教僧人艺术家们对于地理现象的图像化描述。根据文献记载，至少有四份关于佛教圣地的地理描述的较早图本。

1. 创制于北魏天兴元年（398）的《耆阇崛山图》：

> 后魏太祖道正皇帝拓跋珪天兴元年，造耆阇崛山图一所，加以绩饰，莫不严具焉。⑤

北魏时期制作的这份关于耆阇崛山的图本，很可能是塑造的或者画的，至于创作这份图所依据的是什么，可能就是竺法护所翻译的《耆阇崛山解经》。我们先看看曾到过耆阇崛山的法显所记述的该地的具体情况。

---

① 龙树撰，（后秦）鸠摩罗什译：《大智度论·大智度初品中住王舍城释论第五》，载〔日〕高楠顺次郎等编修：《大正新修大藏经》第 25 册《释经论部上》，第 78 页。
② （梁）释慧皎：《高僧传》卷 3《法显传》，第 88 页。
③ （隋）法经等：《众经目录》卷 3，载〔日〕高楠顺次郎等编修：《大正新修大藏经》第 55 册《目录部全》，第 128 页。
④ 岑仲勉先生也将《耆阇崛山解》列入了西域地理学著作之列。参见岑仲勉：《唐以前之西域及南蕃地理书》，载《中外史地考证》（上），第 310—318 页。
⑤ （唐）惠详撰：《弘赞法华传》卷第一，载〔日〕高楠顺次郎等编修：《大正新修大藏经》第 51 册《史传部三》，第 13 页。

将至天竺，去王舍城三十余里有一寺，逼冥过之。显明旦欲诣耆阇崛山，寺僧谏曰："路甚艰阻，且多黑师子，亟经啖人，何由可至？"显曰："远涉数万，誓到灵鹫，身命不期，出息非保，岂可使积年之诚，既至而废耶？虽有险难，吾不惧也。"众莫能止，乃遣两僧送之。显既至山，日将曛夕，欲遂停宿，两僧危惧，舍之而还。显独留山中，烧香礼拜，翘感旧迹，如睹圣仪。至夜有三黑师子来蹲显前，舐唇摇尾，显诵经不辍，一心念佛。师子乃低头下尾，伏显足前。显以手摩之，咒曰："若欲相害，待我诵竟，若见试者，可便退矣。"师子良久乃去。①

据法显的记述，耆阇崛山至少在 3—4 世纪的时候是相当破败的，山区周围有黑狮子经常伤人，当时的本地僧人也很少到这个地方来。由此可以推定，北魏拓跋珪时期所绘制的《耆阇崛山图》，其所表现的应该是该山繁盛庄严的佛教圣地的地理图景，因而不会根据当时如法显这样到西域求取经典的僧人们的实际描绘去绘制，而一定是根据《耆阇崛山解经》所作的图本，是将这部地理学著作的文字表述转换成了图像表述。

2. 东晋高僧法显 412 年从天竺带回的《龙华图》：

泗水西有龙华寺，是沙门释法显远出西域，浮海东还，持《龙华图》，首创此制。法流中夏，自法显始也。其所持天竺二石，仍在南陆东基堪中，其石尚光洁可爱。泗水又南，获水入焉，而南径彭城县故城东。②

关于这个《龙华图》的说法，法显自己在《佛国记》中并没有提到，但是他在从天竺返回的商船上，因为担心那些商人会将他所带的"经像"抛入海中而暗自诵经求佛祖保佑，这说明他所带回的物品中是有图画的。郦道元说法显从天竺带回了《龙华图》，并据图在泗水之西修建了龙华寺，如果郦道元的说法有所本而不误的话，这个《龙华图》就是来自天竺佛教界的一份关于寺院建设的图本。

① （梁）释慧皎：《高僧传》卷 3《法显传》，第 88 页。
② （北魏）郦道元：《水经注》卷 25《泗水》，第 601 页。

3. 产生于南朝宋景平元年（423）的《灵鹫山图》：

> 宋景平元年，瓦官寺沙门帛惠高，造灵鹫寺。有沙门释惠豪，智见通敏，巧思绝伦，于中制灵鹫山图，奇变无方，郁似睹真。其山林禽兽之形，天龙八部之状，历代未有，自兹始出。龛成之后，倾国来观。后世造龛，皆以豪为式。其龛东西深三十八丈，南北四十四丈四尺。①

关于灵鹫山的这种图画描绘，我们可以将之视为一种具有地图意义的画本，但是它所表现的内容，肯定已经远远超出了鹫峰实际的地理情况。所谓"奇变无方，郁似睹真。其山林禽兽之形，天龙八部之状，历代未有"的壮丽图景，已经有了很多的美饰成分。前面我们引证的高僧法显对于灵鹫山的描述，证明其已经相当破败；到唐代高僧玄奘拜谒此山时，虽然相隔二百多年，但是情形跟法显所记载的差别不大。

> 宫城东北行十四五里，至姞栗陀罗矩吒山。接北山之阳，孤摽特起，既栖鹫鸟，又类高台，空翠相映，浓淡分色。如来御世垂五十年，多居此山广说妙法。频毗娑罗王为闻法故，兴发人徒，自山麓至峰岭，跨谷凌岩，编石为阶，广十余步，长五六里。中路有二小窣堵波，一谓下乘，即王至此徒行以进；一谓退凡，即简凡人，不令同往。其山顶则东西长，南北狭。临崖西埵有砖精舍，高广奇制，东辟其户，如来在昔多居说法，今作说法之像，量等如来之身。②

这说明在法显之后的近两个世纪之内，灵鹫山的变化不会很大，那么惠高所绘制的《灵鹫山图》，在最基本的地理要素上显然同竺法护所翻译的《耆阇崛山解经》及法显的描述不会相差太远。如果有什么不同的话，就是这份图的描绘并不是忠实地坚持"地图"所要表达的地理状况的时代变化和

---

① （唐）惠详撰：《弘赞法华传》卷第一，载〔日〕高楠顺次郎等编修：《大正新修大藏经》第 51 册《史传部三》，第 13 页。
② （唐）玄奘译，辩机撰：《大唐西域记》卷 9《摩伽陀国下》，载〔日〕高楠顺次郎等编修：《大正新修大藏经》第 51 册《史传部三》，第 921 页。

实地情况，而是在坚持基本地理要素不变的情况下，进行了一种跨时代的、具有想象力的创作。他显然不会描绘法显所描绘的当时的灵鹫山的破败情况，而是会以《耆阇崛山解经》所述的更早时期的盛况为蓝图，然后再加上佛教经典中一些富丽夸饰的内容。这方面的内容，我们在现存的佛经中可以找到一些蓝本。

> 鹫峰山，颇梨为地，宝树行列。其上有八叶莲花，中心有七宝庄严高妙宝塔。无数幢幡万亿宝铃而严饰，四面皆出栴檀之香宝塔。内有二佛种子，各变成三昧耶形，三昧耶形变成多宝释迦，依久远愿力花台并座。八叶上弥勒文殊等八大菩萨。中院四隅有迦叶须菩提等四大声闻。第二院四摄四供并满月等八大菩萨。第三院有四大明王金刚天等乃至分身如来。于宝树下坐，尘数圣众八方周遍。①

像这样的描绘，应该就是《灵鹫山图》必不可少的美饰内容，因而这样富丽堂皇的图画，才会引起举国的轰动。

4. 唐代之前所撰的《祇洹图经》。

祇洹精舍也写作祇桓精舍，是释迦牟尼佛与其弟子在舍卫城讲经说法的主要所在地。正是因为这个较早的佛教寺院在佛教发展史上的神圣地位，所以佛教徒对于该地所作的文字描写与图绘的热情，并不次于鹫峰。

对于祇洹精舍的描述，既有非常富丽详细的文字描写，也有多种图本对其作了描绘，我们可以从唐代僧人道宣的记述中知道一些大致的情形。

> 余所撰《祇洹图》上下两卷，修缉所闻，统收经律，讨仇诸传，极有踪绪。然五大精舍，佛所常游，祇洹一代，最佳经久，故二十五载弘化在兹，四藏、五部咸称舍卫。故一佛化相，事迹极多，备在本图，故此存略。致诸教中，树立祇洹，开化元首，总而会之，大有科要。如《贤愚经》："初构祇栖，在八十顷地中，布金买地，舍利弗角神通，力伏外道六师，与须达捉绳，经度精舍，或喜或忧，如常闻见。"又曰：

---

① 〔日〕宽助：《别行》第一，载〔日〕高楠顺次郎等编修：《大正新修大藏经》第78册《续诸宗部九》，第141页。

"汝于毗婆尸佛乃至迦叶,为佛起寺,而蚁生不绝。生死长远,唯福为要。以栴檀涂佛窟,别房住止千二百处,百二十处别打犍稚。"如是云云,广文如彼。

又检《圣迹记》云:"绕祇洹园有一十八寺,并有僧住。"又《别图》云:"祇洹一寺,十字巷通于外院。"又云:"寺有二门,一南一东。"又云:"寺有五门。"又云"七日所成,大房三百口、六十余院。"案北齐灵裕法师《寺诰》述《祇洹图经》,具明诸院,大有准的。又案《别传》:"祇洹一寺,顿结三坛,今虽荒毁,不妨初有。自尔至今,千七百载,前后重造,凡二十返,形相不同,不足可怪。"①

由道宣的这个记载,我们可以得到以下几点看法。

1. 关于祇洹精舍的描述,除了像《贤愚经》这样的佛教经典中的记述外,在唐之前还有多种版本不同、来源不同而内容差别较大的各种专门性的文本记述。就道宣所引用的材料来看,有《圣迹记》、《别传》、《别图》、《祇洹图经》这几种。各种版本的记述文本关于祇洹精舍描述的差别,同记述者的知识来源有关,有的是间接知识,有的可能来自实地考察,但是由于祇洹精舍在不同时期的毁坏和重新建造等情况,就造成了记述上的很大差别。这种情况我们从《法苑珠林》的相关记述可以得到印证。据《外国记》记载,"祇洹精舍本有七层,诸国竞兴供养不绝。堂内长明灯,鼠衔灯炷,烧诸幡盖,遂及精舍,七重都尽"②,正是因为这种情况,才会有人记述祇洹精舍有二门,有人又记述有五门,等等。这种不同的记述,如果体现在图本上,显然就会造成极大的差异。

2. 按道宣的记载,在唐代之前,佛教寺院中曾流传过一个比较权威的《祇洹图经》,如北齐灵裕法师就在《寺诰》中提到过这个版本的《祇洹图

---

① (唐)释道宣撰:《关中创立戒坛图经(并序)》,载〔日〕高楠顺次郎等编修:《大正新修大藏经》第 45 册《诸宗部二》,第 812 页。
② (唐)释道世:《法苑珠林》卷 33《兴福篇第二十七·修造部第五》,载〔日〕高楠顺次郎等编修:《大正新修大藏经》第 53 册《事汇部上》,第 540 页。关于这个记载,《法苑珠林》认为是来自《外国记》,根据我们上面的考察,当时记述天竺的佛教地理学著作有《外国事》、《外国图》而无《外国记》,如果是《法苑珠林》有所本的话,这段文字也可能是《外国记》所转引的。从现存文献来看,这段文字出自法显的《佛国记》。

经》。既然叫作《祇洹图经》，那么它除了文字表述外，应该是有图的。并且这种图可能并不仅仅有一种，而是有不同版本的图在流传，所以道宣还提到了《别图》。这种情形说明了，在隋唐之前流行的关于佛教圣地的地理图本应该是有一定数量的。

《祇洹图经》的流传，与律宗经典的传播有关，是建立僧伽制度的需要。所以道宣提到的北齐灵裕法师在《寺诰》中所述的《祇洹图经》，是我们从目前的文献记载中所能追溯到的最早线索。不仅如此，灵裕法师也是道宣所引《圣迹记》一书和《寺诰》的作者[①]，所以关于祇洹精舍及唐代之前的《祇洹图经》的流传，同灵裕法师有非常密切的关系。

现存藏中的《祇洹图经》共有上下两卷，是道宣所撰。按照《法苑珠林》卷10的说法，道宣撰《祇洹图经》2卷，其灵感来自于"南方天王第三子张珣撰述《祇洹图经》一百卷"[②]，这是一个没头没脑的说法，这个所谓的南方天王和张珣及《祇洹图经》100卷的说法，都有些子虚先生的迹象，实在无从考索。但是，可以推断，道宣《祇洹图经》一定参阅了前代的多种图经文献，而北齐灵裕法师曾引述过的《祇洹图经》的内容肯定是道宣参阅的主要文献之一。

道宣的《祇洹图经》，大量引用了灵裕法师的《圣迹记》和《寺诰》关于祇洹精舍的文字。按道宣所说，灵裕法师关于祇洹精舍的知识，是综合了到西域求取经典的僧人们的各类传记内容，其主要部分来自东晋高僧法显《佛国记》的描述。[③] 除了《圣迹记》和《寺诰》，道宣说他并没有见到《祇洹图经》，而只是在灵裕法师知识的基础上加进了自己的见闻而已。

但是我们综合从《神僧传》到《法苑珠林》都提到曾经有过《祇洹图经》100卷这样的一种说法，而道宣也承认灵裕法师曾经引用过一种题名《祇洹图经》的文献，我们就不能不怀疑，道宣所依据的绝不仅仅是灵

[①] 道宣在《祇洹图经序》有"案裕师《圣迹记》"的记载，参见（唐）释道宣：《中天竺舍卫国祇洹寺图经》，载〔日〕高楠顺次郎等编修：《大正新修大藏经》第45册《诸宗部二》，第882页。

[②] （唐）释道世：《法苑珠林》卷12《千佛篇第五之五涅槃部第十四·七百结集部第四》，载〔日〕高楠顺次郎等编修：《大正新修大藏经》第53册《事汇部上》，第378页。

[③] 道宣在《中天竺舍卫国祇洹寺图经》下卷云："裕师《圣迹记》总集诸传，以法显为本。余以近闻，亦未见诸录。"参见（唐）释道宣：《中天竺舍卫国祇洹寺图经》下卷，载〔日〕高楠顺次郎等编修：《大正新修大藏经》第45册《诸宗部二》，第895页。

裕法师的那些记述，他应该见过灵裕法师曾经引用过的那个早期的《祇洹图经》。

当然，由于资料的有限性，当时所存在的关于佛教寺院及山水之地的地理图本，决不会仅仅有以上我们所列举的这几种，具有地图价值的图本的产生应该是当时一个比较普遍的现象。南朝宋的佛教信徒宗炳在这方面就是一个典型事例。

> 宗炳字少文，南阳涅阳人也。祖承，宜都太守。父繇之，湘乡令。母同郡师氏，聪辩有学义，教授诸子。
>
> …………
>
> 好山水，爱远游，西陟荆、巫，南登衡岳，因而结宇衡山，欲怀尚平之志。有疾还江陵，叹曰："老疾俱至，名山恐难遍睹，唯当澄怀观道，卧以游之。"凡所游履，皆图之于室，谓人曰："抚琴动操，欲令众山皆响。"①

宗炳是南北朝时期的代表性画家，他将自己游历过的名山大川都画在自己的家中，并且，宗炳还撰有《衡山记》1卷，那么我们可以推断，宗炳所作的关于名山大川的图本应该同他的地理学著作有一定的关联。从这个意义上不难看出，宗炳的山水图是在实地游历的基础上画出来的，应该是富有地图价值的较早的地理学图本。

当然，我们同时也应该注意到，宗炳的这些山水画是否具有很明晰的"地图"的价值，也是值得我们谨慎对待的。对于该时期山水画所达到的景深层次方面的水平，可能并不能很好地体现山水画作在"地图"方面的价值，我们现在能见到的该时期的壁画可以为我们提供当时山水画图本的大概情况。如敦煌莫高窟北魏第257窟西壁的"九色鹿本生"故事画中，斜向画出了一条大河，除了下部一列山峦外，还在中部画了两排斜向延续的山峦，造成一种纵深感，为人物情节提供了较为开阔的背景。同窟南壁的"沙弥守戒自杀缘品"中，也绘出了横向连续的山头。而在西魏249、285窟山水的

---

① （梁）沈约：《宋书》卷93《宗炳传》，第2278—2279页。

装饰性得到了更大程度的利用，第 249 窟窟顶四披下部绕窟一周均用连续的山峦、山头用石青、石绿、赭红等色染出，显得明亮而活泼；山头上长满了树林，山林中又画出许多野兽，如野猪、野牛、山羊、鹿子等，还绘出了猎人射猎的场面，极富于生活气息。① 这说明，当时的一些同佛教密切相关的地理图本，在山水的表现上，也不会摆脱这种画风的影响而独立成体。

另外，关于古代地图与山水画的关系，学术界也有不同的看法。显然，山水画的笔法和基本的布局结构会深刻影响图的绘制。

我国山水画的形成与地舆图的产生有相当的关系。山水画，重在写自然风貌，或反映某处的山川景色，以艺术性和欣赏性为主。地舆图以实用为主，在制作上，在顾及地理位置、达到实用目的的前提下，可以顾到它的欣赏性，尽可能使其美观。

地舆图即今地图的滥觞。地舆图的制作目的，意在定地位、定方向、定距离。史载的《五岳真形图》、《禹贡地域图》及《两京图》等，都是历史上较早的地舆图。《周礼》载，周设"地宫大司徒之职，掌建邦土地之图"。周及战国、秦汉之时，绘制地舆图，其作用不只在交通与水利，还在于军事上。

地舆图，画出山岳、城池、道路、河流的大体形状外，并注出方位、地名。发展到后来，在制作地理必要的位置外，加强山川地形描绘的艺术性，使其在实用之外，起到欣赏的作用。唐诗人杜甫所作《严公厅宴同咏蜀道画图》诗，咏的就是一幅川蜀的地舆图。② 至于如晋顾恺之画的《云台山图》以及南朝宋代宗炳在《画山水序》中提到的那种可供卧游的山水画，自然不是地舆图。③ 可是在具有明确地理要素和一定比例的地图诞生之前，山水画在一定程度上具有地图的价值。④ 这一点我们可以从敦煌壁画中保存的《五

---

① 赵声良：《敦煌早期山水画与南北朝山水画风貌》，《敦煌研究》1990 年第 4 期。
② （唐）杜甫著，谢思炜校注：《杜甫集校注》，上海古籍出版社 2015 年版，第 1923 页。
③ 王伯敏：《敦煌壁画山水研究》，浙江人民美术出版社 2000 年版。
④ 葛剑雄先生认为，在南北朝时期，"山水画的盛行影响到地图的绘制，形成了一种山水画形式的地图。这种地图基本上采用直观描绘的方法，比较注重表示对象的具体形状，如山峰的崎岖、河流的弯曲、建筑物的外表等，对方位、距离、比例尺这些对地图来说更重要的因素却不重视，甚至完全不考虑……从地图绘制的理论和实践来看，这种山水画式地图的出现是一种倒退，由此而产生的大量地图比起早期的《放马滩地图》、《马王堆地图》和裴秀绘制的地图来说都有很大的退步。但这种地图比较直观，既容易绘制，又能为大多数非专业人员所接受，所以长盛不衰，构成了中国古代地图的大部分"。参见葛剑雄：《中国古代的地图测绘》，商务印书馆 1998 年版，第 63 页。

台山图》中看出来。在《五台山图》中,山、水、道路、建筑的绘制完全是同山水画的画法相一致的。①

我们还要注意到的是,在现存的佛教僧人撰写的地理学著作中,标明为图的著作也有多种,如东晋道安的《西域图》、支僧载的《外国图》,都是这方面的代表作品。

以上我们讨论了文献记载中 3—6 世纪佛教僧人所作的地理图的大概情况,由于只是文字方面的记载,没有传下来的具体图本,所以对于这些具有地图学意义的图本的比例、地图标注方式等具体技术要素很难做出判断。不过我们可以根据以上的讨论做出以下几点基本的认识。

1. 这些具有地图意义的画本,还没有完全脱离绘画这个范畴,如宗炳作的名山大川图,可能就是写实的山水画。

2. 我们也不能排除如《西域图》、《外国图》这些著作中,所画的图样可能已经具备了早期地图的特征,有了标注西域各国地理要素的简单图例,有了按一定比例和距离关系而分布的各国的位置表示。

3. 从对于那些寺庙和佛教圣地的描写来看,同类内容的图样可能采用了多种比例尺,这种图样不仅可以完整地反映建筑群落及其周边环境,还可以根据这些图样进行建筑物仿造及修建等事项。

三、余论:佛教僧人所撰地理著作对中世地理学的影响

佛教僧人对于域外和域内地理状况的探索而撰写的各种地理知识文本,是否确实完全进入了当时的社会知识结构?由于这些佛教地理家的著作大多已经亡佚,所以,我们对他的内容及对后世地理学著作、地理学知识体系的影响的作用难以做出恰当的判断。就目前的文献来看,至少北魏地理学家郦道元的《水经注》和隋代裴矩的《西域图记》曾大量地引用了这些著作的内容,受到了其思想和知识的影响。

在《水经注》中,大量引用了佛教僧人的地理学著作,并且对佛教僧人地理家所主张的地理上的"天竺中心论"有所接纳。《水经注》对于佛教僧人地理家所撰西域地理著作的征引,我们在前面已经做了讨论,在这里就不

---

① 崔正森:《敦煌石窟五台山图研究》,山西科学技术出版社 2010 年版。

详细展开了。下面我们主要从隋代裴矩的《西域图经》的编撰来做一个简单讨论。

《西域图记》是中世关于西域地理风物的一部最为详细系统的地理学著作，关于这本著作的产生，史载：

> 炀帝即位，营建东都，矩职修府省，九旬而就。时西域诸蕃，多至张掖，与中国交市。帝令矩掌其事。矩知帝方勤远略，诸商胡至者，矩诱令言其国俗山川险易，撰《西域图记》三卷，入朝奏之。①

按《隋书》的记载，裴矩并没有直接到过西域，他在《西域图记》中的描写都来自西域商人的口述。事实上，仅凭口述是无法很系统地完成这部著作的。关于该书的成书材料，裴矩在《西域图记》的序中说：

> 皇上膺天育物，无隔华夷，率土黔黎，莫不慕化。风行所及，日入以来，职贡皆通，无远不至。臣既因抚纳，监知关市，寻讨书传，访采胡人，或有所疑，即译众口。依其本国服饰仪形，王及庶人，各显容止，即丹青模写，为《西域图记》，共成三卷，合四十四国。仍别造地图，穷其要害。从西顷以去，北海之南，纵横所亘，将二万里。谅由富商大贾，周游经涉，故诸国之事罔不遍知。复有幽荒远地，卒访难晓，不可凭虚，是以致阙。而二汉相踵，西域为传，户民数十，即称国王，徒有名号，乃乖其实。今者所编，皆余千户，利尽西海，多产珍异。其山居之属，非有国名，及部落小者，多亦不载。②

很明显，裴矩编《西域图记》应用了两种材料：一是来自西域的富商大贾的口头描述，这些商人足迹遍及西域各地，因而他们对于各国的地理风土有一定的了解，当然裴矩并不是仅仅听取一家之言，而是一旦有可疑的描述，就听取不同商人关于这个问题的说法，采取他们说得相同的地方。另一

---

① （唐）魏徵等：《隋书》卷 67《裴矩传》，第 1578 页。
② （唐）魏徵等：《隋书》卷 67《裴矩传》，第 1579 页。

就是"书传",即文字记载。这些文字记载是什么?是西汉以来中国人关于西域的记载还是西域文字材料?我们不得而知,但是,以上我们所考察过的曾游历西域的僧人们所作的那些关于西域的记载文本,肯定也是裴矩《西域图记》的主要文献来源之一。

第三节 佛教地理图景中的天下主义视野

如果说僧人的传教活动,在地理知识和视域上开拓了当时中国人的视野的话,那么我们以上所考察的实际上仅仅是就"地理"这个知识体系所包含的实际内容而言的,是对实在的山水、海洋、国别、民族等知识的拓展和认识。

可是,我们不能忽视的是,从人文方面来讲,佛教经典中所表述的地理观念,对中国人生存世界的影响是不可低估的。在佛教经典的地理描述中,世界的地理图景具有时间和空间上的多重性。按现代的地理学观念来看,佛教经典所构筑的那个"世界体系"显然是荒唐的,但是我们不能否认,就是这个荒唐的世界结构体系,给了人们一种期望、一种坚定的信仰。换句话说,没有这个荒唐的地理知识体系,就不会有佛教的人间香火。

在佛教的地理观念传入之前,当时中国的地理图景主要由三部分组成:一是关于四海之内的自然地理图景模式,二是以华夏族为主体的"华夷"分布图景,三是神、人、鬼的三重居住空间观念。佛教的地理观念对于这三部分都有相当重要的影响。如果说佛教的地理观念颠覆了传统中国的"地中"观念有些过头的话,那么我们可以有限度地说,至少,以佛教创始人所在地域为中心的佛教地理观念,使得以黄河流域为天下之"中"的传统的中国地理观遭遇到了前所未有的挑战。

一、主体转换:从"四海之内"到阎浮世界

我们先来看看以"四海之内"为视野所设置的传统的自然地理图景模式。一些科学史家根据中国传统的"浑天说",认为中国人至少在东汉时期

可能就知道地球是圆形的。① 可是另一些该领域的学者又根据中国古代地图学的绘制，指出在利玛窦到来之前，其实中国古代一直是坚持"地平"的观念的。② 但是，无论从哪个角度来讲，中国古代以黄河流域为中心的"地中"观念却是根深蒂固的。

因此，基于天象视野上的"地平"观念和地理视野上的"地中"信念，中古的中国人是以"四海"这样一个概念来确定自己的地理视域的。

（一）华夏传统中的"四海"地理图景

关于"四海"的理解，张华《博物志》中的说法是很有代表意义的：

> 漠北广远，中国人鲜有至北海者。汉使骠骑将军霍去病北伐单于，至瀚海而还，有北海明矣。
>
> 汉使张骞渡西海，至大秦。西海之滨有小昆仑，高万仞，方八百里。东海广漫，未闻有渡者。
>
> 南海短狭，未及西南夷以穷断。今渡南海至交趾者不绝也。
>
> 《史记·封禅书》云，威、宣、燕、昭遣人乘舟入海，有蓬莱、方丈、瀛州三神山，神人所集。欲采仙药，盖言先有至之者。其鸟兽皆白，金银为宫阙，悉在渤海中，去人不远。③

张华作为魏晋时期颇有名气的博物学家，他的这个关于四海的认识显然是具有相当扎实的知识背景的。由此我们可以发现，传统中国的地理图景中，"四海"的观念是中国人确认其文明边缘的主要表征。但是这个"四海"所表达的并不是以欧亚大陆为中心的对于周边海洋的称呼，而是包括了东亚大陆所濒临的部分"大海"和欧亚大陆内陆的"湖泊"而言的。具体来讲，南海指现在的南海海域，东海指的是现在的渤海、黄海、东海近海海域，而北海则是指贝加尔湖，西海这个概念就比较模糊，如果按张华在这里所说的张骞出使所经过的到达大秦的路线来看，所谓"渡西海，至大秦"的这个"西海"，其地理特征是"西海之滨有小昆仑"，那么这个

---

① 唐如川：《张衡等浑天家的天圆地平说》，《科学史集刊》1962年第4期。
② 〔美〕余定国：《中国地图学史》，姜道章译，第125—127页。
③ 张华：《博物志》卷1《水》，凤凰出版社2017年版，第9—10页。

"西海"显然指的是居延海。① 但是在汉代文献中,"西海"也另有所指,譬如班超派遣甘英出使大秦,到达了波斯湾就有"穷临西海"的说法,显然是将波斯湾称作"西海"的。② 这种种情况说明,汉晋时期的中国人对于四海的认识其实是非常模糊的。因而,"四海"是混合了海洋与内陆湖泊的这样一个概念,其出发点是以黄河流域为文化和地理中心的。这种地理认识上的模糊性和变动性,反映了一个对于四周地理范围认识的弹性延伸过程,同样的地理名词,随着时代的变化和探索的延伸,会有不同的所指。但是一个最基本的坐标是,自先秦以来就有的这种四海观念,是以黄河流域作为地理和文化中心原点的。

而佛教的传入,就从地理视域上打破了传统的"四海"地理观念。具体来说,以黄河流域为中心的"四海"地理观的被颠覆,受到了"天竺中心论"的冲击。这种冲击包含三方面的地理概念的变迁:首先是佛经中所宣扬的以佛祖出生地为中心的"天竺中心论"的确立;其次是在"天竺中心论"传播过程中,结合和汲取了传统华夏地理认知体系而产生的"昆仑中心论";再次是以"天竺中心论"和"昆仑中心论"为基础产生的"边地"观念的变迁。这三方面的佛教地理概念体系的传播与变迁,隐含着佛教在华夏大地传播中的文化和知识的融合过程。

(二)阎浮世界与佛教典籍中的"天竺中心论"

"天竺中心论"是以"阎浮世界"作为参考基点的一个佛教地理概念。

关于天竺中心论的文献,在《因果经》、《本起经》、《俱舍论》等佛教经典中,都有所反映。如《佛说太子瑞应本起经》对佛祖的诞生就说过:

> (释迦牟尼佛)托生天竺迦维罗卫国,父王名白净,聪睿仁贤,夫人曰妙,节义温良。迦维罗卫者,三千日月万二千天地之中央也。佛之威神,至尊至重,不可生边地,地为倾邪,故处其中,周化十方。往古

---

① 按张守节《史记正义》的说法,昆仑有酒泉小昆仑和黄河源昆仑这样两个概念。参见《史记·秦本纪》张守节"正义"云:"《括地志》云:'昆仑山在肃州酒泉县南八十里。《十六国春秋》云前凉张骏酒泉太守马岌上言:酒泉南山即昆仑之丘也。周穆王见西王母,乐而忘归,即谓此山。有石室王母堂,珠玑镂饰,焕若神宫。'按:肃州在京西北二千九百六十里,即小昆仑也,非河源出处者。"

② (南朝宋)范晔:《后汉书·西域传》,第2910页。

诸佛兴,皆出于此。①

很显然,"天竺中心论"是围绕佛祖诞生地而产生的一种地理中心论。它的所指范围非常狭窄,在佛经中,大地的中心就是释迦牟尼佛出生的天竺迦维罗卫国。譬如《出曜经》认为:

> 佛兴出世要在阎浮利地,生于中国,不在边地,所以生此阎浮利地者,东西南北亿千阎浮利地,此间阎浮利地最在其中,土界神力胜余方,余方刹土转不如此。②

《阿毗达磨大毗婆沙论》也认为:

> 观世间于何方处佛应出世,即知于赡部洲中印度佛应出世,非边地达絮蔑戾车中。③

在佛经中,阎浮洲就是以迦维罗卫为中心的,相对于这个地域,其他地方都是"边地",都是不适合"佛"诞生的地方。显然,这样的地理理论至少对于佛教的传播是非常不适合的,这就决定了他将必然要被改造。"天竺中心论"在随着佛经东传中国的过程中得到改造的迹象,反映在两方面,一是"边地"观念的变迁,二是"昆仑中心论"的诞生。

(三)"边地"观念的变迁情况

"边地"是与"天竺中心"相对举的一个概念,在佛经中,中天竺以外的地方都是"边地"。按我们前引《佛说太子瑞应本起经》的说法,"边地"是不能诞生佛的,如果佛诞生在迦维罗卫以外的地方,就会引起"地为倾斜"这样可怕的后果,所以佛只能诞生在迦维罗卫这个地理中心,这样才能

---

① (吴)支谦译:《佛说太子瑞应本起经》卷上,载〔日〕高楠顺次郎等编修:《大正新修大藏经》第3册《本缘部上》,第473页。
② (后秦)竺佛念译:《出曜经》卷20,载〔日〕高楠顺次郎等编修:《大正新修大藏经》第4册《本缘部下》,第717页。
③ (唐)玄奘译:《阿毗达磨大毗婆沙论》卷178,载〔日〕高楠顺次郎等编修:《大正新修大藏经》第27册《毗昙部二》,第893页。

"周化十方"。显然，无论对于佛本身还是佛教信仰者，如果生在了"边地"，将是非常不幸的，那是一种惩罚，正如《成实论》所言："杂心布施则嗜不美味，非时布施则不得随意，疑悔则生边地，行不净施则从苦得报。"① 显然，"边地"是一个充满了悖论的"概念"，既然所有的佛教徒不可能都生在"中心"，那么生在"边地"的佛教徒该如何面对这个现实？

我们不知道"边地"这个概念在印度、西域传播的时候是如何来解决其所隐含的矛盾之处的，但是从佛教传到中国始，"边地"这个概念的内在悖论在佛经翻译过程中就得到了很巧妙的消解。西晋于阗国三藏无罗叉翻译的《放光般若经》中对于一些不良行径的惩罚时说道："受是罪已，当复生边地无佛、无法、无弟子处。作是断法者，皆当具足受是上罪。"② 这里的所谓"边地"其实就是指的"无佛无法无弟子处"，已经摆脱了同"天竺中心"相对举的意思。而姚秦时期沙门竺佛念译《出曜经》中则云：

> 有乐必苦，生当有死，不生则无，死岂可避？以是义推，忧为是谁乐所从来？是故说曰，处忧无忧，心如死灰，澹然无为。尽灭一切恶趣，所已恶趣者，地狱饿鬼畜生，边地夷狄之中，亦名恶趣。是故说曰，灭一切恶趣也。③

竺佛念在该经的翻译中将"边地"与"夷狄"连在一起，这样的译法，事实上将"边地"这个概念等同于夷狄所处的偏远野蛮之地，完全消解了"边地"这个概念的原初义项。

关于"边地"这个概念发生义项变迁的最直接的证据，来自《比丘尼传》的记载：

> 慧果，本姓潘，淮南人也。常行苦节，不衣绵纩。笃好毗尼，戒行清

---

① （后秦）鸠摩罗什译：《成实论》卷8，载〔日〕高楠顺次郎等编修：《大正新修大藏经》第32册《论集部全》，第302页。
② （晋）无罗叉译：《放光般若经》卷9，载〔日〕高楠顺次郎等编修：《大正新修大藏经》第8册《般若部四》，第63页。
③ （后秦）竺佛念译：《出曜经》卷21，载〔日〕高楠顺次郎等编修：《大正新修大藏经》第4册《本缘部下》，第724页。

白……元嘉六年，西域沙门求那跋摩至。果问曰："此土诸尼先受戒者，未有本事，推之爱道，诚有高例，未测厥后，得无异耶？"答："无异。"……又问："几许里为边地？"答曰："千里之外，山海艰隔者是也。"①

由慧果和求那跋摩的对话来看，究竟什么地方算是"边地"，这是中国僧众关心的疑难问题之一。就中国僧众的理解而言，"边地"是同"几许里"这样的距离来衡量的，而不是相对于"天竺"而言的。而求那跋摩的回答则完全没有提及"天竺中心"这样的原点坐标，也是就地而论，认为但凡与佛教流传地"千里之外，山海艰隔者"就可以算是"边地"。这是一个相当模糊的定义，简直就是和稀泥式的回答。由此可以看出来，"边地"这个概念在佛教传播过程中发生了很大的变化。这个概念的变化，正是对"天竺中心论"影响的一种适度消解。

（四）"昆仑中心论"对"天竺中心论"的修正

在佛教文献中，"昆仑"的地理特征往往被作为论证"天竺中心论"的主要论据之一，因而"天竺中心论"又被一些佛教地理学家修正为具有鲜明华夏特色的"昆仑中心论"。

司马迁论及中国山川地理大势时认为："中国山川东北流，其维，首在陇、蜀，尾没于勃、碣。"②张守节分析司马迁的这个记载时认为："言中国山及川东北流行，若南山首在昆仑葱岭，东北行，连陇山至南山、华山，渡河东北尽碣石山。黄河首起昆仑山，渭水、岷江发源出陇山。皆东北东入渤海也。"③这就提出了昆仑为华夏山川之"首"的说法。对于昆仑是中国山川走势之"首"的认识，可能不仅仅是唐代的地理观念，至迟在汉晋时期的中国传统的地理体系中就存在这样的观念。干宝在《搜神记》中就有这样的记载：

> 昆仑之墟，地首也，是惟帝之下都。故其外绝以弱水之深，又环以炎火之山。山上有鸟兽草木，皆生育滋长于炎火之中；故有火浣布。非

---

① （梁）释宝唱：《比丘尼传》卷2《景福寺慧果尼传第一》，载〔日〕高楠顺次郎等编修：《大正新修大藏经》第50册《史传部二》，第937页。
② （汉）司马迁：《史记·天官书》，第1347页。
③ （汉）司马迁：《史记·天官书》，第1347—1348页。

此山草木之皮枲，则其鸟兽之毛羽也。①

由此可以初步断定，关于昆仑为"地首"的说法，是传统华夏地理学知识中的主要观念，而昆仑"地中"说则是随着佛教的传播而兴起的。东汉灵帝、献帝朝来洛阳传教的康居国人康孟详是我们在文献中可以见到的最早的"昆仑中心论"的传播者，他在《佛说兴起行经序》中说：

> 所谓昆仑山者，则阎浮利地之中心也。山皆宝石，周匝有五百窟，窟皆黄金，常五百罗汉居之。阿辱大泉，外周围山，山内平地，泉处其中。泉岸皆黄金，以四兽头，出水其口。各绕一匝已，还复其方，出投四海。象口所出者，则黄河是也。其泉方各二十五由延，深三厥劣，一厥劣者，七里也。泉中有金台，台方一由延，台上有金莲花，以七宝为茎。如来将五百罗汉，常以月十五日，于中说戒。②

干宝和唐人张守节从中国山川河流的走向上认为昆仑山是中国山川与黄河之"首"，而康孟详则认为昆仑山就是如来佛出生并讲经说道的地方，是阎浮洲的中心所在。康孟详的这个说法，是将佛教经典中的"中天竺"这个地理概念用中国传统的西王母居住的"昆仑山"来代替了。

关于华夏地理传统中的"昆仑山"，文献记载中有两指，一在甘肃酒泉附近，一即黄河源③，从"地首"这个认识来看，主要指的就是黄河源。从康孟详开始，佛教地理家一直将黄河源的昆仑同"中天竺"捆绑在一起立论，来证明这个地域就是世界的地理中心。这方面的典型文本还可以举出唐代僧人道宣的说法：

---

① （晋）干宝撰，李剑国辑校：《搜神记辑校》卷28，第444页。
② （汉）康孟详译：《佛说兴起行经序》，载〔日〕高楠顺次郎等编修：《大正新修大藏经》第4册《本缘部下》，第163页。
③ 按张守节《史记正义》的说法，昆仑有酒泉小昆仑和黄河源昆仑这样两个概念。参见《史记·秦本纪》张守节"正义"云：《括地志》云：'昆仑山在肃州酒泉县南八十里。《十六国春秋》云前凉张骏酒泉太守马岌上言：酒泉南山即昆仑之丘也。周穆王见西王母，乐而忘归，即谓此山。有石室王母堂，珠玑楼严饰，焕若神宫。'按：肃州在京西北二千九百六十里，即小昆仑也，非河源出处者。"

> 窃以四海为壑水趣所极也。阎浮州中有大香山，即昆仑之别名也。此山独高，州中最极。山南有池名阿耨达，此名无热恼也，具八功德，大龙所居，名为水府。方出一河，以注四海。所以水随高势以赴下流，彼高此下，中边定矣。
>
> 此土黄河，源出于彼，故《尔雅》云：河出昆仑墟，色白。郭璞《图赞》云：昆仑三层，号曰天柱。寔维河源，水之灵府。禹贡导河自积石者，据其伏流涌出为言也，故知水随高来，高为中矣。①

道宣在此处实际上是将今天的喜马拉雅山脉、冈底斯山脉及昆仑山脉一概称之为"昆仑"了。按这些佛教地理家的说法，整个青藏高原的山系因为其高，是周边河流水源所出之地，所以就是"地中"。由此，我们可以发现，华夏地理知识中的昆仑"地首"的观念同佛教地理家的昆仑"地中"观念，都是基于对"昆仑"所在的这个地域的绝对高度及其在亚洲大陆水源所出的独特地理特征认识的基础上产生的。

从康孟详到释道宣，都将"天竺中心论"拓宽了范围，置换成包括天竺及青藏高原在内的"昆仑中心论"，其间的意义是很值得玩味的。昆仑作为中国传统地理知识体系中一个具有神话色彩的地域，在中国人的意识观念中具有非同一般的地位，传说中的西王母就居住在这里的石室中。因而，"昆仑"这个地域作为天竺中心论的一个证明佛教"地中"的重要证据，事实上是对佛经记载中那种绝对的以中天竺为地理中心的观念的修正，更易于让中国人接受。

（五）"天竺中心论"的影响

"天竺中心论"对于当时的天文学家、博物家、地理学家及一般民众都有一定的影响。②

---

① （唐）释道宣：《释迦氏谱》，载〔日〕高楠顺次郎等编修：《大正新修大藏经》第50册《史传部二》，第87页。
② 关于"天竺中心说"对魏晋南北朝时期民族观念嬗变的影响，吕建福先生做过系统深入的探讨，指出："佛教传入后出现的天竺中心论以及佛教的世界观，虽不能说被中国人普遍认同，但至少冲击了华夏中心论，使人们认识到华夏中心并非是独一无二的……佛教的传播所带来的中国人实际地理观念的变化，也是非常明显的。"参见吕建福：《魏晋南北朝时期佛教的传播与中国民族观的嬗变》，载周伟洲主编：《西北民族论丛》第4辑，中国社会科学出版社2006年版。

博物学家和天文学家对于天竺为地之中的说法，往往是从日地关系来认识这个问题的，如何承天同释慧严的争论即是这方面的典型事例：

> 东海何承天以博物著名，乃问严佛国将用何历，严云："天竺夏至之日，方中无影，所谓天中，于五行土德，色尚黄，数尚五，八寸为一尺，十两当此土十二两，建辰之月为岁首。"及讨核分至，推校薄蚀，顾步光影，其法甚详，宿度年纪，咸有条例，承天无所厝难。后婆利国人来，果同严说。①

何承天是当时有名的博物学家，在天算方面也是有一定造诣的。慧严持"天竺中心论"，首先是从"天竺夏至之日方中无影"及"建辰之月为岁首"这样非常专业的天文学角度来论证的，因而何承天对此难以提出辩驳意见。关于这次争论，唐代僧人法琳的分析更为明确：

> 智度论云：千千重数，故曰三千。二过复千，故曰大千，迦维罗卫居其中也。《娄炭经》云：葱河已东名为震旦。以日初出曜于东隅，故称震旦。诸佛出世皆在其中州，不生边邑。若生边地，地为之倾。案《法苑传》、《高僧传》、《永初记》等云：宋何承天与智严慧观法师，共争边中。法师云：西域之地，立夏之日。一本云，夏至之日，正中时竖木无影，汉国影台立夏之日，至期去表，犹余阴在。依算经，天上一寸，地下千里，何乃悟焉，中边始定。约事为论，中天竺国则地之中，震旦自可为东。②

这样的论证，如果从地球纬度的角度来衡量，显然天竺比中国更接近赤道，更近于在南北极之间的中点上。虽然这并不能证明天竺就是世界的地理中心这样的命题，但是，就是这样的说法，在天算方面也显然要比"华夏地理中心论"更为有依据，至少这种视野已经突破了黄河流域的局限，扩展到

---

① （梁）释慧皎：《高僧传》卷7《释慧严》，第262页。
② （唐）释法琳：《辨正论》卷6，载〔日〕高楠顺次郎等编修：《大正新修大藏经》第52册《史传部四》，第525页。

了亚欧大陆的范围。

北魏著名的地理学家郦道元深受"天竺中心论"的影响，他不仅在《水经注》中大量引证了佛教地理家关于西域及天竺的一些记载，而且对于天竺为"地中"的说法并没有表示否认或批驳：

> 竺法维曰：迦维卫国，佛所生天竺国也，三千日月、万二千天地之中央也。康泰《扶南传》曰：昔范旃时，有嘾杨国人家翔梨，尝从其本国到天竺，展转流贾至扶南，为旃说天竺土俗，道法流通，金宝委积，山川饶沃，恣所欲，左右大国，世尊重之。旃问云：今去何时可到，几年可回？梨言：天竺去此，可三万余里，往还可三年逾。及行，四年方返，以为天地之中也。恒水又东径蓝莫塔，塔边有池，池中龙守护之。阿育王欲破塔，作八万四千塔，悟龙王所供，知非世有，遂止，此中空荒无人，群象以鼻取水洒地，若苍梧、会稽，象耕、鸟耘矣。①

郦道元在这段注文中既引证了佛教僧人竺法维关于天竺为地中的说法，而且还引证了曾经出使扶南的南朝使者康泰对于天竺为地中的详细论证，这说明郦道元对"天竺中心论"是认可的。

至于一般民众所受的影响，我们可以从造像记中得到一些印象。北朝造像记中，"边地众生"往往被作为一种要拯救的对象出现，如北魏《张永洛造像碑》就是个典型：

> 大魏武定元年岁次癸亥二月辛酉朔三日合邑等敬造石像壹区……上为皇家祚隆万代，中为师僧父母，下为边地众生，□□恙除行修果□□时见性。②

北周时期僧人法定的愿望也很有代表意义：

---

① （北魏）郦道元：《水经注》卷1《河水》，第7页。
② 《张永洛造像碑》（543），出土于郑州。参见谭淑琴：《河南博物院收藏的四件造像碑》，《中原文物》2000年第1期。

> 愿法定舍身之后，不经三途，不经八难，不生恶国，不生边地，不生邪见，不见恶王，不生贫穷，不生丑陋，生生世世，治（值）闻佛法，聪明生生世世，遇善知识，所行从心。①

法定将"不生边地"作为一个舍身之后的愿望来讲，可见"边地"观念对佛教徒的影响也是比较广泛的。② 当然，并不是所有的佛教徒都不想生在边地，在当时的观念里，到边地去传播佛教，也是一些僧人的愿望。南朝陈摄山栖霞寺沙门惠布有这样的誓愿：

> 陈摄山栖霞寺沙门惠布，俗姓郝，广陵人，少怀远操，性度虚梗志行罕俦，为君王所重。或见诸人乐生西方者，告云：方土乃净，非吾愿也。如今所祈化度众生，如何在莲华中十劫受乐，未若三涂处苦救济也。年至七十与众别云："布命更至三五年在，但老困不能行道，住世何益？常愿生边地无三宝处，为作佛事去也。"③

从这段文献可以看出来，由于受"天竺中心论"的影响，当时的佛教徒大都希望通过修炼能尽早脱离边地，到所谓的"西方"世界去，而惠布则认为在边地无佛的地方传教更能体现他的价值，所以发愿"常愿生边地无三宝处，为作佛事去也"。

二、寻找异域：华夷混同背景下族群文化身份的地理确认

问题讨论到这里，我们有必要回过头来再审视一下当时的华夏区域内的地理形势。前面我们讨论的是佛教僧人对西域及天竺等地的"地理状况描

---

① 《北周比丘法定造〈大般涅槃经〉卷九题记》（天和元），饶宗颐主编，王素、李方著：《魏晋南北朝敦煌文献编年》，第258页。
② 对于该时期将"边地众生"列为乞福的对象，典型的例证还有河南巩县石窟寺发现的一些造像题记，如"□□三年二月□□□弟子张□为边地众生造像一区"、"河清三年二月□丘法湛上□□边地众生□生父母"。参见傅永魁：《河南巩县石窟寺发现一批石刻和造像龛》，载《文物资料丛刊》5，文物出版社1981年版，第139页。
③ （唐）释道世：《法苑珠林》卷65，载〔日〕高楠顺次郎等修：《大正新修大藏经》第53册《事汇部上》，第786页。

述"和"地理观念传播",这种工作毫无疑问开阔了中国人的地理视野,但是我们也应该意识到,在相对封闭和文化文明尚不能"全球化"的时代,视野的开阔往往意味着现有的知识体系被打破和现有的社会生存秩序受到挑战。

华夏区域内的传统秩序,在社会等级上是从皇帝到奴隶的严格的金字塔形等级体制,可是在地理视野上,就是以黄河流域为中心而建立的一个圈层体制,离中心越远,文明的离心力就越大,就越得不到主流文明的认同,这就是"中华"与"远夷"的天然界限。可是就是这个华夷有所分的地理秩序格局此时受到了挑战,这种挑战有以下两方面的内容。

(一)华夏地理框架内的华夷混同

魏晋南北朝时期是中国传统的地理知识体系中的"异域"这个概念的大洗牌阶段,曾经以长城为界限而构建的那个"非我族类"的华夷分辨体系,已经因为北方胡人的大规模内迁而变得一塌糊涂。从地理位置上来看,胡汉交错杂居在一起;从政治统治空间来讲,曾经是"异类"的胡人纷纷在黄河流域建立具有正统地位的政权。因而,胡汉两大民族集团无法再在地理空间和社会结构上很清晰地分辨你我。

但是,人类固有的"族群中心意识"并不会因此而消失,而是需要调整。整个社会迫切需要找到一个答案:谁是自己人?谁是异类?

"族群中心意识"是人类的共同情结,不过由于受生产方式的影响,这种情结表现的方式和程度可能会不太一样。对于马背上的民族来讲,马蹄踏过的地方就是族群生存的地方,所以成吉思汗的铁骑奔驰到哪儿,哪儿就是家乡;对于海洋民族来讲,船舶永远也不会是定居的地方,只能是掠夺的工具。但是对于以农业为主业的民族来讲,土地及其上生长的作物需要的是长久的经验积累和稳定的耕地培植,人们不能像骑马一样骑着现成的土地东奔西跑。所以农业民族的"族群中心意识"情结是以"成熟的农业土地"的"边缘"来确定的。

长城就是自蒙恬之后构筑的一个中国北部边疆的"华夏"与"戎狄"之间的清晰的文明边缘。自秦汉以来,巩固这个文明分野边缘的最有效办法就是"屯田",让农业文明在这道分界线的内侧扎根,让那些曾经的生荒地变成"熟地"。虽然匈奴的不断南下将两汉帝国的这个文明边缘冲击得千疮百孔，但是农业文明对于骑马民族的打击与同化也是有目共睹的。

当贾思勰费尽心力编《齐民要术》来教导人们如何耕地种植的时候，也就是以黄河流域为中心的农业文明与长城以北的游牧民族失去"族群中心"确认的时候。[①] 那些过去被视为"夷狄"而骑马掠夺的民族不但开始老老实实地学习种地，而且还更加积极地诵读起"之乎者也"的儒家经典来。这方面最突出的典型是北魏孝文帝的改革，鲜卑人换上了汉族服装，改姓了汉姓。一系列的变化，彻底颠覆了传统的"内华夏而外夷狄"的地理和文化空间结构。

这种变化，对于中原民族的族群确认意识的打击，可能比苏联解体后美国找不到自己的对立面而手足无措的情况要严重得多。人类的个体和群体一样，他们只有找到了同自己对比的对象，才能很明晰地确认"我是谁"。因而，4世纪以后的中原文明与因为杂居而正在融合的胡汉族群，必须寻找新的文明疆域的"边缘"，来确认自己的身份。

事情发生了微妙的变化，在找到稳定合适的类比对象之前，族群内部区域性的差别被人们作为群体认同的标准抓在了手中。在南方士大夫阶层的分辨体系中，出现了"北人"这个概念，那些携带着无数财宝和累世荣耀而南下的达官显贵，因为来自长江以北，被南方士大夫和土财主们很轻蔑地呼作"北人"。

[①] 《齐民要术》所记载的内容中，农耕内容和畜牧内容并举。据游修龄先生的统计，《齐民要术》中叙述马的字数占畜牧部分的45.45%，羊占25.75%，马和羊合占了71.2%，占绝对多数。而对马的叙述，着重点在于"相马"，主要注重于如何挑选善于奔跑的军马；对于羊的叙述也很详尽，包括怎样制作乳酪等（参见游修龄：《〈齐民要术〉成书背景小议》，《中国经济史研究》1994年第1期）。这反映了《齐民要术》所产生的游牧、农耕文化融合的社会背景。《齐民要术》所发挥的作用，应该从两方面来理解：一方面是总结了当时的农耕、畜牧经验；另一方面很可能也是教那些不会耕种的胡人耕种，而也让那些不会饲养马、羊的传统农业民族学会饲养马、羊。《齐民要术》是对胡汉杂居局面认同的一个典型事例。如果我们的这个总结和概括还有一些偏颇之处的话，那就是没有完全注意到当时与坞堡有关的自然经济的情况。据逯耀东先生的研究，永嘉风暴后，黄河流域盗贼横行，中原士民避走他乡，筑堡自守，必择山险水源之处，受自然环境的影响，必须在有限的土地上，生产丰富多样的物品，这样就必须改造生产技术（见逯耀东：《从平城到洛阳——拓跋魏文化转变的历程》，第106—107页）。逯先生的这个结论，与我们的看法并无矛盾之处，其实正是这样的中原士民的远走他乡，显然会将不同生产条件下的民众的生产环境打乱，离开了本区域的生产条件，在技术和环境及生产物种方面就不能适应，这就需要一种总结各个地域（主要是黄河流域）的生产技术的书籍来加以指导，让他们在不熟悉的环境下能入乡随俗地生产、生活。

随后，更有意思的事情发生了，"北人"这个称呼像流行病菌一样迅速传染，以至于不但那些先到南方的北方人开始很轻蔑地称呼后来者为"北人"，就是留在北方的汉人和内迁较早的胡人也开始称呼那些缘边州镇的人为"北人"了。不仅如此，身处富庶的鱼米之乡的吴人，称呼中州人曰"伧"。① 此后这个概念不断扩大其范围，有了"伧楚"、"伧鬼"、"伧燕"这些称呼，以至于发展到但凡自己看不起的人都被斥之为"伧"。如书法家王献之慕名而去游览吴郡望族顾辟强的园林，因为不认识顾辟强，没有打招呼，就被顾辟强斥之为"伧"，赶了出来。顾氏这样数落王献之的理由是："傲主人，非礼也。以贵骄士，非道也。失是二者，不足齿之，伧耳！"② 由此可见，"伧"已经由对来自特定地域的人的蔑称，变为一种贬低他人的通用语。

与此相对应的是，"胡"这个称呼在北方也发生了很微妙的变化。随着胡人政权的建立，"胡"成了一种忌讳的称呼，如石勒建立的后赵政权，就是这方面的一个典型事例：

> 勒宫殿及诸门始就，制法令甚严，讳胡尤峻。有醉胡乘马突入止车门，勒大怒，谓宫门小执法冯翥曰："夫人君为令，尚望威行天下，况宫阙之间乎！向驰马入门为是何人，而不弹白邪？"翥惶惧忘讳，对曰："向有醉胡乘马驰入，甚呵御之，而不可与语。"勒笑曰："胡人正自难与言。"恕而不罪。③

就是说，传统意识形态里的那些非我族类的"胡人"，已经不能作为一个完整的对比群体而存在了，他们不再处于"边缘"之外，不再是"荒服"的对象，甚至已经成为"华夏"，至少是占据着"华夏"的中心地理位置，并努力更像"华夏"而不是夷狄，所以他们不想听到自己被称作"胡"。

但是，毫无疑问的是，此时的"胡文化"已经在北方社会无孔不入地成为一种有主流地位的文化存在，以致影响到了当时的绘画，史载后赵石虎

---

① （唐）房玄龄等：《晋书》卷58《周处传》，第1574页。
② （唐）房玄龄等：《晋书》卷80《王献之传》，第2105页。
③ （唐）房玄龄等：《晋书》卷105《石勒载记下》，第2737页。

当政时期，就有这样的典型实例：

> 太武殿成，图书忠臣、孝子、烈士、贞女，皆变为胡状，头缩入肩。虎大恶之。①

由于胡人政权的存在，画匠们笔下的忠臣、孝子、烈士、贞女等人物居然都被画成了缩头缩脑的胡人样子。是否胡人都是"头缩入肩"？恐怕也未必，但是当时北方画匠的人物造型中，确实有"头缩入肩"的形象存在。炳灵寺169窟12龛北侧下方绘于西秦时代的姓刘的信士的画像，就有很突出的胡人特征，卷发钩鼻。尤其引人注目的是，真有一些"头缩入肩"的样子，这种造型，一方面可能跟"礼佛"这个动作造成的肩部抬升的效果有关，另一方面也很可能同当时对胡人形象表现的画风有关。

正是因为这种深入骨髓的胡人文化的存在，才使得"胡人"作为异域或异族的形象得到了慢慢消解。所以，从石勒到拓跋宏，"胡"这个群体慢慢地在传统的华夷结构中隐去。

（二）"天竺中心论"的圈层体制构建的尝试

一方面是曾经存在的处于边缘地区的"夷狄"占据了"华夏"的中心地理位置，"夷狄"居然消失了；而另一方面是佛教"天竺中心论"的喧嚣，虔诚的僧人们纷纷西去求取经典、瞻仰佛迹。这两种世象的出现，都与传统的地理秩序被打破息息相关。此二者对于中国圈层文明秩序体系的打击是相当深重的。

在天竺中心论的基础上，以佛教为中心的文明体系正如中国传统的华夷体制一样，也构建了自己的一个圈层体系，将中国纳入了进去。这个问题可以从当时的"佛钵"流转供养的理论次序得到一些认识。

按《法显传》记载：

> 法显在此国闻天竺道人，于高座上诵经云：佛钵本在毗舍离，今在揵陀卫。竟若干百年当复至西月氏国，若干百年当至于阗国，住若干百

---

① （北齐）魏收：《魏书》卷95《石勒传》，第2052页。

年当至屈茨国，若干百年当复至师子国，若干百年当复来到汉地，若干百年当还中天竺已，当上兜术天上。①

这个以天竺为中心的佛钵流传体系，是东晋高僧法显在天竺听高僧讲经时所说的。"佛钵"，据说是释迦牟尼佛在世时所用的法器，到天竺取经求法的僧人，一般都要行顶戴佛钵的这样一项仪式，至于这种行为的意义何在，不甚清楚。但是当时但凡到天竺求法的僧人，在其记述文字中都将顶戴佛钵作为一项大事来记载。②可见其对于佛教徒具有重要而特殊的意义。

就是这个佛钵，据说在以中天竺为中心的周边佛教流行的国家要依次供养，这样的事实应该在天竺各国发生过③，因为在前后到天竺学习的中国僧人的记载中，对于佛钵所在地的记载不一样，这说明佛钵确实在这些国家轮流供养过。但是，东晋法显在天竺的时候，就听到天竺高僧讲经内容中，将中国也纳入到了这个佛钵供养国的名单中。这种现象正好说明了，在佛教的知识体系和地理观念中，已经以天竺为中心构建了一个文明圈层体系，并将中国纳入了进去。

同样的记载我们在隋代翻译的《佛说德护长者经》中还可以见到：

> 我涅槃后，于未来世护持我法，供养如来受持佛法，安置佛法，赞叹佛法。于当来世佛法末时，于阎浮提大隋国内，作大国王名曰大行，能令大隋国内一切众生，信于佛法种诸善根。

---

① （晋）法显自记：《高僧法显传》卷1，载〔日〕高楠顺次郎等编修：《大正新修大藏经》第51册《史传部三》，第865页。
② 鸠摩罗什、道普、昙无竭等东来高僧和西向求法者都有顶戴佛钵的经历。参见《高僧传》卷2《鸠摩罗什传》、《昙无谶传》，《高僧传》卷3《昙无竭传》、《释智猛传》，《高僧传》卷11《释慧览传》等。
③ 印顺法师认为佛钵流传是一个不曾实现的理论性说法，他说："旧有《钵记经》，已失去。《法苑珠林》卷30略引说：'佛泥洹后，此钵随缘往福众生，最后遗化，兴于汉境。'这与法显传所说的'若干百千年当至于阗；住若干百千年当至屈次国；若干百千年当复来汉地'，大抵相合。不过，除了沙勒国传说罗什曾顶戴佛钵而外，一切都是不曾实现的。"（参阅《印顺法师文集·妙云集》）从西行僧人的记载来看，这个佛钵依次供养的制度，可能在天竺各国及西域有所实现。释智猛曾云："余历寻游方沙门，记列道路时或不同，佛钵顶骨处亦乖爽，将知游往天竺非止一路，顶钵灵迁，时届异土，故传述见闻难以例也。"由此可见，这个佛钵流转供养体制曾实现过（《高僧传》卷3《释智猛传》）。

> 时大行王，以大信心大威德力供养我钵。于尔数年我钵当至沙勒国，从尔次第至大隋国，其大行王于佛钵所大设供养，复能受持一切佛法，亦大书写大乘方广经典，无量百千亿数，处处安置诸佛法藏，名曰法塔。①

毫无疑问，人类的地理探索所引起的最大的后果是——在地理视野扩大的基础上，毫不迟疑地消解地理差别赋予不同地域的人群和文化的身份差别。因而，"文化之别"代替"地理之别"或"种族之别"，正是当时地理视域扩大的一个显著的标志。

---

① （隋）那连提耶舍译：《佛说德护长者经》卷下，载〔日〕高楠顺次郎等编修：《大正新修大藏经》第 14 册《经集部一》，第 849 页。

第九章　对佛教信仰群体所处社会组织的考察

佛教信仰群体是一个制度化程度比较高的宗教群体，尤其是佛教在中国的传播，主要依靠的是上层统治政权的提倡，是同政治紧密结合起来的。所以在僧团制度的基础上，又加入了中国传统的等级制政治体系管理模式。此外，宗族和家庭的管理模式及组织结构也对早期北方佛教社会群体的组成施加了一定影响。在此种背景下，纳入国家政治体系的僧官制度①和在村邑基础上建立的民间邑义组织，就构成了3—6世纪北方佛教群体的多层组织机构，并且在一定程度上形成了对官方政治资源的分割和制约，尤其是对以"村"为主体的北方民间社会的影响，至为关键。

第一节　僧官制度与北朝政教关系

僧官制度的建立，对于中古时期的佛教发展有着至关重要的意义，它表明了佛教僧团开始取得了世俗政治势力的认可，成为世俗政治的一个组成部分。因而，僧官制度的建立，一方面是僧团扩大后佛教集团对于僧尼管理的需要，另一方面主要是因为世俗的国家力量需要对僧人这个游离于国家编户之外的庞大的社会群体进行有效控制。

一、僧官制度建立前的寺院管理问题

要认识早期的寺院管理制度，我们不得不注意从东汉到三国时期官方对

---

① 关于僧官制度的论述，可参阅谢重光、白文固：《中国僧官制度史》；许抗生、赵建功、田永胜：《六朝宗教》第七章，南京出版社2004年版，第264—269页。

佛教寺院的政策：

> 佛出西域，外国之神，功不施民，非天子诸华所应祠奉。往汉明感梦，初传其道。唯听西域人得立寺都邑，以奉其神，其汉人皆不得出家。魏承汉制，亦修前轨。①

这种由政府颁发的禁令，无论其在实际执行过程中的实效有多大，但至少对官方组织机构来讲，从后汉到三国时期的佛教寺院应该是在国家的制度安排之外存在的，或者说，佛教寺院还是一个势力微弱的异端，是被圈定活动范围的西域胡人的团体机构，不具有进入国家职官体系内被管理的权利和资格。但可以肯定的是，当时佛寺的活动在很大程度上必须借助政治权力的扶持。能够说明这个问题的早期文献和文书有以下两端。

三国时期的笮融建立浮屠祠：

> 笮融者，丹杨人。初，聚众数百，往依徐州牧陶谦。谦使督广陵、彭城运漕。遂放纵擅杀，坐断三郡委输，以自入。乃大起浮图祠，以铜为人，黄金涂身，衣以锦采。垂铜槃九重，下为重楼。阁道可容三千余人，悉课读佛经。令界内及旁郡人，有好佛者听受道，复其他役以招致之。由此，远近前后，至者五千余人户。每浴佛，多设酒饭，布席于路，经数十里。民人来观，及就食且万人，费以巨亿计。曹公攻陶谦，徐土骚动。融将男女万口、马三千匹，走广陵。广陵太守赵昱，待以宾礼。②

魏敦煌太守仓慈写《佛说五王经》题记（238）：

> 景初二年岁戊午九月十六日，敦煌太守仓慈，为众生供养，熏沐写已。③

---

① （梁）释慧皎：《高僧传》卷9《竺佛图澄》，第352页。
② （晋）陈寿撰，（南朝宋）裴松之注：《三国志》卷49《吴书四·刘繇传》，第1185页。
③ 敦煌藏经洞出品，饶宗颐主编，王素、李方著：《魏晋南北朝敦煌文献编年》，第53页。

笮融建立浮屠祠，必须得到像徐州牧陶谦这样的地方官员的支持，否则没有得到官方正式认可的有组织的宗教活动，很有可能被以"淫祠"等借口而遭到镇压或摧毁。[①] 史载，敦煌太守仓慈对来到敦煌经商的西域商人实行开明政策，在西域商人中很有威信。仓慈是虔诚的佛教徒，那么他作为地方官员，当时的敦煌佛寺能得到他的帮助和支持也是显而易见的。

在佛图澄传教后赵，得到石勒、石虎的支持并使佛教具有国家宗教的性质之前，佛教的传播和管理可能在很大程度上具有一种逐渐弥漫的民间团体性质。但毫无疑问的是，这种具有民间意义的宗教团体已经有了比较完备的组织结构和管理方式，并且至少同佛寺所在的地方政权有了千丝万缕的联系。

这种佛寺早期组织结构的影子，我们可以从出土文献中得到一个大致的认识。尼雅遗址出土的西晋简文中的一条提到了西北的佛屠：

□□右一人属典客，寄□纤钱佛屠中，自敦煌太守往还过。[②]

此条简文中提到的典客，将钱寄存到了"佛屠"中，可见当时在西北敦煌附近的佛屠寺已经有了为来往客商、使者等人保存钱物的职能，这应该就是后来寺院开设"质库"等机构的开端。这条史料虽然不能很明白地告诉我们这个寺院有着怎样具体的管理体制和组织机构，但至少可以使我们做出比较保守的推测：既然能保存钱物，并且这样的行为被记录在非常规范的官方文件中，那么西晋佛寺中就应该有相应的制度化的机构和负责人的存在，而这不会是偶然的个人之间的行为。不过这种寺院组织及其首领是否有官方权力背景，还很难断定。

根据现有资料和目前的研究，可以基本推断，西晋时期的寺院组织机构具有很大的自发性，可能官方势力还没有进入。如西晋时期来华的犍陀勒"本西域人，来至洛阳积年"，因为在修建古寺的过程中表现超凡，所以众

---

① 陶谦任徐州牧在汉献帝初平四年（193），而笮融被刘繇所破，死于汉献帝兴平二年（195），因而笮融建佛寺造像时间当在193—195年之间。
② 此条简文，斯坦因原编 N. V. NXV. 203，载林梅村编：《楼兰尼雅出土文书》，第701号，文物出版社1985年版。

僧人就推举他为寺主[①]；西晋蜀郡沙门僧生"少出家，以苦行致称，成都宋丰等，请为三贤寺主"[②]。可见当时的寺主主要是众僧或地方民众推举的，没有任何官方背景，既不是独立的政治实体，也不是具有特权的经济利益集团。

到了东晋时期，相应的寺院管理机构的存在就显得非常明朗化了。在《高僧传》中我们找不到关于晋代官方佛教管理机构设置的任何信息，《魏书·释老志》也没有这方面的记载，但是《续高僧传》卷6《后梁荆大僧正释僧迁传》却有这样一条简单而模糊的记载："昔晋氏始置僧司，迄兹四代。"此处之晋到底是西晋还是东晋，需要做进一步判别。后梁荆大僧正僧迁之生卒年，大约是434—513年，此条史料中所说"迄兹四代"之时间，应该就是僧迁去世之前不久的年代，也即梁初502—513年之间，就是说，晋代僧司的设置到梁代502—513年之间，已经有了四代管理机构，如果按每一代僧正的最大在职年限为40年的话，四代上推160年，其设置年代应该是在东晋时期。不过，对于东晋政权设立"僧司"这样一个国家机构的史事，史料仅此一条，难以对此做出更加有价值的判断。

但不可否认的是，东晋时期确实是寺院管理制度建设的一个重要时期，出土文献的相关记载也证明了这点。吐鲁番出土文书中有一件高昌郡时期的《祠吏翟某呈为食麦事》：

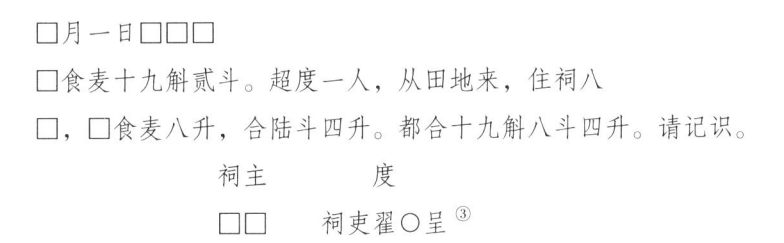

□月一日□□□
□食麦十九斛贰斗。超度一人，从田地来，住祠八
□，□食麦八升，合陆斗四升。都合十九斛八斗四升。请记识。
　　　祠主　　　度
　　□□　　祠吏翟○呈[③]

该文书值得我们加以重视，它对我们认识僧官制度的产生具有相当重要的价值。从"超度"、"祠主"我们可以推断，这是一件佛教寺院向上呈报做功德过程中的麦子支出账文书。早期的佛教寺院又叫"祠"，那么"祠主"

---

① （梁）释慧皎：《高僧传》卷10《犍陀勒传》，第369页。
② （梁）释慧皎：《高僧传》卷12《释僧生》，第461页。
③ 国家文物局古文献研究室等编：《吐鲁番出土文书》第一册，文物出版社1981年版，第155页。

也就是后来的"寺主"。这个寺院有"祠主",还有"祠吏",并且文书中不但详细记载了做"超度"时"食麦"支出的详细数额,而且对来做功德的施主的人数、来源地、在寺中住宿的日期天数都做了详细记载。而祠吏翟某的名字看来不是法号,而是世俗姓名,这说明当时的寺院管理体制中,可能有民间的非僧人组织或者说官方权力介入。最为关键的是,这样一份由祠主签名、祠吏起草的文书,是呈报给谁的?虽然我们无法对此做出明确的回答,但至少可以据此推断:此时肯定还有高于"祠主"的上级寺院管理组织的存在。王素先生认为,该文书是一份官祠上报官府的用粮账。[①]如果这一说法成立,那么寺院已经被纳入到官府管理体系中,则是很明确的了。因而,高昌郡时期吐鲁番地区的寺院在经济支持及寺院组织管理方面可能要比中原地区成熟得多。关于寺主、维那等寺院管理组织阶层的产生,高昌郡时期的敦煌地区可能要早于中原地区。

关于高昌郡时期的断限,一般是指高昌作为凉州属郡的时期,大概时间是从东晋咸和二年(327)到刘宋孝武帝大明四年(460),因而,东晋十六国时期,是中原寺院管理制度的初建时期。

到佛图澄传教后赵,虽然没有建立明确的僧官管理体系,但是僧人及寺院的管理已经开始被纳入国家体制之内。佛图澄被石勒尊称为"大和尚"并且"军国规谟颇访之"[②],在后赵政权中取得了很高的地位,具有国家宗教领袖的性质,虽然没有被授予具体的僧官名称,但处于统领众僧团的地位,已经具有后世最高僧官的实质意义。[③]

从《高僧传》所载1—4世纪中叶高僧的行迹来看,此一时期中原的寺院,无论在支持译经还是组织法事方面都不是很成熟。如果以后秦姚苌封僧䂮为僧正的405年为界,在此之前,《高僧传》有传并开始广泛活动的僧人有55人[④],他们的活动地点主要是在洛阳、长安、许昌等地,尤其是随着姚秦的

---

① 王素:《高昌至西州寺院三纲制度的演变》,《敦煌学辑刊》1985年第2期。
② (北齐)魏收:《魏书》卷114《释老志》,第3029页。
③ 高敏先生认为,佛图澄被称为大和尚,参与后赵军国大事,"虽无僧官之名,已具有后世僧官的某种萌芽"。相关论述,参见高敏:《秦汉魏晋南北朝史论考》,中国社会科学出版社2004年版,第209页。
④ 该数字根据郑郁卿先生《本传高僧行年长编》而统计,参见郑郁卿:《高僧传研究》,台湾文津出版社1987年版,第40—53页。

建立和罗什入关，长安就成了这些僧人活动的主要地点，对此，僧史有着很明确的记载：

> 先是，长安自前汉废到苻秦兴，其间三百三十一载，旷绝朝市，民俗荒芜。虽数伽蓝，归信鲜寡，三千德僧同止一处，共受姚秦天王供养。世称大寺，非是本名，中构一堂，权以草苫，即于其内及逍遥园二处翻译。①

显然，3000多僧人共同聚集在这样一个草堂之中，这些僧人主要的任务就是翻译佛经，从信仰的方面来讲，当时的佛寺处在"虽数伽蓝，归信鲜寡"的地步，因而不能广泛地同庶民百姓发生崇信关系，还不能成为民间的一个活动中心。这些译经僧人的所有开支都来自姚秦国家的供应，所以也不会有成规模的寺院经济。但他们已经处在国家政权的监管之下，则是毫无疑问的，只不过没有设立专门的机构和明确的职事。

二、僧官制度的建立与发展

僧官制度的建立包括两个方面：僧官等级体系的建立和僧人管理机构的设置。

就僧官等级体系的建立而言，首先是开始对僧团中具有一定影响力的高僧封以称号，由他代表国家权力来管理僧团。据《魏书·释老志》载：

> 皇始中，赵郡有沙门法果，诫行精至，开演法籍。太祖闻其名，诏以礼征赴京师。后以为道人统，绾摄僧徒。每与帝言，多所惬允，供施甚厚。至太宗，弥加崇敬，永兴中，前后授以辅国、宜城子、忠信侯、安成公之号，皆固辞。②

法果被封为道人统，负责管理僧徒，时间在396—398年之间，这是由

---

① （隋）费长房：《历代三宝纪》卷8，载〔日〕高楠顺次郎等编修：《大正新修大藏经》第49册《史传部一》，第74页。
② （北齐）魏收：《魏书》卷114《释老志》，第3030页。

国家政权明确授命高僧作为僧徒的最高管理者的最早记载。虽然法果有"道人统"的称号，并且随后不久又被授以"忠信侯"等封赏，但是此时是否建立了系统的等级制僧官体系，还不得而知。①

相比较而言，此后不久的后秦政权所建立的僧官制度，是在早期寺院管理体系的基础上产生的，职能分工可能要更为完备一些。

据《高僧传》记载，鸠摩罗什入关以后，追随其门下的弟子多达3000多人，这样庞大的僧团，已经形成了一股不可忽视的力量。况且，此时关内僧尼日益增多，宗教集团所掌控的社会力量，至少在社会影响力方面已经危及世俗的统治，后秦姚兴集团为了遏制僧团的组织力量对其统治权威的侵蚀，在弘始七年（405）颁布了设立僧官管理僧人的诏书。

> 大法东迁，于今为盛。僧尼已多，应须纲领，宣授远规，以济颓绪。僧䂮法师，学优早年，德芳暮齿，可为国内僧主。僧迁法师禅慧兼修，即为悦众。法钦、慧斌共掌僧录。②

从诏书来看，此时设立的僧官包括三个职位：国内僧主、悦众、掌僧录者。国内僧主亦即僧正，而悦众就是维那，此二者是僧官体系中最主要的职务。按《释氏要览》的说法，僧正乃是僧人中"自正正人者"，其命名的含义在于"盖以比丘无法，若马无辔勒，渐染俗风，将乖雅则。故择有德望者，以法而绳之，令归乎正，故云僧正"。③ 据《北山录》记载，维那是"掌事僧，西国求之甚难，多以贤人为之，其次以仁人次之也"。④ 僧正与维那的职掌区别，在于前者是主管，而后者是管理具体事务的。关于这一点，我们可以从梁简文帝的《八关斋制序》中得到明确的认识，其中有关于维那的几条：

---

① 业露华先生认为，中国的僧官制度最早出现在北方，以北魏政权设立"监福曹"，以法果为"道人统"为标志。参阅杜继文主编：《佛教史》，江苏人民出版社2006年版，第190页。
② （梁）释慧皎：《高僧传》卷6《释僧䂮传》，第240页。
③ （宋）释道诚集：《释氏要览》卷上，载〔日〕高楠顺次郎等编修：《大正新修大藏经》第54册《事汇部上、外教部全》，第262页。
④ （唐）神清撰，慧宝注：《北山录》卷8，载〔日〕高楠顺次郎等编修：《大正新修大藏经》第52册《史传部四》，第623页。

邻座睡眠，维那至而不语者。罚礼十拜四。

邻座睡眠，私相容隐不语维那者。罚礼十拜五。

维那不勤听察有犯制者，不即纠举，为众座所发觉者，维那罚礼二十拜六。

擎香炉听经三契，白黑维那更相纠察，若有阿隐，罚礼二十拜七。①

从这四条可以看出，维那具体负责管理僧人的日常事务，是僧正的主要助手，也是僧律的实际执行者。维那在执掌僧事的过程中，也要受到众僧的监督。

因而，从制度对于其结构中成员的规范意义来讲，能成为制度的维护者或最高运行者的僧人，必须具有相对优秀的师法品质，所以被封的高僧不仅在僧团中要有广泛的影响力和威望，还应该对佛教僧律有一定的造诣。如僧䂮被任命为僧主，《佛祖历代通载》有鸠摩罗什"举僧䂮为大僧正，以政僧事"的说法；而同书又有"法师道䂮，以奉律精苦，为秦王所重"的记载。②可见，在僧团中普遍的影响力和对僧律的熟知，是僧䂮被任命为国内僧主的主要原因。

后秦僧官体系的建立，是以早期寺院自身的管理机构和管理人员的构成为基础的。我们在前面说过，高昌时期的寺院就已经有了"祠主、祠吏"这样的寺院管理人员，王素先生也认为"东晋十六国时期，应是寺院三纲制度的初建时期"。③所谓寺院三纲制度，即由寺主、上座、悦众（亦即维那）三者组成的寺院管理体制。那么，后秦建立的僧主、维那等僧官显然就是早期寺院管理制度的进一步层级化和官方制度化。

对于僧官的称呼，在文献记载中主要有两端：一是主管僧官，主要有国内僧主、天下僧主、大僧正、十城僧主、郡僧正、京邑僧主、都邑僧正、都邑僧主、僧主、僧正、道人统、沙门统、州沙门统、州僧主等称号；二是主管僧官的副手，主要有悦众、维那、都维那、郡维那、县维那等。此外，自5世纪以后在北方兴起的佛教造像的邑义等民间组织中，也出现了都维那、

---

① 《八关斋制序》，参见（唐）释道宣：《广弘明集》卷28《启福篇序》，载〔日〕高楠顺次郎等编修：《大正新修大藏经》第52册《史传部四》，第324页。
② （元）释念常：《佛祖历代通载》卷7，载〔日〕高楠顺次郎等编修：《大正新修大藏经》第49册《史传部一》，第529页。
③ 王素：《高昌至西州寺院三纲制度的演变》，《敦煌学辑刊》1985年第2期。

维那等僧官名,并且这些所谓的维那并不是出家的佛教徒,而是世俗信徒,这是僧官制度的部分职能在民间佛教崇信活动中的延伸。

有明确名称和官属的僧人管理机构是监福曹,又叫昭玄司,是在北魏时期建立的,僧史中对此有明确记载:"震旦有僧官,自秦始也。魏世立监福曹,又改为昭玄司,备有官属,以断僧务。周齐革为崇玄署(北齐、后周,若功德司也)。"① 但是,监福曹的设立只说明北魏时期的国家僧人管理机构已经比较正式,并不是说直到北魏才建立僧人管理机构。既然早在后秦时期就建立了僧官制度,那么相应的由国家设立的僧人管理机构的设置也就是必不可少的了,不过这种机构的进一步完善化和制度化一定经过了比较长的历史阶段。《历代三宝纪》在谈及后秦设立僧正时就说:"昭玄之兴始自此起,魏末周初衢术稍整。"② 说的就是这个意思。

我们从昭玄司的职掌来看,也能感觉到该机构在北魏到北周的历史阶段内,职能并不十分稳定,似乎很不成熟。

关于昭玄司的职掌范围,《续高僧传》在谈到魏齐间名僧法上时说道:

(法上法师)德可轨人,威能肃物。故魏齐二代,历为统师,昭玄一曹,纯掌僧录,令史员置,五十许人,所部僧尼,二百余万。而上纲领将四十年,道俗欢愉,朝廷胥悦。所以四方诸寺,咸禀成风。③

法上法师担任僧统是在北魏北齐之间,那么此时的昭玄,按本条史料的说法,就是"纯掌僧录"的这样一个机构,它的属官也是围绕此一职能而设置,有"令史员"50多人。在中古职官体系中,令史为郎以下掌管文书的官职。这只能说明当时昭玄司的职官设置不是很完备的。从相关记载来看,昭玄司显然不会是一个只掌录僧籍文书的清水衙门,对于这个机构的具体事务职能,史书中相关的说法我们可以找出以下几种。

北魏和平初年(460),沙门统昙曜上奏:"平齐户及诸民,有能岁输谷

---

① (唐)神清撰,慧宝注:《北山录》卷8,载〔日〕高楠顺次郎等编修:《大正新修大藏经》第52册《史传部四》,第623页。
② (隋)费长房:《历代三宝纪》卷8,载〔日〕高楠顺次郎等编修:《大正新修大藏经》第49册《史传部一》,第75页。
③ (唐)释道宣:《续高僧传》卷8《齐大统合水寺释法上传》,第261页。

六十斛入僧曹者，即为僧祇户。"①此处之僧曹有管理经济之职能。

北魏延兴二年（472），魏孝文帝元宏下诏，对游方无僧籍的僧人进行管理，说："无籍之僧，精加隐括，有者送付州镇，其在畿郡，送付本曹。"②此处之僧曹，发挥的就是管理僧籍的职能，并且主要是管理在京畿范围内的僧人。

北魏永平元年（508）秋，魏宣武帝下诏："自今已后，众僧犯杀人已上罪者，仍依俗断，余犯悉付昭玄，以内律僧制治之。"③由此可见，昭玄司拥有对僧侣违法乱纪的执法权。

北魏神龟元年（518），尚书令王澄在上奏中谈及寺院的建造制度时说："自今外州，若欲造寺，僧满五十已上，先令本州表列，昭玄量审，奏听乃立。"④由此可见，昭玄司有审批寺庙建造的权力。需要说明的是，王澄的上书仅仅是针对当时滥造佛寺的局面而提出的建议和管理办法，在这之前的昭玄司是否有此职能，我们不得而知。但是就在王澄上书后不久，随着"河阴之变"的发生，大批朝廷官员死于这次屠杀，其家人就将宅第舍建为寺庙，以致"前日禁令，不复行焉"⑤，就是说昭玄司也就没有审批寺院建造的权力了。

《隋书·百官志》中对昭玄司（寺）的记载可能是比较准确而完备的，但这是就北齐之后的设置而言的：

> 昭玄寺，掌诸佛教。置大统一人，统一人，都维那三人。亦置功曹、主簿员，以管诸州郡县沙门曹。⑥

从这条记载可以看出，从北魏到北周时期的昭玄司是一个综合管理佛教事务的机构，它的这些职官的设置是经过了一个比较长的历史时期的，譬如就最高长官沙门统来说，这个最高僧官在396—398年之间就已经设置，但

---

① （北齐）魏收：《魏书》卷114《释老志》，第3037页。
② （北齐）魏收：《魏书》卷114《释老志》，第3038页。
③ （北齐）魏收：《魏书》卷114《释老志》，第3040页。
④ （北齐）魏收：《魏书》卷114《释老志》，第3047页。
⑤ （北齐）魏收：《魏书》卷114《释老志》，第3047页。
⑥ （唐）魏徵等：《隋书》卷27《百官志中》，第758页。

这时候并没有"大统"这个称呼。"大统"作为特例独出于"沙门统"的称号，最早出于西魏时期，长安僧人释道臻精通佛经经义，"西魏文帝闻而敬重，尊为师傅，遂于京师立大中兴寺，尊为魏国大统"。① 在此之前，有没有"大统"这一称呼，史无明载。据《续高僧传》记载：

> 初，天保之中，国置十统，有司闻奏，事须甄异。文宣乃手注状云："上法师可为大统，余为通统。"②

由此可以明白，《隋书·百官志》中所说的昭玄司"置大统一人，统一人"的职官设置，最早也是北齐天保年间（550—559）之后的情形，是就"十统"设置之后，而不得不为区别上下从属关系而设立掌管其他"九统"的一个职官——大统。北魏时期是没有该职官设置的。这就是僧史所说的"高齐天保，革命维新，上统荣望，见重宣帝"③的实质所指，因而北齐天保年间是僧官机构进一步完善的重要时期，是制度建设上的所谓"革命维新"。

僧官机构的地方管理组织是各级沙门曹，《隋书》有"诸州郡县沙门曹"④的说法，所以沙门曹作为地方管理机构设置到了县一级。从《魏书》的相关记载来看，地方沙门管理机构的官员有州沙门统、大州都统、畿郡都统、郡维那、县维那等。⑤这个地方职官体系的次序，我们从《魏书·释老志》可以得其大概，北魏永平元年（508）秋，沙门统惠深就管理不遵典制的僧人问题上书皇帝说：

> 辄与经律法师群议立制：诸州、镇、郡、维那、上坐、寺主，各令戒律自修，咸依内禁，如不解律者，退其本次。⑥

这条史料至少让我们明白了两个问题。首先，当时的僧官管理机构，最

---

① （唐）释道宣：《续高僧传》卷24《释道臻传》，第902页。
② （唐）释道宣：《续高僧传》卷8《释法上传》，第263页。
③ （唐）释道宣：《续高僧传》卷7《释慧嵩传》，中第247页。
④ （唐）魏徵等：《隋书》卷27《百官志》，第758页。
⑤ （北齐）魏收：《魏书》卷110《食货志》，第2861页。
⑥ （北齐）魏收：《魏书》卷114《释老志》，第3040页。

高是由沙门统、都维那掌管的昭玄司中央机构，地方机构有州统、镇统、郡统及相应的各级维那，这就是所谓的地方"沙门曹"，他们又具体管理寺院，寺院有上坐、寺主、维那等寺院管理阶层的设置。所以当时的僧官机构可以说是个三层体系：中央、地方和寺院。其次，从这条史料可以看出，在此之前的这些各级僧官，可能享有一些溢出僧律许可之外的特权，这样就造成了"清浊混流，不遵禁典"①的弊病，针对这种情况，沙门统惠深制定法令，要求各级僧官"咸依内禁"，否则就要降级使用。

在这种三层体系内的各级僧官的设置，并不整齐划一，实际情况是相当混乱的。譬如北魏庄帝初年，国家仓库空虚，因而就下诏征集民间粮食，其诏书中针对各地僧人的内容是：

> 诸沙门有输粟四千石入京仓者，授本州统，若无本州者，授大州都；若不入京仓，入外州郡仓者，三千石，畿郡都统，依州格；若输五百石入京仓者，授本郡维那；其无本郡者，授以外郡；粟入外州郡仓七百石者，京仓三百石者，授县维那。②

既然只要输粟入国家仓库就能得到大小不一的各级僧统或维那之职，那么显然一州或一地也就不会只有一个沙门统等僧官了，完全有可能产生很多相关的僧官。从一些造像题记来看，当时的情况也确实是这样。《金石萃编》卷30收录东魏、北齐时期的颍州刺史敬显㒞所造《神静寺刹前铭敬史君之碑》（简称《敬史君之碑》），其中的僧官题名就相当复杂，人员也很多。现将其第五列、第六列题名移录于下。

第五列题名：

> 颍州沙门统慧元
> 颍州沙门统昙永
> 司州沙门统道镡

---

① （北齐）魏收：《魏书》卷114《释老志》，第3040页。
② （北齐）魏收：《魏书》卷110《食货志》，第2861页。

阳州沙门统道慈
颍州沙门都道业
颍州沙门都慧范
颍州沙门都智定
颍州沙门都昙佳
颍州大律师静遵
颍州沙门都僧雅
法师晋州都灵洪
法师司徒寺慧辩
长柱县维那法寿
张显公寺主法敬
法师宁国寺昙忽
法师宁国寺法豫
法师丈八寺僧庆
法师司徒寺僧景
元领军寺主法兴
临颍县维那道显
颍州郡维那僧度
许昌郡维那法炬
阳翟郡维那道希
法师祖寺僧远
敬公门师慧哲
斋主白塔寺道场
前禅静寺主智遵
前禅静寺主法荣

第六列题名：

当营构寺主道智
营福都维那慧盖

第九章　对佛教信仰群体所处社会组织的考察

　　长兼郡维那慧生
　　长兼郡维那慧意
　　长兼都维那道果
　　长兼都维那道海

　　这个造像题记中所涉及的地方僧官有州沙门统、州沙门都、大律师、郡维那、县维那、寺主，以及营福都维那、长兼都维那、长兼郡维那等。根据《大宋僧史略》卷中的记载，北魏时期，僧官体系"僧统以为正员，置沙门都以分副翼"，可知沙门都是沙门统的副手。我们从这个题名中发现，州沙门统和州沙门都的设置是比较滥的，颍州沙门统就有慧元、昙永2人，而颍州沙门都有道业、慧范、智定、昙佳、僧雅5人，在州一级僧官机构中，两个沙门统要有5个沙门都来辅佐，其人浮于事的滥设可见一斑。值得我们注意的是，第六行题名中有"营福都维那"、"长兼都维那"、"长兼郡维那"这样的僧官，高敏先生认为"营福都维那"可能是专门主管为死者营造福事之都维那，"长兼都维那"为没有任期的都维那。① 这样的解释至少从字面意思上有一定的合理性。

　　不过，我们注意到一条史料，可能有助于理解此处之"长兼"的意思。北齐天保年间，僧人法上为大统，但是他的权威受到僧人慧嵩的挑战。

　　　　高齐天保，革命惟新，上统荣望，见重宣帝，嵩以慧学腾誉，频以法义凌之，乃徙于徐州为长年僧统。②

　　释慧嵩是来自高昌的僧人，以博达经义而著称，所谓"以慧学腾誉"，就不免会恃才傲物，经常以经义的解释来挑战僧曹的最高管理者上统，有些"刺儿头"，所以被上统打发到徐州去做"长年僧统"。那么这个长年僧统之"长年"，可能就同上引《敬史君之碑》题名中的"长兼都维那"有相同的意思。因为，就一般情况来讲，当时僧官中的许多职位是由一些寺庙的最高管

---

① 高敏：《秦汉魏晋南北朝史论考》，第208—216页。
② （唐）释道宣：《续高僧传》卷7《释慧嵩传》，第247页。

理阶层兼任的,如西魏瓜州沙门都维那惠超,同时也是建文寺寺主。①

其实,如果我们从较早建立僧官制度的北魏朝廷和后秦政权的僧官名称及其继承的历史资源来看,就会发现,僧官制度从发展伊始就存在着南北不同的两个系统。

对于僧官制度发展的南北不同之处,僧史中也有比较简单的说法,我们来看看相关的文献记载:

> 震旦有僧官,自秦始也。魏世立监福曹,又改为昭玄司,备有官属,以断僧务。周齐革为崇玄署(北齐、后周,若功德司也)。东魏高齐尚其统,宋齐梁陈尚其正,而复寺三官(若今三纲),属其统正焉。隋革周命,弘法尤盛,天下三藏,分置十统。②

从对僧官的称呼来看,宋齐梁陈继承了后秦的传统,僧官都称作僧主、僧正,而北魏、北齐、北周则称作道人统、沙门统。这就是此段文献中所谓"东魏高齐尚其统,宋齐梁陈尚其正"的表面意思。但是,我们不能不问:这种名称的不同意味着什么。我们知道,3—6世纪的中国佛教,在发展的过程中发生了分化:南方以士大夫佛教而著称,留心于佛经义理的探讨;而北方则是国家佛教,由于最高统治者的大力提倡,佛教在民间迅速传播,以崇拜信仰为主要特征。那么僧官制度的发展是否也同佛教发展的这种分野成正相对应的关系呢?在现有资料的限制下,我们对此不能做出正确的解读,只好留待日后了。

三、僧官制度与北朝政教关系

僧官制度之建立,完全依靠了以皇帝集团为首的政治势力的扶持和帮助,是从专制政体的权力蛋糕上分得了一块可取可予的等级制特权和利益。其产生的根源,就决定了僧官机构是作为中古帝国官僚体系的一个宗教版本

---

① 《西魏都维那惠超写大般涅盘经卷二十八题记》,载饶宗颐主编,王素、李方著:《魏晋南北朝敦煌文献编年》,第207—208页。
② (唐)神清撰,慧宝注:《北山录》卷8,载〔日〕高楠顺次郎等编修:《大正新修大藏经》第52册《史传部四》,第623页。

而存在的,是一种附庸。因而,佛教官僚制度体系的建立,只能是扩大了专制政权的势力范围,而没有像罗马教廷那样形成对世俗君主及其政治权的限制。这一点,应该是确定无疑的。

不过,我们也应该注意到,世俗君主的专制特权势力范围向佛教的外溢,并不必然表示专制主义力量的加强。相反,取得国家统治资源的佛教神权集团,客观上为在世俗专制统治下无法生存的各阶层人等提供了一个逃避的空间和通道,在一定程度上缓解了社会矛盾。关于这一点,我们在下面的相关章节将会详细论述。

僧官制度同北朝政权的政治关系,可以从以下几方面来解读。

(一)僧官制度之产生与完善,是专制国家加强统治的需要

首先,僧官制度体现的是国家意志,是以皇帝为首的专制集团维持社会秩序的需要。如后秦姚兴最早设立僧官,其起因乃是:

> 兴既崇信三宝,盛弘大化,建会设斋,烟盖重叠,使夫慕道舍俗者,十室其半。
>
> 自童寿入关,远僧复集,僧尼既多,或有愆漏。兴曰:"凡未学僧,未阶苦忍,安得无过?……宜立僧主以清大望。"因下书曰:"大法东迁,于今为盛,僧尼已多,应须纲领,宣授远规,以济颓绪。僧䂮法师,学优早年,德芳暮齿,可为国内僧主。僧迁法师,禅慧兼修,即为悦众。法钦、慧斌共掌僧录。"给车舆吏力。䂮资侍中秩,传诏羊车各二人,迁等并有厚给。共事纯俭,允惬时望,五众肃清,六时无怠。①

显然,僧人的增多,必然会减少国家控制下的编户,并且也很不好管理,因而姚兴才以"侍中"这样一个世俗官僚体制的官阶来任命僧䂮为国内僧人的最高管理者,将僧人的管理正式纳入国家权力体系之内。其后,北魏对僧官制度的完善,设立监福曹、昭玄司等专职机构,以至北齐建立十统,都是随着僧人的增多和相关问题的出现,为了更好地控制僧人集团而不断地将僧官机构进一步官僚化。

---

① (梁)释慧皎:《高僧传》卷6《释僧䂮传》,第240页。

其次，僧官的产生，当然很多是来自佛教集团的高僧，但是学养高的僧人不一定能成为僧官。事实上，只有在佛教界有一定声望并且能同政府合作的僧人才有机会成为各级僧官，譬如僧䂮、法果、法上、道臻都是这种情况。

但是，既然僧官体系是一个宗教版本的官僚体系，就会不可避免地遵守世俗的官僚原则，以至于连一般僧人的德行都不如的那些无赖、恶棍竟然位居僧官机构的高位。如北魏时期凉州僧官都维那僧遑、僧频就是僧人中的恶棍，凉州军户赵苟子等二百余家在476年被立为"僧祇户"，此后，由于收成不好，赵苟子等二百余家交不起60斛的租粮，在他们的逼迫下，走投无路，以致上吊、跳水而死者50多人。① 另一个更为典型的例子是北齐沙门统昙献。

> 时有道人昙献者，为皇太后所幸，赏赐隆厚，车服过度。又乞为沙门统，后主意不许，但太后欲之，遂得居任，然后主常憾焉。②

昙献其人能位居北齐最高僧官沙门统，完全是因为同胡太后的暧昧关系，《北齐书》卷9《武成胡后传》载："武成皇后胡氏……自武成崩后，数出诣佛寺，又与沙门昙献通……托以听讲，日夜与昙献寝处。以献为昭玄统。僧徒遥指太后以弄昙献，乃至谓之为太上者。"③

况且，僧官的任命，不仅有上至皇帝下至地方官员等这些政治势力的干预和制约，而且还有正式的制度化的买官卖官制度，如上面所引的北魏庄帝初年沙门输粟官仓就可以买到相应的职位的文献，就是个典型例证。

因而，僧官的任命和产生，并不具有完整的自生性体制，而是受国家官僚体系的控制和选择。

（二）僧官体系的生存资本主要来自国家的体制性资源

僧官体系赖以生长的经济基础，来自国家所设立的"僧祇户"、"僧祇粟"及寺院田产，如西魏僧统释道臻：

---

① （北齐）魏收：《魏书》卷114《释老志》，第3042页。
② （唐）李百药：《北齐书》卷21《封隆之传》，第308页。
③ （唐）李百药：《北齐书》卷9《武成胡后传》，第126页。

西魏文帝闻而敬重，尊为师傅，遂于京师立大中兴寺，尊为魏国大统。……又于昆池之南置中兴寺庄，池之内外，稻田百顷，并以给之，梨枣杂果，望若云合。①

正是因为这样的来自国家制度内的资源分割，才使得僧官体系得以构建起寺院经济体制。因而，从经济基础上，僧官体系离不开国家体制的扶持，也就不可能成为同国家体制相抗衡的一极力量。

但是我们要分辨清楚的是，此处说的是，僧官体系作为一种阶层结构的组织体系，本身是国家体制的一部分。但这并不能否认，僧人和佛教集团具有同国家体制相抗衡的一面。②譬如盖吴起义，就同佛教集团有一定的关系。北魏中后期，大批的人口以出家做僧人的形式来逃避国家赋税，而寺庙也就此大量剃度，同国家争夺人口，这一方面是佛寺同皇权官僚集团争夺经济利益，一方面也反映了民众对国家政权的抗衡。

因而，僧官制度同皇权官僚体制在利益上是一致的，前者是后者的附庸，宗教权力实质上就是世俗政治权力的一个翻版而已。

第二节 佛教邑义与北方村落及地方政权之关系

邑义或法义，是中古时期信仰佛教者所组织起来的一种宗教信仰团体。这种团体，在城市与乡村都是普遍存在的。在发现的造像记中，我们无法断定有些邑义是城市居民还是乡村居民的团体，有的标明是"村邑"，那就显然是乡村的。但是有一点不容忽视的是，由于城市有雄厚的官方力量，

---

① （唐）释道宣：《续高僧传》卷23《释道臻传》，第902页。
② 杜继文先生指出："中国佛教具有一种超政治、超地区、超民族的性格。中国佛教从来没有上升到典型的国教地位；中国历史上总是遵循政教二元化而又不许宗教与国家冲突的体制，不能说与佛教的这一性格没有关系。"我们认为，杜先生是只注意到了一个方面，其实，中国佛教之所以保持了这种同国家政权之间的二元性而没有产生冲突，至少就魏晋南北朝的情形而论，原因有二：一为杜先生所说的佛教本身的这种超政治、超地区、超民族的性格；另一即为依附于国家体制的僧官制度的紧密控制和约束。如此考虑，可能更为全面。杜先生的论述，参阅《从佛教看中国文化的走向》，载杜继文：《中国佛教与中国文化》，第10页。

所以"邑义"这种民间团体所发挥的作用可能不是非常突出，但邑义在城市的存在应该是确定无疑的。①

对于7世纪之前的乡村"邑义"的认识，刘淑芬先生是这样定义的："乡村居民因信仰佛教而组织一种叫做邑义或法义的宗教信仰团体，以便共同修习佛教的仪式或从事和佛教有关的社会活动。"② 这个定义显然很精确地概括出了佛教邑义的主要存在基础及社会功能。由于资料的有限性，对于7世纪之前佛教邑义的认识，我们也主要从邑义与乡村的关系来加以讨论。

从现有的资料来看，北方的邑义团体在5世纪以后比较流行，并且主要存在于乡村之中。我们在各类历史文献中不能得到其面貌的大多数中底层佛教信徒，就是在邑义组织中被团结起来修建寺庙、造佛像、写经卷、做法事，甚至致力于修桥补路、挖井救助等公益活动。

邑义团体的活跃，同4世纪以后北方社会的混乱有极大关系。由于整体社会结构被打乱，国家控制力量在基层农村的影响力被削弱，民间社会组织就应运而生。尤其是北魏太武帝灭佛之际，大批僧人为逃避迫害而潜入乡村，游方传教，就为此类民间组织的产生和迅速发展提供了催化条件。

可以说，邑义的产生和存在，对中国中古时期的乡村社会具有非常重要的建设性意义。在一定程度上，它在传统的族缘社会结构和地缘社会结构的基础上，又构建了一种全新的社会结构。这种社会结构在一定程度上不但摆脱了基础性的社会关系即阶级关系——在邑义或法义里，所有成员的法律身份都变得非常模糊而趋于一致；而且邑义和法义还在一定程度上超越于乡村行政管理体制，它的职能不是为了国家之赋税等政治性的义务。它将不同民族、不同性别、不同家族、不同社会身份的人组织在一个具有同一目标的组织之中，并且这种组织有很大的自发意义，成员的自觉意识、合作意识都非常强烈，是一种"自己的组织"。因而，对于3—6世纪民族大融合的时代，邑义组织起了整合北方社会的黏合剂作用。它是汉唐文明过渡过程中，

---

① 由于资料的有限性和模糊性，对于早期的邑义在城市的发展和所发挥的作用，我们不能做出准确的判断。但是邑义在城市的存在是确定无疑的。据《续高僧传》卷28《释宝琼传》记载，隋唐之际的僧人释宝琼组织邑义，就是"率励坊郭，邑义为先"，他所建立邑义的地方既然有"坊郭"之设，那就肯定是在城市。

② 刘淑芬：《五至六世纪华北乡村的佛教信仰》，《"中央研究院"历史语言研究所集刊》，第63本第3分，1993年；又见林富士主编：《礼俗与宗教》，第236页。

我们理解社会结构转型和唐代辉煌的一个最基本的社会结构基因。可以说，如果没有邑义这样的民间小社会对民族差别、地缘差别等不同人群的底层社会基本结构做整合，也许整个历史前进的步伐就会迟缓一些。

一、邑义的组织机构与活动范围

佛教在北方的传播，除依靠官方建立僧官制度而取得制度性支持和国家特权资源之外，最重要的组织形式也就是"邑义"这种民间组织了。

无论从组织结构还是产生的社会背景，邑义都是地道的传统民间社会组织形式的复活。乡里中社日的聚会，就是一种地缘性的民间自发组织。在《汉书·食货志》中，社间尝新春秋之祠，是一般百姓家的常项开支。居延汉简中也有"社钱"的记载。据林甘泉先生的考察，在秦汉时代的民间社会中，除乡里制度这样的官方基层组织外，还存在着一些不同性质和不同形式的民间组织，这些组织的成员结合大都是基于某种实际利益的需要，或以共同的价值取向、政治主张和宗教信仰等因素为纽带。[1] 其中"私社"最为典型。《汉书·五行志》载："建昭五年，兖州刺史浩赏禁民私所自立社。"注引臣瓒曰："旧制二十五家为一社，而民或十家五家共为田社，是为私社。"[2] 由此可见，在汉代，"社"作为一种民间的基层组织具有一定的普遍意义。[3]

并且，汉代的民间社会组织可能并不仅仅限于"社"这种形式，而是随着某一社会群体的目的不同而结合成不同的社会组织。譬如出土于河南偃师的"侍廷里单约束石券"，它是一件二十五人购置八十二亩田的合约，这个"单"的首领叫"祭尊"。[4] 可见这个"单"应该就是一个为了祭奠而产生

---

[1] 林甘泉：《中国古代政治文化论稿》，安徽教育出版社2004年版，第193页。

[2] 据林甘泉先生的考证，"臣瓒"所说的"私社"就是"田社"的说法是不正确的，但是"田社"作为一种农业生产中的互助性的民间组织，确实存于秦汉民间社会中。参阅林甘泉：《中国古代政治文化论稿》，第193页。

[3] （汉）班固：《汉书·五行志》，第1413页："建昭五年，兖州刺史浩赏禁民私所自立社。"注曰："张晏曰，民间三月九月立社，号曰私社。臣瓒曰，旧制二十五家为一社，而民或十家五家共为田社，是私社。师古曰，瓒说是。"由这个记载可以知道，汉代社的建立相当普遍，从王侯到百姓都有社，并且民间私社的建立也很多。按杨鸿年先生的研究，汉代的社不仅仅是一种祭祀机构，而且是聚会贸易和娱乐的地方。相关问题，可参阅杨鸿年：《汉魏制度丛考·社》，武汉大学出版社2005年版，第462—467页。

[4] 黄士斌：《河南偃师县发现汉代买田约束石券》，《文物》1982年第12期。

的民间团体。① 像这样的民间团体，一般不见于史料记载，但是它们的存在却是确定无疑的。② 许倬云先生认为，两汉时期的大规模群众暴乱，其中可能有这样的基层民间团体的组织结构在起作用，如绿林、赤眉之首领有"三老"、"从事"称号，黄巾军首领有"祭酒"的称号，应该同上述"单"的首领称"祭尊"相同，来自于基层民间社会团体。③

因而，佛教在乡村与城市的发展也正是利用了这种传统的民间组织资源。

（一）邑义的组织体系

那么邑义是如何组织起来的呢？我们从《续高僧传》记载的隋唐之际的高僧宝琼组织邑义的事迹可以得到邑义组织的一些基本情形：

> 释宝琼……历游邑落，无他方术，但劝信向，尊敬佛法。晚移州治，住福寿寺，率励坊郭，邑义为先。每结一邑，必三十人，合诵《大品》，人别一卷，月营斋集，各依次诵。如此义邑，乃盈千计。四远闻者皆来造款。琼乘机授化，望风靡服。④

显然，释宝琼并不是依靠法术之类来劝人信仰佛教的僧人，他的主要办法就是建立邑义。他所建立的邑义是在有"坊郭"的地方，因而我们认为主要是在城市。邑义的规模以 30 人为限，为什么？因为《大品经》是 30 卷，这样一来，每个人就可以专门负责念诵其中的一卷，当到斋集念诵的时候，整个邑义里的 30 个成员就依次将 30 卷经文念诵出来。如此，既免去了单个人难以记述熟诵 30 卷《大品经》的繁难，又在每月一次的斋集上将《大品经》念诵一遍。虽然每月每人念诵的都是其中的一卷经文，但是加起来也就等于大家都念诵完了 30 卷经文，这样的做法是功德迅速精进的好方法。

这种邑义的活动，一般以一月活动一次或两次，释宝琼所建邑义是"月

---

① 关于单的性质与具体情况，可参看俞伟超：《中国古代公社组织的考察——论先秦两汉的單—僤—彈》，文物出版社 1988 年版。
② 关于魏晋南北朝之前中国社会中民间结社的情况及其社会意义，可以参看杨华：《战国秦汉时期的里社与私社》，载车发松主编：《社会与国家关系视野下的汉唐历史变迁》，第 109—129 页。
③ 许倬云：《中国古代社会与国家之关系的变动》，载《许倬云自选集》，第 203 页。
④ （唐）释道宣：《续高僧传》卷 28《释宝琼传》，第 1180 页。

营斋集",即是一月一次,但也有一月两次的:

> 隋开皇关壤,往往民间犹习《提谓》。邑义各持衣钵,月再兴斋。仪范正律,递相鉴检。①

显然,这是隋代开皇年间关中地区诵习《提谓经》的邑义的相关情况。在这条史料中,来参加斋集的邑义诸人是"各持衣钵"而来,那么斋集一般是由邑义组织来提供饭食的。隋初僧人法通所建邑义的相关记载有利于我们理解这个问题:

> 多置邑义,月别建斋,但有沙门,皆延村邑,或有住宿,明旦解斋,家别一盘,以为通供。此仪不绝,至今流行。河右诸州,闻风服义。②

此处有"解斋"一说,综合上下文来理解,应该是指斋集的时候,由邑义这个社会团体负责解决全体成员及请来的僧人的饭食,这样的活动一般进行一天就结束,此即"解斋"。一旦有僧人由于路途遥远等原因不能及时返回寺庙而住在村中,那么第二天的饭食就由本村中的邑义成员提供,每家一盘,称作"通供"。

以上所说,主要是以念诵经卷而积累功德的这种邑义组织而言,并且这几个邑义组织都是在隋唐之际的关中地区,对于了解早期邑义未免有些局限性,但是它能给我们提供相对比较完整而明晰的关于早期邑义组织的基本情形。

关于邑义或法义的组织结构及其团体成员情形,我们从大量的北朝造像记中可以得其仿佛。

邑义之组织机构,显然承袭了传统的乡村或城市会社的组织经验和构成方式,在其首领的称呼上,往往又借用一些底层官吏的职务名称,最主要的是沿袭了僧官体系里面的职务称呼。

在造像记中,邑义的管理者主要有以下几种职衔:邑主、都邑主、维

---

① (唐)释道宣:《续高僧传》卷1《释昙曜传》,第13页。
② (唐)释道宣:《续高僧传》卷24《释法通传》,第934页。

那、都维那、典坐、邑正、聚主、邑老、邑师等。①

这些称谓中,邑主是邑义团体的首领,可能是佛事活动的发起者,也可能是寺院的信仰弟子中比较有威望的人或比较富有的人,有些还是地方官员。

都邑主和都维那同僧官体系中的都维那可能有同样的意思,应该是很多邑义合起来进行法事活动而产生的比邑主、维那更高一层的管理者。

典坐原来是典床坐的意思,掌理僧众礼拜的九件事情:床坐、房舍、衣物、香花、瓜果、饮水的次序,其实也就是管理一些跟法事有关的杂事。②因而,佛典有"调和众僧故有维那,供养众僧故有典坐"。③可见典坐主要就是管僧寺后勤的。

邑正这个称谓可能来自魏晋南北朝九品官人法中的中正官之名,现存文献中,只有梁武帝《断杀绝宗庙牺牲诏(并表请)》中有上定林寺沙门僧祐和"龙华邑正柏超度"④请求梁武帝下诏控制打猎捕鱼行为的上书,但是这个邑正在邑义中的具体职掌和角色是什么,就不太清楚了。此外,在一些造像碑中,还有"中正"这样的职衔,可能也就是邑正。

邑师是指导邑义法事活动的僧人。聚主和邑老的职能不太清楚,邑老也可能同传统的"三老"的称呼有些关系。如《北魏常岳造像碑》中,邑老有两位,其中一位邑老杨崇的政治身份是"定陵太守"。⑤也许这表明,邑老应该是由邑义中具有相当尊崇地位的人来担任。至于邑义中的一般成员就称作"邑子"或"邑生"⑥。

---

① 关于邑义的首领问题,郝春文先生有很详尽的研究,参阅郝春文:《东晋南北朝佛社首领考略》,《北京师范学院学报》1991年第3期。
② 这个说法,请参阅刘淑芬先生:《五至六世纪华北乡村的佛教信仰》,载林富士主编:《礼俗与宗教》,第238页。
③ (元)德辉编:《敕修百丈清规》卷6《龟镜文》,载〔日〕高楠顺次郎等编修:《大正新修大藏经》第48册《诸宗部五》,第1146页。
④ 《断杀绝宗庙牺牲诏(并表请)》,参见(唐)释道宣:《广弘明集·慈济篇》卷26,载〔日〕高楠顺次郎等编修:《大正新修大藏经》第52册《史传部四》,第293页。
⑤ 《北魏常岳造像碑》,出土于洛阳孟津县翟泉村,参见冯吾现:《四件北朝造像碑介绍》,《中原文物》1994年第2期。
⑥ "邑生"这个称呼,可见北周保定元年(561)《北周豆庐子光等造佛像铭》,1984年出土于甘肃正宁县,载饶宗颐主编,王素、李方著:《魏晋南北朝敦煌文献编年》,第246—249页。

邑义或法义既然是佛教信仰者的一种自发的信仰团体，那么这个团体规模的随意性也是比较强的。从北朝造像记来看，邑义之大小不一，大者上百人①，甚至有 500 多人参与的邑义②，小者只有十几人。

因而，邑义的首领设置和称呼的变化，同邑义的规模也有很大关系。对一般村或城市建立的邑义，如果人数不是很多，那么有邑主、维那这些常设职务就可以了。但是如果很多邑义联合起来进行法事活动，那么就需要设立比邑主、维那地位更高一级的首领，就是都邑主、都维那，这方面有一个典型的造像碑就是《北齐刘碑造像铭》。③ 该造像铭题名的僧俗成员有 320 多人，涉及 39 个姓氏，人员构成庞大而复杂。显然是由不同的很多小的邑义组合而成，因而在邑主、维那和邑师之上，就产生了都邑主、都维那和大邑师这样的职衔。这个造像碑中，有都邑主 3 人、都维那 3 人、维那 27 人、大邑师 2 人和邑师 1 人。

在一些规模更大或级别更高的佛事活动中，邑义组织的职衔也会加上更能显示权威的修饰词语，譬如北齐河清二年（563）的《阳阿故县造像记》④ 中，就有"大都邑主"、"大都维那"这样的称号。这次造像活动有"阳阿故县村合邑长幼"共同参与，并且其中有"长流将军"、"太学博士"、"郡中正"、"广阳令"、"高平令"、"韦城令"、"军主史"、"胡□县令"、"高都太守"、"功曹"等这些官员的妻子参加，从残存的碑文统计，至少造像二十尊以上。这样的规模和级别，在"都邑主"等之前加以"大"字，以表明其身

---

① 合邑一百人以上的造像碑也比较多，如《北魏兴和四年大吴村百人造像记》，参加造像的僧俗信徒就有 300 多人，参见（清）陆增祥撰：《八琼室金石补正》，载国家图书馆善本金石组编：《先秦秦汉魏晋南北朝石刻文献全编》第一册，第 203—205 页。东魏孝静帝元象元年（538）在山西有《合邑诸母一百人造佛像碑》，参见刘淑芬先生：《五至六世纪华北乡村的佛教信仰》，载林富士主编：《礼俗与宗教》，第 239 页。《正光元年杨文喜合邑一百四十人等造像》，瑞士瑞特保格美术馆藏，参见（日）石松日奈子：《北魏河南石雕三尊像》，刘永增译，《中原文物》2000 年第 4 期。

② 如《李道赞率邑义五百余人造像碑》，该碑原在河南淇县浮山封崇寺，民国十年碑身被截为两段盗往国外，现藏美国大都会博物馆。参见李淞：《长安艺术与宗教文明》，中华书局 2002 年版，第 118—119 页。

③ （清）陆增祥撰：《八琼室金石补正》，载国家图书馆善本金石组编《先秦秦汉魏晋南北朝石刻文献全编》第一册，第 203—205 页。

④ 《阳阿故县造像记》，《山右石刻丛编》卷三，载国家图书馆善本金石组编《先秦秦汉魏晋南北朝石刻文献全编》第一册，第 268—270 页。

份之不同一般。①

在这里需要推论的是，关于邑义团体组织中的职衔，除邑主、维那、邑师这样的系统来自僧官体系的称谓外，其他的一些职衔可能随意性就相对比较大一点儿。譬如《北齐刘碑造像铭》中有"清静"一职，在龙门石窟古阳洞北壁北魏邑子题名中，又有"香火"、"呗匿"等称呼，而关中羌人村邑造像记中有"平望"、"录事"、"侍子"、"侍者"、"邑谓"、"弹官"这些职衔。② 更为奇怪的是还有"亡邑主"、"亡维那"这样的称呼，似乎邑义中的这种职衔具有终身制的意义。

此处有一点需要区分的是，在造像记题名中，除邑子、清信这些对一般成员的称呼外，有职衔的人有两类：一类是邑义本身的管理者，我们上面所列举的如邑主、维那等这些职衔名称，就是此类；还有一类，它本身并不是邑义组织的管理者或组织者，而是在某次造像活动中的某个方面的主要捐助者，譬如像主就是造像的主要施主，斋主就是提供活动饮食的主要成员，开明主就是主要负责开光的成员，等等。他们之所以有这样的权力和称号，同他们捐助的钱物有关，而同邑义本身的组织体系没有什么关系。

（二）邑义的活动范围

从邑义活动的主体和范围来讲，邑义的构成有以家族为主的，有以村为主的，有以寺庙为中心的。还有一种特别情况，那就是由清一色的妇女组成的邑义，关于此种特例的详细情况，在第六章已经做了比较详细的论述。

就一般情况而言，邑义最基本的单位还是以家族为主体而建立的，如《邑主高树等题记》③：

> 景明三年五月卅日，邑主高树、维那解百都卅二人等造石像一区，愿元世父母及现世眷属，来身神腾九空，迤登十地，三有同愿。

---

① 其实这样的标以"大"的职衔还有一些，如"大都宫主"、"大仙□主"、"大都邑中正"、"大都邑主"，等等。对于这些职衔之变化，由于资料的有限性和民间组织的随意性，我们无法很细微地区分它们之间的差别和职能之分。也可能这样的称号同世俗的好大心理有关。以上职衔见《北齐道民大都宫主马寄造像幢》，参阅冯吾现《四件北朝造像碑介绍》，《中原文物》1994年第2期。

② 参见《雷树等五十人造像铭》、《邑主隽蒙□娥合邑子卅一人等造像记》，载马长寿：《碑铭所见前秦至隋初的关中部族》之附录一《关中北魏北周隋初未著录的羌村十种造像碑铭》，第90—92页。

③ （清）陆增祥撰：《八琼室金石补正》，载国家图书馆善本金石组编：《先秦秦汉魏晋南北朝石刻文献全编》第一册，第105页。

高买奴	高德子	王僧宝	夏侯林	高留祖	魏洪度
高乙德	高文成	左　芝	高安都	高楚之	高郎胡
司马保	解百京	高文绍	高天保	余英芝	盖定王
张定光	高昙保	高　福	高洛珍	杨洪百
高思顺	邓通生	高珍宝	孙山起	萨文达	高天生

这个由 32 人组成的造像邑义组织，邑主是高树，而高氏家族成员就有17人，占了全体成员的 53%。所以邑主由高姓人来担任，而维那就由其他姓氏的人来承担。因而，邑义中职权的分配，同本家族成员的多少有一定程度的正相关关系。

在当时的村中，有很多邑义组织存在，不同的邑义可以单独从事佛事活动，也可以联合起来。如《北魏薛凤规造像碑》，造像记背后另有四行题记：

> 维大隋仁寿二年岁次壬戌四月午申八日乙卯，三交村合村诸邑等，为此旧像，有邑子已上空位未题名之处，共向缕化，唱发敬造佛堂一行，敬为皇帝陛下，七世所生父母、存亡眷属，俱登□□。

此处既然说"合村诸邑"，那就说明在三交村有很多不同的邑义组织，因而这次造佛堂的举动，显然是全村的各类邑义联合起来进行的，那么所造的佛堂显然也是公用的。

关于邑义以寺庙为主体的事例，《北魏正光四年乐归寺邑主赵首富等造像碑》[①]就比较典型：

> 大魏正光四年八月乙卯十三日丁□，并州太原郡平□县乐归寺邑主赵首富共六人，□□然兴心□□家珍，造石一区，举高一丈，上临皇帝陛下，后为七世父母、所生父母、历劫诸师、回缘眷属、无□众生直至菩提□□等□形世□熙真□□故方伸灵庙□□域升堂之实龙跃□沙门入室之士□□。

---

① 转引自郝金娥：《南京博物院藏两件北朝造像碑浅析》，《东南文化》1998 年第 3 期。

诸昌仁	妻范男王	维那赵□洛	
韩曹兴	范小□	维那韩令度	
赵僧□	妻张阿抱	邑主赵道昌	
范保国	妻朱俊姜	聚主范法僧	
蔡文成	妻赵俊姜	维那蔡见攸	
赵阿□	妻田阿华	维那赵万年	
韩□生	赵□奴	赵买仁	
赵兴洛	张伏兰	赵阿欢	
赵昙保	赵令龟	赵□洛	郭□□
赵元度	赵显义	赵荣欢	郭寄欢
张令和	李洛昌	李阿和	郭文敬
李阿宜	李荣显	李清郎	郭买欢
武宪周	张僧明	郭显国	郭贰保
王 □	宋今□	郭昙恭	郭□仁

这件造像碑的发起者是"乐归寺邑主赵首富"等六人，将这六位邑主归于"乐归寺"的名下，应该就与寺庙同邑义的合作有关。在邑义造像记题名中，有的标明有邑师，有的看不出来有邑师，但完全可以肯定的是，造像、写经、斋集等这些佛事活动，显然少不了僧人的参与。我们从前面引的释宝琼、释法通等建立邑义的情况来看，邑师可能是固定的，譬如释宝琼"每结一邑，必三十人，合诵《大品》，人别一卷，月营斋集，各依次诵。如此义邑，乃盈千计。四远闻者皆来造款。琼乘机授化，望风靡服"。那么，这上千的邑义，可能就都是以释宝琼为邑师的。至于这些邑义所要展开的佛事活动，释宝琼自然不可能一一参加。我想这就是邑义造像题记中有的标明有邑师，有的却没有标明的原因所在。但是，这些佛事活动可以延请别的僧人参加或作指导，此即"但有沙门皆延村邑"的实质含义。

另外，从这个造像记中可以发现，邑义的组成是围绕寺庙这个中心而进行的，一个寺庙或者如释宝琼这样的高僧，可能联系着很多寺庙周边地区的邑义，从而构成了一个佛教传播的外围组织体系。这些不同的邑义既可以单独进行佛事活动，也会联合起来造像写经等。

至少从这通《北魏正光四年乐归寺邑主赵首富等造像碑》来看，以寺庙为中心的周边诸邑义的组成，主要还是以同姓宗族或家族成员为主体组成的，我们看第一组分六行排列的18人，每行三人，从姓氏上来看，应该都属于同一家族，并且排在最后的那个似乎就是以同姓家族为主体组成的比较小的邑义的首领，即前面所说的"邑主赵首富共六人"。这竖排的六行名字，除第一行"诸昌仁"和"维那赵□洛"不是同姓外，其他五行前后都是同姓。从这个情形来推断，当时基层的邑义，有很多主要是以同姓家族成员为主体的。其实这点不难理解，虽然北朝的战乱打破了两汉的家族聚居，但是村居的主体中同姓人口的凝聚力和自组织能力相对就比较强一些，他们也更易于合作。

邑义所从事的活动，一般就是斋集诵经、造像、建佛堂等。除此之外，邑义还发挥了其作为社会团体机构的公益活动之组织者的作用——进行建义桥、掘义井等工作。①

出土于河北正定的东魏兴和四年（542）《李氏合邑造□像碑颂文》②：

> 于村中造寺一区，僧房四周讲堂已就，宝塔凌云……复于村南二里大河北，万路交过，水陆俱要，沧繁之宾攸攸，伊洛之客亦届。经春温之苦渴，涉夏暑之炎奥，悫慈行流，故于路旁造石井一口，种树两十根，以息渴乏。

这个李氏家族组成的邑义在修建村庙、造像的同时，在水陆两道交会的要道旁挖掘水井，并植树供来往行人饮水、纳凉。同此类似的还有东魏武定八年（550）《廉富等造义井颂》："率我乡邦三十人等敬造义井……劝率邑仪，如父存焉。"③

在此类公益性建设活动中，邑义及相关的佛教组织确实发挥了比较重

---

① 相关论述，可参阅张总：《义桥·义井·邑义——造像碑铭中所见到的建义桥、掘义井之佛事善举》，《世界宗教文化》1997年第4期。
② 新乡市博物馆：《新乡北朝、隋唐石造像及造像碑》，载《文物资料丛刊》5。
③ 北京图书馆金石组编：《北京图书馆藏中国历代石刻拓本汇编》六，中州古籍出版社1989年版，图166—167。

要的作用。这是一个具有自发意义的民间公共事务管理的组织体系，它的活动主体可大可小。如出土于山东微山县的隋大业二年（606）《朱贵夫妻造像碑》，朱贵夫妻二人就在岸峻水深的薛河南北建了一座桥，以便利两岸人民往来。此为单独的家庭造桥事例。也有几村的邑义共同造桥的事例，如隋开皇九年（589）《两村法义造桥碑》："今此两村诸□人法义……造桥功讫。"①

因而，邑义之活动，不但是组织乡村城市佛教信徒进行广泛的佛事活动，尤其在乡村更发挥了其进行公益建设的组织者的作用。

二、村落视野中的乡村力量与国家权力

将邑义同基层政权的关系放在村落这个视野中来考察，是同北朝时期北方民间社会聚落形态的变化密切相关的。

我们从这样两个方面来认识这个问题：一是北朝的村落形态所提供给民众的自由空间及佛教僧人的进入；二是村落中的邑义同国家基层政权及传统意识形态的关系。

（一）对北朝村落和佛教僧人融入村落生活的简单认识

对于六朝时代的村的认识，前贤的研究值得我们借鉴。宫川尚志认为，六朝时代的村，乃是汉代的乡聚或者县城经魏晋战乱破坏之后，所兴建起来的受灾人民的自然聚落。②这种聚落不但有脱离国家严密控制的迹象，而且是佛道二教活动的主要场合。事实上，我们现在发现的大量的北朝造像活动就是发生在"村"这种自然聚落中的。③

不仅如此，学者们还认为，六朝时代的村同城市具有一定的对立性质。宫崎市定认为：就城市而言，曾经主要是农业城市的古代城市，到六朝时

---

① 北京图书馆金石组编：《北京图书馆藏中国历代石刻拓本汇编》九，中州古籍出版社1989年版，图49。
② 〔日〕宫川尚志：《六朝时代的村》，转引自〔日〕谷川道雄：《六朝时代城市与农村的对立关系——从山东贵族的居住地问题入手》，牟发松译，载武汉大学历史系魏晋南北朝隋唐史研究室编：《魏晋南北朝隋唐史资料》第15辑，第1页。
③ 宫川尚志对文献中北朝村名做过考证和统计，侯旭东先生在《北朝村落考》一文中又统计出38个北朝村名，这些村名大多都是因为佛教造像刻石而被我们所知，因而，当时的村是佛教僧人传教与民间造像活动最频繁的场合之一。《魏书·释老志》所谓："凉州自张轨后，世信佛教。敦煌地接西域，道俗交得其旧式，村坞相属，多有塔寺。"讲的也就是这个情况。侯先生的文章见《庆祝何兹全先生九十岁论文集》，第161—182页。

期，作为政治城市的性质浓厚起来，地方衙门也整备和充实了。又因为财政维持的需要，其作为工商业城市的性质也得到深化。到了"五胡"统治的时代，在重要的城市里配置了游牧族的军士，以致出现原居民从城市迁出的倾向。而随着少数民族政权的交替，导致城市居民不断地改换，由之而强化了作为军事城市的性质。在六朝社会中作为行政官厅治所并拥有较大数量人口的城郭都市和脱离城市而散布于田野的村落相对立，乃是此前的汉代所看不到的新现象。①

在此论述的基础上，谷川道雄认为："或许正是在六朝时期，迈出了城市和农村相分化、对立的第一步。这一问题的意义不仅仅限于聚落发展史，同时也应当与社会的统治体制问题相关联。也就是说，六朝时代的城市，乃是作为农村的对立物，特别是在其所具有的政治、军事机能方面。所谓城民，是否就是被赋予这种机能的民众的历史存在形态呢？"②那么，所谓城民，就应该以城郭二重构造中属于城的部分的军人及其家族为主来考虑。

因而，魏晋南北朝时期，随着北方少数民族的大规模南下和黄河流域衣冠士族的南迁，北方游牧民族的传统部落制度和中原家族制度均遭到破坏，家庭成为社会的基本单位。在3—6世纪，以家庭为单位的组织占据了社会的核心地位，并且由于政权更迭的频繁等原因，传统的农业型城市的结构被破坏，大量的农业生产人口以"村居"的形式从城市中分离了出来。出现了"村"这样的半脱离乡里组织和城市的人口聚居地，社会群体在一定程度上摆脱了国家的严密控制，又能相对自然地构建自己的社会组织。③佛教

---

① 〔日〕宫崎市定：《六朝时代华北的城市》，转引自〔日〕谷川道雄：《六朝时代城市与农村的对立关系——从山东贵族的居住地问题入手》，牟发松译，载武汉大学历史系魏晋南北朝隋唐史研究室编：《魏晋南北朝隋唐史资料》第15辑，第2页。
② 〔日〕谷川道雄：《六朝时代城市与农村的对立关系——从山东贵族的居住地问题入手》，牟发松译，载武汉大学历史系魏晋南北朝隋唐史研究室编：《魏晋南北朝隋唐史资料》第15辑，第13页。
③ 魏晋隋唐之间，社会基层组织发生了重大的变化，其主要方面就是村作为具有自我保卫功能的自然聚落和组织的诞生。韩升先生认为：村之产生，来自于魏晋时期的"坞壁及其邑里"在和平时期的转化。而坞壁的坞主一般都是强宗大族的首领，是连接乡村秩序和国家意志的贵族阶层。毛汉光先生在研究"中古家族之变动"时，将士族分为城市家族、居住在城市而有乡村根据地的家族和移居外地的家族，其中第二类家族的生命力比较长久，不容易受到政治政局变化的影响。这也说明了独立于城市之外的乡村对于上层社会和基层社会的稳定都具有重要的意义。相关论述，参阅韩升：《魏晋隋唐的坞壁和村》，《厦门大学学报》1997年第2期；毛汉光：《中国中古社会史论》第三篇《中国家族之变动》，上海书店出版社2002年版，第54—56页。

的民间社团组织就是在这样的背景下逐渐渗透到了传统的社会体制之中。

佛教传入中国,主要走的是上层路线,同政治势力相结合。但是在这个过程中,佛教也逐渐地向村野扩张。北魏统一河西走廊之前,史载:

> 凉州自张轨后,世信佛教。敦煌地接西域,道俗交得其旧式,村坞相属,多有塔寺。①

因而在435年之前的河西走廊,佛教在乡村的蔓延已经非常普遍,北魏平凉,"徙其国人于京邑,沙门佛事皆俱东,象教弥增矣。寻以沙门众多,诏罢年五十已下者"。②这样,河西佛教受到打击,而东迁的佛教势力,可能主要集中在城市或者城市周围。但这并不能排除在乡村有相当影响力的佛教势力在发展,这同佛图澄等早期僧侣的传教有关,佛图澄于晋怀帝永嘉四年(310)来到洛阳,意欲在洛阳立寺传法。永嘉五年(311)匈奴人刘曜、刘粲攻陷长安,佛图澄立寺的愿望没法实现,只好"潜泽草野以观世变"③,因而这也正是佛教由洛阳这样的中心城市逐渐向乡村社会这样的"草野"之地发展的机会。到北魏太武帝灭佛,虽然时间不长,但也逼迫一些僧人向国家专制力量相对较弱的乡村流动。因而"太武灭佛"在一定意义上加速了乡村佛教的发展进程,以致到延兴年间,国家不得不对发展势头很强的乡村佛教势力加以遏制。

> 延兴二年夏四月,诏曰:"比丘不在寺舍,游涉村落,交通奸猾,经历年岁。令民间五五相保,不得容止。无籍之僧,精加隐括,有者送付州镇,其在畿郡,送付本曹。若为三宝巡民教化者,在外赍州镇维那文移,在台者赍都维那等印牒,然后听行。违者加罪。"④

这道诏书的目的显然在于将僧人禁锢在以城市为中心的僧寺中。对北魏统治阶层来讲,僧人"游涉村落,交通奸猾"显然是不可容忍的,因此其力

---

① (北齐)魏收:《魏书》卷114《释老志》,第3032页。
② (北齐)魏收:《魏书》卷114《释老志》,第3032页。
③ (梁)释慧皎:《高僧传》卷9《竺佛图澄传》,第345页。
④ (北齐)魏收:《魏书》卷114《释老志》,第3038页。

图要将僧人到乡村传教的行为纳入到国家政治制度管理范围之内，要那些出外传教的僧人从僧官机构的维那那里领取"文移"才能合法出行。这样的规定，在北魏统治期间，可能还是具有一定效果的。但是，佛教在乡间已经有了相当的势力，在一些地区已经成为乡村生活的一部分，并影响着乡村社会结构和日常生活。尤其是早期的僧人以神异在乡间的传教，对佛教在乡村的扎根起了很大作用。如：

> 释法安……远公之弟子也。善戒行，讲说众经，兼习禅业，善能开化愚曚，拔邪归正。
>
> 晋义熙中，新阳县虎灾，县有大社树，下筑神庙，左右居民以百数，遭虎死者夕有一两。安尝游其县，暮逗此村，民以畏虎，早闭闾，安径之树下，通夜坐禅，向晓闻虎负人而至，投之树北，见安如喜如惊，跳伏安前，安为说法授戒，虎蹲地不动，有顷而去。旦村人追虎至树下，见安大惊，谓是神人，遂传之一县，士庶宗奉，虎灾由此而息，因改神庙，留安立寺，左右田园皆舍为众业。①

这样的神异之事，在今天看来似乎荒唐，但是早期的僧人也许靠的就是这些或真或假的法术来赢得信任的。从这个事例中不难看出，僧人一旦得到乡村的宗奉，就会有田产等这些赖以生存的基本资产。即使没有得到田产之类，僧人也会融入乡村生活之中，如僧人慧弥"剪茅结宇，以为栖神之宅。时至则持钵入村，食竟则还室禅诵。如此者八年"。② 释慧通"衣服趋尔，寝宿无定，游历村里，饮宴食啖"。③ 就是说，这些僧人的衣食等得到了乡村社会的承担。况且，有着一定文化背景或技术背景的僧人，不但在精神上对乡村生活具有引导或安慰作用，而且还是乡村生活中不可缺少的医生或学者，如佛图澄传教后赵，就是因为其有高超的医术："时有瘑疾世莫能治者，澄为医疗，应时瘳损，阴施默益者，不可胜记。"④ 僧人竺法旷"遂游行村里，拯

---

① （梁）释慧皎：《高僧传》卷6《释法安传》，第235页。
② （梁）释慧皎：《高僧传》卷12《释慧弥传》，第473页。
③ （梁）释慧皎：《高僧传》卷10《释慧通传》，第393页。
④ （梁）释慧皎：《高僧传》卷9《竺佛图澄传》，第346页。

救危急，乃出邑止昌原寺，百姓疾者，多祈之致效"。① 由此可见，如竺法旷这样的一些原来居住在城市的僧人，到乡村之中为村民治病，是很受欢迎的。僧人的这种"有用性"价值，显然会使得他们能快捷而深入地融入乡村社会，那么他们所主张的价值观和宗教意识，也会随之融入乡村生活之中。

不仅如此，事实上，有一些到乡村的僧人作为有一定文化背景的社会成员，他们同乡村传统儒家知识阶层的接触也应该是非常愉快的，譬如释道融所在的寺庙同乡村儒学人物的接触就是个很好的例子，道融"汲郡林虑人"，十二岁出家做僧人，"厥师爱其神彩，先令外学。往村借《论语》，竟不赍归，于彼已诵，师更借本覆之，不遗一字，既嗟而异之，于是恣其游学"。② 这个事例说明，乡村寺庙的知识体系传授，首先离不开对儒家经典的一定程度的学习，那么身处乡村的僧人自然就只能向就近村落的儒家知识分子学习或探讨。所以其前提必须是僧人也得到了这些乡村知识分子的认可并有着良好的认同关系。

此外，在乡村传教僧人的舍身精神、慈悲胸怀，既为僧人得到村民的认可提供了一个高尚的道德基础，也对乡村社会伦理道德体系的构建具有引导意义。下面的这个事例有利于我们理解这个问题：

> 时村中有劫，劫得一小儿，欲取心肝以解神。富逍遥路口，遇见劫，具问其意，因脱衣以易小儿，群劫不许。富曰："大人五藏亦可用不？"劫谓富不能亡身，妄言亦好。富乃念曰："我幻炎之躯，会有一死，以死济人，虽死犹生。"即自取劫刀划胸至脐，群劫更相咎责，四散奔走，即送小儿还家。③

六朝时期的村，虽然一般都有"村义"等武装力量，但是乱兵对村落的屠戮和盗贼对村民的戕害还是相当频繁的。此处之僧富以自己的性命从劫匪手中换取一个小孩子，并且倡言"以死济人，虽死犹生"，毫不迟疑地牺牲自己。这样义无反顾的举动，使得盗贼都有愧于心而不得不送孩子回家。

---

① （梁）释慧皎：《高僧传》卷5《竺法旷传》，第205页。
② （梁）释慧皎：《高僧传》卷6《释道融传》，第241页。
③ （梁）释慧皎：《高僧传》卷12《释僧富传》，第448—449页。

因而，到乡村传教的僧人为保护一切生命而采取的这种迥异于常人的举动，显然对乡村的整个观念体系和伦理秩序具有一定的建设意义。这种观念深入乡村社会，我们也许可以从北周居住在乡村的贵族张元的事迹中看到一些大致情形。

> 张元字孝始，河北芮城人也。祖成，假平阳郡守。父延俊，仕州郡，累为功曹、主簿。并以纯至，为乡里所推。
> 元性谦谨，有孝行。微涉经史，然精修释典。……村陌有狗子为人所弃者，元见，即收而养之。其叔怒曰："何用此为？"将欲更弃之。元对曰："有生之类，莫不重其性命。若天生天杀，自然之理。今为人所弃而死，非其道也。若见而不收养，无仁心也。是以收而养之。"叔父感其言，遂许焉。①

正是有了如张元这样的乡村实力阶层对于佛教精神的理解，再加上佛教所提供给村民的帮助和他们之间的愉快合作，乡村邑义组织才得以顺利地诞生并开始频繁活动。

总结以上的讨论，我们可以说，无论从乡村的生存还是伦理秩序的维护及精神寄托的需要，到乡村传教的僧人都为居住在乡村的不同层次的村民提供了相应的服务。确切地说，佛教在逐渐融入村落的过程中，开始构建一个独立于国家专制体制之外的"小传统"。

（二）邑义组织所栖身的乡村力量与延伸及村落的国家权力之间的关系②

美国人类学家罗伯特·雷德菲尔德（Robert Redfield）在对墨西哥乡村地区研究时，开创性地使用大传统与小传统的二元分析框架，并于1956年出版了《农民社会与文化》，首次提出大传统与小传统这一对概念，用以说明在复杂社会中存在的两个不同层次的文化传统。所谓"大传统"指的是以都

---

① （唐）令狐德棻等：《周书》卷46《张元传》，第832—833页。
② 之前我曾用"大传统"与"小传统"这样的洋理论体系来说明国家政权与乡村势力的关系，苏州大学的臧知非先生建议还是使用"国家力量"与"社会力量"比较合适，我觉得非常有道理。不过在行文中还是有一些地方交叉使用了"国家权力"、"乡村势力"、"大传统"、"小传统"这些概念，主要是最初做这项研究的时候，思路进展和行文结构是循着"大传统"、"小传统"这样的体系构建的，为了比较充分地表达最初的一些想法，所以适度保留了一些交叉的概念运用。

市为中心,社会中少数上层士绅、知识分子所代表的文化;"小传统"则指散布在村落中多数农民所代表的生活文化。

对北朝村落而言,"大传统"的力量与因素体现在如下两方面。一是国家政治管理体制在乡村的延伸部分。六朝时期的村是由县直接管理的,村里有最基层的管理阶层和村官的存在,南齐废帝海陵王在延兴元年(471)十月发布的与民休养生息的诏书说:"诸县使村路都防城直县,为剧尤深,亦宜禁断。"① 由此可知,村中设有村长、路都、防城、直县等协助官府治理的辅助机构。关于路都,《周书》卷31《韦孝宽传》载,路侧每一里置一土堠,每当因雨颓坏时,路都负责修理,则路都可能是维修道路的役吏。②

造于北周时期的《荔非明达造像碑》③,是关中地区一个羌民村落的集体造像碑。该碑四面都有参与造像人的题名,其中有"典坐村正荔非仲祥"和"邑主前里正荔非熹□"的题名。④ 此二人都应该是荔非氏所在的这个羌村的掌有实权的人物,荔非仲祥是村正,而荔非熹□是"前里正"。就是说,在这个羌村中,由国家所正式管辖的基层组织"里"和自然形成的"村"都存在自己的管理机构。

据侯旭东先生的研究:北朝时期的乡村,在实行三长制的同时,依然存在广泛的乡里编制。约自北魏太和年间开始,直到北朝末,除北齐时京畿地区不设乡里之外,均设有乡里编制。不同于前代的是,北朝的乡里具有划定的地域,这可能与实行均田制有关。乡里编制虽然普遍存在,但在实际生活中似乎未受到村民的积极认同;相反,他们对世代生活在其中的村落表现出更强的归属感,并依托"村"组织活动,官方的乡里设置在村落受到架空。⑤ 因而,村实际上已经是作为一级掌有实权的基层组织而存在了。

---

① (梁)萧子显:《南齐书》卷5《海陵王本纪》,第79页。
② 〔日〕宫川尚志:《六朝时代的村》,载刘俊文主编:《日本学者研究中国史论著选译》第四卷,夏日新、韩昇等译,第95页。
③ 马长寿先生将此碑断代为北周武成年间(559—560),陕西省博物馆将此碑断为隋代造像碑。李淞则认为,从造像图式和人物服装上来看,北周和隋不会有很大差别,因而他在仔细考察了官名和相关史事后认为,此碑造于北周武成元年至建德三年(559—574)。相关论述,分别参见马长寿:《碑铭所见前秦至隋初的关中部族》,第74—75页;陕西省博物馆编:《西安碑林书法艺术》,山西人民美术出版社1983年版,第345页;李淞:《长安艺术与宗教文明》,第346—349页。
④ 李淞:《长安艺术与宗教文明》,第346页。
⑤ 侯旭东:《北朝乡里制与村民的生活世界——以石刻为中心的考察》,《历史研究》2001年第6期。

村官显然在一定程度上是代表国家意志的，是村这个最基本的人群聚落的治安、赋税等事务的管理者。但是，也不能否认，村级管理者同村民的关系可能要远远亲密于"里正"同村民的关系。"里"是一种正式的国家设置，可能好几个村组成一个里，"里正"是国家在乡村行使征收赋税等权力的真正代表。而"村正"则是基于民众甚至是基于有血缘关系的同姓民众的基础上所产生的村级管理者，他们在一定程度上是乡村社会生活的组织者，也代表"小传统"。确切地说，他们是"小传统"和"大传统"得以友好互动的桥梁因素之一。葭森健介在研究"魏晋时期的中央政界与地方社会"的时候指出：支撑古代中国中央集权专制政治体制的力量，"并非仅仅是由于以皇帝为中心的中央权力的强大，其中作为地方的亲民之官，与民众保持联系的地方官员的作用绝不可忽视。他们与民众的强韧纽带正是支撑强大国家的基础"。①

至于贵族阶层和豪族在乡村的势力是需要我们辩证地认识的。毫无疑问，国家权力在乡村的实施，离不开这些豪族和官僚贵族，从这个意义上来看，他们也是大传统的一个组成部分。譬如谷川道雄先生在考察了山东贵族的居住点后认为，北朝贵族原本是农村的居住者，在其出仕期间，他们在中央、地方行政机关所在地的城市拥有住所，但是乡村仍然是他们的根据地。②因而，正是由于贵族阶层和豪族在乡村的存在，他们和一般农民生活在同一层次的乡村世界中，所以，国家意志在很大程度上也是通过他们的影响才在乡村得以发挥有效作用。

但是，也许在更大或更广泛的层面上，这些居住在乡村的贵族阶层和豪族势力可能在更大程度上，会同他们的宗族乡亲站在一条线上，代表"乡村力量"与国家权力相制约、抗衡。③陈启云先生对"封建"④与"大一统"这对

---

① 〔日〕葭森健介：《魏晋时期的中央政界与地方社会——围绕西晋刘弘墓的发掘问题》，载中国魏晋南北朝史学会编：《魏晋南北朝史研究》，湖北人民出版社1996年版，第10页。
② 〔日〕谷川道雄：《六朝时代城市与农村的对立关系——从山东贵族的居住地问题入手》，牟发松译，载武汉大学历史系魏晋南北朝隋唐史研究室编：《魏晋南北朝隋唐史资料》第15辑，第15页。
③ 对于这个结论的两重性，我们必须有比较清晰的认识。其实在元、明、清社会这样的国家专制力量强大的东方社会构建之前，乡村的贵族阶层和豪族在更大程度上应该是"乡村力量"也就是"小传统"的主要代表，而非"国家权力"的代表者。但是毫无疑问的是，他们对于乡村的控制和同乡村的联系，正在随着城市的开始扩大等原因而开始疏离。
④ 关于"封建"问题的考察，冯天瑜先生及其学术团队近年来所做的工作值得我们非常认真地研读，他为我们认识中国古代社会提供了一个相当有意义的门径。相关成果，参阅冯天瑜：《"封建"考论》，武汉大学出版社2006年版。

概念的考察，就主要阐述了这样的观点：在明清社会这样国家专制力量膨胀的王朝建立之前，以"士族"与"儒学"等为代表的民间力量构成了对专制社会的有效制约。①

关于乡村社会的"小传统"，其实就是乡村社会生活与存在的"日常性"，这种日常性受两方面的影响：一是文化观念和伦理价值体系；二是日常生活必不可少的聚落制度与生存方式。古代社会尤其是中国古代社会，自汉代以来的统治者所推行的儒家文化观念和一系列礼仪制度，无疑在乡村社会生活中具有指导性意义。但是像生老病死等最基本的生存问题，并不能得到"大传统"的关注。于是与之相对应的乡间村落或宗族互助制度及民间社会组织就应运而生。

有一点可以肯定的是，在佛教邑义产生之前，北方乡村中的民间社会组织或活动空间可能并不是很大。如果有活动空间，也主要是与豪族或贵族阶层有关，其所关注的范围，并没有很切实地落实到每一个个体存在者的头上。就是说它可能不具备普世性质。我们在从北朝造像记中可以看出来，在一个村中往往会有很多不同的姓氏，其中有些是大姓，有些就是小姓，甚至还有很多多民族杂居的情况存在。这样的情况下，家族或宗族救助体系所发挥的社会调节作用和救助功能，就会相当有限。② 正是因为这种社会状况的存在，在村这样的地缘聚落中，就迫切需要一个能突破血缘社会圈层和政治

---

① 陈启云：《封建与大一统之间：关于中国传统政体的理论与史实》，《社会科学战线》2007年第3期。
② 我们在此处考察所得的结论，可能同秦晖先生对中古乡村的考察具有同样的认识。秦晖先生通过对新出土的长沙走马楼吴简的考察认为，走马楼简中所反映的村民的杂居情况是非常突出的。就是说，在国家编户制度所控制的乡村内，宗族势力的作用是非常有限的。不仅在聚居方面杂姓相聚的情况非常普遍，而且以"乡吏"为主的官方势力在乡村的渗透也是相当普遍的。这个考察是非常值得我们重视的。温铁军先生对传统中国乡村的概括是"国权不下县"，所以近些年的许多关于乡村的考察都注重乡绅阶层对乡村的控制，在这方面，王先明先生有比较深刻而系统的研究。但是也可能中古尤其是魏晋南北朝时期的乡村情形同明清以来的乡村结构有一定的差别（参阅秦晖：《传统中华帝国的乡村基层控制——汉唐间的乡村组织》，载秦晖：《传统十论》，复旦大学出版社2005年版；王先明：《近代绅士——一个封建阶层的历史命运》，天津人民出版社1997年版）。我们要强调的是，也许因为魏晋时期很明显的"强宗大族"和大量依附人口的存在，使我们很容易忽略乡村在事实上还存在完全受国家政权控制的、摆脱了宗族制约的杂居编民。北魏王朝明令奴婢不得出家为僧尼，那么强宗大族的依附人口应该也受到了限制，所以，佛教的扩张应该就与这些杂居的"编户"有密切的关系。结合《魏书·释老志》所说的"正光已后，天下多虞，王役尤其，于是所在编民，相与入道，假慕沙门，实避调役"，我们可以有限度地说，编户是当时佛教得以发展扩张的主要群体。这个杂居的群体是解构自东汉以来形成的严密的宗族势力的有力因子，而佛教的思想和组织结构给他们提供了突破宗族局限的有力武器。

等级制拘束的社会组织，来整合北方由于战乱、政权更替和多民族杂居而带来的社会结构的混乱状态。

因而，邑义之所以能很快地在制度层面和生活空间上进入传统的乡村社群体系，并在文化观念和伦理价值方面迅速同传统的观念融合在一起，其主要原因有二。

第一，邑义关注的是乡村百姓最基本的生老病死，是从精神、物质以及社会救助等方面切切实实地给个体生命一个曾经存在、正在存在和未来存在的保障。

我们从大量造像记、写经题记上看到的也都是芸芸众生这方面的愿望：对死者的祝愿，对生者安全、病痛的祈祷，对家族的和睦，对儿女的牵挂，对父母的报答，对自己家人去世后的灵魂归宿的关切，等等。

第二，邑义在组织结构上借用了僧官制度和国家政治体制中的某些管理体系，但是在成员的选择上，却坚持了"众生平等"的原则。作为深入民间的寺院外围组织，其成员包括官员、僧人和下层民众。他们在邑义组织内的地位，并没有随着传统的等级制度而分配相应的位置。邑义组织在专制的等级制身份社会里，在一定程度上模糊了参与者的政治身份和法律身份，赋予了成员简单的"邑子"、"佛弟子"、"清信士"、"清信女"这样很中性的身份。对于那些有政治地位的官员，也是在"邑子"、"邑生"等这样的中性名称下再加上官称，如"邑生骠骑将军都督赵和"等[1]，在造像碑名字刊刻的位置安排上，平民百姓与贵族高官也没有什么等级差别；对于那些捐钱多的邑义成员，也只是给予"像主"、"香火"、"斋主"等名称，这些名称只表明了其人在此次造像活动中所担当的角色，是他们自己在积累功德，并不是一个等级制身份的表示符号。可以说，邑义组织给了底层人民一个代价很低廉的尊严。

邑义作为一种佛教信仰者的团体，就是以普世的慈悲情怀关注每一个加入其中的成员，这个组织超越了身份地位、种族和贫富的限制[2]，但是并没有

---

[1] 参见《北周豆卢子光等造佛像铭》，载饶宗颐主编，王素、李方著：《魏晋南北朝敦煌文献编年》，第249页。

[2] 杜继文先生在考察大乘佛教传入中国后的情形时认为：中国佛教的格性中"基于民本的超越性，在缓解社会冲突、密切不同地区和不同民族之间的关系上，有着显著作用。它在积淀中华民族的共同心理、维系中国统一的观念中，也是一种活跃的积极因素"。这是从思想的层面上对佛教之于中华民族融合形成所起作用的精当解释。参阅《从佛教看中国文化的走向》，载杜继文：《中国佛教与中国文化》，第11页。

完全摆脱这些等级制因素的束缚，事实上，这也是不可能的。对于邑义组织的这个性质，我觉得用刘泽华先生提出的"社会共同体"的说法来解释，可能就会表达得更为全面一些，刘先生在谈到对社会的分层研究时说：

> 基础性的社会关系即阶级关系，之外还有其他各种社会关系。是否可以这样说，社会关系大体可分为两大类：一类是基础性的阶级关系，另一类是"社会共同体"，它比阶级关系更复杂，其中既有阶级关系的内容，又超越阶级关系。共同体小到一个家庭，大至民族、国家。基础性的阶级关系是其他社会关系的基础，起着制约作用，但其他社会关系又有其存在的依据，不能全进入阶级关系之中。据此，是否可以设想一种阶级——共同体分析方法？①

因而，邑义其实就是这样一个既有阶级关系内容，又超越阶级关系的、具有混合性质的"社会共同体"。毫无疑问，它必然是阶级社会不可分的一部分，又同阶级社会存在一定差别。它是"大传统"笼罩下的"小传统"，是一个缓冲地带。国家政权同底层社会的矛盾、底层社会不同文化背景和不同阶层等圈层之间的矛盾，都在这个缓冲地带得到了消解。而国家组织力量不能解决的很多社会问题，甚至还包括国家组织力量为底层社会制造的许多困难和矛盾，也在这个共同体中得到解决。

邑义之所以是个共同体，最大的特点就是，它的职能和活动是得到全体成员的自觉自然的推动和拥护的，在很大程度上不需要强制力量来维持，其意志是一种群体意志，而不是首脑意志或阶层意志。

在现代社会的背景下，学者们认为：大传统与小传统在村落中的互动本身是一种文化创造的过程，是在小传统的基础上对大传统某些因素进行的选择。安东尼·吉登斯认为民族国家的成长史是社区内部人民不断从地方性制约中解放出来，直接面对国家的全民性规范、意识形态的影响和制约的过程。② 而在3—6世纪的社会发展中，由于三种情况的制约，乡村的小传统不仅是同大传统进行互动，而且还自觉地整合了不同文化背景人群的小传统。

---

① 刘泽华：《分层研究社会形态兼论王权支配社会》，《历史研究》2000年第2期。
② 转引自郑萍：《村落视野中的大传统与小传统》，《读书》2005年第7期。

这三种情况是：1. 汉代以来的社会结构被破坏，以儒家学说为主体的伦理政治体系在北方遭到打击，大传统的社会整合能力削弱；2. 北方少数民族进入农业区域，不同文化背景的民族杂居相处，无论是不同种族或单元群体的大传统还是小传统，都存在很大差别；3. 佛教作为外来宗教和知识体系进入儒家文明圈。

对3—6世纪的北方社会来讲，这三种情况都是全新的。如果打个比方的话，第一种情况说的是中国传统社会的胃坏了，消化能力不好；而第二和第三种情况就是又给了这个消化能力不好的胃两块从来没有吃过的、难以消化的食物，让它去消化。这是一个雪上加霜的历史进程。

因而，在这样的历史背景下，邑义的最大作用，就是将不同姓氏、不同宗族、不同种族、不同文化背景的北方人群组织在目的一致的民间团体中，通过造像、写经、斋集、诵经、修建佛堂、造桥等共同活动，将这些有差别的人"不断从地方性制约中解放出来"，并创造了一种具有小传统意义的"全民规范"，并且又进一步使其面对"国家的全民性规范"[①]，从而为北方各民族的融合，为北方社会成为一个民族共同体的社会构建了基础性的根基。

但是，关于"邑义"是否对中国中古社会的发展发挥了这么重要的意义，也是值得我们多方面考虑的。[②] 毫无疑问，中古社会的发展与变化很可能有许多微观的因素在发挥作用，邑义应该也是这种种力量或因素之中的一个，但是其作用的有限性是显而易见的。

三、邑义组织对北方社会的整合作用

对于邑义发挥民族融合和社会整合作用的微观结构，我们可以从以下几方面得到理解。

---

① 当我们阅读北齐北周时期那些如出一辙的祈愿语言、祈愿模式等造像记、写经题记时，我们就会理解，在佛教的组织下，"五胡乱华"以来的北方民众，已经找到了他们共同的语言、共同的规范。单调的石刻语言所表示的并不是一个时代的单调，而是一个混乱时代的结束，是社会整合、民族融合的成功。
② 2006年8月在吉林大学古籍研究所召开的"1—6世纪中国北方社会、民族、边疆国际学术研讨会"上，侯旭东先生曾针对我对佛教邑义所发挥作用的看法提出了不同意见，这对我进一步思考问题很有启发，在此表示感谢。

（一）从邑义的内部结构来讲

邑义的组成与角色分配至少考虑了三个方面的调和：本村落中或者不同村落中的不同家族之间的势力调和；捐钱捐物数目不同者之间的调和；对乡村中实力人物与一般邑子等成员差别的调和。下面分别做简单论述。

首先，对于家族势力的调和，可以从邑义内部管理者职位的分配看出来。前面我们引《邑主高树等题记》指出，邑义中管理者职权的分配，同本家族成员的多少有一定程度的正相关关系。①

关于这一点，北齐天保八年（557）的《刘碑造像铭》所体现的情况就非常典型。这个造像碑中，有都邑主 3 人，分别是刘始兴、戴恭和刘方兴；都维那 3 人，分别是刘巨富、刘贵宗和戴桃扶；维那 27 人，分别是阳显明、曹元康、戴□标、刘元早、成莫问、司马定、陈龙引、曹舍、阳买、左女生、阳树生、陈毛、阳延俊、曹伏愿、曹多侯、阳寒生、李见奴、□蛮荡、郭景明、刘老宗、阳清奴、王详连、曹社爱、阳子高、王元宗、阳遵业、戴显宾。除 3 个僧人外，参与这个造像活动的有 258 人，共有姓氏 41 个，其中曹姓 61 人，刘姓 48 人，阳姓 32 人，戴姓 30 人，王姓 24 人，陈姓 14 人，赵姓 11 人，其他姓氏大多只有几人参与。②

如果我们将这个《刘碑造像铭》所属邑义的职位分布同参与者的姓氏比例相比较就会发现，占邑义成员总数 66% 的曹、刘、阳、戴四大姓的成员占据了该邑义管理者职位的 70%，其他 30% 的职位也基本上是按成员比例给了其他各姓。

从这四大姓的职位分配中也可以看出这种对于家族或宗族势力的平衡或调和。刘姓家族可能是很有势力的，所以有 2 人做了都邑主，2 人做了都维那；戴氏家族有 1 个都邑主，1 个都维那，2 个维那。刘氏家族成员没有曹氏家族成员多，所以曹氏家族虽然没有占据都邑主、都维那这些最高管理者位置，但是有 5 人做维那，而刘氏家族只有 2 人做维那。阳氏家族人数多于戴氏家族，同曹氏家族一样，虽然没有得到最高管理者位置，但有维那 6 人。

---

① （清）陆增祥撰：《八琼室金石补正》，载国家图书馆善本金石组编：《先秦秦汉魏晋南北朝石刻文献全编》第一册，第 105 页。
② （清）陆增祥撰：《八琼室金石补正》，载国家图书馆善本金石组编：《先秦秦汉魏晋南北朝石刻文献全编》第一册，第 203—205 页。

维那是邑义最基层的组织管理者,对于邑义的协调运转具有直接的作用。这个邑义的 27 个维那中,除四大姓占据了 13 个位置外,其他 14 个位置留给了人数占总人数 34% 的其他各姓氏成员。

可以肯定,在邑义中,家族或宗族势力仍然占据一定地位,邑义承认现实力量的存在,照顾到了参与成员的势力比例,但是在职位的设置上又对参与的各个团体或个人的势力进行了平衡。因此,这是一个具有"普选"意义的参与体制。由于邑义活动的目的就是"乞福",所谓"普为合生之类,咸同福庆"①,如《邑主雷惠祖合邑子弥姐显明等造像记》:

> 愿诸邑子等老者延年,少者益寿,男孝女贞,礼仪备足,门风庠厚,恒修功德。复及法界众生,普通斯庆,等成正觉。②

既然邑义乞福的对象包括全体邑义成员及一切众生,那么这种具有普世意义的慈悲胸怀在一定意义上就会遮蔽或模糊参与者的种族界限或宗族分别,这是在同一目的下的不同背景的人群的集合,因而对不同种族或宗族的融合就具有同一文化环境(佛教的普世慈悲)里的整合作用。

其次,对于捐钱捐物数目不同者之间的调和。在任何社会,经济地位的差别和经济利益的争端,都是社会发展的主线之一。刘泽华先生指出:

> 在社会生产力发展缓慢的历史时期,在生产力还没有突破现有的社会关系以前,社会的运动主要受日常社会利益关系矛盾的驱动。这里所说的"日常社会利益"是指形成利益的基础性的社会关系没有什么大的变化,利益的内容大体相同,利益分配和占有方式也大体相同。社会利益问题无疑有许多内容,但主要的还是经济利益。在长达数千年的中国传统社会中,经济利益问题主要不是通过经济方式来解决,而是通过政治方式或强力方式来实现的。这样,政治权力就走到历史舞台的中心,

---

① 沈铭杰:《河北武邑出土一件北齐造像》,《文物春秋》1997 年第 1 期。
② 参见马长寿:《碑铭所见前秦至隋初的关中部族》之附录一《关中北魏北周隋初未著录的羌村十种造像碑铭》,第 96—97 页。

并在相当长的时期内成为社会控制和运动的主角。①

刘先生说的"日常社会利益"这个概念确实值得我们加以重视。古代社会尤其是中国古代社会，它不是一个经济中心而是一个政治中心的社会，几千年来经济分配机制并没有什么大的变化，如果有变化的话，也仅仅是政治权势取予多少的问题。因而，邑义作为一种民间宗教组织，它本身不会对"日常社会利益"的整体格局产生什么影响，但是它却为经济利益取向有差别，甚至完全不同的阶层提供了同样的社会活动机会和认同体系。就是说，在邑义中，一个法律身份很低的商人或一般乡村富有者，完全因为捐助钱物多而取得"香火"、"像主"、"斋主"等地位而得到邑义成员的尊敬。

经济实力在这里超越了政治等级。但是，这种尊敬却又有一定的有限性。邑义成员无论捐钱多少，都是在同一体制下的"股份制"关系，没有层级差别。因而，富人、穷人和占有政治资源的官员都在这个体制下以同等价值存在，这对以专制政治为中心的阶级社会的不同阶级的相互认同和合作提供了一个基础。

再次，对乡村中实力人物与一般成员的调和。从造像记来看，担任邑义组织的管理阶层的人，一般都是乡村中具有一定影响力的人，无论是在经济方面②还是在政治影响方面。在传统的乡村治理体系中，乡村实力人物发挥作用的边界往往会自觉不自觉地靠近国家意志，而国家意志在乡村的存在主要就是为了获取赋税，这种角色很容易同乡村民众产生冲突。邑义是不为了国家意志而存在的民间组织，它的积德行善的目的性功能，就会制约每一个成员的行为，抑制乡村实力阶层向暴力等恶行滑行的可能性，也提升了一般成员的合作意识和自信程度。这种具有集体意义的"向善"行为和合作愿望，在由最小单位的基层邑义向整个村的邑义以及很多村的邑义联合活动的过程中，不断得到普及和放大。这个过程，其实就是造像记所反映的乞福愿望由"诸邑子"的幸福到"合生之类，咸同斯福"的真实写照。

---

① 刘泽华：《分层研究社会形态兼论王权支配社会》，《历史研究》2000 年第 2 期。
② 关于邑义活动的经济来源，刘淑芬先生有对于"义"的个案考察，可以提供一个参考。即义的经济来源主要是施主捐赠，有的"义"还有信徒捐的土地，这样土地田园的收入也是一个重要的经济来源。参阅刘淑芬：《北齐标异乡义慈惠石柱——中国佛教社会救济的个案研究》，载梁庚尧、刘淑芬主编：《城市与乡村》，第 52—86 页。

（二）邑义同官方村级组织的权力分配

邑义的活动所利用的资源是僧官制度之外的民间资本，是一种"股份制"，这样，无论在经济上还是政治上，都不会同这两种官方机构产生利益冲突和权限碰撞。虽然北朝实行"三长制"，并有乡里制度的存在，但是对于村民的信仰团体邑义而言，应该说二者没有什么直接的关系，因而，在造像记上村民一般是标明"某某村"而不是"某某里"。对此，侯旭东先生有过深入的研究，他认为：

> 村民利用"村"而非"三长"或"乡里"在活动中标识自己或构建组织，并记述到记文中，说明在非官方的场合，百姓并不理会作为地域概念的"乡里"与作为户口组织概念的"三长"，更谈不上用它们来界定组织与人群。他们对世代生活其中的实际聚落"村"普遍显示出强烈的认同，相形之下，对带有官方色彩的"三长"、"乡里"却是漠然乃至漠视。
>
> "村"不止是一种标识，也是百姓组织活动的依托。[1]

如果说从官方的制度化结构中来取得资源和特权的僧官官僚体系，同王朝政治的各层官府还有人口、赋税等方面的利益争夺的话，那么邑义同这两种官僚机构都没有什么利益之争。基本上做到了"上帝的归上帝，恺撒的归恺撒"。

---

[1] 侯旭东：《北朝乡里制与村民的生活世界——以石刻为中心的考察》，《历史研究》2001年第6期。

第十章　帝国历史出口处的佛教扩张与社会转型

黄仁宇在考察唐代政治与前代政治之不同的时候认为，佛教的世俗化使得其既能迎合知识分子，又能引导民众，因而，在官僚机构不成熟和运作效率有限的情况下，佛教为唐代统治之顺利实施起到了"上下混同"的功效。①这个认识在一定程度上指出了佛教之于中国中古社会变迁的作用。魏晋南北朝时期的佛教，就在社会组织和文化改造两方面发挥了混同作用。

在社会组织方面，佛教对个体编户的吸引和组织，在"村"这样的相对杂居的基层聚落中，以寺院和"邑义"为依托，给了平民一定的社会流动机会，突破了汉代以来实力强劲的宗族和血缘力量对个体的限制，为国家势力在基层的渗透奠定了基础。

在文化方面，佛教思想打破了儒家思想的垄断，赋予普通民众以"知识尊重"，每个人只要加入信仰者行列，就会成为佛教知识的掌握者和理解者，并可以通过造像、写经等手段表达自己的意愿。这种群体参与的方式，完全颠覆了传统的"口耳传授，别有心传"的儒家经典知识的神秘主义传播方式和精英垄断机制，为知识之传播开辟了宽阔的道路。

此二点，是魏晋隋唐社会政治制度与文化转折的关键之处。

第一节　传统"家邦"组织的解体与社会流动模式的变迁

佛教在北方的扩张，始于北魏王朝的大力提倡，在5—6世纪达到一个

---

①　黄仁宇：《赫逊河畔谈中国历史》，生活·读书·新知三联书店1997年版，第101页。

盛行期，现在我们发现的北朝造像记大约在 1800 种以上①，其中很多尚未见于著录，这些造像记的时间多为 6 世纪，分布地点遍及北方各地，造像者的身份也包括各个阶层，并且很多造像记都是官民共造或整村整堡的人员共同参与。从性别构成上来看，大批女性参与其中并且成为主要角色。这种情形，很生动地向我们说明了，在 5—6 世纪的北方社会中，佛教的扩张已经深入到社会的各个角落。

佛教的扩张，打破了那种在专制帝国体制下生存的单一生活状态，拓宽了社会流动的渠道，为一般民众提供了一种截然不同的生活方式。在以"礼"这种严密的等级制度为社会运转原则的中国古代专制帝国体制下，以皇帝集团为首的权势阶层，往往用政治的结构来将全体社会成员拘束在专制的牢笼之中②，除改朝换代这样的血腥变动外，普通百姓尤其是边缘化人群在正常社会环境下很难有向上流动的可能性。而佛教却为被"帝王政治中心"当作生产工具使用的下层百姓及社会边缘群体如妇女等提供了一个可以向上和水平流动的渠道，各种不同出身的人可以在僧团或佛教外围团体中通过各种功德或勤学而赢得赞誉、尊崇和地位上升。

在佛教"众生平等"思想指导下建立起来的各类僧团组织和邑义组织，也给进入其中的每一个社会成员赋予了一种相对来讲比较体面平等的社会地位，无论是职人、白民、厮役、奴婢③，还是士庶姓族，都是没有什么政治贵贱和法律等级的"佛弟子""清信士"或"清信女"。在一些造像记或写经题记中，甚至将达官贵人、妻子、子女、奴婢以及家中的六畜统统平等地列为

---

① 统计数据引自侯旭东：《造像记与北朝社会史研究的回顾与展望》，《中国史研究动态》1999 年第 1 期。
② 这是一种很现代化的说法，其实在工业社会诞生之前的漫长历史阶段里，整个社会体系本身就是一个以权贵为核心的"等级政治体系"。受相对简单的社会分工和社会生产能力的限制，这个社会没有多余的自我发展空间，不可能为更多的人提供多样化的生存方式和上升渠道。但是，作为现代社会体系下的历史学对古代社会的理解，我们既不能用现有的标准去苛求过去，也要避免毫无限制地对古代权势阶层进行"过于善意或伟大的理解"。在上述条件的基础上，以皇帝为首的权贵阶层确实是封建社会的榨油机，他们对于平民百姓的对立性剥削和压迫，是我们不得不耿耿于怀的。历史不能原谅那些哪怕是不得不为之的罪恶。无论怎么样去全面认识问题，都不能用消解罪恶来作为代价，这应该是一个最基本的原则，否则，历史学将会陷入相对主义的烂泥坑而成为一笔毫无意义的糊涂流水账。
③ （北齐）魏收：《魏书》卷 111《刑罚志》，第 2886 页。

祈求赐福的对象。① 所以，无论是逃避徭役、获得皇权体制外的上升渠道还是社会尊崇，佛教都为"王权社会"的对立体制下处于被挤压状态的民众提供了一个合法化的逃避方式，同时也为社会矛盾的化解开拓了一个缓冲地带。

一、"家邦"组织的运行与传统的社会流动模式

社会流动是指人们的社会阶级或阶层地位的变动，它主要包括垂直流动和水平流动。垂直流动是指人们的社会阶级或阶层地位的上升或下降；水平流动则是指同一阶级或阶层内部的不同等级之间的地位变动，这是一个相对的概念。② 在中国古代社会，尤其在科举制度产生并成熟的 7 世纪之前③，社会地位的流动或变动是相当困难的，这同中国社会的"家邦"组织有密切的关系。

"家邦"之定义，来自冯友兰先生，冯先生认为：

> 中国的社会制度则或许可以称之为"家邦"，因为在中国的社会制度下，是通过家族来理解国家的。在一个城邦里，社会组织难以形成专制独裁统治，因为在同一等级的城镇居民中，难以找出理由来论证张三比李四更重要，应当享有更高的社会地位；但是在一个"家邦"里，社会组织是按人生来的地位，等级式地形成的，在一个家庭里，父亲的权威天然地高于儿子的权威。④

因而，出身就决定了一个人的社会地位之高低，甚至决定了几代人的社会地位之高低。这就是中国传统的"天命论"和"血统论"存在的深层基

---

① 如北魏东阳王、瓜州刺史元荣《造仁王般若经题记》即反映了这种"生命平等"的意识，该题记云："佛弟子元荣，既居末劫，生死是累，离乡已久，归慕常心。是以身及妻子、奴婢、六畜，悉用为比沙门天王，布施三宝。以银钱三千文赎：钱一千及妻子，一千赎奴婢，一千赎六畜。……佛弟子家眷、奴婢、六畜，滋益长命，乃至菩提。"饶宗颐主编，王素、李方著：《魏晋南北朝敦煌文献编年》，第 193—194 页。
② 〔美〕戴维·波普诺：《社会学》（第十版），李强等译，第 252 页。
③ 需要说明的是，战国时期的阶层之间的流动，可能是相当自由的；但是自从秦统一以来，尤其是两汉时期中央集权制度的加强和家族制度的严格化，此一时期的社会流动相对来讲是非常艰难的。关于春秋战国时期社会阶层流动的情况，可参见许倬云：《中国古代社会史论——春秋战国时期的社会流动》，广西师范大学出版社 2006 年版。
④ 冯友兰：《中国哲学简史》，赵复三译，新世界出版社 2004 年版，第 23 页。

础。无论是孔夫子的"各安其分",还是封建皇帝所说的"尊卑有序",目的就在于维护这种与生俱来的等级制度。这种"家邦"制度之维护,除对以"礼"为中心的儒家思想的不断辩护和教化外,对固定的利益集团垄断社会组织和制度资源也发挥了关键作用,即如刘泽华先生所言:

> 中国自有文字开始,即有一个显赫的利益集团,这就是以王—贵族为中心的利益集团,以后则发展为帝王—贵族、官僚集团。这个集团的成员在不停地变动,而其结构却又十分稳定,正是这个集团控制着社会。①

在这样的背景下,王权集团之外的普通百姓要获得上升的机会,希望非常渺茫。这是中国社会几千年的常态,是规律。不过在这个大的背景之下,还是有一些细微的变化,概括而言,在6世纪之前,这种细微变化大概有以下几端:

战国时期,西周封建结构解体,知识分子、富商大贾和游侠之类人物在社会上有一定地位,甚至可以左右政治,如吕不韦之流。许倬云先生认为此时的社会是一个多元的复群社会,同西周时期那种以宗族乡党为基础的原群社会不同,社会力量可以在相当程度上抗衡国家力量。②但是,随着秦汉大一统王朝的建立,皇帝与文官制度相配套的专制政权,开始逐渐收夺社会资源,尤其是汉武帝所执行的一系列政策,使得国家凌驾于社会之上:"独尊儒术"、"以吏为师"将知识资源垄断起来,"盐铁专营"等使得工商资源进入专制之列,压抑豪强使游侠势力失去根基。这样,战国以来的复群社会彻底解体,知识资源与政治权力相融合的专制体制正式建立。

不过我们应该注意到,秦汉时期由于普遍实施了具有流动性和非凝固性的"二十等爵制",在一定程度上为底层社会成员提供了向上流动的国家体制内通道。③在这种制度下,人们可以入赘买爵,以此改变相对低贱的身份,

---

① 刘泽华:《中国的王权主义》之《引言——王权主义概论》,上海人民出版社2000年版。
② 许倬云:《中国古代社会与国家之关系的变动》,载《许倬云自选集》,第199—207页。
③ 关于汉代"二十等爵制"与汉代社会阶层之间的关系问题,参阅张鹤泉:《"二年律令"所见二十等爵对西汉初年国家统治秩序的影响》,《吉林师范大学学报》2005年第3期。

这是一种针对一般平民百姓的社会地位向上流动的方式。

但是随着汉末土地兼并的发展，大量小农破产，二十等爵制开始紊乱。因而，魏晋南北朝时期，是人身依附关系最为森严的良贱制度形成和法典化时期。严密的良贱制度从根本上遏制着底层平民和奴隶在国家体制内向上流动的可能性。①

在这个体制下，由身份等级制控制的社会流动，呈二元层级结构状态。全社会基本上分两个层级群体：一是垄断知识资源和政治资源的士族；二是一般平民和奴隶。

对于士群体来讲，从察举制度到九品中正制，国家政治体制为他们在不同层次上提供了进入国家管理阶层的机会，而在一个以帝王政治为中心的"王权社会"，政治地位的梯级前进其实也就是经济地位的上升。至于士族和庶族的分别，只是在政治特权的程度上有等级分别而已。

对于一般平民和奴隶来讲，他们是被排除在知识资源和政治资源这个"场地"之外的。他们的地位上升，只有两种可能性：一是低贱的身份被改变，如奴婢上升为自由民；或者自由民通过努力，使得经济地位获得改善。譬如在皇帝即位等国家大事发生的情况下就可能颁布诏书解放部分奴婢、豁免赋税等等。二是因为军功上升，或担任底层小吏积劳而得到在国家管理底层的升迁。汉简文书中有大量这样的底层官吏的军功事劳考核文书。②

无论是贵族的还是平民的社会地位流动，我们都把这种在国家制度控制范围内的社会流动称作"制度化流动"。除此之外，还有"非制度化流动"，这种流动的渠道不是由国家制度所支撑和提供保护的，而是来自民间力量对现存国家体制的反动，如农民起义对政权的颠覆、境外力量对现有秩序的破坏等等，往往会打破这种二元层级结构的流动模式。

魏晋南北朝时期既是二元层级结构的"制度化流动"最为森严的时期，也是"非制度化流动"最为兴盛的时期之一。前者的代表性社会现象是门阀制度对政治资源的垄断达到了历史上最严重的程度。后者之代表现象有二：其一是随着胡人入主中原，如石勒这样的底层分子很快上升到统治者行列；

---

① 关于这方面的情况，参见李天石：《中国中古良贱身份制度研究》，南京师范大学出版社2004年版。
② 参阅胡平生：《居延汉简中的"功"与"劳"》，《文物》1995年第4期。

其二是佛教的传入，为大批底层百姓提供了通过进入佛门或参与相关佛教事务，而在政治上获得特权、经济上获得上升的渠道。①

二、边缘人群与"家邦"组织之外的社会流动渠道

魏晋南北朝时期，随着北方少数民族的大规模南下和黄河流域衣冠士族的南迁，北方游牧民族的传统部落制度和中原家族制度均遭到破坏，家庭成为社会的基本单位。②在3—6世纪，以家庭为单位的组织占据了社会的核心地位，并且出现了"村"这样的半脱离乡里组织和城市的人口聚居地，社会群体在一定程度上摆脱了国家的严密控制，又能相对自然地构建自己的社会组织。正如宫川尚志所言，此时的村，乃是汉代的乡聚或者县城经魏晋战乱破坏之后，所兴建起来的受灾人民的自然聚落。③这种聚落不但有脱离国家严密控制的迹象，而且是佛道二教活动的主要场合，大量的北朝造像活动就是发生在"村"这种自然聚落中的。村成为独立于城市并具有相对完备的社会组织功能的人群聚落。

因而，在3—6世纪的北方，由于胡人的南下和战乱的影响，汉代以来形成的社会秩序和等级结构被打乱，社会力量又开始摆脱国家控制，民众有

---

① 关于佛教组织给予一般民众的这种"流动机会"和"上升渠道"，只具有同国家机构所提供给一般民众的机会相对而言的意义，而绝非一个突兀的"变量"。我们从佛经和各类造像记中所读到的那些充满了悲天悯人情怀的语句或"情绪"，是需要慎重阅读的。正如房龙所言："宗教大多是随着时代而变迁的，当初基督教导人们要温和谦恭，摆脱世俗的野心，但到了他被钉死以后的15个世纪时，基督教会的首脑却用不计其数的财宝来建造一座与凄凉的伯利恒马槽毫无共同之处的豪华宾馆。老子以金律教导世人，在不到三个世纪后，无知的愚民把他塑造成一个凶狠的上帝，把他的明智戒律，埋葬在一堆迷信的垃圾下面，致使普通的中国人生活在惊恐与骇怕之中。"（房龙：《佛陀和孔夫子》，载赛妮亚编：《爱我们的仇敌》，中国民族摄影艺术出版社2004年版）正是因为这个原因，我们不希望我们的这些结论性的语句得到误解，佛教相对性地为一般民众提供了这样的机会和渠道，但是也毫无疑问地又给了民众一个沉重的枷锁。睿智的佛陀不一定就率领着同样睿智的信众们。
② 据阎爱民先生的考察，到魏晋时期，汉代家长制得到了发展，家长已经"基本摆脱了族权的制约，家长对家庭成员实行专制统治，从夫妻、父子、兄弟关系到家庭继承制度，都表现了父家长是家庭人际关系的中心和具有独尊的地位"。这个考察说明，魏晋时期家庭已经成为一个基本独立于族权之外的单位。参阅阎爱民：《汉晋家族研究》，上海人民出版社2005年版，第366页。
③ 〔日〕宫川尚志：《六朝时代的村》，转引自〔日〕谷川道雄：《六朝时代城市与农村的对立关系——从山东贵族的居住地问题入手》，牟发松译，载武汉大学历史系魏晋南北朝隋唐史研究室编：《魏晋南北朝隋唐史资料》第15辑，第1页。

了一定的自主活动空间。这就为佛教的扩张提供了很好的机会。并且，也正是因为佛教的活动，又反过来促进了北方民众社会活动空间的扩大和社会组织的生长，从而为各阶层人等提供了社会流动的机会。尤其对那些在严密的等级制国家控制的体系内不能得到任何社会流动机会的边缘群体而言，佛教为他们提供了改变社会地位、赢得尊重和自我认同的机会。

对于底层平民来讲，当时的佛教提供给他们的"非制度化"流动渠道有三个。

（一）从国家编户逃入佛教寺院做依附民

依附民可以逃避徭役、兵役等来自纷乱的国家力量的压制[①]，从而在经济地位上得到相对改善。这种社会流动渠道的开拓对于一般民众的意义，我们可以从当时北方的寺庙、人口、僧尼数量的对比来获得一个比较具体的认识，我相信这种对比是很有趣味也很有意义的。

我们先看看该时期北方修建的佛寺和出家僧尼的数目。在北魏北齐之间，名僧法上担任大统，负责管理全国僧人，当时的僧尼数目是200余万。[②]

这个数目，应该是关于当时在籍僧人的比较准确可信的数字。在其他文献中也有同样的说法，《魏书·释老志》说北魏正光以后，"僧尼大众二百万矣，其寺三万有余"。[③]

唐代僧人法琳在所著《辨正论》卷3中，谈及北魏佛寺与僧尼数目，说得比较详细：

> 其王公贵室五等诸侯寺八百三十九所，百姓造寺三万余所，总度僧尼二百万人。[④]

从上面这些史料来看，在北魏正光年间（520—525）之后，至少再到北

---

① 这方面的情况，可参阅任怀国：《试论魏晋南北朝寺院地主经济》，《烟台师范学院学报》2000年第1期。
② （唐）释道宣：《续高僧传》卷8《释法上传》，第261页："昭玄一曹，纯掌僧录，令史员置，五十许人，所部僧尼，二百余万。"
③ （北齐）魏收：《魏书》卷114《释老志》，第3048页。
④ （唐）释法琳：《辨正论》卷3，载〔日〕高楠顺次郎等编修：《大藏新修大藏经》第52册《史传部四》，第507页。

齐建国的 50 多年间，北方僧尼数量达到了 200 万之众，佛寺有 3 万多所。那么此时的北方人口有多少呢？

据史料统计，北魏全盛时期的户口约有 500 余万户，实际人口可能不低于 3000 万人。① 我们就按这个最高值为常数来计算的话，3000 万人中有 200 万人是僧尼，僧尼占了总人口的 6.7%，这个比例是相当高的。而史书中记载北魏延昌年间甚至"民多绝户而为沙门"。②

面对占人口总数的 6.7% 出家僧尼的这个数据，面对"绝户为僧尼"的举动，我们不能不为 5—6 世纪的这种全社会的癫狂而感到吃惊，外来的佛教为我们的先辈到底提供了什么？

对于这个问题，《魏书·释老志》的解释是很具权威意义的："正光已后，天下多虞，王役尤甚，于是所在编民，相与入道，假慕沙门，实避调役。"③ 很显然，东晋五胡时期僧尼可以免除租税徭役，人民生活困苦，为了逃避对国家租税徭役的负担，就相随逃入佛寺去做僧尼，这就是佛教信仰群体迅速增大的基础原因。

南北朝时期，赋税和徭役极为繁重，但是僧尼却"寸绢不输官府，升米不进公仓"，"家休大小之调，门停强弱之丁，入出随心，往还自在"④，寺院成为法外之地、世外桃源。寺院的官府赐户所受的免税免役优待，对一般编户齐民更具有无限的诱惑力，于是贫苦农民纷纷"竭财以赴僧，破产以趋佛"。⑤

王青先生考察了魏晋南北朝时期职业教徒的阶层问题，认为该时期的佛教徒，经济原因是其出家为僧的最普遍的动因。⑥ 鲁迅先生对于 19 世纪中国的信仰问题也曾发出过"吃教"的感叹，虽然考察的对象在时间上跨越了上千年，但是其绵延不绝地将信仰作为谋生手段或生活走投无路之后的方便之门的现象，是值得我们深思的。

---

① 姜涛：《人口与历史 —— 中国传统人口结构研究》，第 49—50 页。
② （北齐）魏收：《魏书》卷 53《李玚传》，第 1177 页。
③ （北齐）魏收：《魏书》卷 114《释老志》，第 3048 页。
④ （唐）释道宣：《广弘明集》卷 24《谏仁山深法师罢道书》，载〔日〕高楠顺次郎等编修：《大藏新修大藏经》第 52 册《史传部四》，第 278 页。
⑤ （唐）姚思廉：《梁书》卷 48《范缜传》，第 670 页。
⑥ 王青：《东汉魏晋南北朝时期职业教徒的阶层分析》，《中国史研究》1997 年第 1 期。

（二）进入佛寺做职业僧尼

这种流动方式是弱势群体如孤儿、失去丈夫依靠的妇女等获得最基本生存环境的一个手段，并且他们还有可能在佛教内部体制中得到地位的上升。在第六章中，我们已经考察了妇女这种社会弱者参与佛教活动的动因及佛教所带给她们的帮助和欢乐。下面我们将以3—6世纪的僧人中的高僧为事例，对这个问题进一步加以说明。虽然高僧的情况仅仅反映的是当时僧人中一部分人的情况，但是作为一个抽样性质的标本，对于我们认识当时整个僧人群体的社会背景及其地位的变动，还是具有代表意义的。

在《高僧传》和《续高僧传》里有传的高僧，都是佛学造诣较深、地位相对较高的僧人。这些僧人的出身，从地域分布到家庭背景和文化背景来看，都比较复杂，具体来讲，僧人中真正来自社会上层——也就是来自控制社会资源和国家权力的皇权利益集团——中的人基本上是没有的。虽然北朝的皇后们出家为尼的很多，有记载的就有17位[①]，但那是一种特殊情况，她们走入寺庙，跟宫廷政治斗争有很密切的关系，并且随着政治斗争的起落而进进出出。她们做尼姑根本上只是暂避一时。因而，出家为僧尼者大多是来自中下层的民众，尤以下层居多。

在《高僧传》正传里的本土僧人203人中，家庭背景较好者有9人，具体情况如下：帛远"父威达以儒雅知名"[②]，竺法潜是"晋丞相武昌郡公（王）敦之弟也"[③]，道安"家世英儒"[④]，昙戒"晋外兵部棘阳令潜之弟也"[⑤]，竺道生"家世仕族，父为广戚令"[⑥]，释慧球"世为冠族"[⑦]，释法通"家世衣冠，礼义相袭"[⑧]，释法瑗"长兄源明，仕伪魏为大尚书"[⑨]，智称"魏冀州刺史徽之后也"[⑩]。这仅仅占了203人的4.4%。

[①] 夏毅辉：《北朝皇后与佛教》，《学术月刊》1994年第11期。
[②] （梁）释慧皎：《高僧传》卷1《帛远传》，第26页。
[③] （梁）释慧皎：《高僧传》卷4《竺法潜传》，第156页。
[④] （梁）释慧皎：《高僧传》卷5《释道安传》，第177页。
[⑤] （梁）释慧皎：《高僧传》卷5《释昙戒传》，第204页。
[⑥] （梁）释慧皎：《高僧传》卷7《竺道生传》，第255页。
[⑦] （梁）释慧皎：《高僧传》卷8《释慧球传》，第333页。
[⑧] （梁）释慧皎：《高僧传》卷8《释法通传》，第339页。
[⑨] （梁）释慧皎：《高僧传》卷8《释法瑗传》，第312页。
[⑩] （梁）释慧皎：《高僧传》卷11《释智称传》，第438页。

事实上，这种家庭背景的记载也是靠不住的。像法通这样出生于所谓世代衣冠之家，也许说的仅仅是祖先的荣耀而已，而释慧球的"世为冠族"的家庭背景，也并不一定对应着他的经济生活状态的同步跟进。这方面的情况释道安和昙戒就是典型事例，道安虽然出生在一个世代儒学之家，但双亲早失，寄养在外兄孔氏家；昙戒虽然是所谓"兵部棘阳令"的弟弟，但也是"居贫务学"，显然生活相当拮据。

《高僧传》明文记载家庭贫寒者有法旷、道恒、僧肇、慧静、僧镜、僧钟、僧柔、慧隆、僧群、僧富等 10 人，占了 203 人的 4.9%。从他们赖以养家糊口的职业来看，这 10 人有耕地的，有做画工的，有做小生意的。如法旷"事后母以孝闻。家贫无蓄，常躬耕垄畔，以供色养"①，道恒"家贫无蓄，常手自画缋，以供瞻奉"②，僧柔"家世贫迫，藜藿不充"③，僧肇"家贫以佣书为业"④。

就是说，在《高僧传》的记载里，从家庭背景来讲，家庭社会背景好的和家庭贫寒的加起来只占了 9.3%，其他 90.7% 的高僧的家庭社会背景是相当模糊的，这一方面说明僧史材料不完备，就连慧皎也不能将这些有名高僧的家庭出身和社会背景搞清楚；另一方面也表明这些高僧大多都来自被"王权社会"所遮蔽的社会中底层，是中国历史上的"沉默的大多数"。除他们参与的佛事活动外，在当时的社会组织结构网络上，不能找到关于他们的一点信息，譬如就像说僧远是"其先北地皇甫氏"⑤，而释智称是"魏冀州刺史徽之后也"，就连这样的信息也没有。

另外，值得我们注意的是，这些高僧很多出家都比较早，其中"少出家"者有 40 人。慧皎所谓"少"是一个比较模糊的界定，这说明这些高僧的出家年岁不能确指，但是可以肯定他们出家为僧的时候都属于少年之列。有 38 人在 7—18 岁这个年龄段就出家当了和尚，还有 3 人幼年就出家为僧。而于道邃、道安、竺法旷、道恒、僧彻、玄畅、僧柔、僧富、僧覆等 9 人是孤儿出家为僧。这个情况也可以说明这些僧人家庭出身的卑微。

---

① （梁）释慧皎：《高僧传》卷 5《释法旷传》，第 205 页。
② （梁）释慧皎：《高僧传》卷 6《释道恒传》，第 246 页。
③ （梁）释慧皎：《高僧传》卷 8《释僧柔传》，第 322 页。
④ （梁）释慧皎：《高僧传》卷 6《释僧肇传》，第 249 页。
⑤ （梁）释慧皎：《高僧传》卷 8《释僧远传》，第 317 页。

在讲究士族庶族之分、标榜门第和族姓的中国中古社会，占社会人口主体的普通百姓是不掌握任何社会资源和政治资本的，所以除了军功之外，他们要想在等级制社会的阶梯上迈进一小步，几乎都是不可能的。可是佛教这个同世俗社会并存的宗教社会体系，却为这些"沉默的大多数"提供了利用自身努力和智慧而不是与生俱来的血统来取得社会地位阶梯形上升的途径和场合。

（三）加入佛教寺院外围组织邑义，获取社会团体内政治地位的提高

我们在前面的研究也已经从妇女的角度说明了，佛事活动给予了女性一个面向整个社会表达个人意向的空间，佛教的社会活动突破了乡村地域范围的限制，赋予妇女以独立的宗教性社会人格。从整个北方社会的情况来看，4世纪以后，随着"五胡乱华"局面的发生，北方社会的宗族结构和地缘结构都遭到了极大的破坏，人口的混杂居住在一定程度上打破了血缘团聚社会结构的牢固性。在这种情况下，佛教外围组织如"邑义"起到了组织社会成员、加强社会团体认同感的作用。正如谢和耐所说："佛教皈依最早主要并不是个人思想意识之事，而是加入一个信徒集团。"①

第二节 佛教知识体系的传播与中古文化转型

在第二章中我们已经指出：佛教典籍这种"内学"作为一种知识体系，不像儒学那样成为一种特权阶层的垄断物品，也不像道教经典那样具有神秘性和符、术、药混合的技术性。它是一个开放体系，但凡是信仰者就可以是这种知识的拥有者。

关于佛教信仰体系和知识体系的开放性问题，谢和耐先生也认为，佛教"在以新内容自我丰富的同时，又逐渐不再是那些断绝红尘者们所专有的圣洁手段，而变成向所有人开放的一种普度众生的宗教"，而"拥有经典和宗教著作的良好藏经楼的寺院成了教育与知识的主要中心"。②

因而无论是村夫农妇还是达官贵人，他们进入这个知识体系的理论门槛

---

① 〔法〕谢和耐：《中国社会史》，耿升译，第178页。
② 〔法〕谢和耐：《中国社会史》，耿升译，第182—186页。

是一样的。这样，以佛教传教僧人为中心、以民间知识阶层为过渡人物的佛教知识体系的普及，无疑是一次文化和思想的民间化运动。

虽然这是一种不理性的思想和文化，它不具备现代所提倡的具有"科学"意义的知识论内核，但是它给了民众一个可以自己掌握的知识体系和伦理规则。儒家的伦理是以皇权权威为中心展开的，在民间就是族权、家长权、父权和夫权，是一种横暴的层级伦理，其裁判权和言说权掌握在权势阶层手中。这是它们二者最大的不同之处。

所以，相对于儒家知识体系的垄断性传授系统，我们把佛教知识体系的这种全体信徒参与的知识传播方式称之为"知识尊重"。

如果底层群体在佛教体系中获得了一定的向上流动的机会是此一时期的重要变化的话，那么，在这种以佛教传教框架为基础的人群社会地位的流动中，底层群体所获得的"知识尊重"和"处境改变"，以及由于佛教思想和生活方式等对个体的约束而产生的社会调控力量，也是非常值得我们重视的。这个问题包含三方面的内容。

一、"知识尊重"：卑微者也在庄严地思想

佛教之传教，有两方面的渠道或者方式促进了其知识体系的民间化：

首先，大批的贫困子弟进入佛寺，系统学习佛教经典甚至儒家经典，成长为宗教知识阶层，并同儒家学者共同探讨学理。

其次，游方传教僧人以村寺为依托，以组织或参与邑义活动传播佛教知识体系、伦理规则和世界观，从而把那些从一出生就固定化了的不能掌握知识尤其是不能掌握"书本知识"或者"经典知识"的底层民众纳入到知识掌握者的范围之内。

在任何制度的社会里，通过获取某种知识而取得身份与社会地位的改变，是社会人群垂直流动的最为有效的方式之一。对于个体来讲，获得知识或获得技艺，同时也就会获得尊重和相应的利益。人类社会的发展也证明了，社会制度如果很畅通地开辟了因为追求知识或技艺而得以改变身份地位的流通渠道，那么整个社会就会向相对良好的方向发展。但是，在科举制度形成并成熟之前的魏晋南北朝时期，通过获取知识而得到政治地位的改善，对于一般老百姓是不可能的，因为政治、文化资源掌握在以士族为核心的贵

族阶层手中，那是一种特权。一般平民是没有这样的机会的。

自魏晋南北朝开始，以讲唱文学与传奇故事为代表的民间创作的兴起，事实上就反映了此一时期的知识体系民间化的趋向。这种趋势之形成，是同佛教传教方式及佛教知识体系的民间化密切相关的。

正是因为佛教知识体系的这种民间化趋势，那些在世俗社会没有任何机会掌握可以获得"国家体制"认可的知识的底层群体，就可以进入寺庙，通过学习而获得系统的知识，成为能取得一定政治地位或宗教地位甚至文化地位的"知识者"。

我们不能忽略的是，这时候掌握了佛教知识的各个阶层，对佛经制造的热情是非常高涨的。晋道安记其所知道的伪经就有 25 部 28 卷，到梁僧祐增至 45 部 257 卷，到隋初法经等统计，疑惑者 55 部 68 卷，伪妄者 141 部 314 卷，数目剧增。①

因而，佛教知识的普及使得每一个卑微的个体都可以成为"思想者"。一般民众也可以通过佛教的这种知识体系和对佛教所提倡的伦理规范的身体力行，在自己所属的邑义甚至村镇获得认可和尊重。

二、对生命存在的温情关怀

佛教传播是一场文化运动，它不但有利于一般民众所生存的社区的建设、社会医疗体制的完善、知识的普及、生存环境的改善等，还通过邑义等佛事活动提高了一般民众的公共事务参与能力。如果我们不能认识到这些，仅仅将佛教当作苦难的产物，也许我们就会忽略其真实价值和对中古社会的作用。

佛教是一种积极传播的知识和信仰体系，它不像中国传统的道教那样等待信徒去"求仙问道"，而是奔走四方，积极融入社会的各个角落，使之生根发芽。

最可注意的是，佛教知识体系的普及，使得在士、农、工、商这个四民阶层之外，又诞生了一个具有一定文化背景的僧人阶层和信徒群体。

僧人群体的诞生和迅速壮大是对宗族制度的主要基础"血缘认同"观

---

① 杜继文主编：《佛教史》，第 193 页。

念的一个打击和破坏；信仰群体的存在，构成了对宗族或家族组织的体制消解。中古社会后期多样化的生存状态和宽容的社会心态就是在这样的背景下开始生长起来的。

相对于其他社会活动而言，佛教的教义、修炼方式及组织结构，都同传统的中国道教及其他原始的宗教、巫术等有很大的区别。尤其是在对于社会成员的介入方式上，佛教为各个阶层的人员提供了一个平和而宽松的参与方式。参加佛教神事活动的人员其目的不具有破坏意义，而是良善的建设意义。譬如巫术有好坏之分，道教的法术仪式使用不当，也会成为一种具有破坏意义的神事活动。而佛教则恰恰相反。

这种区别，我们可以从下面的文献得到一个最基本的认识，我们选择了出土在敦煌藏经洞的佛道两种很有意思的文献来做个对比。在传统的具有道教意义的《镇墓文》中，我们读到的是生者请专门的法师对死者的一种近乎诅咒的命令："死者自受央咎，生死各异路，不得相注忤，便利生人。如律令。"[①] 但凡出土的斗瓶《镇墓文》或者说《训罐文》，都是这样的口气，活人的自私和对死者的恐惧与排斥溢于言表。

在这种传统的观念中，不论一个人如何死去，得到的都是自己亲人的这种近乎诅咒的语言。

相比较而言，佛教写经题记上的语言就显得非常人性化，具有对亲人和一切生灵——不论生者还是死者的关爱之情，如《北周为亡龙泉窟主永保写金光明经卷四题记》："愿亡者托生佛国，面奉慈颜，长永三途，永与苦别。生生之处，遇善知识，发菩提心，普及含生，早成佛道。"[②] 不仅仅是这样一个卷子，所有的写经题记和造像记都是这样的模式。[③] 如北齐《张龙伯兄弟造像记》："佛弟子张龙伯兄弟等为亡父母敬造佛像一区，延及七世，所生

---

① 《段氏北凉□富昌斗瓶镇墓文》，神玺二年（398）十一月八日，载饶宗颐主编，王素、李方著：《魏晋南北朝敦煌文献编年》，第104页。
② 《北周为亡龙泉窟主永保写金光明经卷四题记》，天和三年（568）五月廿一日，载饶宗颐主编，王素、李方著：《魏晋南北朝敦煌文献编年》，第259页。
③ 关于这一点，我们可以参阅下列文献：国家图书馆善本金石组编：《先秦秦汉魏晋南北朝石刻文献全编》，饶宗颐主编，王素、李方著：《魏晋南北朝敦煌文献编年》。这些资料性著作中收录了大量的4—6世纪的个人、家庭或佛教社团造像或写经的题记，造像或写经者在题记中不仅为国家乞福，也为已经亡故的和现在在世的家庭成员及一切生灵乞福。

己身，因缘眷属，亡者升天，见存安隐仰赖，三宝永隆，国祚延长，五谷丰登，人民安洛，普及有形，同获斯庆。"① 这个造像记所乞福的内容，上至国家安危，下至一切生命体的幸福存在，范围非常广泛，具有很浓厚的普世情结，用比较现代的话来说，这是对整个世界的一种人文关怀。

写经者和造像者不仅关注自己本身，而且最重要的是对死者的关注和对一切有生命的物体的祝愿。

这样的一种对于死者及一切有生命体的截然不同的态度，事实上就是中华文化在佛教传入之后得到极大改造的一个方面。前者是期望用近乎诅咒的方式排斥曾经存在过的生命，以此来保障自己的生存；而后者则是将自己的生存同在另一个世界的死者的幸福联系在一起，同一切生命的幸福存在联系在一起，这是一种大智慧、大慈悲，是对生生不息的一切生命的尊重。这是佛教的因果报应学说对生活观念影响的一个重要方面。

三、新生的社会调控方式

佛教在中国社会中，是一种追求个体生命摆脱苦难、获得现世庇佑和来世幸福的信仰，是在主流社会体制中得不到相应位置和生存资本的社会人群赖以谋生的生存机制，同时也是参与社会秩序调控的一股主要力量。

我们在前面考察农业人口的时候就指出，就社会经济秩序而言，以佛寺为中心的佛教集团所组织从事的寺庙修建、造像、法事活动、农业种植、商贸经营、借贷等一系列事务，事实上发挥了调节收入分配的功能。

这种调节主要从两方面发挥了作用，一是将以皇权势力为核心的贵族官僚集团所提取聚集的钱财、粮食等物品，通过佛寺组织的各类活动又部分流到佛寺的掌控之下，一是将民间的闲散钱物和零碎财源聚敛到佛寺的钱财库。此后，这些钱物一部分被消耗在佛事活动中，而有一部分则通过慈善救济、修造工程雇工、剃度更多的穷人为僧等方式又还回民间社会，从而实质上发挥了社会收入再分配的功能，对专制社会的经济平衡和社会对立状态的缓和，具有积极的意义。

当然，这是仅仅就经济状态而言的。事实上，在社会生活中，佛教众生

---

① 中国国家图书馆善本金石组编：《先秦秦汉魏晋南北朝石刻文献全编》第一册，第189页。

平等、慈悲为怀等思想，对社会群体的心理状态有稳定的调谐作用；而佛教所提倡的生活方式对僧人和信徒的各种戒律，也起到了社会规范的作用。正如刘绍云先生在研究中国古代社会调控问题时指出的那样：

> 中国古代社会在寻求自己的秩序调控方式过程中，基于自身文化环境的特点，形成了独特的社会调控系统。它以宗教戒律为个体层，以家规为宗族层，以国法为社会层，构筑了一个多层次、强渗透、全方位的控制系统，为传统社会秩序的长期稳定带来了基于制度而又超越制度的有力保障。①

因而，我们认为佛教在3—6世纪的中国社会的传播，无论在个体的生存环境、思想变化方面，还是在社会整体的经济平衡、秩序调节、知识体系构筑、文化背景变化等方面，都带来了相当细致而巨大的变化。这种变化，是中古社会变迁的一个重要的方面。

第三节　帝国历史出口处的制度变迁

无论是"非制度化流动"渠道的拓宽还是佛教知识体系的民间化趋势，都是促成中古社会文化与制度变迁的重要因素。这个问题，我们可以从传统血缘社会的被解构和以"编户"制度为代表的国家势力向基层渗透两方面来考察。

一、佛教对宗族性血缘社会的解构

正是在以上我们讨论的三种"非制度化流动"中，个体编户的"存在意义"得到了彰显。这是对传统的宗族、血缘社会的反动。我们之所以提出这个结论，有以下两方面的论证：

首先，秦晖先生通过对新出土的长沙走马楼吴简的考察认为，走马楼

---

① 刘绍云：《戒律、家规、国法与中国古代社会的秩序调控》，《理论学刊》2005年第10期。

简中所反映的村民的杂居情况是非常突出的。① 就是说，在国家编户制度所控制的乡村内，宗族势力的作用是非常有限的。不仅在聚居方面杂姓相聚的情况非常普遍，而且以"乡吏"为主的官方势力在乡村的渗透也是相当普遍的。侯旭东先生对北朝并州安鹿交村造像题记的个案研究也说明了这一点。② 因而，由"聚"、"坞"、"屯"这些聚落发展而来的"村"，主要是以杂居的个体编户为主。北魏王朝明令奴婢不得出家为僧尼，那么强宗大族的依附人口应该也受到了限制，所以，佛教的扩张应该就与这些杂居的"编户"有密切的关系。结合《魏书·释老志》所说的"正光已后，天下多虞，王役尤甚，于是所在编民，相与入道，假慕沙门，实避调役"，我们可以有限度地说，编户是当时佛教得以发展扩张的主要群体。这个杂居的群体是解构自东汉以来形成的严密宗族势力的有力因子，而佛教的思想和组织结构给他们提供了突破宗族拘限的有力武器。

其次，我们从佛儒之争中不难看出，佛教对血缘社会组织具有很强的解构能力。

佛教之扩张，引起了同儒教的激烈冲突。有关这一冲突，南朝齐道士的《三破论》是一篇有相当代表性的作品，即认为佛教具有"破国"、"破家"和"破身"的三大危害性：

> 第一破曰：入国而破国者。诳言说伪，兴造无费，苦克百姓，使国空民穷，不助国，生人减损。况人不蚕而衣，不田而食，国灭人绝，由此为失。日用损费，无纤毫之益，五灾之害，不复过此。
>
> 第二破曰：入家而破家。使父子殊事，兄弟异法，遗弃二亲，孝道顿绝。忧娱各异，歌哭不同。骨肉生仇，服属永弃。悖化犯顺，无昊天之报，五逆不孝，不复过此。
>
> 第三破曰：入身而破身。人生之体，一有毁伤之疾；二有髡头之苦；三有不孝之逆；四有绝种之罪；五有亡体从戒，唯学不孝。③

---

① 秦晖：《传统中华帝国的乡村基层控制——汉唐间的乡村组织》，载《中国乡村研究》第 1 辑，商务印书馆 2003 年版，第 4—16 页。
② 侯旭东：《北朝并州乐平郡石艾县安鹿交村的个案研究》，《史林》2005 年第 1 期。
③ （梁）释僧祐：《弘明集》卷 8《三破论》，载〔日〕高楠顺次郎等编修：《大正新修大藏经》第 52 册《史传部四》，第 50 页。

佛教的"三破"危害，一方面说明其与现实政治和经济利益结构的冲突，至少它的大兴土木造成了严重的资源耗费，既加重了农耕阶层的负担，也滋生了大量的不劳而获的人口。正如桓玄所言："夫神道茫昧，圣人之所不言。然惟其制作所弘，如将可见。佛所贵无为，殷勤在于绝欲，而比者凌迟，遂失斯道。京师竞其奢淫，荣观纷于朝市。天府以之倾匮，名器为之秽黩。避役钟于百里，逋逃盈于寺庙，乃至一县数千，猥成屯落。邑聚游食之群，境积不羁之众。其所以伤治害政，尘滓佛教。"①可是在另一方面，佛教也对血缘社会牢固的血缘和宗族纽带形成了解构。

出家为僧的诱惑，不但在一定程度上打破了儒家"修身齐家治国平天下"的阶梯型社会流动理想，而且为大量的底层平民找到了一个摆脱国家、宗族和血缘控制的方便之门。如果说魏晋南北朝时期是一个具有"个体解放"意义的时代，那么其深层的所指应该是这种一般平民对血缘社会的进一步摆脱，而不仅仅是流连于茶酒之间的上层知识精英所说的那些不痛不痒的调皮话。

二、中古中华帝国的转折点：从"家国一体"到家国分离

宗族性血缘结构的有限度解体，一方面是因为3—6世纪北方少数民族的南下，冲击了传统的宗族性社会结构；另一方面，佛教对于血缘伦理秩序的破坏，也促进了其进展历程。

我们在前面考察过的各类邑义即是此类典型事例，在邑义中，只有"佛法"这样的最高原则和信仰，不仅模糊了参与者的经济、政治社会地位，也模糊了参与者的宗族关系。更甚者如女性组成的邑义，已经突破了传统的尊卑伦理体制对她们的束缚，女性也成了突破依赖丈夫的地位、突破地域、突破家族界限而进行宗教活动的独立个体。

但是，对血缘性宗族结构的突破，并不一定就意味着个体的完全解放，因为突破了血缘家族圈层的个体，所面临的是日益扩张的国家专制势力的挤压。

对于3—6世纪国家势力的扩张，前辈学者的考察非常全面，阎步克先

---

① （梁）释僧祐：《弘明集》卷12《桓玄辅政欲沙汰众僧与僚属教》，载〔日〕高楠顺次郎等编修：《大藏新修大藏经》第52册《史传部四》，第85页。

生在考察北朝时期的政治制度变化时指出："北方少数族的部族制度与华夏制度的剧烈碰撞，最终在北方地区激发出了新的变迁动力与演进契机，交替的胡化和汉化孕育出了强劲的官僚制化运动，它扭转了魏晋以来的帝国颓势，并构成了走出门阀士族政治、通向重振的隋唐大帝国的历史出口。"①

对于这个中华帝国由两汉社会逐步变迁的大势，吴宗国先生的概括是这样的："从北魏冯太后、孝文帝改革开始，中国历史经历了一次三级跳，经过隋朝文帝、炀帝父子的改革，唐朝玄宗至德宗时期的改革，中国历史终于走出了中古时期。"在北魏时期的各项改革中，定姓族表面上是确立了北魏的门阀体系，而实际上是利用这种形式把鲜卑贵族和汉族士族都纳入北魏官僚体系。均田制，特别是三长制的实行，使国家重新恢复了通过户籍制度直接控制百姓（主要是农民）的编户齐民制度，使门阀士族开始失去对农民的控制，自耕小农和准自耕小农的队伍扩大，国家得以按照人丁征发赋役以满足财政需要，这成为中古社会历史发展新的起点。隋代的一系列重大变革同样意义深远：隋文帝实行地方佐官中央任免，抽去了山东士族最后赖以存在的依靠。府兵制实行君主直辖（即禁卫军化）和府兵征召扩大化（即兵农合一化），则挖除了关陇贵族集团存在的基础。三省制的确立，使天下、国家、朝廷的概念和皇帝分离开来，三省六部与寺监和殿中省职责的明确分工，最后结束了秦汉以来国家事务与皇室事务不分的历史，从形式上摆脱了家国不分、家国一体的古老传统。科举制替代察举制，则使中国古代官僚（选拔）制度进入了一个新的阶段。三省制和科举制，标志着隋唐的国家制度和政治体制已摆脱了家国一体的早期国家色彩，而具有近代国家的性质。②

这种在突破血缘组织基础上形成的具有近代国家性质的体制，是中国古代文明在隋唐之后称盛世界的主要保障之一。

马克垚先生在对比中西小农问题时指出："中国农村没有西欧那样权威性的'习惯法'来规范和限制地主和封建统治者的盘剥，因此，吏治的好坏对赋役负担的轻重关系极大。"③所以封建政权的末梢势力对宗族社会的解构，其作用是值得我们探讨的。

---

① 阎步克：《变态与融合——魏晋南北朝》，载吴宗国主编：《中国古代官僚政治制度研究》，第131页。
② 王利华：《中国中古社会变迁国际学术讨论会综述》，《历史研究》2001年第2期。
③ 马克垚主编：《中西封建社会比较研究》，学林出版社1997年版，第114页。

第十章 帝国历史出口处的佛教扩张与社会转型

从汉代以来,"大一统"一直是具有官家势力背景的儒生和政治精英们所追求的目标。很显然,在资源生产有限的情况下,如果在广大的地域范围内存在更多的独立政治实体,显然会加剧战争爆发的可能性,从总体上毁灭资源生产的积累。可是,我们也不能不注意到,集权制的国家机构的末梢组织向乡村的渗透和延伸,无疑会打破乡村以血缘为纽带、以宗族聚居为"团聚型"的自组织结构。

如果说,自两汉以来的社会强调的是以血缘为背景和核心的"宗族型"的团聚和发展的话,那么,以佛教为核心开始成长起来的相对独立于"国家"势力圈外的民间社会,已经开始成为中国二元社会结构中的一个不可忽视的力量。它所强调的是以"地缘"或者以共同的信仰为背景和核心的"社会型"的交往与合作。佛教的出发点和终极目的,都是以个人为本位的,而这个"个人",绝不是从属于"宗族"或"国家"的个人。在邑义这样的团体中活动的每一个成员,首先是为自己及其家人祝愿,每一个人都是单独面对"佛"的一个积德行善的个体,是"佛—人"的一一对应关系。在此基础上,大乘佛教讲"利他"。这样,个体独立存在同"利他"观念二者的结合,就构成了佛教文化以个人为主体但不自私的性格。正如杜继文先生所言,佛教"对个人意志和个人地位的突出,它与立足于家族本位和国家本位的文化传统,有鲜明的区别"。① 正是这种建构在"利他"观念基础上的对个体的尊重和重视,解放了束缚在家族和国家本位上的社会各阶层的独立意识和平等的合作意识。

佛教知识体系和它所倡导的生活方式、组织形态都潜移默化地改变着中古人们的生活态度和存在方式。社会经济模式的变化和不断向基层扩张的国家势力同佛教对传统血缘宗族社会的解构相呼应,将在两汉宗族体制下生存的个体进一步解放出来,使其成为暴露在国家政权直接统治下的孤立的个体,中央专制的力量得到了加强。这意味着汉唐社会之变迁,其实就是对血缘圈层社会的进一步摧毁,直线式由中央政权控制的专制社会逐步加强。

日本学者尾形勇先生针对中国古代的国家观念提出"家族国家观"这样一个概念②,我们在此基础上进一步认为,由于佛教的传播和北方少数民族的

---

① 杜继文:《佛教在中国文化发展中的地位和意义》,载杜继文:《中国佛教与中国文化》,第 26 页。
② 〔日〕尾形勇:《中国古代的家与国家》,张鹤泉译,吉林文史出版社 1993 年版。

南下，一定程度上冲淡了"家族国家观"中的"家族"与国家的紧密结合，中华帝国开始从"家国一体"向家国分离的历史路径发展。

"家国分离"是一个具有双刃功能的发展路径：首先是以门阀政治和贵族政治为核心的"家族"控制国家政治的格局被破解，拓宽了政治参与的渠道，"政治"进一步成为以皇权集团为中心的各级有经济实力的阶级共同通过选官制度参与的游戏圈；其次，"家国分离"消解了"家族"力量对中心皇权的制约，使得以皇帝为核心的"国家力量"逐步独大，促进了所谓的"东方专制主义"的形成。

从价值观的意义上来看，这样的路径发展其实很难评判是优是劣，但是，从社会演进的趋势来看，这个路径很显然加剧了中国古代社会的进一步专制化，陈启云先生对此有很系统的看法。陈启云先生认为，在宋代之后，中国社会发生了巨大的变化，突出之点表现在以下几方面：

> 由于粮产充足，许多田地可以改植商用农作业（蔬果、桑丝、茶、药物等），因而促进商业贸易，大大增长了城市和居民的数目……
>
> 商业财富的成长（以交钞之使用为指标）和城市人口的增加，大大地丰富了城市的市民文化生活，包括治安、防火、防灾、医药、娱乐（如添字改诗为唱词、说书、话本等平民文学）等，因而吸引了大量士族地主迁居入城，更增进了城市的财富与文化生活。
>
> 城市的发展加强了中央政府的实力（中国城市大多为行政中心所在的治所）；士族地主之迁离相对地减弱了地方社群的实力；这开始从基层上消除了地方对抗中央的力量；至此大一统专制的中国政治才真正成形。王安石变法中的保甲法（中央政府权力进入地方，重建基层组织）、免役法（中央政府进入主持地方事务）和青苗法（中央政府取代士族地主扶助基层农事）等新政，都要在这新历史境况中来了解。
>
> 私人在基层社会中兴办的私塾、义学和在中高层兴建的书院，取代了从前大家世族的家学门风，成为近代教育的新机构。书院学风主张超越汉唐（士族传统）而直指上古圣人心法。平民市民的阅读书本则偏离了主流儒学而形成通俗文学（其后更近于诲淫诲盗心态）。
>
> 纯以经济利益来估计人际关系的心态是现代文明的产物；先前住在

乡间的地主与农民间的关系比较亲近，双方经济利益的冲突，每为儒化士族（不可能是所谓"法吏化的儒士"）所宣扬的宗亲伦理（敦亲睦族）和信仰（对祖宗与地方神祇之崇拜）所遮蔽或淡化。地主们迁居城市以后，与农村乡土日以疏离；乡下田产或交由庄头管事去经理，或订立租约；宗亲间的血缘关系被地主与农户之间的纯经济关系取代；阶级意识与阶级矛盾冲突由此出现。

……中国传统的农村地方力量、士族大姓的实体势力和传统儒学的影响，都在公元10—13世纪（宋代）发生了全面性解体的变化；其对中央集权君主专制的制衡作用，因此不振；这是蒙古铁骑能首次征服中国全部大陆的主要原因之一；而蒙元的统治又为明代专制政治的根源。[①]

因而，隋唐前后血缘社会的被相对解构，规定了中国古代社会发展的大一统专制趋向，而宋代之后的社会、政治、经济、文化的系列变化，彻底改变了中国传统社会中血缘型家族或宗族势力等"草根力量"对国家政权的制约，个体成了直接暴露在"大一统"国家集权政治机器下的被专制力量。

---

① 陈启云：《封建与大一统之间：关于中国传统政体的理论和史实》，《社会科学战线》2007年第3期。

参考文献

一、古籍文献

（汉）司马迁：《史记》，中华书局 1982 年版。
（汉）班固：《汉书》，中华书局 1962 年版。
（晋）陈寿撰，（南朝宋）裴松之注：《三国志》，中华书局 1982 年版。
（晋）干宝撰，李剑国辑校：《搜神记辑校》，中华书局 2019 年版。
（北魏）郦道元：《水经注》，中华书局 2007 年版。
（北魏）杨衒之撰，范祥雍校注：《洛阳伽蓝记校注》，上海古籍出版社 2018 年版。
（南朝宋）范晔：《后汉书》，中华书局 1965 年版。
（南朝宋）刘敬叔：《异苑》，中华书局 1996 年版。
（梁）沈约：《宋书》，中华书局 1974 年版。
（梁）萧子显：《南齐书》，中华书局 1972 年版。
（梁）释僧祐：《出三藏记集》，中华书局 1995 年版。
（梁）释慧皎：《高僧传》，中华书局 1992 年版。
（北齐）魏收：《魏书》，中华书局 1974 年版。
（唐）房玄龄等：《晋书》，中华书局 1974 年版。
（唐）姚思廉：《梁书》，中华书局 1973 年版。
（唐）李百药：《北齐书》，中华书局 1972 年版。
（唐）令狐德棻等：《周书》，中华书局 1971 年版。
（唐）李延寿：《北史》，中华书局 1974 年版。
（唐）魏徵等：《隋书》，中华书局 1973 年版。
（元）脱脱等：《宋史》，中华书局 1985 年版。
（元）释念常：《佛祖通载》，江苏广陵古籍刻印社 1993 年版。

二、中文书目

北京图书馆金石组编：《北京图书馆藏中国历代石刻拓本汇编》六，中州古籍出版社 1989 年版。
本书编委会编：《何兹全先生八十五华诞纪念文集》，中国社会科学出版社 1997

年版。

本书编委会编：《庆祝何兹全先生九十岁论文集》，北京师范大学出版社 2001 年版。

陈连庆：《汉唐之际的西域贾胡》，《1983 年全国敦煌学术讨论会文集》（文史·遗书编上），甘肃人民出版社 1987 年版。

陈连庆：《中国古代少数民族姓氏研究》，吉林文史出版社 1993 年版。

陈其泰主编：《20 世纪中国历史考证学研究》，北京师范大学出版社 2005 年版。

陈寅恪：《隋唐制度渊源略论稿》，生活·读书·新知三联书店 1954 年版。

陈寅恪：《魏晋南北朝史讲演录》，万绳楠整理，黄山书社 1987 年版。

杜继文：《中国佛教与中国文化》，宗教文化出版社 2003 年版。

杜继文主编：《佛教史》，江苏人民出版社 2006 年版。

冯友兰：《中国哲学简史》，赵复三译，新世界出版社 2004 年版。

高敏：《秦汉魏晋南北朝史论考》，中国社会科学出版社 2004 年版。

高敏：《魏晋南北朝史发微》，中华书局 2005 年版。

葛剑雄：《中国人口史》第一卷，复旦大学出版社 2002 年版。

国家图书馆善本金石组编：《先秦秦汉魏晋南北朝石刻文献全编》，北京图书馆出版社 2003 年版。

国家文物局古文献研究室等编：《吐鲁番出土文书》第一册，文物出版社 1981 年版。

何兹全：《读史集》，上海人民出版社 1982 年版。

侯旭东：《五、六世纪北方民众佛教信仰——以造像记为中心的考察》，中国社会科学出版社 1998 年版。

侯旭东：《北朝村民的生活世界——朝廷、州县与村里》，商务印书馆 2005 年版。

季羡林：《季羡林文集》第七卷，江西教育出版社 1998 年版。

姜涛：《人口与历史——中国传统人口结构研究》，人民出版社 1998 年版。

李崇智：《中国历代年号考（修订本）》，中华书局 1981 年版。

李培栋：《魏晋南北朝史缘》，学林出版社 1996 年版。

李卿：《秦汉魏晋南北朝时期家族、宗族关系研究》，上海人民出版社 2005 年版。

李淞：《长安艺术与宗教文明》，中华书局 2002 年版。

李天石：《中国中古良贱身份制度研究》，南京师范大学出版社 2004 年版。

李裕群：《北朝晚期石窟寺研究》，文物出版社 2003 年版。

梁庚尧、刘淑芬主编：《城市与乡村》，中国大百科全书出版社 2005 年版。

梁启超：《佛学研究十八篇》，辽宁教育出版社 1998 年版。

林甘泉：《中国古代政治文化论稿》，安徽教育出版社 2004 年版。

林梅村编：《楼兰尼雅出土文书》，文物出版社 1985 年版。

刘俊文主编：《日本学者研究中国史论著选译》第四卷，夏日新、韩昇等译，中华书局 1992 年版。

刘俊文主编：《日本中青年学者论中国史》（六朝隋唐卷），上海古籍出版社 1995 年版。

刘泽华：《中国的王权主义》，上海人民出版社 2000 年版。
吕思勉：《两晋南北朝史》，上海古籍出版社 1983 年版。
马长寿：《北狄与匈奴》，生活·读书·新知三联书店 1962 年版。
马长寿：《碑铭所见前秦至隋初的关中部族》，中华书局 1985 年版。
马德：《敦煌莫高窟史研究》，甘肃教育出版社 1996 年版。
马小虎：《魏晋以前个体"自我"的演变》，中国人民大学出版社 2004 年版。
毛汉光：《中国中古社会史论》，上海书店出版社 2002 年版。
牟发松主编：《社会与国家关系视野下的汉唐历史变迁》，华东师范大学出版社 2006 年版。
秦晖：《传统十论》，复旦大学出版社 2005 年版。
饶宗颐主编，王素、李方著：《魏晋南北朝敦煌文献编年》，新文丰出版公司 1997 年版。
任继愈：《中国佛教史》（第 1—3 卷），中国社会科学出版社 1981、1985、1988 年版。
荣新江：《中国中古史研究十论》，复旦大学出版社 2005 年版。
陕西省博物馆编：《西安碑林书法艺术》，山西人民美术出版社 1983 年版。
汤用彤：《汉魏两晋南北朝佛教史》，北京大学出版社 1997 年版。
唐长孺：《魏晋南北朝史论丛》，生活·读书·新知三联书店 1955 年版。
唐长孺：《魏晋南北朝史论丛续编》，生活·读书·新知三联书店 1959 年版。
唐长孺：《魏晋南北朝隋唐史三论》，武汉大学出版社 1993 年版。
王昶：《金石萃编》，中国书店 1985 年版。
王利器：《颜氏家训集解（增补本）》，中华书局 1993 年版。
王青：《魏晋南北朝时期的佛教信仰与神话》，中国社会科学出版社 2001 年版。
吴宗国主编：《中国古代官僚政治制度研究》，北京大学出版社 2004 年版。
谢重光、白文固：《中国僧官制度史》，青海人民出版社 1990 年版。
熊德基：《六朝史考实》，中华书局 2000 年版。
许抗生、赵建功、田永胜：《六朝宗教》，南京出版社 2004 年版。
许倬云：《许倬云自选集》，上海教育出版社 2002 年版。
阎爱民：《汉晋家族研究》，上海人民出版社 2005 年版。
阎文儒：《云冈石窟研究》，广西师范大学出版社 2003 年版。
阎文儒：《中国石窟艺术总论》，广西师范大学出版社 2003 年版。
杨鸿年：《汉魏制度丛考·社》，武汉大学出版社 2005 年版。
杨怀霖主编：《农业生态学》，农业出版社 1992 年版。
俞伟超：《中国古代公社组织的考察——论先秦两汉的單—僤—彈》，文物出版社 1988 年版。
张国刚：《中国中古史论集》，天津古籍出版社 2003 年版。
赵超：《汉魏南北朝墓志汇编》，天津古籍出版社 1992 年版。
赵文林、谢淑君：《中国人口史》，人民出版社 1988 年版。

郑郁卿：《高僧传研究》，台湾文津出版社1987年版。
中国典籍与文化编辑部：《中国典籍与文化论丛》（第6辑），中华书局2000年版。
中国建筑史编写组：《中国建筑史》（第二版），中国建筑工业出版社1986年版。
中国军事史编写组编：《中国军事史·附卷·历代战争年表上》，解放军出版社1985年版。
中国人民大学文学院历史系编：《汉唐盛世学术研讨会论文集》，内部刊物，2004年。
中国社会科学院历史研究所编：《魏晋隋唐史论集》第一辑，中国社会科学出版社1981年版。
中国魏晋南北朝史学会编：《北朝研究》（1999年第1辑），北京燕山出版社2000年版。
周伟洲：《边疆民族历史与文物考论》，黑龙江教育出版社2000年版。
周振鹤：《中国历史文化区域研究》，复旦大学出版社1997年版。
朱大渭：《六朝史论》，中华书局1998年版。
朱大渭等：《魏晋南北朝社会生活史》，中国社会科学出版社2005年版。
邹逸麟：《中国历史人文地理》，科学出版社2001年版。

三、译著

〔印度〕阿马蒂亚·森：《作为能力剥夺的贫困》，李春波译，《视界》第4辑，河北教育出版社2001年版。
〔英〕阿诺德·汤因比：《历史研究》（修订插图本），刘北成、郭小凌译，上海人民出版社2000年版。
〔英〕保罗·约翰逊：《知识分子》，杨正润等译，江苏人民出版社2003年版。
〔美〕戴维·波普诺：《社会学》（第十版），李强等译，中国人民大学出版社1999年版。
〔法〕费尔南·布罗代尔：《15至18世纪的物质文明、经济和资本主义》，顾良等译，生活·读书·新知三联书店1992年版。
〔美〕弗兰西斯·福山：《历史的终结》，黄胜强、许铭原译，远方出版社1998年版。
〔日〕高楠顺次郎等编修：《大正新修大藏经》，大正一切经刊行会1934年版。
〔美〕格奥尔格·G.伊格尔斯：《学术与诗歌之间的历史编撰：对海登·怀特历史编撰方法的反思》，陈恒译，载陈启能、倪为国主编：《书写历史》第1辑，上海三联书店2003年版。
〔日〕宫川尚志：《六朝时代的村》，载刘俊文主编：《日本学者研究中国史论著选译》第4卷，夏日新、韩昇等译，中华书局1992年版。
〔日〕谷川道雄：《六朝时代城市与农村的对立关系——从山东贵族的居住地问题入手》，牟发松译，载武汉大学历史系魏晋南北朝隋唐史研究室编：《魏晋南北朝隋唐史资料》第15辑，武汉大学出版社1997年版。

〔日〕谷川道雄：《隋唐帝国形成史论》，李济沧译，上海古籍出版社 2004 年版。

〔韩〕具圣姬：《两汉魏晋南北朝的坞壁》，民族出版社 2004 年版。

〔美〕拉铁摩尔：《中国的亚洲内陆边疆》，唐晓峰译，江苏人民出版社 2005 年版。

〔法〕童丕：《敦煌的借贷：中国中古时代的物质生活与社会》，余欣、陈建伟译，中华书局 2003 年版。

〔美〕托马斯·李：《历史必须遵循理性的解释模式吗？》，邢丙彦译，载陈启能等主编：《历史与当下》，上海三联书店、华东师范大学出版社 2005 年版。

〔日〕尾形勇：《中国古代的家与国家》，张鹤泉译，吉林文史出版社 1993 年版。

〔美〕谢弗：《唐代的外来文明》，吴玉贵译，中国社会科学出版社 1995 年版。

〔法〕谢和耐：《中国社会史》，耿升译，江苏人民出版社 1995 年版。

〔法〕谢和耐：《中国 5—10 世纪的寺院经济》，耿升译，上海古籍出版社 2004 年版。

〔荷〕许理和：《佛教征服中国——佛教在中国中古早期的传播与适应》，李四龙等译，江苏人民出版社 2003 年版。

〔匈〕雅诺什·哈尔马塔主编：《中亚文明史》第二卷，徐文堪、芮传明译，中国对外翻译出版公司 2002 年版。

〔英〕亚历山大·罗伯逊：《贪婪：本能、成长与历史》，胡静译，上海人民出版社 2004 年版。

〔英〕约翰·伯瑞：《进步的观念》，范祥涛译，上海三联书店 2005 年版。

四、论文

〔美〕布雷特·辛斯基：《气候变迁和中国历史》，蓝勇、刘建等译，《中国历史地理论丛》2003 年第 2 期。

曹之：《从敦煌遗书看佛经写本》，《图书馆工作》1989 年第 2 期。

陈国灿：《敦煌所出粟特文信札的书写地点和时间问题》，《敦煌学史事新证》，甘肃教育出版社 2002 年版。

邓小南：《六至八世纪的吐鲁番妇女——特别是她们在家庭以外的活动》，载季羡林等主编：《敦煌吐鲁番研究》第四卷，北京大学出版社 1999 年版。

冯吾现：《四件北朝造像碑介绍》，《中原文物》1994 年第 2 期。

傅永魁：《河南巩县石窟寺发现一批石刻和造像龛》，载《文物资料丛刊》5，文物出版社 1981 年版。

高艳霞：《河北弥勒造像题记考》，《文物春秋》1999 年第 2 期。

韩昇：《魏晋隋唐的坞壁和村》，《厦门大学学报》1997 年第 2 期。

郝春文：《东晋南北朝佛社首领考略》，《北京师范学院学报》1991 年第 3 期。

郝金娥：《南京博物院藏两件北朝造像碑浅析》，《东南文化》1998 年第 3 期。

何志国：《论早期佛像在长江流域的传播——以汉晋考古材料为中心》，《东南文化》2004 年第 3 期。

何兹全：《北魏文明太后》，《北京师范大学学报》1961 年第 4 期。

侯旭东：《论南北朝时期造像风气产生的原因》，《文史哲》1997 年第 5 期。

侯旭东：《十六国北朝时期战乱与佛教发展关系新考》，《中国史研究》1998 年第 4 期。

侯旭东：《造像记与北朝社会史研究的回顾与展望》，《中国史研究动态》1999 年第 1 期。

侯旭东：《北朝乡里制与村民的生活世界——以石刻为中心的考察》，《历史研究》2001 年第 6 期。

姜亮夫：《汉武经略河西之原因》，载姜亮夫：《敦煌学论文集》（下册），上海古籍出版社 1987 年版。

孔毅：《北魏前期北方世族"以夏变夷"的历程》，《中国史研究》1998 年第 2 期。

李希运：《论魏晋南北朝志怪小说的宣佛思想倾向》，《东方论坛》1999 年第 3 期。

林梅村：《敦煌出土粟特文古书信的断代问题》，《中国史研究》1986 年第 1 期。

刘辉：《镜头内外的女性》，载《视界》第 8 辑，河北教育出版社 2002 年版。

刘明琪：《中国小说的历史空白》，《陕西师范大学学报》1998 年第 1 期。

刘绍云：《戒律、家规、国法与中国古代社会的秩序调控》，《理论学刊》2005 年第 10 期。

刘淑芬：《从民族史的角度看太武灭佛》，《"中央研究院"历史语言研究所集刊》第 72 本第 1 分，2001 年。

刘淑芬：《五至六世纪华北乡村的佛教信仰》，载林富士主编：《礼俗与宗教》，中国大百科全书出版社 2005 年版。

刘泽华：《分层研究社会形态兼论王权支配社会》，《历史研究》2000 年第 2 期。

刘泽民：《六朝佛教对社会发展的推进作用》，载《现代佛教学术丛刊》第 5 册，大乘文化出版社 1980 年版。

卢建荣：《从造像铭记论五至六世纪北朝乡民社会意识》，台湾《历史学报》1995 年第 23 期。

任怀国：《试论魏晋南北朝寺院地主经济》，《烟台师范学院学报》2000 年第 1 期。

萨孟武：《南北朝佛教流行的原因》，载《现代佛教学术丛刊》第 5 册，大乘文化出版社 1980 年版。

尚永琪：《六朝义疏的产生问题考论》，《中国典籍与文化论丛》第 6 辑，中华书局 2000 年版。

沈铭杰：《河北武邑出土一件北齐造像》，《文物春秋》1997 年第 1 期。

〔日〕石松日奈子：《北魏河南石雕三尊像》，刘永增译，《中原文物》2000 年第 4 期。

宋晓梅：《从考古遗存引发关于南北两路佛教初传问题的思考》，《西域研究》2003 年第 2 期。

孙振聿：《我国人文社会科学研究的范式转换及其他》，《学术界》2005 年第 2 期。

谭淑琴：《河南博物院收藏的四件造像碑》，《中原文物》2000 年第 1 期。

王健：《汉唐中外文化交流的宏观审视与断想》，载李国章、赵昌平主编：《中华文史论丛》总第 73 辑，上海古籍出版社 2003 年版。

王青：《东汉魏晋南北朝时期职业教徒的阶层分析》，《中国史研究》1997 年第 1 期。

王素：《高昌至西州寺院三纲制度的演变》，《敦煌学辑刊》1985 年第 2 期。

魏明孔：《唐代工匠与农民家庭规模比较》，《西北师大学报》2004 年第 1 期。

魏明孔：《中国前近代手工业经济的特点》，《文史哲》2004 年第 6 期。

吴焯：《从考古遗迹看佛教传入西域的时间》，《敦煌学辑刊》1985 年第 2 辑。

夏毅辉：《北朝皇后与佛教》，《学术月刊》1994 年第 11 期。

萧璠：《东魏、北齐内部的胡汉问题及其背景》，载邢义田、林丽月主编：《社会变迁》，中国大百科全书出版社 2005 年版。

新乡市博物馆：《新乡北朝、隋唐石造像及造像碑》，载《文物资料丛刊》5，文物出版社 1981 年版。

严辉：《北魏永宁寺建筑师郭安兴事迹的新发现及相关问题》，《中原文物》2004 年第 5 期。

余同元：《传统工匠及其现代转型界说》，《史林》2005 年第 4 期。

张鹤泉：《"二年律令"所见二十等爵对西汉初年国家统治秩序的影响》，《吉林师范大学学报》2005 年第 3 期。

张总：《义桥·义井·邑义——造像碑铭中所见到的建义桥、掘义井之佛事善举》，《世界宗教文化》1997 年第 4 期。

郑炳林、邢艳红：《晚唐五代宋初敦煌文书所见都师考》，《西北民族学院学报》1999 年第 3 期。

郑萍：《村落视野中的大传统与小传统》，《读书》2005 年第 7 期。

朱迪光：《中国神话的历史化及其对中国叙事文的影响》，《安庆师范学院学报》2001 年第 4 期。

竺可桢：《中国近五千年来气候变迁的初步研究》，《考古学报》1972 年第 1 期。

索 引

A

阿那律200

阿毗昙心68

安法华138, 139

安法钦55

安慧则231

安清36, 55, 210

安世高32, 197, 200, 210

安文惠56, 59, 60, 77

安息36-38, 57, 60, 140, 210, 247

安玄36, 38, 55-58, 140

B

白法祖55

白马寺59, 91

百工户111, 112, 125

宝林寺129, 130

宝琼320, 326

宝贤163

宝云260-262

北凉61, 63, 67, 213

北人295, 296

比丘尼158, 159, 161, 164, 166, 167, 172, 173

笔受36, 56-61

边地50, 78, 285-288, 291-293

炳灵寺41, 297

波斯85, 285

帛惠高275

帛延37, 77

帛元信56, 59, 60, 77

帛远40, 352

舶139, 243-245, 248, 253, 256-259, 294

不如檀（法饶）204

C

蔡愔32, 261, 262, 266

仓慈38, 39, 134, 135, 301, 302

曹法寿63, 64, 66

曹僧奴150

草堂寺（草堂大寺）54, 214, 232

草药医生178, 183, 186-188, 191, 192, 197, 201, 210, 228, 236, 237

察举制75, 348, 362

禅师41, 42, 73, 140

昌乐公主151-154

昌原寺332

常山寺212, 213, 230

巢元方220, 235

陈斐183, 184

陈世伦56, 59, 60

成光子260, 261

成实论63, 64, 287
程段儿63
叱干阿利121
崇立寺148
崇玄署308, 314
《出曜经》286, 287
楚王英33, 34
葱岭215, 256, 263, 288
崔光70, 116, 119
崔元祖119, 120
长阿含139, 244
长安39, 40, 42, 49, 54, 59, 106, 135-139, 141, 152, 205, 243, 256-258, 261, 267, 272, 304, 305, 310, 330
长广郡244, 245
长秋寺91

D

达摩耶舍213
打窟人122, 124
大慈寺129
大定寺94
大对卢250, 252, 253
《大集经》72, 157, 226
大交村169
大觉寺65
大秦25, 83, 205, 261, 284, 285
大月支（大月氏）30, 32
《大素本草》201
大统309, 310, 313, 317, 350
大夏32, 121, 261, 262
大兄252
大药藏231
大智度（大智度论）64, 69, 272
道安53, 137-139, 167, 259, 260, 266, 267, 281, 352, 353, 356
道禅107
道弘220, 221

道洪194, 195, 216, 220, 221, 225
道林42
道猛103
道普260, 262
道琼172
道人统216, 305-307, 314
道容158
道融41, 205, 332
道寿163
道嵩107
道泰262
《道行般若经》60
道研102
道养61
道药260, 262
道仪162
道臻310, 316
德阳堂105
地首288-290
邓彦62, 151, 152, 155
帝履富婆131
典经师63-67
典客302
典坐322, 334
殿中将军113, 128
定州73, 78, 229, 235
东莱郡256
东羌校尉40
东阳王62, 78, 152-154
兜佉勒141
窦略94
都统104, 310, 311
都维那100, 176, 307, 309, 311-314, 316, 322, 323, 330, 340
度语（度语人）56, 57, 59, 60
敦煌12, 17, 38, 39, 41, 59, 61-69, 72, 97, 122-126, 134-137, 141, 145, 151-154, 163, 186, 202, 217, 218, 231, 261, 262,

279, 280, 301, 302, 304, 330, 357
顿逊247
多摩梨243

E
恶病论202
尔朱荣49, 149
二十等爵347, 348

F
法定292, 293
法果305, 306, 316
法海寺64
《法镜经》57, 140
法句经37
法琳94, 122, 291, 350
法钦55, 306, 315
法庆215
法饶（不如檀）204
法上308, 313, 316, 350
法盛163, 260, 262, 266
法腾68
法显230, 243-247, 249, 253-255, 259-262, 271, 273-276, 278, 297, 298
法献260, 263, 264
法兴166
法义168-170, 317, 318, 321, 323, 328
法勇261, 262
范泰222, 223
梵本36, 37, 59, 204, 244
梵天78, 153
梵文32, 36, 202, 204, 217, 243
梵志131, 197, 198
房景伯70
房中术213, 214
《放光般若经》287
费长房61
冯素弗138

冯太后138, 147, 148, 150, 362
冯熙94, 147, 148
冯崇296
《扶南记》247, 260
扶桑250-254
佛钵297-299
《佛国记》244, 259, 260, 262, 266, 274, 278
佛教伦理75, 76, 78
《佛说德护长者经》298
《佛说佛医经》237, 240
《佛说佛藏经》72
《佛说五王经》38, 301
佛图澄34, 42-44, 50, 102, 137, 138, 141, 203, 204, 211-213, 219, 230, 236, 266, 267, 270, 302, 304, 330, 331
佛图户12, 98, 99
佛驮跋陀罗255-258
佛陀里37
佛陀耶舍139
苻坚24, 163, 270
浮图32, 34, 89, 90, 94, 114-116, 262, 265, 301
浮屠30-35, 90, 265, 301, 302
福田78, 79, 124
负局先生192, 193
傅奕106
傅毅30, 261

G
盖吴317
甘露寺272
干宝288, 289
高昌17, 145, 156, 262, 266, 303, 304, 307, 313
高聪118
高句丽252, 253
高隆之112
高树324, 325, 340

高纬150
高阳王93
高洋150
高允118, 119
高湛150
葛陂43
葛洪193, 225
给孤独长者87
公孙村169
姑臧134, 135-137, 139, 267
古彤111, 112
贾客139, 245, 256
顾欢52
顾恺之280
顾辟强296
瓜州刺史62, 151-153
关文备113, 128
官经生63-67, 69
广陵34, 35, 293, 301
广平王65
妫州73
郭安兴113-117, 120, 128, 129
郭定兴113, 114, 117, 118, 128
郭法姬159, 166
郭黑略43, 44, 211
郭善明113, 117, 118, 120
郭珍117

H

海路31, 242, 243, 247, 249, 250, 254, 255, 257, 259
海师245, 261
韩褒133
韩稚40
寒食散194, 216, 220-224
汉哀帝30
汉化11, 28, 117, 362
汉桓帝32, 33, 58, 210

汉明帝30, 31, 262
汉明感梦34, 44, 301
何承天291
何澹之222, 223
和龙138
和上68, 106, 211
和士开144
河西38, 41, 45, 62, 133, 137, 152, 330
赫连勃勃42, 43, 121
弘文馆73
洪隽63
侯景105
侯文和113
胡本60, 273
胡长命191
胡国珍94, 148
胡汉文化28
胡化11, 28, 362
胡僧38, 41, 42, 137, 138
胡盛149
胡湿登139, 256
胡太后90, 116, 316
胡昭仪129
斛律氏149
虎（老虎）255, 256, 269, 331
互市人138, 139
护公60, 138
《华山精舍记》259
华佗190
华严63, 64, 72
华夷之别29, 76
画匠122-124, 297
怀州147
淮阳135, 137, 138
桓帝32-34, 58, 210
桓玄39, 361
皇甫谧188
黄堡县170, 171

黄老33, 163, 258
黄石崖169, 170
惠布293
惠敞64
惠龙61
惠深224, 310, 311
惠生148, 260, 262
惠通229, 235
惠显63, 224
惠智166
慧斌306, 315
慧达231, 258
慧果287, 288
慧基252
慧皎50, 224, 263, 353
慧景261
慧弥331
慧睿142, 222, 262
慧深250-255
慧嵩313
慧严266, 291
慧眼水232

J
极乐世界87, 88, 90, 92, 93
季舒188
祭尊319, 320
蓟城136, 137, 269
冀州刺史149, 252, 253
罽宾139, 213, 215, 216, 251, 255-258, 261
迦维罗卫36, 256, 285, 286, 291
迦叶摩腾55, 261
家邦344, 346, 347, 349
贾霸49
贾思勰295
监福曹308, 314, 315
简静寺172
建昌公94

建初寺37, 263
建福寺163
建康6, 215, 243
建文寺314
贱客71
贱口98, 111, 112, 129
江纻232
江瓘218
将作大匠119, 121
讲经文80
蒋少游70, 112, 113, 117-120
降香145
交趾140, 242, 243, 256, 257, 284
交州210, 223, 224
羯族49
解斋321
金城135, 136
晋怀帝42, 59, 330
晋惠帝40
《京师寺塔记》259
经生61, 63-67, 69, 73
经生帅64, 65
景乐寺91
景林寺91
景卢31
景明寺90, 114-116, 123
净捡162
静智229, 235
鸠酬罗248
鸠摩罗什40, 53, 54, 71, 138, 200, 204, 205, 207, 214, 256, 272, 306, 307
九级浮图116, 128
酒泉63, 135, 136, 183-186, 289
沮渠蒙逊213
沮渠兴国61
沮渠氏25, 63
军户7, 98, 100, 316

K

康儿138, 139
康居25, 36, 37, 140, 243, 289
康巨36, 55
康孟详36, 55, 289, 290
康僧会37, 140, 243, 266
康僧铠37
康泰260, 292
昆仑山91, 288-290
昆仑中心论285, 286, 288-290

L

兰公217
琅琊王94
老子32-34
老子按摩法206
乐归寺325-327
雷明香155, 156, 159
雷显庆156
黎阳135, 137
李道固119
李道胤66
李悝96, 97
李亮228, 229
李清127, 129
李孝隆229, 235
李脩228
李胤191
李元忠188
历国传259, 260
荔非明达334
郦道元259, 260, 264, 266-270, 274, 281, 292
练行尼65, 148
良贱制度348
凉州41, 45, 54, 62, 66, 100, 133, 134, 137-139, 213, 255, 261, 262, 304, 316, 330
梁武帝65, 102, 322

列仙传192
林邑247-250, 253
临淮37
灵鹫寺275
灵觉寺91, 92
灵太后103, 107, 114, 147-149
灵裕法师277-279
令狐崇哲63-66
令狐广嗣63, 65
令狐君儿63, 65, 69
令狐礼太64, 65
令狐廉嗣63, 65
令狐弄63, 65
令狐飒63
令狐世康64, 65
令狐陀咒63, 65
令狐休宝65
令狐延保62
令狐永太64, 65
令狐整62, 63, 151, 152
令宗162
刘宝85, 86, 127, 143
刘碑造像323, 324, 340
刘粲42, 136, 330
刘德188
刘芳70, 71
刘广周63, 66
刘球259
刘腾85, 91
刘曜42, 136, 330
刘彧103
刘渊28, 48
柳俭113, 128
龙城138, 147
龙华61, 271, 274, 322
龙泉窟357
龙树194-197, 202, 207, 208
龙树论207

陇上40, 41
陇西太守40, 91
陇右39, 40
娄至55, 243
陆标导航253
路都334
洛州刺史94

M
马德惠63
马嗣明189
马天安64, 66
满水寺211, 232
曼头陀林213
孟福36, 56-58
孟顗172
弥勒15, 41, 78, 94, 126, 168, 174, 261, 276
弥沙塞律244
米薇231
《妙音师子吼经》167
摩诃胡沙门194-196, 208,
《摩诃衍经》64, 151
无罗叉55, 287
秣陵门163
《牟子理惑论》30, 77
母人169, 170
慕容白曜118, 229
慕容德103, 118

N
那伽仙247-250, 253, 255
纳奈德巴尔135, 136
纳奈凡达克135-137
南来客114, 117
南阳71, 135, 137, 231, 232, 279
内学79, 354
聂承远55, 56, 58-60
聂道真55, 56, 58-60

女人社169

P
裴矩83, 259, 260, 281-283
裴頠188
彭城34, 70, 228, 229, 263, 274, 301
平城24, 25, 70, 84, 112, 117-119, 229, 269, 295
平齐户70, 112, 117, 118, 308
萍沙王198, 199
婆罗门97, 98, 131, 195, 196, 203-206, 208, 215, 245, 259
婆履131
普通寺94
瀑布寺231

Q
栖霞寺293
齐武帝250
齐州刺史179, 180
祇洹寺222, 223, 278
祇桓精舍276
耆阇崛山260, 271-276
耆阇蜜121
耆婆195-203, 217, 218, 236
耆域121, 203, 210-232, 253, 255-257
骑都尉36, 57, 140
乞伏炽磐（乞佛炽磐）41
乞伏罡集41
气疾226, 227
前赵42, 43, 51
乾陀利195
羌胡39, 40
侨陈如247, 248
秦景30, 261, 262
秦僧205
秦太上君寺90
秦州刺史40, 85, 261

青海83
青园寺167
青州70, 116-119, 228, 229, 256, 261
清信女41, 63, 65, 156-158, 168, 337, 345
穷通论71
龟兹25, 27, 32, 37, 60, 263
求那跋摩215, 253, 255, 258, 288
求那跋陀罗208, 255, 258
求那毗地255, 258
曲阳78
劝书63
阙公则61

R
《仁王般若经》153
戎神11, 45
柔然25
月氏297
月支30, 32, 36-38, 58, 59
阮偘188

S
撒马尔罕85, 136
萨波多毗尼68
三破论39, 77, 360
三贤寺303
桑门33
僧曹99, 100, 309, 313
僧达140
僧端164
僧法167
僧富332, 353
僧伽跋摩139
僧谨103
僧律269, 307, 311
僧碧304
僧猛163, 261
僧频100, 316

僧祇户98-102, 309, 316
僧祇粟99-101, 316
僧深193-195, 217, 220, 224, 225, 235
僧司303
僧仙（道仙）140
僧暹100, 224, 316
僧祐167, 168, 259, 260, 263, 264, 322, 356
僧肇71, 72, 353,
僧正223, 224, 303, 304, 306-308, 314
僧主172, 223, 306, 307, 314, 315
沙门统99, 101-103, 216, 307-314, 316
山水园林93
单道开218-220, 233, 236
《善见律毗婆沙》199, 200
鄯善213
商胡133, 134, 141, 282
上仰泥博士123
尚生66
烧经204
阇婆国215, 258
阇耶跋摩247-249
社邑12, 16, 17, 164
摄摩腾36
申苏方194, 196, 208, 210, 224, 225
深师方225
神僧44, 278
生命吠陀196
《圣迹记》277, 278
师贤215, 216
师子国204, 205, 215, 243, 245, 258, 261, 298
《十二游经》243
《十诵比丘戒本》68
《十诵毗尼初诵》68
石斌212
石崇85
石虎44, 45, 160, 211, 296, 302
石匠122, 123

石勒24, 43-45, 48, 50, 211-213, 230, 296, 297, 302, 304, 348
石邃203, 212, 213
石韬219
史良奴63
史脱188
《世界记》259, 260, 263, 264
《世说新语》165
侍医183-186
释道仙140
释法炬55
释法立55
释惠豪275
释慧常138, 139
释慧义194, 195, 216, 221-223
释迦谱7, 131
释莫满194, 195, 217
释僧匡195, 217
释僧显138
《释氏西域记》260
释昙鸾195, 217, 226, 227
释修德73
释智斌194, 195, 216, 223, 224
受田农民97, 98
书工62
水南寺204
朔方26, 42, 43, 121
司马子如71
思燕佛图147
四海106, 246, 248, 283-285, 289, 290
《四海百川水源记》259, 260
四民6, 8, 21, 45, 79, 110, 356
《四十二章经》30, 32, 54
寺诰277, 278
寺户7, 99
寺库106
寺主172, 303, 304, 307, 310-314
汜亥仁66

嵩山116
宋景妃158
宋明帝103, 117, 224
宋文帝215, 252
宋武帝222, 236
宋云148, 260, 262
苏琼102
粟特135-137, 139, 231
孙佰虎56, 59, 60
孙思邈202, 203, 205, 208, 209, 224, 225, 229, 235-237, 240
孙休达56, 59
孙质167

T
太上公103
太武帝7, 20, 106, 110, 180, 181, 213, 216, 318, 330
太武灭佛16, 330
太医178, 179, 182, 187-189, 212, 234, 237
昙备163
昙钵经（法句经）37
昙帝37
昙果36, 37, 55
昙景259, 260
昙柯迦罗37, 38
昙猛261
昙摩谶（昙无谶）61, 213, 214, 266
昙摩罗刹（竺法护、法护）53, 55, 59, 60, 106, 260, 261, 272, 273
昙摩难提141
昙摩毗（昙无毗）41, 42
昙摩耶舍140
昙无德羯磨37
昙无竭255
昙始42, 43
昙献101, 103, 316
昙曜99, 101, 216, 308

昙勇260
昙岳223, 224
檀道济222
陶弘景193, 225, 227
陶谦34, 35, 301, 302
滕永文211, 231, 232
提谓经321
天门山270
天台院105
天竺医学197, 203, 207, 212, 213, 233, 236
天竺中心论281, 285, 286, 288, 290-293, 297
田黑女165
调九候217, 218
调气论226, 227
通供321
通玄寺259
同蹄乾炽155
屠各25, 44
吐鲁番145, 202, 303, 304
吐谷浑25, 62, 63, 152, 155
屯人99
拓跋珪103, 273, 274
拓跋焘180, 213
拓跋濬181

W

瓦官寺275
瓦匠123
外国道士204, 212
《外台秘要方》203, 206, 220, 225, 235
万病丸202, 203, 236
万年县73
王澄309
王道172
王度44, 45
王恭73
王谧39

王母桃91
王权社会346, 348, 353
王三典63, 69
王邵之209, 210
王叔和237
王焘220, 225
王陀子272
王献之296
王相高67
王玄策272
王玄谟118
王琰209, 210
王子推133
王遵30
围陀214
《维摩诘经》58, 67
维祇难37
维耶离国197
卫士度55, 56, 58, 60, 61, 156
魏孝文帝24, 28, 112, 148, 295, 309
文明太后119, 147
乌苌国211, 215
乌衣寺222
巫术121, 187, 191, 194, 210, 212, 233-235, 237, 357
五明论208
《五台山图》281
五脏论201, 202

X

西羌39, 40, 46
西秦41, 297
西王母枣91
西魏41, 61-63, 65, 97, 98, 151, 152, 154, 158, 279, 310, 314, 316, 317
《西域道里记》259
《西域图记》83, 241, 281-283
希腊城邦81

悉达多7, 131, 132
湘东王103, 223
襄国24, 49, 203, 211, 212
襄楷33
襄阳138, 139, 210, 231, 255, 256
像主156, 168, 324, 337, 342
逍遥园54, 305
小农经济91, 95, 96, 160
《孝经》157, 160
孝文帝24, 28, 112, 148, 295, 309, 362
孝武帝152, 224, 304
谢灵运61
辛公义182, 183
辛术112
新城168
新平大寺106
行矩194, 195, 217
匈奴22, 24-27, 39, 42-44, 46, 47, 49, 135, 136, 294, 330
《须弥山海水图》272
《须真天子经》59
《虚空藏经》139
徐成伯117
徐謇228, 229
徐世勣105
徐文伯117
徐熙188
徐羡之222
徐州34, 35, 301, 302, 313
许智藏188
宣武帝94, 100, 101, 147, 149, 150, 309
玄鉴126
玄学52, 53, 77
玄藻163

Y
严佛调37, 38, 55-58, 140
严植之193

颜之推173, 174
雁门162, 226
阳阿168, 323
杨廷光272
仰道人208, 209
姚宋安69
姚兴103, 205, 261, 306, 315
瑶光寺91, 123, 149, 150
耶婆提244
业首173
邺37, 42, 49, 112, 129, 134, 135, 137, 138, 144, 173, 219
伊存30, 32
伊蒲塞桑门33
伊祁苟初147
夷夏论52, 77
宜君郡170, 171
乙祁250, 252
邑师322, 324, 326
邑正170, 322
邑主170, 171, 321-327, 334, 340, 341
邑子168, 170-172, 322, 324, 325, 337, 340-342
译主59
殷腾204, 212
殷仲堪188
尹波153, 154
佣书70-73, 353
永宁寺89, 90, 113-117, 123, 128, 148, 150
优婆塞37, 55, 57, 61, 63, 140, 265
幽州刺史94, 148
《游行外国传》259-261
于法开195-197, 217, 218
于阗35, 202, 204, 217, 263, 264, 267, 287, 297, 298
虞世雅56, 59, 60
宇文仲62
郁伽长者37

元琛85
元诞179, 180
元法英151, 152, 154, 155
元宏148, 309
元康152, 154
元恪101
元荣62, 78, 152-154
元嵩105
芫花散229, 235
悦众306, 307, 315

Z
笮融34, 35, 301, 302
翟安德66
张保62, 63
张辅40
张莲36, 56-58
张骞27, 30, 32, 82, 83, 134, 260, 261, 284
张乾护64, 66
张施67, 68
张仕明56, 60
张文仲206, 225
张显昌64, 66
张玄伯56, 59
张演虎63, 69
张元333
张仲政56, 60
长孙义126
掌僧录306, 308, 315, 350
昭成寺272
昭玄司308-311, 314, 315
昭仪尼寺85
赵苟子100-102, 316
赵文龙56
赵彦深70, 71
针工111, 112
支法存193-196, 208-210, 224, 225, 233, 235

支法度56
支亮36, 37, 38
支娄迦谶（支谶）37, 38, 53, 55
支敏度55
支谦（恭明）37, 38
支僧载260, 264-266, 281
支昙谛260
支曜36, 37, 55
支越237
直医183-186
志怪79, 80, 187, 371
智猛259-262, 298
智严65, 255-257, 261, 291
智羽261
智者法师232
中州44, 50, 291, 296
周澹228
周高祖42
周朗234, 235
咒术208, 211-213, 234, 257, 258
朱士行38, 204
朱应258, 260
竹林寺140
竺大力36, 37, 55
竺法乘106
竺法度（法度）140
竺法护（昙摩罗刹，法护）53, 55, 59, 60, 106, 260, 261, 272, 273
竺法旷331, 332, 353
竺法兰30, 36, 55, 261
竺法汰（法汰）138, 267
竺法维260, 266, 292
竺法雅（法雅）204, 212, 213, 266
竺佛调212, 213, 230
竺佛念139, 287
竺佛朔36, 55
竺高座（帛尸梨蜜多罗）59
竺律炎37, 237

竺婆勒140
竺僧朗103, 270
竺叔兰38, 55
竺枝247, 260

宗炳279-281
宗庆69
宗圣寺85, 91
作师119, 120

初版后记

对于那些悲天悯人的慈悲智者，我从心底里深深地敬仰他们；对于如我一样在天地间如蝼蚁生存的微弱生命，我期望能同他们在人类良善的平民智慧中息息相通。这就是我要把佛教社会史的研究作为自己博士论文选题的主要原因。当然，学术道路的选择是在多种因素的推动下造就的，学术境遇也是一个主要的原因。

1995年我考入吉林大学古籍研究所，师从陈维礼先生读硕士研究生，1998年，以"六朝义疏的产生及相关问题考略"为题获得历史文献学硕士学位。2001年我考回吉林大学古籍研究所，师从张鹤泉先生读中国古代史博士学位，方向是魏晋南北朝史。一入学，张老师便在授课的时候主张我们几名博士生以秦汉或魏晋南北朝时期的北方问题为主要研究取向，这样在学术问题的把握和学术的地缘方面都会有一些相对的优势。仔细考虑，这确实是一个很好的建议，也非常适合我，我是个性格粗疏的人，喜欢北方草原地区的那种粗犷、开阔，做北方历史的研究应该是比较顺畅的，至少契合性格。由于有读硕士期间对于佛教文献阅读和把握的基础，随后，我就确定了"魏晋南北朝佛寺考"这样一个比较大的题目。但是做了多年的编辑工作，对于原始文献的关注和阅读就显得比较薄弱，所以当时对这个问题也没有多少自信，至少是不太了解这个问题所涉及的可用资料的数量等方面的状况。幸好，我的导师张鹤泉先生是个对于学生认真负责的老师，他的不厌其烦的督促和引导，使我在比较短的时间内很快进入了研究状态。

2002年，由于吉林大学研究生院的推荐，我获得了台湾"中流与喜马拉雅基金会"的大陆青年学者基础研究奖助，记得主持此事的台湾大学政治系曹俊汉教授在一次学术恳谈会上非常关切地说："做这样的冷僻研究是很辛苦的，你只要做出来，我们就一定资助出版。"遗憾的是，《魏晋南北朝佛寺考》最终因为涉及范围过大、工作量艰巨而不得不中途放弃。后来，我以"北朝佛寺考"为题搜集了大量材料，并初步定出一个写作提纲交给导师张鹤泉先生。张老师在几经推敲之后，建议我还是以其中的一部分——"北方佛教社会群体"为题展开考察，这样就进一步缩小了研究的范围，避免了在宽泛的研究领域内漫无目地四面出击，有利于深入展开研究。至此，我的博士论文题目终于确定为"3—6世纪佛教传播背景下的北方社会群体研究"，这是我同导师共同探讨、努力的结果。

学术论文的写作是一个精神愉悦的过程，当然也免不了会有一些艰难，但艰难仅仅是思维的曲折而已。在论文写作过程中，张鹤泉先生同我有过很多次的关键性问题探讨，为我理清了写作中出现的一些比较纷繁的头绪。从同门师兄沈刚先生的书房中借来的大堆资料和参考书，为我的资料查询工作提供了方便，减轻了不少负担。2006年6月，论文完成并进入答辩程序。华南师范大学教授、魏晋南北朝史学会会长李凭先生担任答辩委员会主席，尊敬的詹子庆、陈恩林、吕文郁、张鹤泉、王彦辉、许兆昌诸先生组成了答辩委员会，给我的论文提出了中肯的意见和修改建议；严耀中、陈长琦、牟发松、张金龙等先生作为论文评议人，非常认真负责地对全文存在的问题做了仔细校正，提出了很好的建议和意见。上述各位先生的意见，使我文中的很多错误之处甚至一些相当低级的错误得到了及时纠正，衷心地感谢他们辛勤的劳动和真诚的指正，尤其感谢牟发松先生的鼓励。

认认真真地去完成一篇博士论文，确实是一件重要的甚至庄严的事情，从心底来讲，我从来不敢有半点松懈，我想我的至亲好友也是如此考虑的，岳父母和妻子晏宗杰的大力支持至关重要。我大学时期的老师雷紫翰教授多年来一直是我的精神支撑之一，他持续十多年不断的引导和帮助，为我走上学术道路廓清了很多糊涂的认识。硕士时期的导师陈维礼先生为我寻找各种资料，甚至从其朋友的书架上硬将一些他认为有用的书给我借了过来。可是一向硬朗潇洒如年轻人的陈先生竟在2005年因病仙逝，这对我也是一个不小的冲击。维礼老师是我如师如友的慈悲长者，是我人生转折点上一个无法抹去的身影。从他的言传身教中，我得到了关于人生的很多慰藉与感悟。过去的艰难生活和草根出身所赋予我的许多不良的狭隘思想，就是在陈先生的影响下渐渐淡化的，如果我在今后的岁月里能成为一个宽厚的人，都应该归功于陈先生，感谢这个悲天悯人的老人。我相信学术也是植根于生活的，我的生活中出现的长者们总是给我各种关怀和启迪，陶冶我粗野的底色逐渐走向温和。为了我的成长，尚兰英等我的几个姐姐付出了慈母一样的辛勤，而我无以为报。有时候，真的希望自己有一种强大的力量，能独立完成自己选择的事情。可惜，我很渺小，所以免不了在自己成长的过程中，也像个寄生虫一样耗费亲友的力量，牵扯甚广而所获寥寥，真是惭愧得很。

让我感到慰藉的是，由于张鹤泉先生的厚爱，我的这篇论文被推荐列入了吉林大学边疆考古中心的出版资助行列，能够得以出版，这对我来说是学术上的一份沉甸甸的收获，衷心地感谢我的老师——一个直率、可爱的先生，一位严谨认真的学者。我相信在一些成就的后面，总是凝聚了很多人的力量，为此，我对吉林大学边疆考古中心主任朱泓教授、刘艳副主任为本书的出版所付出的努力表示深深的谢忱，正是你们的不懈努力和辛勤争取，使我得到了一个展示学术成果的机会。

可能是出身草根的缘故，心底里一直对官家哲学或官家历史的那些堂而皇之的东西，有一种植根于血液的排斥感，所以希望自己能研究和关注底层人的"草根历史"。我还非常仰慕那些能认真生动地"描述"历史的历史学家，多么希望自己能从《左传》、《史记》这样生动鲜活的历史典籍中学习到一丁半点的史学智慧，写一篇生动鲜活的历史文章。可惜我还是写了这样一篇语言干巴、内容寡淡的分析型论文，虽然这比较符合历史学研究的规范，然而我还是认为一个学习了多年历史学的人，只能写这些半通不通的所谓专业论文，不能成为一个"描述历史"的人而成为一个拼凑词语的人，真的是一种极大的遗憾。

幸好，我的导师给了我最大的包容和鼓励性理解，我赖以谋生的杂志社集体是如此具有温暖色彩，使我能在一个宽松的环境中生长出一些可爱而不合时宜的思想，这也是一种幸运。为此，我借这一方文字，对帮助和关怀我的朋友们表示深深的感谢。

2008 年 5 月 8 日

后　记

我的博士学位论文《3—6世纪佛教传播背景下的北方社会群体研究》于2008年在科学出版社出版，至今已经十多年过去了。现在纳入《欧亚备要》丛书，由商务印书馆出修订版。鉴于原版书名过长，斟酌再三，为精练起见，还是改名为《汉唐之际佛教传播中的北方社会群体研究》。原本想在这个标题前面加个概括性词语"慈悲众生"，后来还是接受出版社建议，将其删去——这样主题更精练，意蕴更明确。内容也做了一些增补，主要是消除文字错讹、完善注释要素、增加修正部分论述，但整体改动很小。原版有一些随文插图，修订版全部撤下，因为文字描述比较清晰，没有图版也不影响阅读和理解。2019年3月份，我由吉林省社会科学院调到宁波大学，由小编转为教师，研究领域也从早期佛教史转向了动物史。工作性质不同，研究方向调整，学术兴趣与生活心态有较大变化，因此，再次仔细阅读、思考和修改将近20年前的学术作品，自然感触良多。在修订工作初期，我的研究生洪寅欣同学协助我校订、补齐了注释，晏宗杰老师协助编制了索引。2024年的夏天真是个酷夏，本书校稿期间，我承担的国家重点课题"汉唐时代的动物传播与文明交流研究"书稿也到了最后的交稿期限，7月份在宁波家中站着工作，居然会领略到腿脚肿胀的滋味，也是很深刻的记忆。很喜欢济慈的那句诗："地球是生长灵魂的河谷！"我很忐忑，大半生陷在如本书这样鲜有人读的文字工作中，我的灵魂真的在这个河谷中得到如彼岸所望的生长了吗？在此岸，恐怕只能忐忑了。

2024年9月5日